JN335153

西洋政治思想資料集

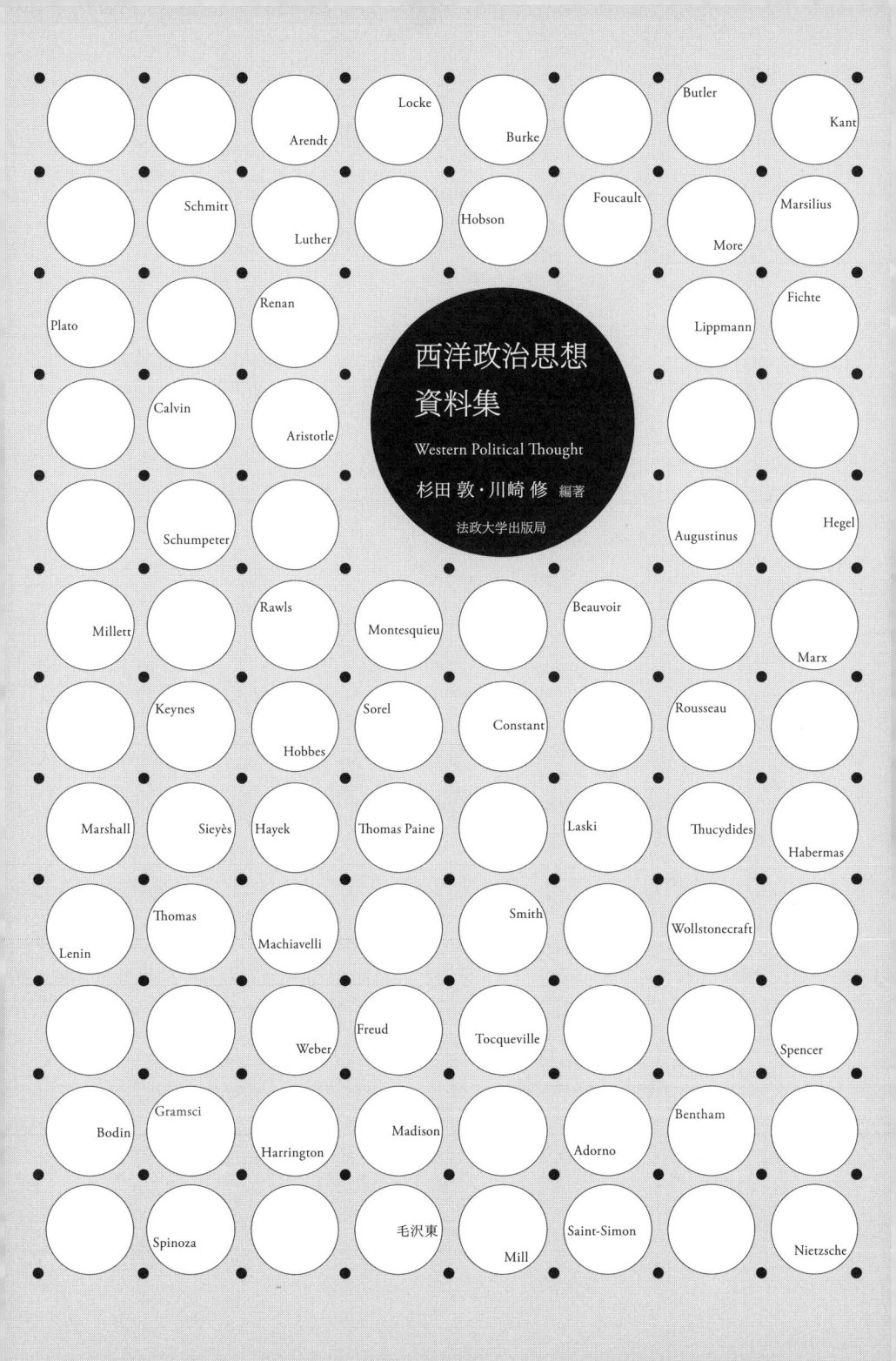

Western Political Thought

杉田 敦・川崎 修 編著

法政大学出版局

目　次

第 I 部　古代

トゥキュディデス　　　　　　　　　　千葉眞　2
プラトン　　　　　　　　　　　　　　佐々木毅　6
アリストテレス　　　　　　　　　　　荒木勝　14

第 II 部　中世

アウレリウス・アウグスティヌス　　　柴田平三郎　24
トマス・アクィナス　　　　　　　　　将基面貴巳　30
マルシリウス　　　　　　　　　　　　矢吹久　36

第 III 部　近代

ニッコロ・マキァヴェッリ　　　　　　厚見恵一郎　44
トマス・モア　　　　　　　　　　　　菊池理夫　52
マルティン・ルター　　　　　　　　　木部尚志　58
ジャン・カルヴァン　　　　　　　　　田上雅徳　62
ジャン・ボダン　　　　　　　　　　　清末尊大　68
トマス・ホッブズ　　　　　　　　　　的射場瑞樹　74
ジェームズ・ハリントン　　　　　　　竹澤祐丈　82
バルーフ・デ・スピノザ　　　　　　　浅野俊哉　88
ジョン・ロック　　　　　　　　　　　辻康夫　94
シャルル・ド・モンテスキュー　　　　押村高　102
ジャン=ジャック・ルソー　　　　　　吉岡知哉　110
アダム・スミス　　　　　　　　　　　佐々木武　118
トマス・ペイン　　　　　　　　　　　中野勝郎　126

ジェイムズ・マディソン	中野勝郎	130
エマニュエル・シィエスほか	宇野重規	134
エドマンド・バーク	犬塚元	140
メアリ・ウルストンクラフト	中村敏子	146
ジェレミ・ベンサム	山岡龍一	150
バンジャマン・コンスタン	堤林剣	156
クロード・アンリ・ド・ルヴロワ・サン゠シモン	藤原孝	160
アレクシ・ド・トクヴィル	髙山裕二	166
ジョン・ステュアート・ミル	関口正司	174
イマヌエル・カント	牧野英二	180
ヨハン・ゴットリープ・フィヒテ	杉田孝夫	186
ゲオルク・ヴィルヘルム・フリードリヒ・ヘーゲル	権左武志	190
カール・マルクス	森政稔	198
エルンスト・ルナン	岩崎稔	206
ハーバート・スペンサー	金田耕一	210
フリードリヒ・ニーチェ	小野紀明	214

第VI部　現代

マックス・ウェーバー	野口雅弘	222
トマス・H.マーシャル	添谷育志	230
ジョルジュ・ソレル	今村仁司	234
ジョン・ホブスン	中村研一	238
ウラジーミル・I.レーニン	竹中浩	242
ジグムント・フロイト	谷喬夫	246
ハロルド・J.ラスキ	早川誠	252
ウォルター・リップマン	苅田真司	256
カール・シュミット	古賀敬太	260

目次

ヨーゼフ・シュンペーター	飯田文雄	266
ジョン・M.ケインズ	間宮陽介	270
フリードリヒ・フォン・ハイエク	萩原能久	274
アントニオ・グラムシ	松田博	278
テオドール・W.アドルノ	上野成利	284
ハンナ・アレント	川崎修	290
毛沢東	光田剛	296
ミシェル・フーコー	杉田敦	300
ジョン・ロールズ	飯島昇藏	306
ユルゲン・ハーバマス	齋藤純一	312
第二波フェミニズム	岡野八代	318
ボーヴォワール／ミレット／バトラー		

あとがき　323

第Ⅰ部　古代

トゥキュディデス
プラトン
アリストテレス

トゥキュディデス

Thucydides, BC. 460?–395

「ペリクレスの国葬演説」

実証的歴史叙述の先駆

トゥキュディデスの一世代前に生きたヘロドトスは「歴史の父」と呼ばれているが、古代ギリシアにおける実証的な歴史叙述はむしろトゥキュディデスの筆になる『戦史』（前431-395年）を嚆矢とする。『戦史』は、27年にも及びアテナイ人とラケイダモン人（スパルタ人など）との間に繰り広げられ、やがてはギリシアの大半を巻き込むことになるペロポネソス戦争（前431-404年）の推移を克明に記した歴史書である。事実の客観的正確さの重視、明白な証拠の尊重、出来事の詳細な事実および地方の地誌や民俗の記録への根強い関心、歴史的出来事の究極的原因と直接的誘因との区別へのこだわりなどがみられ、この意味でトゥキュディデスは、「実証的歴史学の祖」と呼ぶべき一面を保持している。その歴史叙述は史家自身の豊かな個性と彩りを備えており、簡潔性と集約性に富んだ記述スタイル、政治家たちの演説の挿入、顕著な対比や比較の提示、卓抜な人間心理の描写、人心を捕らえてやまない秀逸な言葉や表現の駆使といった特徴を示している。

トゥキュディデスは紀元前460年頃に生まれ、青年時代にはアテナイの将軍のひとりに選ばれる（前424年）ほどの地位を築いた。彼は金鉱の採掘権を基盤とした財産家でもあり、財力を駆使して敵味方の双方からペロポネソス戦争の事実関係に関する情報を収集したものと思われる。父オロロスは、トラキア王のオロロスの家門に連なり、保守派のキモン家とも姻戚関係にあった。アテナイが繁栄をきわめた「五十年期」（ペルシア戦争後の50年）に青年時代を過ごした彼は、前424/423年の冬にトラキア海岸のアンピポリスをスパルタの将軍ブラシダスが占領した際にタトス島に将軍として駐留していた。彼はアンピポリスを守護しようと艦隊（7艘の軍船）を率いて駆けつけたが間に合わず（第4巻103-107）、

その責任を問われて 20 年間，アテナイ追放の憂き目にあった（第 5 巻 26）。その亡命生活の間，トラキア海岸に寓居を構え，そこを起点に各地を駆けめぐり事実関係や情報を収集し，『戦史』の著述に専念したと伝えられている。

▎『戦史』の構成と戦争の原因

『戦史』は 8 巻に分かれているが，これは後代の分類法である。第 1 巻では冒頭において史家自身の紹介があり，「古史」（ギリシア太古以来の前史）の叙述，方法論，戦争の原因についての記述，ペリクレス（前 494?–428 年）の開戦演説などが記されている。第 2 巻以降は，前 431 年春に勃発したペロポネソス戦争の記述（夏季と冬季に分けて記述）に入るが，第 8 巻においてアテナイ敗戦の 7 年前の開戦後 21 年目（前 411 年）の夏季で突然終わっており，完結をみていない。

ペロポネソス戦争勃発の原因について，トゥキュディデスは，真実の究極の原因と直接の誘因との二段構えの歴史叙述をおこなっている。興味深いことに史家は，「五十年期」におけるアテナイの急激な繁栄と勢力拡大が，ラケイダモン人に恐怖を植えつけ，その恐怖が半ば不可避的にアテナイ人とラケイダモン人との戦争を惹起したと見ている（第 1 巻 23–26）。もちろん，そこにはアテナイの側の「不正」も多々みられたのであり，その「不正」のなかには権力の傲慢，獲得欲，慎みの欠落，約束の不履行，相互信頼の欠如などが含まれている。

▎ペリクレスと「国葬演説」

『戦史』には政治家や将軍などの演説が多くの巻に散りばめられており，それがひとつの特徴をなしている。アテナイ民主政治の黄金時代を築いた政治家であり将軍であったペリクレスの演説は全部で三つ，戦争の推移の決定的な場面に収録されている。それらは，「開戦演説」（第 1 巻 140–144），「国葬演説」（第 2 巻 35–46），「戦争続行演説」（第 2 巻 60–64）である。それぞれが味わい深い名演説として誉れ高いものであるが，とりわけ「国葬演説」はアテナイ民主政治の精髄を伝えるものとして，雄弁な政治家による古典的演説として，古来つとに称賛されてきた。アテナイの民主政治の理念，民主的な政治風土と文化，市民のあり方などがいかんなく示されており，しばしばこの「国葬演説」自体が，「民主主義の学校」，「民主主義の教科書」とまで呼ばれてきた。しかし同時に，「国葬演説」は，祖国のために死ぬことを市民の美徳とし名誉とする戦争賛美のメッセージを伝える著作でもあり，人間の集合的生活の凄惨さと悲劇を余すところなく伝えている。ペリクレスは，当時，アテナイを席巻した疫病にかかり，戦争開始後 3 年目にして 60 歳半ばの生涯を終える。それ以降，アテナイの政治はデマゴークたちの手に移る。

● 第Ⅰ部　古代

① 「ペリクレスの国葬演説」（第2巻 35–46）抜粋
　［37］　われらの政体は他国の制度を追従するものではない。ひとの理想を追うのではなく，ひとをしてわが範に習わしめるものである。その名は，少数者の独占を排し多数者の公平を守ることを旨として，民主政治と呼ばれる。わが国においては，個人間に紛争が生ずれば，法律の定めによってすべての人に平等な発言がみとめられる。だが一個人が才能の秀でていることが世にわかれば，輪番制に立つ平等を排し，世人のみとめるその人の能力に応じて，公の高い地位を授けられる。またたとえ貧窮に身を起こそうとも，国に益をなす力をもつならば，貧しさゆえに道を閉ざされることはない。われらはあくまでも自由に公につくす道をもち，また日々にたがいに猜疑の目を恐れることなく自由な生活を享受している。よし隣人がおのれの楽しみを求めても，これを怒ったり，あるいは実害なしとはいえ不快を催すような冷視を浴びせることはない。私の生活においてはわれらはたがいに干渉を加えることはしない，だがこと公に関するときは，法を犯す振る舞いを深く恥じ恐れる。時の政治をあずかるものに従い，法を敬い，とくに，侵されたものを救う法と，万人に不名誉の感情を呼びさます不文の法とを，厚く尊ぶことを忘れない。（邦訳356–357頁）
　［39］　ともあれ，過酷な訓練ではなく自由の気風により，規律の強要によらず勇武の気質によって，われらは生命を賭する危険にも立ち向かうとすれば，ここにわれらの利点がある。なぜなら，最後の苦難に耐えるために幼少より苦難に慣れ親しむ必要がない。また死地に陥るとも，つねに克己の苦悩を負うてきた敵勢にたいしていささかのひるみさえも見せぬ。これに思いをいたすとき，人はわが国に驚嘆の念を禁じえないだろう。だがわれらの誇りはこれにとどまるものではない。（邦訳357–358頁）
　［40］　われらは質朴のうちに美を愛し，柔弱に堕することなく知を愛する。われらは富を行動の礎とするが，いたずらに富を誇らない。また身の貧しさをみとめることを恥とはしないが，貧困を克服する努力を怠るのを深く恥じる。そしておのれの家計同様に国の計にもよく心をもちい，おのれの生業に熟達をはげむかたわら，国政のすすむべき道に充分な判断力をもつように心得る。ただわれらのみは，公私領域の活動に関与せぬものを閑を楽しむ人とは言わず，ただ無益な人と見なす。そしてわれら市民自身，決議を求められれば判断を下しうることはもちろん，提議された問題を正しく理解することができる。理知的な議論を行動の

妨げとは考えず、行動に移るまえに理知的に把握していないときこそかえって失敗を招く、と考えているからだ。(中略) 徳とは人から受けるものではなく、人にほどこすものである。利害得失の勘定にとらわれず、むしろ自由人たるの信念をもって結果を恐れずに人を助ける。(邦訳358頁)

　[41] まとめて言えば、われらの国全体はギリシアを教え導く理想の顕現である。われら一人一人の市民は、人生の広い諸活動に通暁し、自由人の品位を持し、おのれの知性の円熟を期することができる。そしてこれが……事実をふまえた真実である証拠は、かくのごとき人間の力によってわれらが築いた国の力が遺憾なく示している。なぜならば、列強の中でわれらの国のみが試練に直面して名声を凌ぐ成果をかちえ、ただわれらの国にたいしてのみは敗北した敵すらも畏怖をつよくして恨みを残さず、従う属国も盟主の徳をみとめて非をならさない。かくも偉大な証跡をもってわが国力を衆目に明らかにしたわれらは、今日の世界のみならず、遠き後の世にいたるまで人々の賞嘆のまととなるだろう。

　われらを称えるホメロスはあらわれずともよい。言葉のあやで耳を奪うが、真実の光のもとに虚像を暴露するがごとき詩人の助けを求めずともよい。われらはおのれの果敢さによって、すべての海、すべての陸に道をうちひらき、地上のすみずみにいたるまで悲しみと喜びを永久にとどめる記念の塚を残している。(中略) いまここに眠りについた市民らは、雄々しくもかれらの義務を戦いの場で果たし、生涯を閉じた。あとに残されたものもみな、この国のため苦難をすすんで耐えることこそ至当であろう。(邦訳358-359頁)

Thucydides, *Historiae* (Oxford classical text), eds. by Henricus Stuart Jones and Johannes Enoch Powell, Oxford: Clarendon Press, 1942 (1966). なお、本資料では、久保正彰訳『戦史』(世界の名著5, 中央公論社、1980年) を用いたが、ごく一部、読解を助けるために、解説者の判断で、訳語の字句や句読点の打ち方を変更した。

【参考文献】 引用文献の邦訳書以外にも、下記の邦訳書が入手可能（抄訳も含む）。トゥキュディデス／藤縄謙三・城江良和訳『歴史』(西洋古典叢書1・2, 京都大学学術出版会、2000、2003年)；ツキディデス／真下英信訳『ツキディデスが伝えるペリクレスの演説』(大学書林、1988年)；トゥーキュディデース／久保正彰訳『戦史』全3冊 (岩波文庫、1966-67年)。近年のすぐれた研究書として以下を参照。Simon Hornblower, *A Commentary on Thucydides*, 3 vols., Oxford: Oxford University Press, 1991, 1996, 2008. Donald Kagan, *Thucydides: The Reinvention of History*, New York: Viking, 2009.

[千葉　眞]

プラトン
Plato, BC.427–347

『第七書簡』
『ゴルギアス』
『国家』
『法律』

『第七書簡』 冒頭に取り上げたのは，プラトン自身が書いたとされる『第七書簡』から，プラトンの政治についての個人的経験とそれに対する態度表明を伝える部分である。ギリシア政治の現状に対する深い絶望感とソクラテスの哲学への傾倒のなかで，哲人王という有名な構想に到達した経緯を平易に記したものとして，プラトン政治思想への入口として大切である。

『ゴルギアス』 つぎに取り上げた『ゴルギアス』は，プラトンの初期対話編のなかで政治思想的にもっとも重要な作品である。『第七書簡』からもわかるようにプラトンはアテナイの名門の出であり，当時の慣行に従えば政治の舞台で活躍するものと期待されていた。『ゴルギアス』は俗に「プラトンの弁明」といわれているように，政治に対する自らの立場を鮮明にした作品である。この作品ではこれまで政治とされてきた活動の内実を弁論術を手がかりとして解き明かし，それが大衆に対する物的便益供与とリーダーの側での権力行使への強い願望との合作であったことを明らかにした。「魂への配慮」を強調するソクラテスと，登場人物のひとりであるカリクレスの「強者の支配」弁護論や「好きなように生きる」ことを擁護する議論との対決は圧巻である。それを受けてプラトンは，肉体に配慮する技術との対比において，「魂への配慮」を担当する技術を政治術と規定し，政治が物的便益や権力志向に奉仕する活動ではなく，人間の魂のあり方の改善に寄与する活動であるという自らの立場を明らかにした。ソクラテス哲学はそれまでのギリシア人の生き方を批判し，「魂への配慮」に最大の価値があることを宣言したが，弟子のプラトンはそれを個人間の対話によって実現するだけでは満足せず，政治をこの目的に奉仕するものとして位置づけ直したのである。これによって政治の意味づけが大きく変わることになるが，政治

の構想そのものの議論はここではおこなわれていない。注意すべきは、末尾からも明らかなように「魂への配慮」の議論は霊魂不滅と死後の審判と深く結びついていたことである。

『国家』　『国家(ポリティア)』は中期の作品のなかでひときわ高く聳え立つ、もっともよく知られた作品である。この作品は正義を主たるテーマとして掲げており、その構成は人間における正義の探求から国家(ポリス)における正義、そして、ふたたび人間のあり方へと議論が転換している。このため人間事象のあらゆる側面が議論の対象になっており、もっぱら政治についての書と考えてはならない。ここでは人間とポリスとはあたかも相似形をなすものとして論じられている。一言でいえば、卓越した部分が劣った部分を支配し、指導するひとつの秩序を実現することが課題である。理性、気概、欲望という人間のなかの三つの部分がひとつの秩序ある関係を実現することが人間の課題であり、「魂への配慮」の実現にほかならない。理性が支配することによって知恵が実現し、気概が理性に従うことによって勇気が出現し、欲望が理性に従うことによって節制が実現し、三つの部分がそれぞれにその然るべき地位と役割を果たすときに正義が実現するというのである。同じ構造はポリスにおいても求められ、理性を体現する哲人王がそのための条件として欠かせないものとなる。哲人王は「善のイデア」という万物の秩序の根源をなすものを把握した存在であり、こうした支配者をもつことによって万物は正しく秩序づけられることになる。同時に、ポリスは人間を「魂への配慮」へと指導するものであり、『国家』に見られる厳しい教育統制などはこうした目的を念頭に置いたものであった。『国家』の最後の部分が霊魂不滅と死後の審判で終わっているのはプラトンがポリスを通して「魂への配慮」を追求していたことを物語っている。

『法律』　『法律(ノモイ)』はプラトン晩年の作品とされる。建設されるべきポリスの具体的な政治・法制度などが論述され、同時に哲学的というよりは宗教的な雰囲気が濃厚に漂っている。『国家』と異なり、さまざまな政治参加の仕組みも提案されている。しかしながら、「魂への配慮」という全体の基本軸にはまったく変化はなく、数々の教育的配慮に満ち満ちたポリス像が描かれている。『国家』と異なり、哲人王論は見られないが、哲学の重要性は消滅したのではなく、ポリスにとって究極の拠り所として存在感を保っているのである。

● 第Ⅰ部　古代

① 『第七書簡』(『プラトン全集』第14巻 108-112頁)
　わたしもかつて若かったころは，実際，多くの人たちと同じような気持ちでした。自分自身のことを支配できるようになり次第，直ぐにも国家の公共活動へ向おうと，考えたわけです。そこへまた私には，国家の情勢から，次のような，ちょっとした偶然が降りかかってきました。当時の国家体制は多くの人たちから非難罵倒されていましたが，その体制に変革が起った。そしてこの変革に際しては51人ばかりの人たちが，統治委員として陣頭に立ちました。（中略）このうちの幾人かは，私には親戚筋や知合いにあたる者であった上，早速私に，それが私にうってつけだからと，自分たちの活動への参加を呼びかけていました。私が心を動かされたのも，異とするに足りません。何分若かったですから。つまり私は，彼等こそ，世の人々を，とかく不正の多かったこれまでの暮らしぶりから，正しい生活態度へと導きながら，国政を運営してくれるであろうと思ったわけです。だから，彼等に対しては，これから何をしようとしているのかと，極力注意を払っていました。そうしているうちに，これらの人たちは，ごく短期間に，却ってそれ以前の国家体制の方を黄金であったと思わしめる結果となりました。（中略）私は憤懣やるかたなく，当時の悪風からはきっぱり身を退きました。
　だが，余り月日も経たないうちに，この30人政権は挫折し，それと共に，時の国家体制全体も一転しました。そして再び，今度はもっとゆっくりとではありましたが，とにかく公的な政治活動への意欲が，私を惹きつけるようになってきました。（中略）しかし今度も何かのめぐり合わせから，一部の権力者たちがあの人を，われわれの同志ソクラテスを，全く非道きわまる，誰にもましてソクラテスには似つかわしくない罪状を押し付けて，法廷に引っ張り出す。（中略）不敬犯とみて告発し，あるいはこれに有罪の票を投じて，死刑に処するに至ったのです。
　そういった事件や，国政を実際に行っている者たちのことを観察しているうちに，それも法律や習慣をより立ち入って考察すればするほど，また年齢を重ねれば重ねるほど，それだけ私には，国事を正しい仕方で司るということが，いよいよ困難に思われてきました。というわけは，味方になってくれる者や信頼できる同志を持たないでは，実際行動はできないとも思われたし（中略），それにまた，成文の法律，不文の風習のどちらも，荒廃の一途を辿っていて，その亢進の程度も，啞然とさせられるばかりでした。そういうわけで私は，初めのうちこそ公共

の実際活動へのあふれる意欲で胸いっぱいだったとはいうものの，それら法習の現状に目を向け，それらが支離滅裂に引き回されている有様を見るに及んでは，とうとう眩暈がしてきました。(中略) その挙句には，現今の国家という国家を見て，それらが残らず悪政下に置かれているという事実を，否応なく認識せねばならなかった，(中略) そして，それと共に私は，国政にせよ個人生活にせよ，およそその全ての正しいあり方というものは，哲学からでなくしては見極められるものではないと，正しい意味での哲学を称えながら，言明せざるを得ませんでした。つまり，「正しい意味において，真実に哲学している部類の人たちが，政治上の元首の地位につくか，それとも，現に国々において権力を持っている部類の人たちが，天与の配分ともいうべき条件に恵まれて，真実に哲学するようになるかの，どちらかが実現されない限り，人類が，禍から免れることはあるまい」と。

② 『ゴルギアス』(『プラトン全集』第9巻 184–188 頁)

　快と善とは同じものであるか。——同じものではない。快が善のためになされるべきか，それとも，善が快のためになされるべきか。——快が善のためになされるべきである。(中略) われわれが善い人であるのも，またその他，およそ善くあるかぎりすべてのものが善いのも，それはなんらかのよさ（徳）がそなわっているからなのか。——ぼくにはそのことは必然であると思われるがね。しかるに，それぞれのものがもつよさは，つまり道具でも，身体でも，更には魂でも，あるいはどんな生きものでも，それらのものがもつよさは，偶然のでたらめによってではなく，それらのおのおのに本来与えられている，規律と，秩序正しさと，技術とによって，一番見事にそなわってくるのである。(中略) してみると，それぞれのものがもつよさというのは，規律によって整えられ，秩序づけられていることなのか。——ぼくとしてはそう主張したいのだがね。そうすると，それぞれのものに固有な，ある秩序が，それぞれのものの中に生まれてくるときに，存在するもののそれぞれを善いものにするわけか。——ぼくにはそう思われる。

　それならば，魂もまた，自己自身の秩序をもつもののほうが，それをもたぬ無秩序な魂よりも，より善いのだね。——それは必然にそうなる。ところで，秩序をもつ魂は節度があるのだね。——むろん，それにちがいない。だが，節度のある魂は，思慮節制のある魂なのだね。——それはどうしても，そうでなければならない。してみると，思慮節制のある魂は，すぐれた善い魂だということにな

る。(中略)思慮節制のある魂が，すぐれた善い魂だとすれば，これと反対の状態にある魂は，劣悪な魂なのだ。それは，無思慮で，放埒な魂のことだったのだ。(中略)さらにまた，思慮節制のある人というのは，神々に対しても，人間たちに対しても，当然なしてしかるべきことをなすであろう。(中略)そこで，人間たちに対してしかるべきことをなすのであれば，正しいことをなすのであり，他方，神々に対してそうであれば，敬虔なことをなすのである。ところで，正しいことや敬虔なことをなす者が，正しい人，敬虔な人であるということは必然である。(中略)さらにまた，そのような人は勇気のある人でもある，ということは必然である。なぜなら，追求してはならないことを追求したり，避けてはならないことを避けたりするのは，決して思慮のある人間のすることではないからだ。いな，事柄でも人間でも，また快楽でも苦痛でも，避けるべきは避け，追求すべきは追求し，また踏みとどまるべきところは踏みとどまって忍耐するのが，思慮のある人間のすることだからだ。したがって，カリクレスよ，その思慮節制のある人というのは，いまぼくたちが見てきたように，正しくて，勇気があって，そして敬虔な人であるから，完全に善い人なのだ。(中略)賢者たちはこう言っているのだよ，カリクレス，天も地も，神々も人々も，これらを一つに結びつけているのは共同であり，また，友愛や秩序正しさであり，節制や正義であると。だから，そういう理由で彼らは，この宇宙の総体を「コスモス（秩序）」と呼んでいるわけだ。

③　同書（『プラトン全集』第9巻 208–216 頁）
　国家の政治の仕事に携わることになった場合，われわれ市民ができるだけすぐれた者になるようにということ以外に，何か気をくばることがあるのだろうか。いや，それこそがまさに，政治に携わる人間のなすべきことであるということは，もうすでに何度もぼくたちが意見の一致をみてきたことではなかったのか。(中略)そのことを国のために実現しようと努力するのが，すぐれた政治家のなすべきことであるとするなら，さあ，今や思い出して，君が少し前にあげていたあの人たちについて，つまり，ペリクレスや，キモンや，ミュルティアデスや，そしてテミストクレスのことだが，君は今でもやはり，彼らはすぐれた政治家であったと思っているのかどうか，ぼくに言ってくれたまえ。(中略)もしも彼らがすぐれた政治家だったのなら，明らかに，彼らのひとりひとりが，市民たちをより

劣悪な人間から，よりすぐれた人間にしたはずである。どうだね，ほんとうにそうしたのかね，それとも，しなかったのかね。(中略) 欲望の言うとおりにならずに，それの方向を向けかえて，説得なり強制なりによって，市民たちがよりすぐれた者になるはずのところへ，その欲望を導いて行くという点では，あの人たちは，現代の政治家たちに比べて，言ってみれば，何一つちがうところはなかったのだ。そのことこそまさに，すぐれた政治家のなすべき唯一の仕事なのだけれどもね。しかし，軍船や城壁や，その他数多くのこれに類するものを国家に提供するという点では，あの人たちのほうが現代の政治家たちよりも手腕があったということは，ぼくも君に同意しているのだ。

④ 『国家』(ポリティア)(『プラトン全集』第11巻393–395頁)
　つぎにわれわれが探求して示さなければならないのは，思うに，現在もろもろの国において，われわれが述べたような統治のあり方を妨げている欠陥はそもそも何であるか，そして，ある国がそのような国制のあり方へと移行することを可能ならしめるような，最小限の変革とは何かということだ。(中略) ある一つのことさえ変るならば，それによって国全体のそのような変革が可能であるということを，われわれは示すことができるように思える。その一つのこととは，けっして小さなことではなく，容易なことでもないが，しかし，可能なことではあるのだ。(中略) 哲学者たちが国々において王となって統治するのでないかぎり，あるいは，現在王と呼ばれ，権力者と呼ばれている人たちが，真実にかつじゅうぶんに哲学するのでないかぎり，すなわち，政治的権力と哲学的精神とが一体化されて，多くの人々の資質が，現在のようにこの二つのどちらかの方向へ別々に進むのを強制的に禁止されるのでないかぎり，親愛なるグラウコンよ，国々にとって不幸の止むときはないし，また，人類にとっても同様だとぼくは思う。さらに，われわれが議論のうえで述べてきたような国制のあり方にしても，このことが果たされないうちは，可能なかぎり実現されて日の光を見ることは，けっしてないであろう。さあ，これがずっと前から，口にするのをぼくにためらわせていたことなのだ。世にも常識はずれなことが語られることになるだろうと，目に見えていたのでね。実際，国家のあり方にしても，こうする以外に個人生活においても公共の生活においても，幸福をもたらす途はありえないということを洞察するのは，むずかしいことだからね。

● 第Ⅰ部　古代

⑤　同書（『プラトン全集』第 11 巻 595-599 頁）

　貧しい人々が闘いに勝って，相手側の人々のうちのある者は殺し，あるものは追放し，そして残りの人々を平等に国制と支配に参与させるようになったとき，民主制というものが生まれるのだ。そして大ていの場合，その国における役職は籤によって決められることになる。（中略）彼らはいったい，どのような生き方をするのだろうか。また，他方，この民主制国家のあり方とは，いかなるものであろうか。（中略）まず第一に，この人々は自由であり，またこの国家は自由が支配していて，何でも話せる言論の自由が行きわたっているとともに，そこでは何でも思いどおりのことを行うことが放任されているのではないかね。（中略）そのような放任のあるところでは，人それぞれがそれぞれの気に入るような，自分なりの生活の仕方を設計することになるのは明らかだ。（中略）したがって，思うにこの国制のもとでは，他のどの国よりも最も多種多様な人間たちが生まれてくることだろう。（中略）ちょうど，あらゆる華やかな色彩をほどこされた色とりどりの着物のように，この国制も，あらゆる習俗によって多彩にいろどられているので，この上なく美しく見えるだろう。そしてたぶん，ちょうど多彩の模様を見て感心する子供や女たちと同じように，この国制を最も美しい国制であると判定する人々も，さぞ多いことだろう。（中略）そしてこの国家では，たとえ君に支配する能力がじゅうぶんにあっても，支配者とならなければならない何らの強制もなく，さりとてまた君がのぞまないならば，支配を受けなければならないという強制もない。また他の人々が戦っているからといって，戦わなければならないということもなければ，他の人々が平和に過ごしていても，君が平和を欲しないのなら，むりに平和に過ごさなければならぬということもない。さらにまた，君が支配職についたり裁判官となったりすることが法によって禁じられていても，君自身さえその気になるなら，支配しようと裁判しようといっこうに差支えない。（中略）それに，この国制がもっている寛大さと，けっして些細なことにこだわらぬ精神，われわれが国家を建設していたときに厳粛に語った事柄に対する軽蔑ぶりはどうだろう！　すなわち，われわれはこう言った——とくにずば抜けた素質をもつ者でもないかぎり，早く子供のときから立派で美しいことのなかで遊び，すべて立派で美しい仕事にはげむのでなければ，けっしてすぐれた人物になれないだろう，と。すべてこうした配慮を，この国制は何とまあ高邁なおおらかさで，足下に踏みにじってくれることか。ここでは，国事に乗り出して政

治活動をする者が，どのような仕事と生き方をしていた人であろうと，そんなことはいっこうに気にも留められず，ただ大衆に好意をもっていると言いさえすれば，それだけで尊敬されるお国柄なのだ。（中略）それはどうやら，快く，無政府的で，多彩な国制であり，等しい者にも等しくない者にも同じように一種の平等を与える国制だ，ということになるようだね。

⑥　『法律』（『プラトン全集』第13巻273-274頁）
　諸君，神は，古の言葉にもあるように，万有の初め・終り・中間を保持し，その本性にかなった円周運動を行いながら，真直ぐに進んでゆく。また，つねにその神に随行するのは，神の掟をないがしろにする者への復讐者たる，正義の女神。幸福であろうと心がける者は，謙遜と節度をわきまえて，その正義の女神にしっかりと随行している。しかるに，もしひとが，財産，名誉，あるいは若さ愚かさを伴う容姿の端麗さゆえに思い上がり，慢心からいい気になり，自分には支配者も指導者も必要ではない，むしろ他の人びとを指導する力量がある，などという驕りの炎で魂を燃え上がらせたりすれば，彼は，神に見捨てられて孤立するのだ。（中略）では，どのような行為が，神に愛され神に従うものであろうか。それはただ一つ，こういう古の言葉があてはまるものである，すなわち，節度をわきまえた者の場合は，「似たものは似たものに愛される」と。節度をわきまえぬ者は，お互い同士の間でも，節度をわきまえた者との間でも，愛されることはない。さて，われわれ人間にとっては，万物の尺度は，なににもまして神であり，その方が，人びとの言うように，誰か人間が尺度であるとするよりも，はるかに妥当なことなのである。したがって，そうした尺度となる存在（神）に愛されんとする者は，みずからもまた力のかぎりをつくし，その神に似たものとならなくてはならない。そこで，この理に従えば，われわれ人間のうちでも節度をわきまえた者は，神に似るがゆえに神に愛されるが，他方，節度をわきまえぬ者は，神に似ず神と不和になる。不正の者もまた同様。他の悪徳についてもまた，そのようにして同じ理に従う。

　　田中美知太郎・藤沢令夫編『プラトン全集』岩波書店，第9巻『ゴルギアス』（加来彰俊訳）1974年，第11巻『クレイトポン，国家』（田中美知太郎・藤沢令夫訳）1976年，第13巻『ミノス，法律』（向坂寛・森進一・池田美恵・加来彰俊訳）1976年，第14巻『エピノミス（法律後篇），書簡集』（水野有庸・長坂公一訳）1975年。訳文に変更は加えていない。[佐々木毅]

アリストテレス

Aristotle, BC. 384–322

『政治学』
『ニコマコス倫理学』

アリストテレスの生涯

　前384年，エーゲ海北西部カルキディケ地方の小都市スタゲイラで生まれたアリストテレスの生涯は，当時マケドニアを支配していた王家との関わりを抜きには理解できない。父ニコマコスは，イオニア系の医師としてマケドニア王アミュンタスの侍医を務めていたが，幼少期に父母を失ったアリストテレスは，義兄プロクセノスによって養育された。17歳のとき，アテナイに赴きプラトンの主宰する学校アカデメイアに入学する。当時プラトンは60歳を越えていたが，シケリアの国政改革に身を挺し，また晩年の大作『法律』の執筆を準備していた。

　前347年プラトンが没するその時期に，アリストテレスは20年にわたる勉学を終え，小アジアのアタルネウスの僭主ヘルミアスの勧めに応じて，エーゲ海を越えてアッソスの地に仲間とともに渡り，その地で3年，また対岸のレスボス島のミュティレネで2年，アカデメイアの分校のような学校を開き，また友人クセノクラテス（後のアカデメイアの学頭）や終生の友人・弟子テオプラストスとともにさまざまな研究に従事した。

　前343-342年ごろ，マケドニア王ピリッポス2世の要請により13歳の王子アレクサンドロスの家庭教師となり，前335年にアテナイに学園を築くまで王都ペラに近いミエザの王宮でアレクサンドロスの教育に従事した。ピリッポス暗殺後，王位についたアレクサンドロスが東征に出発すると，アテナイに戻ったアリストテレスは，自らは居留民の立場にあったが，アレクサンドロス不在のマケドニア国の統治を委ねられ，またギリシア全般にわたる政治の監督者の地位にあったアンティパトロスの保護を受け，イリソス河畔のリュケイオンに学園を開き，その地で12年間に及ぶ研究と教育の生を送った。

前323年アレクサンドロスが病没すると，反マケドニアの気運のもと政情不安に陥ったアテナイを去って，母の故地エウボイア島のカルキスに退き，その地で病を患って前322年，62歳の生涯を閉じた。アテナイ時代のアリストテレスは，各種の動物論，『気象学』『詩学』『自然学』『修辞学』『ニコマコス倫理学』『霊魂論』『形而上学』，その他の膨大な講義草稿を書きながら，弟子テオプラストスらとともに，バルバロイ（ギリシア人以外の異邦人）の国家体制も含めた158の国家体制の研究と資料収集にも従事し，『政治学』全体の構成を整えた。

『政治学』の構成（全8巻）

第1巻は，初めの2章（『政治学』全体の総括）を除き，家政論。第2巻は，プラトンを含めた先人諸論者の批判と理想的な最善の国家論。第3巻は国家体制の基礎論，とりわけ市民論と正義論と主権論および王政論。第4巻は，国家体制の分類と現実的に可能な最善の国家体制論，とりわけ寡頭制論と民主制論および「中間の国家体制」論。第5巻は，国家体制の変動論。第6巻は国家体制維持保全論。第7巻，第8巻は，理想的な最善の国家論，とりわけ最善の生への考察と教育論。

アリストテレスと現代政治学

アリストテレス『政治学』は，その後の政治思想の展開にとって，いわば巨大な酵母の役割を果たし続けているといってもよい。13世紀のトマス・アクィナスの思想的営為によってキリスト教の社会学説の中核に据えられ，長い変遷を経て現代のカトリック社会教説やネオ・トミズムの政治学の再興にも大きな影響を及ぼしている。またロックをはじめとする近代自由主義的国家論にも継承され，法治主義を根幹とするコンスティテューショナリズムはE.バーカーの多元的国家論の基軸となっている。また行動論的政治学への批判から正義論，公共性論を核とする規範的政治学構築を志向する多くの潮流，たとえば社会契約論を正義論に鋳なおしたJ.ロールズの『正義論』，観想知を批判し，実践知（フロネーシス）や政治的公共空間の意義を力説するH.アレント，実践知の復権を主張するガーダマー，リッターらの実践哲学，J.ポーコック以来の共和主義的理念を強調する潮流，功利主義を批判し古代ギリシアの政治哲学の復権を唱道するレオ・シュトラウス学派もアリストテレス政治学の独自の解釈に基づいている。またさらに環境政治学，比較政治学にもアリストテレス政治学の影響を見ることができる。

● 第Ⅰ部　古代

① 『政治学』第1巻第1章（原著 1252a1-15；荒木訳 408 頁，牛田訳 4 頁，山本訳 3 頁）
　我々の見るところによれば，すべての国家は人々の共同的結合体(ポリス)(コイノーニアー)[1)]の一種であり，しかもあらゆる共同的結合体は，ある種の善を実現するために共同で組織されたものであるから（事実，人々はすべて，善いと思われることのためにすべての事柄を行うものである），すべての共同的結合体はある種の善を求めるものであり，またあらゆる共同的結合体のうちで，最高に権威あるものであって，他のすべての共同的結合体を包み込んでいるものこそ，善をもっとも熱心に求めるものであり，またすべての善のうちで最高に権威あるものを追い求めるものであることは，明らかなことである。そしてこれこそが，国家と呼ばれるもの，すなわち市民的・政治的な共同的結合体(ヘー・ポリーティケー・コイノーニアー)である。

② 同書，第1巻第1章（原著 1252a7-13；荒木訳 408 頁，牛田訳 4 頁，山本訳 3 頁）
　さて，国家の市民的政治指導者(ポリーティコス)も，王(バシリコス)も，家長(オイコノミコス)も，家の奴隷主人(デスポティコス)も同じものであると考えている人々は，ことがらを正しく語っていない。というのは，彼らは，これらの各々が，その本質(エイドス)によってではなく，統治される者の数の大小によって相違していると考えているからであり，たとえば少数の者を統治している者は，家の奴隷主(デスポテース)であり，それより多くの者を統治している者は，家長(オイコノモス)であり，さらに多くの者を統治している者は，市民的政治的指導者であり，あるいは王であると考え，大きな家も小さな国家もまったく異なるところがないと考えているからである[2)]。

③ 同書，第1巻第2章（原著 1252a24-b35；荒木訳 404-406 頁，牛田訳 6-9 頁，山本訳 4-6 頁）
　さて，発生した事柄をその根源からみるならば，人は，他の事柄におけるのと同様に，これらの事柄においてもこのような方法によって最も明瞭に考察することができるであろう。そこで，まず第一に，お互いに他のものがなければ存在できないようなものは，合体して一体となることは必然的なことであって，たとえば女と男が子を作るために一体となるのがそれである（これは選択意志から出たことではなく，他の動物や植物におけるのと同様に，自分と同じようなものをもう一つ残そうとする希求であり，これは自然本性的(フュシス)なことである）。（中略）こうして日常生活のために，自然に即して(カタ・フュシン)組織された共同的結合体こそ家(オイコス)であり，

(中略) そして日常的必要を超えた用途のために，多くの家から組織された最初の共同的結合体は村(コーメー)である。(中略) いくつかの村から成り立ち，完成の域に達した共同的結合体が国家であるが，それはいわば独立自存(アウタルケイア)の限界に達したものであって，たしかに人が生きる(ゼーン)ために生じたのであるが，人が善く生きる(エウ・ゼーン)ためにこそ存在しているものである[3]。

　それゆえ，すべての国家は，もし最初の共同的結合体（複数）が自然本性(フュセイ)に即して存在するものであれば，自然本性に即して存在するものである。というのは，この共同的結合体は，それらの諸々の共同的結合体の最終目的(テロス)であり，他方，自然本性(フュシス)というものは，そのものの最終目的であるから[4]。というのは，ものはそれぞれ，そのものの生成が完成の域に達した時の状態を，我々はそのものの自然本性(フュシス)と呼んでいるからである。たとえば人間や馬や家の自然本性がそうである。さらにものが目指すところのもの，すなわち最終目的とは，最善のものである。ところが独立自存(アウタルケイア)というものは，最終目的であり，最良のものである。

④　同書，第1巻第2章（原著1253a8-20；荒木訳404頁，牛田訳9-10頁，山本訳7頁）

　それゆえ，人間は，あらゆる蜜蜂やあらゆる群棲動物よりもいっそう市民的政治的(ポリーティコン・ゾーン)動物であることもあきらかなことである[5]。というのは，我々の主張するところによれば，自然は何物も無駄には造らないのであるから。すなわち動物の中で人間だけが言(ロゴス)[6]を有するのである。確かに音声は苦痛と快感を表す印であり，したがって他の動物たちもそれを持っている（実際，動物たちの自然本性も，快苦の感情を持ち，それを相互に伝えあうところまでは発達しているからである）。しかし言(ロゴス)は，有益なものと有害なもの，したがってまた正しいことと不正なことを明らかにするために存在するものである。事実，人間だけが善と悪，正と不正，またその他の事柄についての感受性を持つということ，これこそが他の動物に対して，人間に固有のものである。そしてこれらのものを共有(コイノーニアー)することが，家や国家を作るのである。また国家は，その自然本性において家や我々個人よりも先行(プロテロン)している[7]。なぜなら全体が部分よりも先行したものであることは必然であるから。

⑤　同書，第3巻第7章（原著 1279a25-39；荒木訳 241 頁，牛田訳 133 頁，山本訳 107 頁）

　たしかに国家体制(ポリーテイアー)と統治体(ポリーテウマ)とは，同一の事柄を意味しており，そして統治体は国家の最高の権威主体であり，この最高の権威主体は一人かあるいは少数者か，多数者かのいずれかである他ないのであるから，一方で一人あるいは少数の者，あるいは多数の者が共通の利益を求めて統治する場合には，これらの国家体制は正当な国家体制である他はなく，他方で一人あるいは少数者，あるいは多数者がその私利を求めて統治するならば，それは逸脱した国家体制である他ないのである。(中略)我々は一方で，君主制(モナルキアー)のうちで，共通の利益に配慮する国家体制を，普通，王制(バシレイア)と呼んでいるし，他方で，共通の利益に配慮する国家体制のうちで一人よりは多いが小数の者によって統治されている国家体制を，普通，貴族制(アリストクラティアー)と呼んでいる。(中略)また多数の者が共通の利益を求めて政治をおこなう場合，この国家体制はすべての国家体制に共通する名前によって『国家体制(ポリーテイアー)』と呼ばれる [8]。

⑥　同書，第3巻第8章（原著 1279b16-19；荒木訳 240 頁，牛田訳 134 頁，山本訳 109 頁）

　僭主制は，前に述べたように，市民的政治的な共同的結合体(ポリーティケー・コイノーニアー)を奴隷主のごとく(デスポティケー)統治する君主制(モナルキアー)である [9]。

⑦　『ニコマコス倫理学』第1巻第9章（原著 1099b29-32；高田訳（上）41 頁，朴訳 38 頁）

　われわれは最高の善が政治学の目的であるとしたのであるが，政治学とは市民たちをある種の人間に，すなわち善き人間，美しいことをおこなう人間にするということに最大の関心をよせるものなのだから。

⑧　同書，第5巻第6章・7章（原著 1134a26-28, 1134b18-20；邦訳，高田訳（上）192-194 頁，朴訳 226-228 頁）

　市民的政治的な正(ポリーティコン・ディカイオン) [10] とは，独立自存のために生活の共同関係に立っているところに成立するものであり，それは自由人であり，比例的，算数的に均等である人々の間における「正」である。(中略)市民的政治的正にも自然本性的なそれ

もあるし，実定的なそれもある。自然本性的なそれは，いたるところにおいて同一の妥当性を持ち，それが正しいと考えられていると否とにかかわらない。

⑨　同書，第6巻第5章（原著1140b2-8；高田訳（上）224-225頁，朴訳265頁）
　　知慮（フロネーシス）とは，学（エピステーメー）たりえず，それはまた技術（テクネー）でもない。それが，学でないというのは，実践的なことがらは「それ以外の仕方においてあることの可能なもの」なのだからであり，知慮が技術でないというのは，実践と制作とは類を異にするものであるから。そうであれば結局，知慮とは「人間にとっての善悪にかかわる，理知に即した，実践的な真なる状態（ヘクシス）」ということになろう。（中略）以上に基づいて，われわれはペリクレスとかそのような人々を，知慮ある人々と看做すのである[11]。

⑩　同書，第10巻第7章（原著1177a12-18；高田訳（下）173頁，朴訳474頁）
　　ところで，幸福とは卓越性に即しての活動であるとするならば，それは，最高の卓越性に即しての活動であると考えるのが理に適っている。（中略）その最善のものが直知（ヌース）であるにせよ（中略）その本性上，統治し指導する位置にあり，うるわしきもの・神的なるものについて想念を持つと考えられるところのもの，こうしたものの，その固有の卓越性に即しての活動が，究極的な幸福たるのでなくてはならない。それが観想的な活動（テオーレーティケー）であることはすでに言及された[12]。

⑪　『政治学』第7巻第3章（原著1325b14-21；荒木訳318頁，牛田訳351-352頁，山本訳283-284頁）
　　もしこのような議論が正しく，また幸福とはよく為すことであると見なされるべきならば，公的に見て国家全体においても，また個々人においても，実践的な生活こそ最善の生活ということになるだろう。しかし，実践的生活は，ある人々が考えているように必ず他人と関係を持たねばならないというものではなく，また思考にしても，実践することから生じるもののためになされる思考だけが実践的なものとは限らないのであって，むしろ自己完結的で自己自身のためにする観想（テオーリアー）や思索の方がはるかにより実践的なのである。

　　1)「共同的結合体（コイノーニアー）」の語は，その成員が相互になんらかの意識的な

共同関係, 相互の友愛, 正義において結合している社会, を意味している。それは, 最基底の家族から, 商品所有者間の交換関係, 船員仲間のような同職業仲間, 市民間の特定の政治的関係, 国家成員としての関係の一切を含むものであり, 個と共同体, 利益社会と共同社会の二項対立的図式では把握しえない概念である。

2) この箇所はアリストテレスのプラトン批判のもっとも重要な論点の一つである。アリストテレスがここで言及している見解はプラトン『ポリティコス』258c 以下で展開されているものである（①家長と家の奴隷主とは同一のもの, ②大きな家族と小さな国家とは同一）。この説にたいして, アリストテレスは, 家長と家の奴隷主が同一人物であっても, その統治の本質を統治対象に応じて区別し, 統治が自由人からなる家族（妻・子）を対象とする場合と, 統治が奴隷を対象とする場合とは本質的に相違する, と述べている。アリストテレスは, 前者を, 市民的・政治的統治（ポリーティケー・アルケー）と呼び, 後者を奴隷主的統治（デスポティケー・アルケー）と呼んで, 家（オイコス）の中に二重の統治方法の存在を指摘している。そしてこの二重の統治方法を, 国家体制の特徴づけに転用・拡張している。

3) アリストテレスにおいては, 人が「生きる（ゼーン）」ために国家が形成されたとして, 家から村をへて国家へと発展する国家形成の動因を人間の生の確保として措定したうえで, さらに「善く生きる（エウ・ゼーン）」ことこそ, 国家が存在する究極の根拠であったとする。しかしここで注意すべきは, この「生きる」ことと「よく生きること」とを断絶的に捉えてはならないことである。人が「生きる」ことのなかには, 「善美なるものの分有」が存在するからである（『政治学』第3巻第6章, 原著1278b25）。またこの「善く生きる」ことを, 人の卓越的力量（アレテー）の発揮, すなわち真の幸福と捉え, この獲得こそ政治の目的である, と述べている。

4) 「フュシコン」「フュシン」「フュセイ」の語は, 「自然（フュシス）」のギリシア語の変化形であるが, この「自然（フュシス）」は, アリストテレスにおいては, 「自然と作為」の二分法的理解になじまない多義的意味を持つ言葉であるが, その基幹的意味は, 運動の根源を有する物・者の本質・実体（ウーシアー）であり, 人間の「フュシス（自然）」とは, 人間の身体的欲求を下位に含みながらも, 根幹としては理性的諸能力, とりわけ直知・選択・思量を意味している。それゆえ, 人間的「自然」は「作為」を包摂している, といってもよいであろう。『形而上学』第5巻第4章参照。

5) 「市民的政治的（ポリーティコス）」の語は, ポリスpolisから派生した語であるが, アリストテレスにおいてはやはり多義的語意を有する。『動物誌』においては, ポリーティコスな動物として, ヒト, ミツバチ, スズメバチ, アリ, ツルを挙げ, これらの動物では, 全体の仕事が, 「共同で（コイノン）一つのこと（ヘン・ティ）」として遂行される, としている。この箇所では, 人間は, これらの動物よりもいっそう「政治的市民的」であるとされているが, その理由は, 人間が言（ロゴス）を持っているからである。したがって,「言（ロゴス）」をもって共同の仕事をおこなうこと, という点こそが人間の「市民的政治的（ポリーティコス）」の原義ということになるであろう。

6) 「言（ロゴス）」もギリシア語においては, 多義的意味を有する。①言葉, 対話, 命令,

神の言葉，②計算，比例，説明，推理，法則，理性，など。したがってギリシア人にとって，ロゴスとは，単なる人間の意志疎通の手段ではなく，人間の知性能力そのものを意味していた。アリストテレスのこの箇所の説明は，こうした点を考慮したうえで，さらに，ロゴスの能力を，有利・不利についての計算能力と正・不正を識別する規範判断能力とを区別している。そしてこの二つの能力をともに人間社会が共有することが国家と家を作り出した，というのである。

7)「先行する（プロテロン）」この「先行する」については，『形而上学』第5巻第12章を参照すべきである。可能態においては，部分は全体よりも「先行している」が，現実態においては，全体は部分に「先行している」。善の実現において国家は個々の市民より（最高善の現実化を図ることによって）「先行」している。

8) アリストテレス政治学においては，国家の本質規定が規範的範疇（最高の権威を持った，共同善＝正義の秩序体系）によって規定されているように，国家体制の分類も規範的基準（共通の利益＝共同善）によって分類されている。王制の逸脱形態は僭主制であり，貴族制の逸脱形態は寡頭制であり，『国家体制』の逸脱形態は民主制である。

9) ここでは，僭主制は国家体制（ポリーテイアー）の一つであること，また僭主制の統治の特徴として，本来は家における統治様式であった奴隷主的統治が機能のレベルで拡張転用されていることに注意すべきである。

10)「正（ディカイオン）」の成立の場は，自由な選択主体と均等な主体間の均等な配分にある，とされ，国家における正においては，自然本性的正も存在するとされる。アリストテレスにおける自然法の存在が語られる所以がここにある，といえよう。

11) ここに政治学における実践知としての知慮（フロネーシス）の決定的意義が語られる。

12)「観想する（テオーレイン）」とは，ここでは「見ること」から「理論考察する・探求する（スペクラティオ）」，「観想・観照する（コンテンプラティオ）」の語義に展開されている。今日まで，観想知と実践知の関係こそアリストテレス研究の難問である。

Aristotle, *Politica* (Oxford Classical Text)（荒木勝訳「アリストテレス『政治学』」『岡山大学法学会雑誌』第50巻第2号，第51巻第1-2号，第52巻第1-2号；牛田徳子訳，京都大学学術出版会，2001年；山本光雄訳，岩波文庫，1969年）。なお，訳文は荒木訳を基本としつつも，一部変更してある；*Ethica Nicomachea* (Oxford Classical Text)（高田三郎訳『ニコマコス倫理学』上下，岩波文庫，1973年；朴一功訳，京都大学学術出版会，2002年）。なお，訳文は高田訳・朴訳を参照したが，訳し直した。

[荒木　勝]

第Ⅱ部　中世

アウグスティヌス
トマス・アクィナス
マルシリウス

アウレリウス・アウグスティヌス
Aurelius Augustinus, 354–430

『神の国』（413–426 年）

生涯と著作　古代キリスト教最大の教父，西方教会最後の護教家にして確立者，中世カトリシズムの父といわれる。北アフリカのローマ領，ヌミディアのタガステ（現在のアルジェリアのスーク・アハラス）に生まれた。父パトリキウスは中産階級に属する異教徒であったが，母モニカは敬虔なキリスト教徒であった。生涯に膨大な数の著作を遺し，残存する分量は古代の他の著作家の誰よりも多い。彼の死後2世紀を経過した頃，当時の百科事典ともいうべき『語源』を著したセヴィリアの司教イシドルス（560-630年）が「もしアウグスティヌスの著作を全部読んだという者がいたら，その人間は嘘つきだ」と語った話が伝わっている。

　彼は生まれながらのキリスト教徒ではない。32歳のときミラノで体験した有名な回心にいたるまでの肉体的，精神的，思想的苦闘は『告白』（400年頃）に詳しい。受洗後，故郷の北アフリカ，ヒッポ・レギウス（現在のアルジェリアのアンナバ）で司祭，司教として後半生のほぼ40年間を教会の司牧活動にささげ，侵入してきたヴァンダル族によって包囲された同地で死んだ。その生涯は異教徒だけでなく教会内の異端・分派（マニ教，ドナティスト，ペラギウス派など）に対する論争の連続であった。

『神の国』　彼が生きたのは古代世界の崩壊期であり，その歴史的境位が彼の政治思想の本質と性格を規定している。すなわち，「滅び行く世界」（古代）の末期に生きて，「古い世界から新しい世界（中世）にいたる橋梁の建設者」（C. ドーソン）という意味において，彼はまさに「彼自身の時代，彼自身の立つ地平」＝「キリスト教的古代」（E. トレルチ）の思想家・神学者にほかならず，最晩年に実に14年間にわたって書き続けられた22巻からなる大著『神の

国』は文字どおり彼の思想の集大成といえる。この書は410年の西ゴート族によるローマ市侵略の原因をキリスト教に転嫁した異教徒に反論するために書かれた護教論である。その意味ではけっして政治思想プロパーの書ではない。しかし異教徒の攻撃に対する直接的応答を越えて，この世（現世）とその行く末について論じられるこの書の壮大な歴史神学・哲学の枠組みのなかに彼の政治思想を探り当てることは十分に可能である。

　彼によれば，現世は本質的に原罪によって汚された邪悪な世界である。そこにはごく少数の「神の国」の市民が遍歴しているが，圧倒的多数は自己中心的で肉的な，救われざる「地の国」の住民である。世の終わりには前者が完全に勝利するが，この世では両者は対立しつつも混在しており，人間の眼では判別しえない。しかも最後の審判がいつ訪れるかも人間にはわからないのである。かくてこの世にもそれなりの平和（「バビロンの平和」）が必要であり，それを供給・維持するのがすなわち政治権力＝国家にほかならない。

政治思想とその影響

　彼にとって政治とは，人間の堕罪がこの世に産み落とした「人間による人間の支配」以上のものではありえず，政治権力＝国家はかかる堕罪的情況に対して神の付与した「罪に対する罰と矯正」である。ここにはもはや古典古代の特徴であった倫理的・審美的な政治・国家観は存在しない。むしろ国家を強盗団と比較する議論（第4巻第4章）に見られるように，近代性を感じさせる政治的リアリズムがある。

　彼の死後，西欧キリスト教中世世界が成立すると，彼のいう「神の国」と「地の国」の対立はそのまま地上の可視的な「教会」と「国家」のそれとして解釈され，前者による後者の指導と支配を正当化する中世教会のイデオロギー的根拠（いわゆる「政治的アウグスティヌス主義」）となった。しかし政治の本質を人間の罪の所産とみなすアウグスティヌスの政治思想は歴史の大転換期にあって「地上のローマ」の永遠性から「神の国」の永遠性へと人間の関心方向を決定的に転換させるものであり，ここに中世政治思想の総体を規定した彼の圧倒的な影響力の根源がある。現世を超越する「神の国」のヴィジョンの提示は政治に対するラディカルな批判の刃である一方で，保守的な現実肯定の態度をも導き出す契機にもなった。しかし9世紀後にトマス・アクィナスが異教のアリストテレス政治哲学を導入して政治の自然的性格を弁証したのちも，さらには宗教改革時においてもなお，彼が大いなる権威であり続けた事実に彼の思想の射程の長さが示されている。

① 執筆の意図
　もっとも光栄ある神の国を，もっとも親愛なるマルケリヌスよ，わたしは，ここに計画してわたしのきみに対する約束を果たそうとするこの書物によって，その国の建設者よりもかれら自身の神々を優ったものと考える敵に対して，擁護することにとりかかったのであるが，それはじつに困難な大仕事である。それが信仰によって生きながら，不敬なものの間を巡礼するこの時間の経過においてであろうとも，あるいはまた，それがいまは「正義が審判にかわる」まで忍耐をもって期待し，いつか終局の勝利と完全な平和が得られるとき，その卓越性によって獲得するであろうかの永遠の住処においてであろうともかわりはない。(『神の国』第1巻序言；邦訳13頁)

② 二つの国の混交
　じっさい，最後の裁きによって分けられるまでは，二つの国は錯綜し合い，たがいに交じり合っているからである。わたしは，神の助けを得て，二つの国の起源と進行，そして定められたその結末について語らねばならないとおもうのであるが，それは，神の国の栄誉のために解き明かそうとするものであって，この神の国は，それに相対置される他方の国と比較されることにより，いっそう輝かしい光を放つことであろう。(同書，第1巻第35章；邦訳97頁)

③ 「神の国」と「地の国」の基本性格
　全世界にかくも多くの民族が存在し，それぞれ宗教的習慣や習俗を異にしつつ生き，かつまた，言語や武具，あるいは衣装の多種多様によってさまざまに区別せられるのであるが，それにもかかわらず，人間の社会については二種類のもの以上を数えることがないということになるのである。わたしたちはそれを，わたしたちの書〔聖書〕にしたがって，正当に「二つの国」とよぶことができるのである。じっさい，その一つは，肉にしたがって生きる人間から成る国であり，いま一つは，霊にしたがって生きる人間から成る国である。(同書，第14巻第1章；邦訳260頁)
　わたしたちは人類を二つの種類に区分したのであった。そのひとつは人間にしたがって生きる者たちから成り，他方は神にしたがって生きる者たちから成るのであって，わたしたちはまた，これら二つのものを，象徴的な意味で二つの国と

よぶのである。これは人間の社会のことであるが，そのひとつは神と共に永遠に統治するよう予定されており，他方は悪魔と共に永遠の罰を引き受けるよう予定されているのである。(同書，第15巻第1章；邦訳10頁)

　二種の愛が二つの国をつくったのであった。すなわち，この世の国をつくったのは神を侮るまでになった自己愛であり，天の国をつくったのは自己を侮るまでになった神の愛である。(中略)前者の民族においては，その君主たちや，君主たちが隷属させている人びとのうちに，支配しようという欲情が優勢であるが，後者においては，上に立つ者はその思慮深い配慮により，そして服従する者は従順に従うことにより，愛においてたがいに仕えるのである。(同書，第14巻第28章；邦訳362-363頁)

④　原罪＝支配の発生
　この関係〔支配・服従〕は本性の秩序が定めているのであって，神はそのように人間をおつくりになったのである。じっさい，神は「海の魚と空の鳥と地に動くすべての生き物とを治めよ」といっておられるからである。神は，ご自身にかたどってつくられた理性的なものがただ非理性的なもののみを支配することをのぞみになったのであった。人間が人間を支配することをのぞまれたのではなく，人間が動物を支配することをのぞみになったのである。(同書，第19巻第15章；邦訳71-72頁)

⑤　この世の支配に対する二つの態度
　じっさい，わずかな日だけつづいておわるこの可死的な生にかんするかぎり，支配するところのものがひとを不敬と不義とに強制しさえしないなら，やがて死ぬ人間がだれの支配のもとに生きようとなんのかかわることがあろうか。(同書，第5巻第17章；邦訳400頁)
　真の敬虔を賦与されている善き生活をおくる人びとが人民を統一する術をもっているばあい，かれらが神のあわれみによって権力をもつときほど人間にとって幸福なことはないのである。(同書，第5巻第19章；邦訳414頁)

⑥　キケロ国家論批判と現実国家肯定の論理
　わたしは，キケロがスキピオの口をとおして国家とはなんであり人民とはなん

であるかということについて簡潔に定義したところのものにしたがって，(中略)真の正義が存在しなかったがゆえにローマはけっして国家ではなかったということを明らかにするであろう。

しかしながら，国家についてのより適切な定義にしたがって，わたしは，(ローマには)それなりの一種の国家が存在したこと，そしてそれは，当代のローマ人によるよりも古えのローマ人によってより善く治められていたことを認めよう。けれども，真の正義は，(中略)キリストが創設者であり統治者であるところの国家においてのみ存在するのである。(同書，第2巻第21章；邦訳153-154頁)

さて，わたしたちはいま，わたしがこの書の第二巻でおこなった約束を，わたしにできるかぎり簡潔にかつ明らかにそれを果たさねばならないところにきている。すなわち，キケロの『国家論』の書においてスキピオによって用いられた定義にしたがって，ローマ国家はけっして国家といえるものではなかったということを明らかにする約束であった。というのは，かれ(スピキオ)は国家を簡潔に定義して「人民の福利」といっているからである。さて，もしもこれが真の定義であれば，かつてローマ国家はけっして存在しなかったわけである。なぜなら，ローマ国家は人民の福利であったことはなかったからである。かれはそれが国家の定義であると主張したのであった。かれは「人民」を「法の同意，および利害を共通することにより結合せられた集団」と定義したのであった。

ところで，かれはその議論によって，国家は正義なくして維持されないことを示して，その「法の同意」が何を意味するのかを説明しているのである。真の正義の存しないところには，法も存しえない。(中略)それゆえに，真の正義が存しないところには「法の同意により結合せられた人間の集団」はありえず，したがってまた，スキピオやキケロの定義に相応する「人民」も存しないのである。そして，「人民」が存しないなら，「人民の福利」も存せず，人民の名に値しない何らかの人間の群れが存するのみである。(同書，第19巻第21章；邦訳86-87頁)

けれども，人民についてはこれとは別の仕方での定義づけがなされるであろう。たとえば，「人民とは，その愛の対象を共通とする和合によって結合された理性的な人間の集団である」といわれるかもしれない。そのばあい，……その対象がどのようなものであっても，それが獣たちの多くの集まりではなく，理性的な被造物の集団であり，そして，その愛の対象を共通とする和合によって結合されているのなら，それが「人民」という名でよばれるとしても不当ではないであろう。

たしかに、和合の対象がよりすぐれたものであればあるだけ、その人民はよりすぐれたものであり、その対象がより下劣なものであればあるだけ、その人民はより下劣なものである。わたしたちのこの定義にしたがって、ローマの人民は人民であり、その福利は疑いもなく国家である。(同書、第 19 巻第 24 章；邦訳 105 頁)

⑦　国家＝強盗団説
　正義がなくなるとき、王国は大きな盗賊団以外のなにであろうか。盗賊団も小さな王国以外のなにでもないのである。盗賊団も、人間の集団であり、首領の命令によって支配され、徒党をくんではなれず、団員の一致にしたがって略奪品を分配するこの盗賊団という禍は、不逞なやからの参加によっていちじるしく増大して、領土をつくり、住居を定め、諸国を占領し、諸民族を征服するようになるとき、ますます、おおっぴらに王国の名を僭称するのである。そのような名が公然とそれに与えられるのは、その貪欲が抑制されたからではなく、懲罰をまぬがれたからである。ある海賊が捕らえられて、かのアレキサンデル大王にのべた答はまったく適切で真実をうがっている。すなわち、大王が海賊に、「海を荒らすのはどういうつもりか」と問うたとき、海賊はすこしも臆するところなく、「陛下が全世界を荒らすのと同じです。ただ、わたしは小さな舟でするので盗賊とよばれ、陛下は大艦隊でなさるので、皇帝とよばれるだけです」と答えたのである。(同書、第 4 巻第 4 章；邦訳 273 頁)

⑧　平和
　この民〔神の民〕がこの世において、しばらくのあいだその平和を所有していることは、わたしたちにとっても重要である。というのは、二つの国が混在しているあいだは、わたしたちもバビロンの平和をもちいるからである。(中略) これは、善き者にも悪しき者にも共通するしばらくの時間的な平和であることはいうまでもない。(同書、第 19 巻第 26 章；邦訳 108-109 頁)

　　服部英次郎・藤本雄三訳『神の国』(1)〜(5)、岩波文庫、1982-1991 年。訳文に変更を
　　加えていない。なおほかに、赤木善光他訳『アウグスティヌス著作集』第 11-15 巻、教
　　文館、1980-1983 年も参照。

[柴田平三郎]

トマス・アクィナス
Thomas Aquinas, 1225?–1274

『神学大全』（1268 頃 –1273 年）
『君主統治論』（1267 年頃）

　20世紀初頭にいわゆるネオ・トミズムがカトリック思想界を席巻して以来，聖トマス・アクィナスの名が，中世ヨーロッパ思想世界における最高権威としてのイメージと結びつけられるようになって久しい。しかし，トマスが生きた13世紀中葉のヨーロッパでは，彼の思想は必ずしも「権威」とみなされていたわけではなかった。トマス思想は，信仰のみならず理性をも重視する立場を表明した点でむしろ革新的であり，当時の「保守派」に相当するアウグスティヌス派の神学者たちから危険視された存在だったのである。

｜生　涯　トマスは，1225年頃にローマとナポリのおよそ中間にあるアクィノの町に近いロッカ・セッカで，アクィノ伯の末息子として誕生した。ベネディクト修道会のモンテ・カッシーノ修道院で初等教育を受けたのち，ナポリ大学に学び，ドミニコ修道会に入会した。留学先のケルンでは，当時ヨーロッパでただひとり，アリストテレス哲学の全体に通暁していたアルベルトゥス・マグヌスに師事した。1257年にパリ大学神学教授に就任し，聖書学やペトルス・ロンバルドゥス『命題集』などを講じる傍ら，托鉢修道会が掲げる清貧の理想をめぐって，教区司祭教授陣を相手に激しい論争を展開した。晩年は，ナポリに神学大学を設立することに尽力し，1274年に死去した。

｜政治思想　トマスは，その政治思想的思索を，主として『神学大全』をはじめとする神学的著作の体系のなかで展開した。政治を真正面から論じた『君主統治論』は，その冒頭部分のみがトマスの筆になり，残余は中世ヨーロッパの共和主義を代表するルッカのプトレマイオスの作であると推定されている。

　ここに訳出したトマスの著作は，自然法の理念，ならびに政治共同体の起源と

いうトマス政治思想の根本主題に関わるものである。トマス法理論の特色は，法を政治共同体における共通善の実現を目的とするものであると位置づけ，また自然法が人間理性に根ざす法であることを強調した点にある。一方，政治的共同体の起源については，当時有力だったアウグスティヌス的な思想（権力による支配とは，「原罪」の刻印を帯びた人間社会にとっての必要悪であるとする立場）とは対照的に，トマスはアリストテレス政治哲学を導入することで，人間が政治共同体を形成するのは人間の自然的本性に根ざしたものであると論じ，世俗権力固有の領域を確定した。しかし，トマスは，アリストテレスの理論を縷説するにとどまらず，現世における生の目的を超えて，超越神との関係における生の目的を果たすことが人間には要求されることを指摘し，ここに中世カトリック教会の持つ教導権が人間社会において果たすべき役割を見出している。しかし，中世政治思想の中心論点である「教会と国家の関係」という問題に関しては，トマスの議論には曖昧な点が多い。

影響　トマス思想はその革新性のゆえに，ただちに論争の的となった。13世紀末から14世紀初頭にかけて，パリのヨハネスをはじめとする多くのドミニコ会系神学者・政治思想家たちがトマスの立場を擁護・継承した。反宗教改革期には，フーゴ・グロティウスに先駆けて「国際法」の基礎を提示したフランシスコ・デ・ヴィトリアを中心とするスペインのドミニコ会士の間でトマス政治思想が広く影響力を持ち，さらに，フランシスコ・スアレスによって代表されるイエズス会系カトリック思想家や16世紀イギリス国教会を代表する思想家リチャード・フッカーがトマスの自然法思想を本格的に継承した。19世紀末から20世紀中葉にかけては，ジャック・マリタンをはじめとするネオ・トマス主義者が叢生し，現代思想界でも，A. マッキンタイアやJ. フィニスといった法・倫理哲学者の論考にトマスの影響を色濃く認めることができる。

【参考文献】　John Finnis, Aquinas: *Moral, Political, and Legal Theory*, Oxford: Oxford University Press, 1998; Denys Turner, *Thomas Aquinas: A Portrait*, New Haven: Yale University Press, 2013; Norman Kretzmann and Eleonore Stump eds., *The Cambridge Companion to Aquinas*, Cambridge: Cambridge University Press, 1993; Thomas Gilby, *Principality and Polity: Aquinas and the Rise of State Theory in the West*, London: Longmans, 1958.

① 『神学大全』第 2-1 部（原著 pp. 4-13, 20-25, 76-83）
問題 90　法の本質
第 1 項　法は理性に帰属するものか
解答　法とは，それによって人がある行為をするよう導かれたり，ある行為をしないよう抑制するような，行為についてのある種の規則や規準である。というのは，「法 lex」という語は「拘束すること ligando」に由来するといわれるが，それは，法が人間行為を拘束するからである。人間による行為の規則や規準とは，上述から明らかなように，人間による行為の第一の根源である，理性である。なぜなら，アリストテレスによれば，行動に関するすべての事柄において第一の根源であるとされる目的へと方向づけるのは理性だからである[1]。ところで，いずれの類においても，その根源とされるものは，その類の規則であり規準である。たとえば，数という類における統一性や，運動という類における第一運動がそれである。したがって，法は理性に関わるものである。

第 2 項　法は常に共通善[2]へと秩序づけるものなのか
解答　上述のように，法は人間による行為の規則や規準であるから，法は人間による行為の根源に関わる。ところで，理性が人間による行為の根源であるのと同様に，理性そのもののうちにも他のあらゆる事柄に関する根源であるような何かが存在する。したがって，法は，何よりもまず，主としてこの根源に関わらねばならない。実践理性の対象である実践的な事柄における第一の根源とは究極の目的であって，人間生活における究極の目的とは，上述したように[3]，幸福または至福である。したがって，法は何よりも幸福への秩序づけに応じたものでなければならない。さらに，不完全なものが完全なものへと関係づけられているように，あらゆる部分は全体へと秩序づけられているから，個々の人間が完全な共同体の部分である以上，法はとりわけ万民共通の幸福への秩序づけに応じたものでなければならない。（中略）

　さて，どの類においても，何よりも優れてそれ（その類）に属するものが，他のすべてのものの根源であって，他のすべてのものはそのものへの関連においてそれであるといわれる。たとえば，熱いものの主要なものである火は混合した諸物体における熱の原因であり，それらの物体は，火を分有する限りにおいて熱いといわれるのである。したがって，法はなによりもまず共通善への秩序づけとい

う点において論じられるものであるから，個々の営為に関するほかのいかなる命令も，共通善への秩序づけを欠いては，法の本質を有することにならない。ゆえに，あらゆる法は，共通善へと秩序づけるものである。

問題91　法の多様性
第2項　自然法[4]は我々の内に存在するか
解答　前述のとおり，法は規則であり規準である以上，ある人物において二通りの仕方で存在しうる。ひとつは，規則づけ評価する存在として，もうひとつは，規則づけられ評価されるものとして，である。というのは，事物は，それが規則や規準に関わる限りにおいて規則づけられ評価されるからである。神の摂理に従う万物が永遠法[5]によって規則づけられ評価されることは前述したが，それゆえ，万物は永遠法の刻印を受けているという事実から，その事物固有の行動や目的への志向性を導き出しているという点において，万物は何らかの形で永遠法に関わっているということは明らかである。

　ほかのすべての事物のなかでも，理性的被造物は，自分自身または他者への配慮によって摂理に関わっているという点で，より優れた仕方で神の摂理に従うものである。したがって，理性的被造物は永遠的理性に自ら参加し，この永遠的理性を通じて，然るべき行動や目的のための自然的志向性を獲得する。このような合理的被造物における永遠法への参加を「自然法」というのである。

問題94　自然法
第2項　自然法は数多くの命令を含むか，それともたったひとつの命令か
解答　（中略）善はある目的の性質であり，悪はその反対物の性質であるから，人間が自然本性的に志向するようなあらゆる事物はよいものであり，したがって追い求めるべき対象であると，理性によって自然的に把握される。その反対に，自然本性的に人間が志向しないような事物は，悪であり回避すべき事物として把握される。したがって，自然法という規範の命令は自然的志向性の秩序立てに拠っている。人間にはまず第一に，万物と共有する性質に従い，善を志向する傾向がある。すなわち，万物はその自然的本性に従って自己保存を追求し，この志向性に従って，人間の生命を保存し，その反対を禁じることは自然法に属するのである。

第二に，より特定的な意味における自然的本性，すなわち人間が他の動物と共有する自然的本性に見合った事物を志向する傾向性が人間には存在する。そして，そのような傾向性のゆえに，つぎのような事柄は，自然がすべての動物に教える自然法であるといわれるのである。すなわち，たとえば，男女の性的結合や子供の養育といった事柄である。

　第三に，人間には，人間固有の性質である理性の性質に従い，善を志向する傾向性がある。たとえば，人間には神についての真理を知る自然的志向性や，社会の中で生活する自然的志向性が存在する。そして，このかぎりでは，こうした指向性に属する事柄は自然法に帰属するのである。たとえば，人間は無知を避けるべし，であるとか，自分が共に生きなければならない他者に危害を加えるべきではない，といったことや，さらに自然的傾向性に属するほかの事柄である。

② 『君主統治論』第1巻第1章（原著 pp. 312–313）
　ある目的へと秩序づけられている万物を方向づける仕方は多様であるから，万物が然るべき目的を直接に達成するように導くものが必要である。船は，絶えず変化する風に導かれて，さまざまな方向へ移動するが，航海士が港へ船を導く努力をしなければ，船は定められた目的地に到着することはできない。人間には，その全生活と行動を方向づける目的があるが，それは人間というものが，ある目的へ向けて顕著かつ明白に働く知性を通じて行動するからである。人間が所期の目的に向けてさまざまな仕方で進むことは，人間の努力や行動の多様性が物語るところである。したがって，人間は自分をその目的へと導く何者かを必要としているのである。理性の光はどの人間に自然的に植えつけられており，それによって，自分の行為を目的へ向けて方向づけることができるのである。

　もし人間にとって，ほかの多くの動物と同じように，ひとりで生活することが適しているとしたなら，人間は自分をその目的へと導く何者をも必要とせず，あらゆる人間は，神によって与えられた理性の光を通じて自分の行為において自分自身を方向づけるであろうという意味において，神——最も高位の王——のもとでは自分自身にとっての王であることになろう。しかし，ほかのいかなる動物におけるより以上に，人間は集団共同生活を営む社会的かつ政治的動物であることが自然本性的であり，そのことは自然的必要が示すとおりである。自然はほかのすべての動物に食物や，身体を覆う毛，歯や角，爪，あるいは少なくとも，逃げ

足の速さといった自己防御の術を与えた。しかし，人間には，この種のものをなにひとつ自然は用意していないのである。これらのもの一切の代わりに，人間には理性が与えられており，それを通じて，人間はそれらのものを自分の手を用いて自分のために用意することができる。むろん，人間が自分ひとりで十分な生活を実現することはできない。したがって，人間は多数の人間から成る社会の中で生活することが自然本性的なのである。

1) アリストテレス『自然学』第 2 巻第 9 章参照。
2) Bonum commune の訳語。経済的な利益などを意味する功利的な概念ではなく，アリストテレスに従い，有徳な共同生活の道徳的善を意味する概念である。
3) 『神学大全』第 2-1 部第 1, 2, 69 問を参照。
4) Lex naturalis の訳語。その概念理解をめぐって解釈の対立が絶えないが，少なくともいえるのは，アリストテレスの政治学的諸概念を応用することで，当時の教会法学的な自然法概念とは大きく異なる概念を提示することにトマスは成功したということであろう。
5) 「永遠法とはあらゆる行動や運動を統括するような神の知恵の理性にほかならない」（『神学大全』第 2-1 部第 93 問第 1 項）。

Thomas Aquinas, Summa theologiae. Latin text and English translation, ed. and trans. Thomas Gilby O.P. (Vol. 28: Law and Political Theory) (Oxford: Blackfriars, 1966); Thomas Aquinas, De Regno ad regem Cypri, in Pierre Mandonnet, ed., S. Thomae Aquinatis, Opuscula omnia, vol. 1 (Paris: P. Lethielleux: 1927). 以下の邦訳は参照したが，原典より訳し直した。稲垣良典訳『神学大全』第 13 巻第 2-1 部 90-105 問題，創文社，1977 年；柴田平三郎訳『君主の統治について――謹んでキプロス王に捧げる』岩波文庫，2009 年。

［将基面貴巳］

マルシリウス

Marsilius; Marsilio dei Mainardini, 1275/80–1342/43

『平和の擁護者』(1324年)

　中世思想を代表する神学者トマス・アクィナスより約50年，ルネッサンスの先駆とされる詩人ダンテよりも約10年遅れてこの世に現われたひとりの人物。パドヴァのマルシリウスの名で知られるこの思想家が生きた14世紀前半は，普遍世界が解体し新しい精神が生まれようとしている，時代の転換期であった。

生涯　マルシリウスは，北イタリアの都市国家パドヴァの有力な一族に生まれ，パドヴァ大学で医学を修めた後，パリ大学で学び，信仰と哲学の真理を区別するアヴェロエス主義者たちと交流した。1313年には学長 (rector) も務めている。その後，イタリアで皇帝派と教皇派の対立による政治的混乱を経験する中で，反教皇的立場をとるようになると，パリに戻り，主著『平和の擁護者 *Defensor pacis*』を執筆する。そして1324年にそれを完成させるが，著者であることが発覚する直前にパリを離れ，神聖ローマ帝国皇帝バイエルン公ルードヴィヒの宮殿に庇護を求めた。皇帝としての承認を教皇に阻まれていたルードヴィヒにとって，マルシリウスは強力な反教皇的教説の提供者であった。1327年，ルードヴィヒのローマ遠征に随行し，翌年，人民の名で元老院議員の手による皇帝戴冠を実現させたが，それはまさに自身の教説から導かれる試みであった。しかし，すぐにローマからの退却を余儀なくされた皇帝とともにドイツに戻ると，その後は皇帝の政治顧問および医者として生涯を送り，主張を補完する『擁護者小論 *Defensor minor*』を執筆した。他に『帝権委譲論 *De translatione imperii*』がある。

構成　『平和の擁護者』は，3つの講述 (dictio) から成る。そこでは，医学概念に依りながら，政治共同体に平和をもたらすための一般理論が示され，反対に，平和を乱し紛争を生じさせる特殊な要因として，教皇の世俗政治介入が批判される。

第1講では，アリストテレスやキケロの著作あるいは北イタリアでの政治経験に依拠しつつ，理性的推論に基づいて，政治論が展開される。まず，人間の存在の目的が現世と来世のそれに峻別され，現世における生はそれだけで充足したものとされる。そして，国家 (civitas, regnum) は，人々が平穏にその生を全うするためにつくられた自律した共同体となり，人々はそこで充足的生という目的のために，協同して必要な職務を分業する。国家は，いまや教会の権威から放たれ，逆に，教会も共同体を構成するひとつの部分として，国家の目的に寄与しなければならなくなる。この目的を達成するための手段が法であるが，トマスとは異なり，自然法は大きな意味をもたず，強制可能な実定法だけが厳密な意味での法とされ，それは統治者をも拘束する。さらに法を制定する権威は，人民 populus（国民 cives またはその主要部分 valentior pars）に帰属する。当時の政治状況の中では衝撃的とも言えるこれらの議論は，近代政治思想との関連で重視されてきた。
　第2講では，教皇による政治介入がもっぱら聖書に基づいて論駁され，教皇の主張する至高権（plenitudo potestatis「権力の充溢」の意）が否定される。また国家論を援用した教会統治論が提示されるが，そこでの論点は，信仰が個人の内面の問題であること，信徒の集合体である教会において教会制度は人為的なものにすぎず，すべての聖職者は霊的に平等であるから，教義の確定は，共同体の信仰を代表する公会議によって決定されなくてはならない，というものである。これらの教説は，同時代の人間から激しく非難されることになった。
　第3講では，第1・2講が42の結論という形で要約され，全体が総括される。

■ 評　価　　『平和の擁護者』の全体像を把握するのは難しく，特に，第1・2講の内容の整合性をめぐっては長く議論がなされてきた。従来は，第1講を中心に，近代政治思想の先駆者という評価，すなわち，国家の自律性を理論化したその世俗性や人民主権論といわれるような急進性の指摘がなされていたが，近年，第2講への関心が高まり，その歴史性が見直されている。そこでは，彼の宗教性（反教皇的言質とは矛盾しない）や皇帝による平和の実現の主張（それは反教皇的主張と表裏一体であるが，ダンテのようにドイツ皇帝の普遍的支配を要請するものではない）が論じられ，より中世的な思想家像が提示されている。また，簡潔な第3講の積極的意義を見いだそうとする指摘もある。
　当時の政治的現実から隔絶しているようにみえるその政治論と同時代的な教皇批判から成る本書の全体的理解が深まることによって，ようやく，マルシリウスは，西欧政治思想史の中により正しく位置づけられることになるのであろう。

① 『平和の擁護者』「第1講12章　人定法の論証可能な作用因および議論では立証できない法の根拠について論じる。すなわち，それは，法の制定者を究明することである。そこから，投票によって定められる事柄に権威を与えるのはただその投票だけでありその他の承認などではない，ということが明らかになる。」(原著 pp. 48-54)

　次に，論証によって明らかにしうる法の作用因について述べなければならない。人間の意思とは無関係に，神の直接の御業もしくは託宣によってなりたつ，あるいはそうやって過去に成立した法，前述のようにモーセの律法はまさにそのようにして立てられたのだが，そこにこの世の情勢に対する政治的行為の規定が含まれているとしても，私がここで取り上げたいのは，それらではなく，ただ人間の意志決定がそのまま形となるような法と統治の制定についてなのである。

　2．その主題を始めるに際して，次のように言うことにする。まさしく現世的なものとしての，そして第3の意味〔第1講10章での整理に従えば「第4の意味」になる〕，すなわち，政治的な正義および利益に関する知識としての法を発見することはすべての国民の権限である，と。もちろん，その探求は，生きるための糧を仕事で得ることに意を注がねばならない職工たちの考察によるよりも，思慮深き人たちと呼ばれ，余暇をもつことができ，ずっと年長でより世事に長けた人びとの観察による方が，ずっと適切で完成されたものになりうる。しかし，正義と利益およびその正反対のものについての正しい認識や発見が，直ちに，厳密な固有の意味での，人間の政治的行為の基準としての法なのではない。すなわち，その遵守に関して強制的な命令が定められるのでなければ，また，そのような命令という手段によって違反者の処罰を定めその処罰を実行する権威を有する者が制定したのでなければ，それは法ではないのである。ゆえに，われわれは，そのような命令を発しその違反者を罰する権威が誰のものであるのかに言及しなければならない。それは，立法者すなわち法の制定者を究明することなのである。

　3．そこで，真理並びにアリストテレス『政治学』第3巻6章〔アリストテレスを引用する際に示される章の番号は現代の版のそれとは必ずしも一致しない〕の意見に従って言えば，「立法者」すなわち法の第一にして固有の作用因は，人民あるいは国民の総体もしくはその主要部分なのであり，それらが，投票〔electio＝選挙〕または国民の全体集会において言葉で表明された意志によって，この世における処罰や制裁を前提に，人間の政治的行為に関して為すべきことや慎むべ

きことを命令し決定するのである。私が主要部分と言うのは，法が施行されるその共同体における人間の量と質を考慮してのことである。前述した国民の総体あるいはその主要部分が自ら直接立法にあたるか，あるいは，それらが1人もしくは複数の人間に法の制定を委ねるかといったことは，問題にはならない。後者は，まったくもって，立法者ではないし，そうではありえない。それらの者は，ある場合に，ある事柄に対してのみ，第一の立法者の権威にもとづいて法の制定にあたるだけなのである。続いて言えば，投票を通して定められた法やその他の事柄は何であれ，それに必要な承認を，儀式や祭典などではなく，他ならぬ同じ第一の権威によって与えられるのが当然である。儀式や祭典が必要とされるのは，投票の結果を成り立たせるためではなく，それを安定させるためなのであり，それらが行われなかったとしても投票の有効性が減ずることはないのである。さらに，投票によって定められた法やその他に，付加，削除，全面的変更，解釈，差し止めを行うためには，それらが，時や場所その他の状況の必要から共通の利益に適うものである場合にのみ，同じ権威によってなされなければならない。また，法は，国民や外国人がそれに違反しながら法を知らなかったことを理由に赦免されることのないように，その制定後，同じ権威によって公布され広められねばならない。

　4．ところで，私が「国民」と呼ぶのは，アリストテレス『政治学』第3巻1，3および7章にならい，自己の身分に応じて政治的共同体すなわち統治や討議や司法に関する職務に携わる者のことである。この記述に従えば，子ども，奴隷，外国人，女性は，仕方はそれぞれ異なるが，国民から区別される。国民の子どもは，近い可能態としての国民ではあるが，年齢だけが不足しているのである。国民の主要部分については，国ごとの立派な慣習にもとづいて検討されるか，または，『政治学』第6巻2章の意見に従って決められるべきである。

　5．このように，国民とその主要な多数者を定義したので，われわれは，提示した企図に戻ることにしよう。それは，法を制定する人的権威が国民の総体もしくはその主要部分だけに帰属するということを立証することである。それについて，まず次のように述べよう。人定法を制定または設定する第一の人的権威は，端的に言って，唯一そこからだけ最善の法が生まれ得るような人々にのみ帰属する，と。しかして，それは，国民の総体もしくは総体すべてを代表するその主要部分なのである。というのも，すべての人間がひとつの考えに同意することは容

易でないかもしくは不可能であるが，それは，一部の人びとの性質がゆがんでいて，特異な悪意または無知のために共通の意見に与しないからである。それらの人間の理不尽な異議や反対によって，共通の利益が妨げられたり軽視されたりしてはならない。それゆえに，国民の総体あるいはその主要部分にのみ，法を制定または設定する権威は帰属するのである。

　この論証の第一の命題はほとんど自明であるが，その堅牢さと最終的な確かさは，本講5章の記述からも把握される。そこで第二の命題すなわち最善の法はただ多数者の総体の意向や命令によってのみ制定される，ということを，私は，最善の法は国民の共通の利益のために制定されるとするアリストテレス『政治学』第3巻7章の記述にもとづいて証明する。そこではこう述べられている。「そして正しいこととはおそらく（法においては）国の利益および国民の共通の利益となることである」。さらに，それは，ただ国民の総体あるいはそれと同じものとみなされるその主要部分によって最も良くなしとげられるのであり，そのことを私は次のように示そう。すなわち，国民の総体すべてが知力と意志力をもって専心する事柄に関しては，その真実性がより確かに判断され，自身の共通の有益性により深く注意が向けられるのである。実際，提案された法を定めるにあたっては，より多数の人間の方が，その一部の人間に比べて，より一層欠陥に気付きうるものである。なぜなら，「全体のすべて」少なくとも有機的全体は，個々の「その一部分」よりも，大きさにおいても力においても「優っている」からである。さらに，多数者の総体の方がずっと法の共通の有益性を大事にする。自分自身を故意に害する者などいないからである。その場合には誰もが，提案された法が1人もしくは少数の人間の利益をそれ以外の人間や共同体全体の利益より優先させてはいないかどうかを監査し，それに対して異議を唱えることができる。ところが，共通の利益よりも自らのそれを優先させる1人もしくは少数の人間によって法そのものが定められる場合にはそうはならない。この意見は，法の必要性に関する本講11章での議論からも充分に裏付けられるものである。

　6．さらに，主たる結論に対しては次のようにも言える。すなわち，法を制定する権威は，それらの者により立てられたことでその法が一層かつ迷いなく遵守されるようになる，そういった人間にのみ帰属する。そして，国民の総体だけがその人間なのである。従って，法を制定する権威は彼らのものである。この論証の第一の命題は，まったく自明に近い。法は，遵守されなければ無用なのである

から。それゆえアリストテレスは、『政治学』第4巻6章で「法は善く制定されているが、守られなければ、それは善き法秩序にあるとは言えない」と述べたのである。同書第6巻5章でも、アリストテレスは「正しいことについて判決がなされてもそれが仕上げを受けなければ何ら得るところがない」と言っている。第二の命題については次のように論証する。すなわち、国民の各々が自らに課したと思われるような法はすべての国民からよりよく遵守される。国民の多数者の総体の意向や命令によって制定された法こそが、そういった法なのである。この三段論法の第一の命題はほぼ自明である。なぜなら、『政治学』第3巻4章にあるように、「国家は自由人の共同体である」から、いかなる国民も自由でなければならず、他人の「専制支配」すなわち奴隷に対するような支配に従属してはならない。だが、1人もしくは少数の国民が自らの権威によって国民の総体の上に法を制定した場合にはそうはいかない。そのように法を制定する人々は、他者に対する主人になるのであり、それゆえに、より大きな部分である残りの国民は、そのような法を、それがどんなに良いものであっても、不快に思うか、または、まったく受け容れなくなり、恥辱を受けた者たちはそれに対して異議を唱え、その制定に関われなかった者たちは、その法を決して守らないであろう。ところが、多数者すべての意向や同意によって制定された法は、それがあまり有用ではなかったとしても、いかなる国民にもすすんで遵守され受け容れられる。つまり、そこでは、各々が自らに法を課したとみなされているのであり、ゆえに、その法に文句を言うどころか、むしろ好意的な気持ちでそれを受容するのである。最初の三段論法のうちの第二の命題は、別の点から、次のようにも論じられる。すなわち、法を遵守させる権力は、法を犯した者に対して強制力を行使しうる人々にのみ帰属する。国民の総体またはその主要部分こそがそれなのであり、それゆえに、法を定める権威は、これらの人々だけのものなのである。（以下、§7-9省略）

The Defensor Pacis of Marsilius of Padua, ed. C.W. Previté-Orton, Cambridge, 1928 を翻訳の底本とし、以下の英仏訳を参照した。*The Defensor pacis*, tr. A.Gewirth, New York, 1956; *Le défenseur de la paix*, tr. J. Quillet, Paris, 1968; *The Defender of the Peace*, tr. A.Brett, Cambridge, 2005. 上智大学中世思想研究所編訳『中世思想原典集成 18　後期スコラ学』（平凡社、1998）に、稲垣良典氏による抄訳（訳出されているのは、第1講1-4章、第2講1章、第3講1-3章）がある。

[矢吹　久]

第Ⅲ部　近代

マキァヴェッリ
モア
ルター
カルヴァン
ボダン
ホッブズ
ハリントン
スピノザ
ロック
モンテスキュー
ルソー
スミス
トマス・ペイン
マディソン
シィエスほか
バーク
ウルストンクラフト
ベンサム
コンスタン
サン＝シモン
トクヴィル
J・S・ミル
カント
フィヒテ
ヘーゲル
マルクス
ルナン
スペンサー
ニーチェ

ニッコロ・マキァヴェッリ

Niccolò Machiavelli, 1469–1527

『君主論』(1513 年)
『リウィウス論』[『ディスコルシ』『ローマ史論』とも称される] (1513–1519 年頃)
『フィレンツェ政体改革論』[『小ロレンツォ公没後のフィレンツェ統治論』] (1520 年)

| 生涯と著述背景

フィレンツェに生まれ，幼少よりラテン語を学び人文主義の教養を積む。仏王シャルル 8 世のイタリア侵入とメディチ家追放，サヴォナローラ処刑で揺れるフィレンツェ共和国政庁の第二書記局長と「軍事十人委員会」担当書記官に 1498 年に就任。外交使節として報告書や政策提言を執筆。傭兵依存を批判してフィレンツェ臣民軍を組織しピサの反乱を鎮圧するも，メディチ家の政権復帰とともに官職を解かれ，メディチ家への陰謀の嫌疑で投獄された。1513 年に釈放後は政界復帰を願いつつも著述に専念。『君主論』『リウィウス論』『戦術論』『フィレンツェ史』といった政治論や歴史書にくわえて，『マンドラーゴラ』や『クリツィア』のような喜劇，『黄金のロバ』や『十年史』といった寓意詩をも執筆。1526 年「城砦委員会」の長としてフィレンツェ公務に復帰したのも束の間，翌年のメディチ家追放とともに再度失職し，ほどなく死去した。

| 政治秩序と歴史

マキァヴェッリは，世界の空間的永続性および実体的運動の必然性を前提としながら，秩序と無秩序との循環的往復に抗して人間意志による持続的作為秩序を形成する営みとして「政治」をとらえる。秩序形成のためには「時流を見極める」必要があるが，その近道は，過去の歴史の教訓に学ぶことである。そこでは循環史観に依拠しつつ過去の事例の模倣可能性を擁護しようとする姿勢と，拡大的混合政体によって持続的政治秩序を形成し，循環史観を克服しようとする姿勢とが重なり合っている（引用①－③，⑧）。

| 法と統治

引用④では modi（統治様式），ordini（制度），leggi（法律），costumi（習俗）の関係が示唆される。創設者によって設立された政治制度である ordini の成否は costumi という社会的条件にかかっているが，よ

き制度やその具体的規定たる leggi が習俗を純化することもマキァヴェッリは認めており，ここに制度を媒介とした法律と習俗の循環が生じる。また統治様式（modi）には，制度枠内での通常的な（ordinari）形態と通常の制度をこえた（straordinari）形態とがある。マキァヴェッリは通常的には ordini の典型的形態たる混合政体によって権力を分散させて公益を確保促進しようとし（引用⑧），非通常的には modi の典型的かつ超制度的な形態たる新君主の集中権力によって公的 ordini を回復しようとする（引用⑤，⑥）。さらに，stato の語を支配者の私的状態ではなく獲得維持対象としての独立した領土を指す語として用いたり，republica の語を国家一般の意ではなく君主国（principato）と対比された「（君主のいない）共和国」の意で用いることもあるなど，政治用語の近代的転換の萌芽が見られると同時に（引用⑦），統治の観点から国家を指すときには stato，立法者によって設立される公法秩序としての国家を指すときには republica，という大まかな使い分けもなされている（引用⑤－⑦，⑨）。

▌貴族と平民，君主・兵士・教会

政治が通常制度枠内にとどまるかぎりは，安全のみを欲する平民と，支配欲を満たそうとする貴族，という二つの階層（気質）の紛争を通じた公的共和国の拡大が，マキァヴェッリの主要関心事である。立法者（君主）や武力（兵士）や超越的権威（聖職者）が公民性を介さず直接影響力を示すような場合は，すでに政治は法制度をこえた straordinaria の圏域に突入している。イタリアでは聖職者という straordinaria が軍隊すらも買収して公民的 ordini を侵害しており，それゆえ君主と兵士という他の二つの straordinaria が結束することで教会に対抗し，ordini を回復すべきである（引用⑨－⑫）。

▌マキァヴェッリとローマ

マキァヴェッリは，謙遜と彼岸的超越の強調によって政治の活動性を薄めてしまった教会およびキリスト教を批判し，共和政ローマの祖国愛への回帰を主張する。しかしローマ帝政の強大な軍事力を知った後では，政治は，法制度のみならずそれを支える軍事力の必要性をも理解しなければならない。また，ローマ帝国の公認宗教たるキリスト教の彼岸性が現世の政治に及ぼす逆説的な影響力の大きさを経験した後では，政治は，文化習俗的な異教の権威だけでなく，超越的権威をも利用できなければならない。「ローマ」をモデルとして利用するマキァヴェッリの「祖国」（patria）は，歴史的には同時代のフィレンツェやトスカーナをこえなかったとしても，理念的にはリウィウスが描くローマをこえていくことになる（引用③，⑪－⑭）。

● 第Ⅲ部　近代

① 『リウィウス論』第2巻序文および第1巻第6章から
　事物の経過について省察するに，私は次のように判断する。すなわち世界は常に同一のままにとどまり，そこには常に同量の善と同量の悪とがある。（第2巻序文，原著 p. 145；邦訳 166 頁）
　人間の事柄すべては不断の運動のうちにあり，不変なままにとどまっていることはできない。したがって事物は上昇するか下降するかである。そして多くの事柄は，理性ではなく必要に導かれてなされる。（第1巻第6章，原著 p. 86；邦訳 31 頁）

② 『君主論』第 25 章から（原著 pp. 295–296；邦訳 183–184, 188 頁）
　私たちの自由意志が消滅してしまわないように，私たちの諸行為の半ばまでをフォルトゥナ[1]が勝手に支配しているのは真実だとしても，残る半ばの支配は，あるいはほぼそれくらいまでの支配は，彼女が私たちに任せているのも真実である，と私は判断しておく。（中略）フォルトゥナは時勢を変転させるのに，人間たちは自分の態度にこだわり続けるから，双方が合致しているあいだは幸運にめぐまれるが，合致しなくなるや不運になってしまう。私としてはけれどもこう判断しておく。すなわち，慎重であるよりは果断であるほうがまだよい。なぜならば，フォルトゥナは女性であるから，そして彼女を組み伏せようとするならば，彼女を叩いてでも自分のものにする必要があるから。

　　1）　引用文中の「フォルトゥナ」（fortuna）とは人間をとりまく状勢の全体，「ヴィルトゥ」（virtù）とはフォルトゥナに対処すべき人間の能力を指す。神の摂理の代行者としての運命を意味した中世的フォルトゥナ概念は，マキァヴェッリにおいては，ルネサンス占星術などの影響下で，人間の意志力で半分は征服可能な女性的対象として表象される。ヴィルトゥも美徳を意味する用法だけでなく，意志力や技能，男性（vir）性のニュアンスを付与されている。

③ 『リウィウス論』第1巻序文から（原著 p. 76；邦訳 10 頁）
　共和国を制度だて，統治体を維持し，王国を統治し，市民軍を編成し，戦争を指導し，隷属民を導き，さらに支配権（imperio）を拡張することになると，君主にも共和国にも，これらの点を解決するのに，古代の先例に救いをもとめようとするような者は，誰一人として見当たらないのが実情である。思うに，このような古代無視の現状は，今日の宗教が世間にもたらした無気力による，と私は信ず

る。しかし，それよりはむしろ，キリスト教国家の諸地方や諸都市にひろがっている思い上がった無関心が引き起こしたものであり，また真の歴史認識の欠如によるのである。（中略）そこで私は，人びとをこのあやまちから救い出そうと考えて，ティトゥス・リウィウスの著作のうち，悠久の年月のあいだ散逸を免れて完全な形でわれわれの手元に残ったものにもとづいて著述するのが適切だと判断した。そして，古代と現代との出来事を比較して，正しく理解するために必要だと思われる事件を付け加えることにした。その結果，この論集を読む人びとは，歴史研究が目指さねばならない利益を容易に引き出すことができるであろう。

④　同書，第1巻第18章から（原著 pp. 102-104；邦訳 66, 68 頁）
　腐敗しきっている都市（città）には，腐敗を食い止めるのに十分な法律も制度もありはしない。良い習俗を維持していくには法律の裏付けを必要とするように，逆に法律が尊重されるには良い習俗にまたなければならないからである。（中略）ローマでは，統治（governo）の制度あるいは正確には統治体（stato）の制度が存在し，その後に法律があって，行政官とともに市民を統制していた。国家の制度をなす権威としては，民会，元老院，護民官，執政官があった。また行政官を選挙したり任命したりする様式や，法律を制定する様式も，制度のうちに含まれていた。このような制度はほとんど変わらなかったし，突発事があってもまったく不変であった。市民を統制する法律――姦通罪法，奢侈禁止令，選挙違反法，その他多くのことに関する法律――は，市民が少しずつ堕落するにつれて変わっていった。しかし堕落のなかでもはや良きものではなくなった国家の制度をそのままにしていたがゆえに，法律を改変しても人びとを善良に保つことはできなかった。もし法律の改革とともに制度も変えていたら，制度は役立ったであろう。（中略）このような改革をやりきるには，通常の手段では十分ではない。というのも，通常の様式が悪いからである。暴力や武力といった非常手段に訴えねばならない。したがって何よりもまずその都市の君主になっておく必要がある。そうすればみずからの様式でそれを配置することができるのである。

⑤　同書，第1巻第9章から（原著 p. 90；邦訳 39 頁）
　一般論として，次のように考えるべきである。どんな共和国や王国でも，（中略）その様式を与えるのはたった一人の人間であり，こういう人物の精神にもと

づいて制度だてがなされざるをえない。だから，一つの国家（republica）の賢慮ある立法者で，自身や自身の子孫のためではなく，共通善（bene comune）や共通の祖国（commune patria）のために貢献することを願う人物にこそ，まさに権威を手に入れるために奮闘してもらわねばならない。だからその人物が王国を制度だて，あるいは共和国を構成するのに，どのような非通常の〔＝法制度をこえた〕(straordinaria）行為をなそうとも，道理をわきまえた人ならば，とやかくいってはならない。たとえその行為が非難されるようなものでも，もたらした結果さえよければ，それでいいのである。ロムルスの例のように，もたらされた結果が立派なものなら，いつでも犯した罪はゆるされる。たんなる破壊に終始して，なんら建設的な意味のない暴力こそ非難されてしかるべきものだからである。（中略）なお，たとえ一人の人物が制度だての能力があったところで，それを維持していく負担が一人の肩にかかるようでは，とても長続きするものではない。

⑥ 『君主論』第17章から（原著 pp. 281–283；邦訳 125–128, 130 頁）

　君主たる者は，おのれの臣民の結束と忠誠心とを保たせるためならば，冷酷という悪評など意に介してはならない。なぜならば，殺戮と掠奪の温床となる無秩序を，過度の慈悲ゆえに，むざむざと放置する者たちよりも，一握りの見せしめの処罰を下すだけで，彼のほうがはるかに慈悲深い存在になるのだから。なぜならば，無秩序は往々にして住民全体を損なうが，君主によって実施される処断は一部の個人を害するのがつねであるから。そしてあらゆる君主たちのなかでも，新しい君主にとっては，新しい統治体に危険が付きまとうゆえ，冷酷の名前を逃れることは不可能である。（中略）君主は，慕われないまでも，憎まれることを避けながら，恐れられる存在にならねばならない。なぜならば，恐れられることと憎まれないことは，充分に両立し得るから。（中略）人びとが慕うのは自分たちの意に叶うかぎりであり，恐れるのは君主の意に叶うかぎりであるから，賢明な君主は自己に属するものに拠って立ち，他者に属するものに拠って立ってはならない。ただ，すでに述べたごとく，憎しみだけは逃れるように努めねばならない。

⑦ 同書，第1章から（原著 p. 258；邦訳 13 頁）

　これまで人びとのうえに支配権（imperio）を行使してきた，また現に行使している統治体（stato）すなわち領土（dominio）はすべて，共和国（republiche）か

君主国（principato）かのいずれかである。君主国は，統治者の血筋をひく者が長年にわたって君位を占めてきた世襲君主国か，新たに生まれた君主国かのいずれかである。また新たに生まれた君主国には，（中略）まったく新しい君主国と，（中略）それを獲得した君主によって世襲の国家に一員のように併合されてしまうものとがある。こうして獲得された統治体には，一人の君主のもとでの生活に慣れている場合と，自由であることに慣れている場合とがある。また獲得のしかたには，他国の軍隊による場合と自国の軍隊による場合とがあり，フォルトゥナによる場合とヴィルトゥによる場合とがある。

⑧ 『リウィウス論』第1巻第2章から（原著 pp. 80-81；邦訳 18-19 頁）
　慎重に法律を制度だてようとするほどの人なら，（中略）最初の三つの〔よき〕様式〔君主政・貴族政・民主政〕のどれをも含んだ一つ〔混合政体〕を選び，それを最も堅実で安定したものと判定するのである。というのも一つの同じ都市のうちに君主政，貴族政，平民の統治があれば，一方が他方を保護するからである。このような政体（constituzione）をつくった人びとのなかでも，最も高い名声を勝ち得たのはリュクルゴスである。彼はスパルタにおいて，国王・貴族・平民に機能を割り振りながら，みずからの法律を制度だてた人物である。（中略）ローマは，その始まりにおいて，それを制度だてて長期にわたり自由を可能としてくれる一人のリュクルゴスをももたなかった。けれども，民会と元老院とのあいだの不和から生じた多くの事件が，一人の立法者（uno ordinatore）によっては提供されなかった機会を生んだのである。

⑨　同書，第1巻第6章から（原著 pp. 85-87；邦訳 29-31 頁）
　〔ローマは〕平民には武力を与え，外国人には移住を認めて人口増大をもたらした。そこで騒動が起こるきっかけは際限なきものとなっていった。しかし，ローマの統治体（stato＝対内的統治状態）がもっと平和であったなら，逆にローマがより弱体化するという都合の悪い結果をもたらし，あの偉大さに至りうる道を遮断してしまっていたであろう。（中略）新たに国家（republica）を制度だてようとする者は，それをローマのように領土と力において（di dominio e di potenza）拡げていくべきなのか，あるいは狭い範囲に抑えておくべきかを，検討すべきであろう。（中略）みずからを維持できるように制度だてられた国家（republica）が

拡張しないでいたとしても，必然性によってどうしても拡張しなければならないことになると，その基礎はぐらつき，またたくまに崩壊するのが分かるであろう。（中略）ここではじめの議論に立ち戻ってみると，ローマの制度に範を求めるべきで，その他の国家（republica）の例はならうに値しないと私は信じる。なぜならこの二つの折衷的な様式があるとは思えないからである。

⑩　同書，第1巻第4章から（原著 pp. 82-83；邦訳 22-23 頁）
　貴族と平民との不和を非難の対象とする人びとは，（中略）どんな国家（republica）のなかにも二つの異なった傾向，すなわち平民的なものと貴族的なものとが存在することを考えてみもしない。（中略）英雄的な偉業は正しい教育によって生じ，正しい教育はよき法律から生まれる。そのよき法律は，多くの人が考え違いをして非難している，あの内紛に由来しているからである。（中略）内紛が護民官の成立の原因であるなら，その内紛さえも評価されるに足るものである。（中略）それは平民の行政にその所を与えただけでなく，ローマの自由の守護者としても構成されていたからである。

⑪　『君主論』第12章から（原著 p. 275；邦訳 91 頁）
　君主に必要なものはよき土台である。さもなければ必然的に滅びざるをえない。すべての統治体が，新しくても古くても，あるいは複合のものであっても，持つべき土台の基本とは，よき法律とよき軍備である。そしてよき軍備のないところによき法律はありえず，またよき軍備のあるところには必ずやよき法律があるであろう。

⑫　『リウィウス論』第2巻第2章および第1巻第12章から
　古代の平民が現代の平民に比べて自由に対して激しい愛着を燃やしたのはなぜかと自問してみるに，（中略）昔の宗教のあり方と今日の宗教〔キリスト教〕との落差に由来しているのだと思う。事実，当節の宗教はわれわれに真理と正しい生き方とを啓示はするけれども，現世の名誉という点では導くところは少ない。ところが古代の異教徒は現世の名誉に重点を置き，これを最高の善と考えていたので，古代人の行動には一段と力がこもったわけである。（中略）ところが今日われわれの宗教は，活動的な人よりは観想的な人をもちあげる傾向がある。その

うえ現代の宗教は，服従，謙遜を最も貴いことと考えて，人間が対処せねばならない日常の事柄を蔑む。(第2巻第2章，原著 p. 149；邦訳 177-178 頁)

　教会はイタリアを昔からいままで一貫して分裂させてきたのである。(中略) 教会は世俗的支配権 (imperio temporale) に安住しそれを保持してはいた。(中略)〔しかし〕教会はイタリア全土を掌握するほどの力はもたず，かといって他の国がそうするのを許さないだけの力はもっていたのである。(第1巻第12章，原著 p. 96；邦訳 51 頁)

⑬　同書，第2巻第5章から (原著 p. 154；邦訳 189 頁)

　〔古い時代の記憶が薄らいだ理由として〕人間から出たものとしては，宗派 (sètte) と言語 (lingue) が変わったことがある。新たな宗派すなわち新たな宗教が現れてくるばあい，まず最初の関心は，みずからに名声を付すために古いものを根絶することだからである。新たな宗派を制度だてる者たちが異なった言語を用いれば，廃絶は容易である。この点については，キリスト教の宗派が異教に対してとった様式を考慮すれば分かる。キリスト教は〔それまでの〕あらゆる制度と祭儀をご破算にし，古代神学にまつわるあらゆる記憶を一掃してしまった。

⑭　『フィレンツェ政体改革論』から (原著 pp. 30-31；邦訳 148 頁)

　私は，人間が得ることのできる最大の名誉はその祖国が喜んでその人に与える名誉であると信じる。人間のなしうる最大の善行，神を最も喜ばせる行為とは祖国のためになされる行為である。このほか人間の行為のなかで最も尊敬の的となるのは法律や制度 (istituti) を用いて共和国や王国を改革する行為である。これらの人びとは神がみの次に最も称賛される人びとである。

Niccolò Machiavelli, *Il Principe* (1513), *Discorsi sopra la prima deca di Tito Livio* (1513-1519), *Discorso sopra il riformare lo stato di Firenze* (1520)〔原典：*Tutte le opere*, a cura di Mario Martelli (1971), Firenze: Sansoni〕；永井三明訳『ディスコルシ』マキァヴェッリ全集 2，筑摩書房，1999 年，河島英昭訳『君主論』岩波文庫，1998 年，石黒盛久訳「小ロレンツォ公没後のフィレンツェ統治論」マキァヴェッリ全集 6，筑摩書房，2000 年。河島英昭訳『君主論』(岩波文庫，1998 年)。原著のページは Martelli 版原典の頁数。なお，訳文は既存の邦訳を参照しつつ一部変更ないし訳し直してある。訳文中の〔　〕は引用者による補足。

〔厚見恵一郎〕

● 第Ⅲ部　近代

トマス・モア
Thomas More, 1477/78–1535

『ユートピア』(1516年)

モアの生涯と時代背景

　トマス・モアは1477年あるいは1478年にロンドンで生まれた。当時のイギリスは王位継承をめぐって，有力貴族が争う「ばら戦争」の時代であったが，1485年にこの戦争を実力で終結させたヘンリー7世によって，近代国家としての基礎が築かれようとしていた。学問・思想としては，イタリアから始まる古代ギリシア・ローマの学芸の復興・研究，ルネサンス・ヒューマニズム（人文主義）がイギリスにおいても盛んになろうとしていた時代であった。

　モア自身，1492年頃からオックスフォード大学で古典文芸を学ぶが，弁護士である父親の勧めから法学院で法律を学び，1499年頃から判事となる。また1504年に下院議員，1510年にロンドン市の司政長官補など，法律や政治の実務に携わっている。他方，1499年に現在では「キリスト教ヒューマニズム」と呼ばれる運動の中心人物，エラスムスと知り合い，友情を深めていく。その運動はギリシア・ローマ古典だけではなく，聖書や教父哲学のようなキリスト教古典も研究し，その成果を社会改革のために用いる実践的なものでもあった。

　『ユートピア』出版以後も，1521年に財務次官，1523年に下院議長，1529年に国王を除く行政の頂点である大法官となる。ただ，1523年に匿名で出版した『反ルター論』以後，当時の宗教改革者を激しく批判する論争書を多く出版し，カトリック教会に対する信仰の強さから，イギリス国教会成立に抵抗するようになる。

　モアは1532年に大法官を辞任し，1534年に国王（ヘンリー8世）を国教会の最高の首長と認めることを拒否し投獄され，1535年に大逆罪として処刑される。モアの死は，政治的には近代国民国家の成立に対して，中世的なキリスト教社会

の実在とその普遍的統一を死守しようとしたものであった。

『ユートピア』の世界

『ユートピア』は1516年に出版され，ラテン語で書かれたものである。この作品にはエラスムスを含む当時のキリスト教ヒューマニストの多くが推薦の書簡を寄せているように，この運動のなかでまず理解する必要がある。また「ユートピア」（「どこにもない場所」という意味の，モアがギリシア語から造語した言葉）島は当時「発見」された「新世界」にあるといわれ，コロンブスのアメリカ発見（1492年）以後の情報をいち早く取り入れたものでもある。つまり，古代ギリシア・ローマや新大陸の世界から得られた知識をもって，当時のヨーロッパの世界を批判的に考察した作品であるといえる。

第1巻では当時の支配者が国内の繁栄よりも他国の侵略，民衆の豊かさよりも自分たちの富の増大に策略をめぐらしていることが批判されている。とくにイギリスに関しては，「囲い込み」が批判されている（引用①）。新大陸に旅行したヒュトロダエウスという架空の人物による，このような批判を聞いていた文中の登場人物である「モア」がより現実にあった改革のための哲学の必要性をいうが，ヒュトロダエウスは諸悪の根源に私有財産制があると指摘し，それが廃止された「ユートピア」という架空の島国について語りだす（引用②・③）。

第2巻は「ユートピア」の描写であり，政治的には共和政体（引用④），経済的には貨幣が存在しない共有制をとり，万人が労働するために豊かな社会であるが，その目的は万人の精神の「自由と教養」を確保することにある（引用⑤・⑥）。最後にまたヒュトロダエウスは「金持ちの共謀」として当時のヨーロッパを激しく批判する（引用⑨）。

『ユートピア』の解釈と意義

この作品は一般にはモアの理想国家を物語ったものであるとされているが，②や③に引用したように，少なくとも文中の「モア」は「ユートピア」の語り手，ヒュトロダエウスと見解は一致していない。また，⑦・⑧で引用したように，理想国家といわれる「ユートピア」にも奴隷や戦争が存在する。

結局，『ユートピア』は理想国家を一方的に提出したものでもなく，またたんなる夢物語でもなく，現実的な要素も含んだ政治的著作として理解すべきであろう。この作品の意義は何よりも現実社会を批判的にとらえ，その根本的問題を指摘しながら，それと対照的な国家を具体的に描くことによって，より善い政治社会を読者に探究させる思考実験の書であることにある。

● 第Ⅲ部　近代

① 『ユートピア』第1巻（原著 pp. 64, 66；邦訳 74-76 頁）
　羊は非常におとなしく、また非常に小食だということになっていますが、今や（聞くところによると）大食で乱暴になり始め、人間さえも食らい、畑、住居、町を荒廃し、破壊するほどです。この王国で特に良質の、したがってより高価な羊毛ができる地方ではどこでも、貴族、ジェントルマン、これ以外の点では聖人である何人かの修道院長さえもが、彼らの先代当時の土地収益や年収入だけでは満足せず、また無為に、贅沢に暮らして、公共のために有益なことは何もせず、それどころか有害なことしかしません。（中略）
　飽くことを知らない貪欲、祖国をむしばむ恐ろしい疫病である貪欲というものによって、畑が併合され、何千エーカーもある土地が一つの垣根で囲い込まれ、小作人たちが追い立てられるのです。（中略）彼らは、自分たちのなつかしい、住みなれた家から出て行きますが、身を宿すところを見つけることはできません。（中略）あとは盗みをやって、そのあげく正当にも絞首刑に処せられるか、それとも放浪しながら物乞いするか、この両者以外にはどういう道が彼らに残されているでしょうか。

② 同書，第1巻（原著 pp. 98, 100；邦訳 105-109 頁）
　〔文中の「モア」によれば〕どんな命題でもどこでも通用すると考えるような観念的な哲学なら〔君主たちの参議会に〕入り込む余地はありません。しかし、より政治的な哲学があります。それは自分の登場する幕を知っていて上演中の作品に自分を合わせ、自分の配役を型通りに立派に演じる哲学です。（中略）
　間違った意見を根こそぎにしてしまえなくても、習慣で根をおろしてしまったいろいろの悪をあなた〔ヒュトロダエウス〕の心からの確信どおりに癒すことができなくとも、国家を見捨ててはいけません。（中略）聞き慣れぬ新奇な話を押し売りしてはいけません。むしろ紆余曲折しながら全力を尽くしてすべてをうまくさばくように、また改善できないものは、少なくともなるべく悪化しないようにと試み、励まねばなりません。というのも、万事がうまくゆくということは、すべての人が善人でない限り不可能ですから。（中略）
　もし私〔ヒュトロダエウス〕が、プラトンが『国家』のなかで仮想していること、またはユートピア人たちが彼らの国家で実行していること、これらについて語った場合、いかにそれが優れたものであろうとも（事実優れているのは確かで

すが）風変わりに見えるでしょう。なぜならこちらでは各人に私有財産があるのに，あちらではすべてが共有ですから。だが，私の話には（中略）どこでも言ってよいとは限らぬものとか，どこでも言ってはならぬものがありますか。もしも人間の歪んだ生活習慣のために風変わりに思われることをみな途方もなくばからしいとして捨てねばならないなら，キリストが教えたもうことの大部分をキリスト者たちの間でそっと隠しておかなければなりません。

③　同書，第1巻（原著 pp. 104, 106；邦訳112-113頁）
　私〔ヒュトロダエウス〕は私有財産がまず廃止されない限り，ものがどんな意味においてであれ，公正，正当に分配されることはなく，人間生活の全体が幸福になるということもないと確信しております。それが残存する限り，人類の大多数を占める最善の人々の間には貧困と辛苦と心配という避けられぬ重荷がいつまでも残るでしょう。（中略）法律を作って，誰も一定面積以上の土地を所有してはならないと決めたり，各人の財産に法定の限度を設けたりしたとします。また君主があまり強大になり過ぎたり，民衆がたかぶり過ぎるのを予防するような法律を作ったとします。（中略）このような法律によって，（中略）いろいろの悪弊も，軽減され緩和されはすると思います。しかし各人のものが私有である限りは，そういう悪弊が快癒して，良好な状態に戻るという望みはまったくありません。（中略）
　私〔モア〕には逆にすべてが共有であるところでは人は決して具合よく暮らしてゆけないように思えます。自己利得という動機から労働に駆り立てられることもなく，他人の勤労をあてにする気持ちで不精者になり，誰も働かないようになれば，物資の豊富な供給などはいったいどうしてありえましょうか。

④　同書，第2巻（原著 p. 122；邦訳130-131頁）
　30世帯が1単位で毎年1人の役人を選び，（中略）部族長と呼んでいます。各10人の部族長とその家族の上には（中略）部族長頭領が置かれています。そして200人の部族長たちは，公益上最適任と考える人物を選びますという宣誓をした後で，民衆が彼らに対して指名した4人のなかから，秘密投票によって1人を都市統領に選びます。（中略）頭領たちは3日おきに，また必要とあればもっとしばしば集まって都市統領と協議します。（中略）重要だと考えられる問題は何

でも部族長会に持ち込まれ，部族長たちはそれぞれの世帯の人たちと話し合った後，自分たちの間で協議し合い，その結論を長老会議に報告します。ときには問題が全島会議に持ち込まれることもあります。

⑤　同書，第 2 巻（原著 pp. 124, 126, 128, 134；邦訳 133–135, 141 頁）
　一つの仕事は，すべての人に男女の別なく，一人の例外もなく課せられており，それは農業です。農業についてはすべての人が子供の頃から教え込まれ，一部には学校での理論教育を通じ，一部には都会周辺の農村地帯に連れ出されて遊びがてらに教え込まれます。(中略)
　部族長の主な，あるいはほとんど唯一の任務は，怠けて座り込んでいる者が一人もいないように，皆が自分の職業に勤勉に携わるように，しかも荷役の動物のように朝早くから夜遅くまで絶えず働き続けて疲労しきったりすることはないようにと注意し，監督することです。(中略) 彼ら〔ユートピア人〕は夜も含めて一日を 24 時間に等分し，そのうち 6 時間だけを仕事にあてます。(中略)
　仕事，睡眠，食事などの間にある時間は各人の自由裁量にまかされていますが，それはこの時間を贅沢と無精で悪用するためではなく，仕事から解放された時間を心の向くままに何かの活動でよく生かすためです。たいていの人はこの中休みの時間を学問のために用いています。(中略)
　あそこの国家の制度は何よりもまず次のただ一つの目標を追求しています。すなわち，全市民に対して，公共の必要という点から許される限り最大限の時間を，肉体的苦役分から解放し，精神の自由と教養のために確保することです。そこにこそ人生の幸福があると彼らは考えているのです。

⑥　同書，第 2 巻（原著 p. 146；邦訳 152 頁）
　居酒屋もビヤホールもなく，どこにいっても売春宿はなく，堕落する機会も，隠れ場所も，密会所もなく，かえってみんなの目がどこでも見ているので，人々はどうしても平生の労働に携わるか，または不名誉でない閑暇を楽しむか，そのどちらかを選ばざるをえません。人々の生活風習がこういう風であれば，その結果としてあらゆる物資が豊富に満ち溢れざるをえませんし，またその物資はみなに公正に分配されますから，人が貧乏であるとか，乞食になるとかいうことはありえないのも当然です。

⑦　同書，第2巻（原著 p. 184；邦訳 188-189 頁）
　彼らが奴隷として保有している人たちは（中略）戦争捕虜でもなく，奴隷の子孫でもなく，いわんや他の民族から奴隷として手に入れることのできる人たちでもありません。それは自分たちのところで犯罪を犯して奴隷身分に成り下がった者か，他国の都会で何かの悪行のゆえに死刑の宣告を受けた人です。

⑧　同書，第2巻（原著 pp. 198, 200；邦訳 203 頁）
　戦争はまさに野獣的なものだけれども，どんな野獣でも人間ほど絶え間なくそれに従事しているものはないとして，彼らは戦争を極端に嫌っており，他のほとんどすべての民族の風習とは反対に，戦争で求められる栄光以上の不栄光はないと考えています。たしかに，彼らは男も女も一定の日を決めてつねに軍事教練をやって，必要なときに戦闘能力に欠けることがないようにはしています。しかし，彼らは自分たちの国境を防衛するためか，友邦の領土に侵入した敵を撃退するためか，それとも僭主制で圧迫されている民族に同情して（これは人情からします）彼らを僭主制の桎梏と隷属状態から解放してやるのでなければ，軽率に戦争という手段に訴えることはしません。

⑨　同書，第2巻（原著 p. 240；邦訳 241-242 頁）
　どこでもよいのですが，今日繁栄しているような国家を思い浮かべ，しばらく歩を留めたところで私が行き当たるのは，（中略）公共社会〔国家〕という名と権利を利用して私利をむさぼる金持ちの共謀のようなもの以外は何もありません。彼らはまず悪辣な手段でかき集めたものを失う心配なく保持していくために，それから貧乏人たちみんなの労苦と労働をなるべく安く買ってそれを悪用するために，ありとあらゆる方法，術策を考案，案出します。そしてこれらの術策は，金持たちが公共（それには貧民も含まれます）の名においてこれを実行するや否や，法律になってしまうのです。

　　邦訳は基本的には澤田昭夫訳『ユートピア』（改訳）中公文庫，1993 年を用いているが，Thomas More, *The Complete Works of St. Thomas More, vol. 4, Utopia*, ed. by Edward Surtz and J. H. Hexter, Yale University Press: New Haven and London, 1965 を参照して，一部変更している。

　　　　　　　　　　　　　　　　　　　　　　　　　　　　　　　　　　　［菊池理夫］

マルティン・ルター
Martin Luther, 1483–1546

『キリスト者の自由』(1520 年)
『ドイツのキリスト教貴族に与える書』(1520 年)
『この世の権威について』(1523 年)

■ **ルター思想全体を貫く二つのライトモチーフ** よく知られているようにドイツの宗教改革は，マルティン・ルターが 1517 年に「九五ヶ条の提題」をヴィッテンベルク城教会の扉に掲げて，当時ローマ・カトリック教会が熱心に推進していた免罪符販売にたいして問題提起をおこなったことで始まったとされる。ルターは神学者（職業はヴィッテンベルク大学神学部教授）であったが，信仰義認論を出発点とするかれの神学思想と密接に結びついた政治思想を展開していった。ルター政治思想の意義は，ルター自身の自負にしたがって言えば，神権政治的イデオロギー——つまり世俗権力にたいする教会権力の絶対的優位を主張する立場——を退けながら政治権力の基礎づけを神学の観点からおこなった点にある。

ルターの思想全体を導く二つのライトモチーフを指摘するならば，それは神との関係と他者との関係である。『キリスト者の自由』(*Von der Freiheit eines Christenmenschen*, 1520) の冒頭は，主人と僕という相矛盾する二つの存在様式を提示することで，上のライトモチーフを簡潔に描き出している。神との関係において中心となる考え——しかもルター神学思想の核心——は，人間が神によって義しいと認められて罪から解放されるのは正しいおこないによってではなく，信仰をつうじてであるとする信仰義認論である。他者との関係においては，信仰義認によって義とされた人間が他者に奉仕するという隣人愛の思想が中心となる。両者を軸とする神学思想が，政治思想の基礎となっているのである。

■ **教会の脱権力化と階層的秩序の解体** 信仰義認論は，義認の領域から行為，習慣，身分，制度，権力組織を外的なものとして追い出すことになるが，同時に神権政治的イデオロギーの解体に寄与

する。とりわけ決定的な点は、中世的な階層秩序観を万人司祭の思想が克服したことである。

　教皇、司教、司祭、修道士の「霊的身分」が領主、職人、農民の「世俗的身分」よりも上に立つ身分であるとする中世的な秩序観は、まさに神権政治的イデオロギーにとって好都合の考え方であった。これにたいして万人司祭の思想は、『キリスト教の改善に関してドイツのキリスト教貴族に与える書』(*An den christlichen Adel deutscher Nation von des christlichen Standes Besserung*, 1520) が示すように、すべてのキリスト者が霊的意味において等しく司祭であると主張して、霊的身分と世俗的身分の違いを価値の秩序における上下関係ではなく、たんなる職務の違いとして捉えることで、中世的階層秩序観の克服に貢献するのである。

二王国論と近世への転換

中世的階層秩序観の克服という思想的成果を踏まえつつ、世俗権力の基礎づけと妥当範囲の確定をおこなったのが、『この世の権威について、ひとはどの程度までこれに服従する義務があるか』(*Von weltlicher Obrigkeit, wie weit man ihr Gehorsam schuldig sei*, 1523) である。ルターは二王国論と呼ばれる枠組みを用いて、人間を「神の国」と「この世の国」の二つの集団に分類した上で、「霊的統治」と「この世の統治」の二つの統治様式を導きだす。世俗権力の存在理由は、「この世の国」に属する人間の罪を抑制しつつ善人を保護して平和を維持する「この世の統治」の機能にある。「神の国」に属する真のキリスト者は「この世への統治」の働きを積極的に支持しなければならない。こうした関与は他者の便益への奉仕という隣人愛の観点から正当化されており、『キリスト者の自由』の冒頭で示されたライトモチーフの展開にほかならない。

　世俗権力の妥当範囲に関するならば、二つの統治の「区別と共存」を説く二王国論は二つの介入、すなわち教会的権威による「この世の統治」への介入と、世俗権力による信仰問題への介入を禁じる。ここには、のちの歴史的展開（農民戦争、再洗礼派弾圧、領邦君主的教会統治）において開花を妨げられたとはいえ、近代リベラリズムの核となる「良心の自由」の原理の萌芽が認められよう。しかしまた同時にルター政治思想は、ドイツ史の文脈からみるならば領邦国家の形成という歴史的過程との相関性を示しており、より巨視的にみて西洋政治思想史の文脈においては中世から近世への転換における世俗権力の自立化現象に符合している。

● 第Ⅲ部　近代

① 『キリスト者の自由』（原著 p. 21）
　キリスト者は，すべてのものの上に立つ自由な主人であり，だれにたいしても従属しない。キリスト者は，すべてのものに奉仕する僕であり，あらゆる人に従属する。（中略）自由と奉仕に関して矛盾し合う，この二つの言明を理解するには，いかなるキリスト者も二重の性質をもつこと，すなわち霊的な性質と身体的な性質をもつことを考慮しなければならない。キリスト者は，魂の面からみれば霊的で新しくかつ内的な人間と呼ばれるのであり，肉と血の面からみれば身体的で古くかつ外的な人間と呼ばれる。（中略）さて内的な霊的人間を取り上げて，義しく自由なキリスト者であるためには，またそのように呼ばれるためには，なにが必要であるのかを見てみよう。すると，外的なものによっては，それがなんと呼ばれるにせよ，人間は自由になることも，また義しいものなることも不可能であるという事態が明らかになる。

② 『ドイツのキリスト教貴族に与える書』（原著 p. 409；邦訳 204 頁）
　ちょうど聖職者と現在呼ばれるひとびと，つまり司祭，司教，教皇が，神の言葉やサクラメントを管理するというそのわざや職務による以外には，他のキリスト者よりも品位あるものとして区別されることがないのと同じく，世俗権力は，悪しき者を罰して正しき者を保護するための剣と鞭を有する。靴屋，鍛冶屋，農夫は，それぞれ自分の手仕事の職務とわざをもっている。しかも，かれらはみな同じように聖別された司祭であり司教なのであって，それぞれ自分の職務とわざとをもって他者の役にたち，他者に仕えなければならない。

③ 『この世の権威について』（原著 pp. 249–251；邦訳 146–149 頁）
　ここで私たちはアダムの子ら，すなわちすべての人間を二つの部分に分けなければならない。第一は神の国に属する者，第二はこの世の国に属する者である。神の国に属する者はキリストのうちにあり，キリストのもとにある真の信仰者すべてである。（中略）これらの人々はこの世の剣も法も必要としない。そして全世界が真のキリスト者，真の信仰者であるなら，君侯も王も領主も剣も法も不要であり無用であろう。（中略）この世の国あるいは律法のもとには，キリスト者ではないすべての者が属している。つまり，信じる者は少なく，キリスト教的態度に従って悪人に手向かわず，いやさらに自分も悪を行わない者はもっと少ない

のだから，神はキリスト教的な身分，すなわち神の国のほかに，キリスト者でない人たちのためにさらに一つの統治を作って，彼らを剣のもとに服するようにしたのである。(中略) もしもこの世の剣が存在しないとすれば，世界全体が悪しき状態となろう。しかも，真のキリスト者は 1000 人に 1 人もいないので，ひとびとは互いに噛みつき合い，その結果だれも妻子を養うこと，生計を立てること，神に仕えることができず，かくして世界が荒廃することであろう。それゆえ神は二つの統治を定めた。ひとつは，キリストのもとで聖霊によってキリスト者や敬虔なひとびとをつくる霊的統治であり，もうひとつが，非キリスト者や悪人を抑制して，かれらの意思に関係なく外的に平和を保持させ，平穏にさせるこの世の統治である。

④　同書（原著 p. 253；邦訳 152-153 頁）
　真のキリスト者は，地上においては自分自身のためにではなく，隣人のために生きて仕えるのだから，自分では必要としないが隣人には有益で必要なことを，みずからの霊の本性からおこなう。ところで，剣は平和を維持して，罪の懲罰によって悪人を抑制することで，全世界にとって大いに必要な益をもたらす。それゆえキリスト者は，心から喜んで剣の統治に服するのであり，税金を納め，権威を尊び，奉仕と援助をおこない，権力に寄与することはすべて実行する。

⑤　同書（原著 p. 264；邦訳 170 頁）
　信じるか信じないかということは，各人の良心にかかわる事柄である。そのことによってこの世の権力に損害が生じないのだから，権力も安心してみずからの仕事に専念し，信仰についてはひとびとの能力と意志に任せて，いかなる者も権力でもって強制してはならない。というのも，それは信仰を求める自由なわざであって，いかなる者も強制して信じさせることはできないからである。

　　『キリスト者の自由』：原著はヴァイマール版『ルター全集』(*D. Martin Luthers Werke. Kritische Gesamtausgabe*, Weimar: Herrmann Böhlau, 1883ff.) の第 7 巻を指す。『キリスト教貴族に与える書』：原著はヴァイマール版『ルター全集』の第 6 巻（印具徹訳『ルター著作集』第 1 集第 2 巻，聖文舎，1963 年）を指す。『この世の権威について』：原著はヴァイマール版『ルター全集』の第 11 巻（徳善義和訳『ルター著作集』第 1 集第 5 巻，聖文舎，1967 年）を指す。なお，上記の邦訳も含めて部分的に修正してある。

　　　　　　　　　　　　　　　　　　　　　　　　　　　　　　　　［木部尚志］

ジャン・カルヴァン
Jean Calvin, 1509–1564

『キリスト教綱要』(1559 年)

| その生涯　　フランス北部・ピカルディ地方の司教座都市ノワイヨンに生まれたジャン・カルヴァンは青少年時代，父親の勧めによって当初カトリック神学や法学を学んだが，彼の主たる関心は古代ギリシア゠ローマの古典研究に向けられていた。父の死後，パリの王立教授団で修行を積んだカルヴァンは 1532 年，『セネカ寛仁論注解』を公刊して，若き人文主義者としての力量を世に問う。しかしその後すぐ，彼自身が言うところの「突然の回心」が起こり，以降カルヴァンは，フランス語圏における宗教改革運動の指導者となる。

　迫害を受けて祖国を後にした彼はスイスのバーゼルに赴き，そこで 1536 年『キリスト教綱要』(ラテン語初版。ラテン語最終版は 1559 年刊。以下『綱要』と略記) を著して，宗教改革者としての名声を高めた。同じ年，カルヴァンは偶然立ち寄ったジュネーヴで協力を要請され，この都市共和国における宗教改革運動に終生かかわることになる。1540 年代に入ると彼は，『ジュネーヴ教会信仰問答』を通じて都市民兼教会員の信仰的一致を，また『教会規則』を通じて（同じ宗教改革陣営に属しつつも，ルター派とは区別された意味での）改革派教会の堅固化を図る。カルヴァンはその後もしばらく，教会の統制を嫌う都市民や，正統的な教理を否定するセルベトゥスらとの闘争を続けたが，1550 年代の終わりには，彼の人格的な感化力と長老制度などに裏打ちされた教会の組織力，そしてジュネーヴ・アカデミーでの教育とによって，レマン湖畔の通商都市を全欧的なプロテスタンティズムの拠点とするにいたるのである。

| 政治的保守性　　ルターら第一世代の宗教改革者たちの主たる論敵がローマ・カトリック教会の神学者だったのに対し，カルヴァンは新たに，初期宗教改革運動から派生した急進派（いわゆる再洗礼派）との対決をも担

当しなくてはならなかった。当時,急進派は世俗の政治秩序を軽視していると噂されていた。そのため彼は,宗教改革運動そのものが社会変革と直結するものではないことを弁明する必要に迫られる。『綱要』は,序文として仏国王フランソワ1世への手紙を冒頭に掲げるが,そこにもこの弁明は示されている（引用①）。また『綱要』では再三,急進派が（教会秩序にかかわる）霊的統治と（世俗秩序にかかわる）政治的統治との区別を解消したことへの批判が記されているが,そのことは,世俗の政治秩序を人間の生存そのものにとっての必要条件とするカルヴァンの立場を強く印象づけることになる（引用②・③）。このように,急進派の言動に対する警戒によって,カルヴァン自身の政治思想は保守的なトーンを帯びてゆくことになる。

さて,『綱要』最終版の中で政治にかかわる議論はおもに第4巻20章（最終章）で展開されるが,この第4巻は全体として教会を論じる箇所である。急進派を批判したカルヴァンにとっても,政治的統治は教会と同じく,宗教的な目的に照らし合わせて考えるべきものだったのである（引用④）。その第4巻最終章では主として,政治的統治に関する三つの論点が取り上げられている。為政者,法律そして人民である。為政者についてはその人格にではなく神の是認した職務に対するザッハリヒな尊重が,法律については衡平を規準とした立法の要請が,そして人民については人民の自由を擁護する諸制度に対する評価がここでは語られており,それぞれ近代的な政治思想の先駆として注目に値するが（引用⑤・⑥・⑦・⑧）,これらの議論もカルヴァンその人にあっては全体として,先述した保守的な枠組みを突破するには至ってないと言えよう（引用⑨）。

後代への影響

ただし,カルヴァンによってプロテスタント教会は強固な理論化と自律性を見た（引用⑩）。この組織性に秀でた教会と世俗権力との協働に彼は神の栄光を目指す現世の秩序化を期待するが（引用⑪）,このことは,世俗権力が教会とのパートナーシップを拒否するとき,教会が世俗権力の正当性を問いただす主体になりうる可能性を導き出す。じっさい,16世紀後半のフランス宗教戦争はこの文脈から理解されるべきである。また『綱要』全体の最後に記された,宗教的な観点からする抵抗義務の主張も,意義づけの仕方如何によって,信教の自由を根拠にした抵抗権発動の論理に結びついていくであろう（引用⑫）。

● 第III部　近代

① 『キリスト教綱要』序文から（原著 III, p. 29；邦訳 I, 42 頁）
　もしある者たちが福音を口実に騒乱を起こし（そのような者が陛下の王国にいたことはいままで知られていません）[1]、またもしある者たちが神の恩寵である自由を口実に勝手気ままに罪を犯すならば（そのような者が多数いることを私は知っています），法律と法律による刑罰とが存在しますから，彼らはその罪科に応じて十分罰せられるでしょう。けれどもいまは，神の福音が不信心者の悪のゆえに，冒瀆されてはならないのです。

② 同書，第 4 巻 20 章 2 節から（原著 V, p. 473；邦訳 IV/2, 232–233 頁）
　私たちがこのような区別〔霊的統治 regnum spirituale と政治的統治 regnum politicum との区別〕をしたのは，政治の領域がことごとく，キリスト者と何ら関わりがないほど汚らわしいものだ，と見なすためではない。（中略）もし，私たちが真の祖国[2]をあこがれている間は地上を遍歴する身であり，また地上の遍歴にはそのような〔政治的統治による〕助けが必要だということが神の意志であるならば，この助けそのものを人から取り上げる者は，人間から人間性を奪い去るのである。教会には法律を不必要とするに十分なだけの完全さがあるべきだ，と言い立てる者たちもいるが，彼らは，人間社会の中に決して見出すことのできないものを，愚かしくも空想しているのである。

③ 同書，第 4 巻 20 章 3 節から（原著 V, p. 473；邦訳 IV/2, 233 頁）
　いま私たちがはっきり理解しておきたいのは，それ〔政治秩序 politia〕をなきものにしようとすることが恐るべき野蛮行為だということ，政治秩序から得られる益は人間のなかで，パンや水や太陽や空気のそれに劣らないということ，さらに政治秩序の価値はそれらのものよりはるかに優越しているということである。

④ 同書，第 4 巻 20 章 2 節から（原著 V, p. 473；邦訳 IV/2, 233 頁）
　〔政治的統治には〕「私たちが人々の間で生きる限り，神に対する礼拝行為を育成・保護し，敬虔の健全な教理と，教会の立場とを守り，私たちの生活を人間社会に適応させ，私たちの生き方を世俗社会の正義に合わせて整え，私たちを互いに和解させ，公的な安寧と静謐とを維持する」という目的が定められている。

⑤　同書，第4巻20章4節から（原著 V, p. 475；邦訳 IV/2, 235 頁）
　王たち reges や他の上位者たち praefecti が地上において万般のことがらに対する決定権を持つのは，人間的な邪悪さにもとづくことではなく，神的な摂理と聖なる秩序とにもとづくことなのであり，神は人間のもろもろの問題がこのように管轄されることを良しとしたのである。

⑥　同書，第4巻20章22節から（原著 V, pp. 493–494；邦訳 IV/2, 257 頁）
　〔パウロはローマ書13章で認めている。〕彼ら〔臣下たち subditi〕は，神そのものに仕えるようにして，かの者たち〔君主たち principes および上位者たち〕に従うべきである。というのは，かの者たちの権力は神からのものだからである。ただし私は，かの者たちの人間性について論じているのではない。すなわち，かの者たちの威厳が仮面となって，その愚劣さ・怠惰・残忍さそして邪悪で破廉恥に満ちた行状をも隠し，ついには悪徳が美徳の誉れを得る，ということを論じているのではない。そうではなく私はただ，かの者たちの地位 ordo がそれ自体，誉れと敬いとに価するということを言っているのである。

⑦　同書，第4巻20章16節から（原著 V, pp. 487–488；邦訳 IV/2, 250 頁）
　私が語ってきたことは，私たちがすべての法律を次の二つの論点について洞察すれば明快に理解されるであろう。すなわち法律制定 constitutio という論点，およびその法律制定が基礎を置きかつ依拠するところの衡平 aequitas という論点である。衡平は自然にもとづくものであるから，万人を通じてひとつでなければならない。したがってまた，あらゆる法律は，どの問題を取り扱ったものであろうと，この同一の衡平をさし示さなければならないのである。法律制定に関していえば，これは状況に即し，その状況に部分的に依存しているのであるから，すべてがひとしく同一の衡平を目指していさえすれば，差異があることは何ら差し支えない。さて，私たちが道徳的律法と呼ぶ神の法[3]は，自然法の証しと，神によって人間の魂に刻まれた良心の証しにほかならないことは明らかであるから，いま私たちが語っている衡平の根拠は，この中に規定されているのである。したがって，この衡平のみが一切の法律の目的・規範そして限界でなければならない。

⑧　同書，第 4 巻 20 章 31 節から（原著 V, p. 501 ; 邦訳 IV/2, 265-266 頁）

　私たちには，〔勝手な支配者に対しても〕ただ服従し忍耐することのほか，何ごとも命じられていない。けれどもこれらのことをみな，私は私人 privati homines について語っているのである。すなわち，私人ではなくて，人民を擁護するために，王たちのほしいままを抑制する為政者 magistratus が今日立てられているならば（たとえば，むかしスパルタの王たちには監督役たち ephori が対置され，あるいはローマの執政官ら consules には護民官たち tribuni plebis が対置され，あるいはアテネでは元老院 senatus [4] に対置されるデマルコイ demarchi がいたごとくである。おそらくこれは今日で言えば，それぞれの王国で三身分 tres ordines が会議を開いて行使する権能に相当するであろう），これらの為政者が職務上王たちの凶暴なわがままを断ち切るのを，私は決して禁じない。いや，王たちが無節度に突進し，しもじもの人々を苦しめているのを見て見ぬふりをするならば，彼らの虚偽は邪悪な裏切り行為となっていると，私は断言する。なぜなら彼らは，神の定めによって人民の自由の擁護者として自分が立てられたことを知っていながら，これを偽りによって裏切るからである。

⑨　同書，第 4 巻 20 章 24-25 節から（原著 V, pp. 495-496 ; 邦訳 IV/2, 259 頁）

　たしかに正しい王たちに愛と尊敬とを捧げるのに少しも劣らず，暴君たち tyranni を憎悪と呪詛とによって侮蔑するのは，つねに人間のうちにある生得の感情である。しかし（中略）私たちは，私たちに対してその職務を正当かつ誠実にしかるべく果たす君主らの支配に服するだけでなく，何らかの意味で物事を治めるすべての者が，たとい君主としての義務を果たしていないとしても，彼らに服するべきなのである。（中略）不正かつ無節度な支配をする者もやはり，人民の不義を罰するために主なる神によって起こされたものなのである。

⑩　同書，第 4 巻 10 章 27 節から（原著 V, pp. 189-190 ; 邦訳 IV/1, 239 頁）

　第一にこのことを把握しなくてはならない。すべての人間社会において，公的な安寧を育成し一致を維持するためには，ある政治秩序が必要であることを私たちは知っている。また，諸般のことがらを行うに際し，ある種の流儀があなどられないということも，社会的な対面を保持する上では重要であり，また，人間性そのものもそれを求める。そこで，このことは特に諸教会において守られねばな

らない。教会というものは、すべてのことがらが正しく整えられた制度によってこそ最もよく支えられ、この一致を欠くならば、教会はもはや全くなくなるのである。

⑪　同書、第4巻11章3節から（原著 V, p. 199；邦訳 IV/1, 251 頁）
　ちょうど為政者が刑罰と肉体の拘禁とによって教会を躓きからきよめるように、その逆に、神の言葉に仕える人[5]は、多くの人が罪を犯すことのないようにして、為政者を助けなければならない。このように双方のつとめは、互いに他を助け合い妨げをしない、というふうに結びつくべきである。

⑫　同書、第4巻20章32節から（原著 V, pp. 501–502；邦訳 IV/2, 266 頁）
　しかし、上位者たちの命令に対して捧げねばならない、と私たちの説いた服従には、つねに次の例外がある。あるいは、例外と言うよりもむしろ、第一に守らなければならないことがある。それは「上位者たちへの服従は、私たちを神——すなわち、その意志のもとにすべての王たちの誓いが置かれ、その定めるところに王たちのもろもろの命令が従属し、その威厳のもとに王たちの束桿 fasces[6] が服すべきである神——に対する服従から連れ去るものであってはならない」ということである。（中略）もし彼らが、神に反逆して何かを命令するならば、私たちはそれを決して認めてはならない。またこのとき、私たちは為政者が持っている威厳に拘泥してはならない。

1) 1534年にドイツのミュンスターで起こった急進派の一揆がここでは意識されている。
2) 天国のこと。
3) 旧約聖書に記された十戒などを指す。
4) カルヴァンは「元老院」という言葉の中に、広い意味での政治的な評議会を含めているようである。
5) 牧師のこと。
6) 古代ローマにおいてコンスル職のシンボル。政治権力の象徴。

『キリスト教綱要』 *Institutio Christianae Religionis* ラテン語最終版（1559年）の原著は、P. Barth & W. Niesel (eds.), *Joannis Calvini Opera Selecta*, vols. III–V, München: Kaiser, 1928–39 に収められている。邦訳は、渡辺信夫訳『キリスト教綱要』I–IV/2、新教出版社、1965年。なお、本資料集の作成にあたっては、渡辺訳に一部手を加えている。

［田上雅徳］

ジャン・ボダン
Jean Bodin, 1530–1596

『国家論』(1576 年)

ジャン・ボダンは 16 世紀フランスの思想家であり，主著『国家論』(1576 年) をはじめ，『歴史方法論』(1566 年)，『物価騰貴論』(1568 年)，『魔女論』(1580 年)，それに遺稿『七賢人の対話』(1586 年執筆) の著者として有名である。ここでは主著の『国家論』に限定し，さらに最も影響力をもった主権論，それに主権限定論に限って説明しよう[1]。

ボダンは 1530 年にアンジェの仕立屋の親方の家に生まれ，カルメル会の修道院で教育を受けた後，トゥルーズ大学で法学を学び，1559 年頃にパリ高等法院の弁護士になった。折しも宗教戦争が始まり，政治生活に携わるなかで，1576 年，40 代半ばの円熟期に主著『国家論』を出版し，ヨーロッパ中で非常な成功を収めた。

主権論 『国家論』は国家の定義から始まり，国家を成り立たしめ，他の社会集団から区別する本質が主権 (souveraineté, majestas) にあることを明示した。「国家とは，多くの家族とそれらに共通なもの〔市民共同体のこと〕に対する，主権をもった正しい統治である」。そして，いまだ誰もなしえなかったと豪語する主権の定義をこうする。「主権とは国家の絶対的で永続的な権力である」(ラテン語版では，「主権とは市民や臣民に対して最高で，法律の拘束をうけない権力である」)。「永続的」「最高」とは，主権は公権力の最終的な源泉であり，神以外には，対内的にも対外的にも，上位者をもたないという意味であり，これが主権の条件である。主権の実体をなすのが「絶対的」「法律の拘束をうけない」である。主権は具体的には法律の最終的な源泉であり，法律は主権者の命令・意志にほかならず，主権とは絶対的で法律の拘束をうけず，立法によって必要に対応する意志である。国家は公権力，法律の体系であり，主権は公権力，法

律の最終的な源泉にして，立法によって必要に対応する意志であり，主権なきところ国家なしである。

主権が対内的，対外的に上位者をもたないことを条件に，立法によって必要に対応する意志を意味するなら，主権を構成する公権力は立法権だけとなり，すべて立法権に「包含される」ことになる。ボダンは法律意志説にもとづく不可分の立法主権論を確立し，国家を不可分の立法主権にもとづく法的制度と近代の法的国家観を見事に確立した。

主権限定論　国家の定義で主権と並んで国家の本質とされるのが「正しい統治」であり，これは国家を盗賊の集団から区別するものである。ボダンにおいては，神法・自然法にかない，王国基本法にかない，私的な「生命，財産，自由」を保障する統治のことである。ここでは統治論の一部である主権限定論に限って説明しよう。

主権論は主権的支配者を無拘束にするものでは決してない。主権的支配者は上位者たる神の支配下にあり，当然神の命令である神法・自然法の拘束をうけるし，主権が法律の拘束をうけない権力なら，定義上法律に含まれない王国基本法にも拘束される。法律が拘束力をもつのは，主権的支配者がそれを意志するという法的形式の妥当性だけでは不十分で，「正しい命令」という内容の妥当性ももたねばならず，その正しさの保障がセットされていない以上，必然的に神法・自然法，王国基本法による拘束が登場する。ボダンが神法・自然法，王国基本法による拘束として最も重視するのが私的財産権の保障であり，私的な「生命，財産，自由」の保障である。

主権論と主権限定論の関係　最後に，統治論の全体を扱わなければ十分には説明できないのだが，主権論と主権限定論の関係に触れておこう。ボダンは公権力の源泉たる最高の公権力，主権を確立し，国家を公権力の独占体として確立することによって，私的財産権，私的な「生命，財産，自由」の保障を確立しようとした。自由主義的国家観は主権が確立し，国家が公権力の独占体として確立して初めて可能になるのであり，ボダンがそれを理論づけた最初の思想家なのである。

1）詳細については，清末尊大『ジャン・ボダンと危機の時代のフランス』木鐸社，1990年を参照されたい。

① 『国家論』第1巻第1章「秩序ある国家の主要な目的は何か」（原著 pp. 1-2）
　国家とは，多くの家族とそれらに共通なもの〔市民共同体のこと〕に対する，主権をもった正しい統治である（p. 1）。定義の始めに正しい統治をおいたのは国家を盗賊や海賊の集団から区別するためである（p. 2）。

② 同書，第1巻第2章「家族について，国家と家族の相違について」（原著 pp. 10-15）
　家族とは1人の家父長に服する多くの臣民と彼に固有なもの〔財産のこと〕に対する正しい統治である。国家の定義の第2の部分は家族に関するものであり，家族があらゆる国家の源泉・起源であり，かつ主要な構成要素である（p. 10）。
　国家には主権だけでなく，共通なもの，公的なものがなければならない。国有地，国庫，公共建造物，道路，城壁，広場，教会，市場，法律，慣習，裁判，報酬，刑罰といった共通なもの，公的なもの，もしくは共通で公的なものである。公的なものがなければ国家ではないからである（p. 14）。国家は神によって公的なものを国家に，固有なものを各人に与えるために設立されたことは明らかである（p. 15）。家族と市民共同体，固有なものと共通なもの，公的なものと私的なものが混同されれば，国家も家族も存立しえないのである（p. 15）。

③ 同書，第1巻第8章「主権について」（原著 pp. 122-157）
　主権とは国家の絶対的で永続的な権力である〔ラテン語版では「主権とは市民や臣民に対して最高で，法律の拘束をうけない権力である」となっている〕。（中略）ここで主権の定義を提示するのは，主権が国家論の要でありながら，それを定義しえた法学者，政治哲学者がいまだ誰もいないからである。国家は多くの家族とそれらに共通なものに対する主権をもった正しい統治と定義したので，主権とは何なのか明らかにしなければならない（p. 122）。
　主権が永続的権力だというのは，こうである。絶対的権力を一定期間付与された1人もしくは多数者は，その期間が過ぎれば臣民にすぎないからである。たとえ権力はもっていても主権的支配者と呼ぶことはできず，主権を握ったままの人民や君主が撤回するまでの，権力の受託者や保管者にすぎないからである（p. 122）。主権は権力においても，職務においても，時間においても制限されえない（p. 124）。神以外には，自分より上位者をもたない者が間違いなく主権者である

(p. 124)。もし最高位の従属的統治者（magistrat）が1年あるいは一定期間の任期を過ぎても与えられた権力を行使し続けるなら、それは合意か暴力により、暴力による場合は暴君になるが、たとえ暴君でも主権者である（p. 126）。合意による場合、黙認されているだけなので主権的支配者ではない。ましてや任期が決められていないならば、なおさらである。なぜなら、この場合はいつでも免職可能な不安定な委託でしかないのだから（p. 126）。絶対的権力を無条件に与えられた場合だけ主権的支配者と呼べるのである（p. 127）。

次に、主権が絶対的権力だというのは、こうである（p. 128）。主権者は他人の命令には決して服さず、臣民に法律を与え、不必要な法律を廃棄し、別の法律を作ることができなければならない。法律に服したり、他人の命令に服する者は主権者ではない。法律〔ローマ法〕が君主は法律の拘束をうけない、法律は主権者の命令であると言うのは、このためである（p. 131）。主権的支配者は先任者の法律の拘束をうけないし、ましてや自分が作った法律や命令に拘束されない。他人から法律を受け取ることはできても、自分の意志にかかっていることで、自分自身に法律を与えたり、命令することは本来的に不可能だからである（p. 132）。主権的支配者の法律は、正しく生きた理性に基づくものであっても、主権的支配者の純粋にして自由な意志に基づくものに他ならない（p. 133）。

しかし、神法・自然法に関しては、世界中の支配者が拘束され、違反することは許されない。そんなことをすれば、その偉大さに世界中の君主が服し、恐れ畏まって頭を垂れる神に対して叛逆罪を犯し、戦争をしかけることになる（p. 133）。原則はこうである。主権的支配者は自分の法律や先任者の法律には拘束されないが、正しく正当な約束・契約・条約には拘束される（p. 134）。

王国の構造と根幹に関する法律に関しては、それはサリカ法のように、王冠に付属しそれと結合しているので、君主はそれに違反することはできない。もし違反があれば、後継者は主権がそれに基礎をおく王国法に反する違反を破棄できる（p. 137）。主権的支配者は、船長が舵を握り、船を思いのままに操るように、状況に応じて法律を作り変え、改める権力をもたねばならず、さもなければ船は沈没するのである（p. 142）。

主権的支配者は臣民とであれ、外国人とであれ結んだ契約には拘束される（p. 152）。法（droit）と法律（loy）は非常に異なる。法は衡平しか含まないのに対し、法律は命令を含み、権力を行使する主権者の命令に他ならないからである。従っ

て，主権的支配者はギリシァ人であれ外国人の法律には拘束されないし，ローマ人の法律にも自分の法律にも拘束されないが，それらの法律が，すべての国王や支配者が拘束されるとピンダロスが言う自然法に反しない限りである。教皇や皇帝も例外ではなく，へつらい者が言うような，教皇や皇帝が臣民の財産を理由なく取り上げることができるなどということはない (pp. 155-156)。絶対的権力は先に述べたように，国法の拘束をうけないだけで，神法に違反しえず，神は神法で声高にはっきりと他人の財産を奪っても欲しがってもならないと宣言している (p. 156)。主権的支配者はその写したる神が設定した自然法の枠を逸脱する権限はなく，正しく正当な理由なく他人の財産を取り上げることはできない (pp. 156-157)。但し，国家の維持のために私人の財産を取り上げる場合は別である (p. 157)。自然的理性によれば，公は私に優位し，臣民は国家の安寧のためには対立と報復をおさえるだけでなく，財産も捧げなければならない (p. 157)。主権的支配者はすべての者に対する支配者だが，……財産の所有権は個々人に属したままである。すべての者に対する支配権は王に属し，所有権は個々人に属すとか，王はすべての者に対する公権力をもち，個々人は私的所有権をもつ，とセネカが述べるように (p. 157)。

④　同書，第1巻第10章「主権の真の印について」(原著 pp. 211-244)
　この地上には，神以外には，主権的支配者以上に偉大な存在はなく，主権的支配者は神によってその代理人として命令すべく設けられたのであるから，その地位に注意を払い，その威光を敬って服従し，尊敬して考え・語らねばならない。主権的支配者は地上における神の写しであり，主権的支配者を侮る者は神を侮る者である (pp. 211-212)。
　主権の印は主権的支配者に固有なものでなければならない。臣民に譲渡できるようなものは主権の印たりえないからである (pp. 214-215)。ならば，裁判権は主権的支配者と臣民に共有されているので，主権の印たりえない。官職保有者の任免権も同じである。裁判，治安，戦争，財政の下級官職保有者だけでなく，平時，戦時の命令権をもつ官職保有者の任免権も主権的支配者と臣民の双方が共有しているからである (p. 215)。報酬と刑罰を与えることも主権の印ではない。従属的統治者はその権限を主権的支配者から得ているにしても，主権的支配者と従属的統治者に共有されているからである (pp. 215-216)。

立法権に関しても，従属的統治者は主権的支配者の法律や命令には反しえないにしても，その権限内の者に対して法律を与えることができるので，同じであろうか。この点をはっきりさせるためには，法律という言葉の意味をはっきりさせねばならない。法律とは自分以外のすべての者に対して例外なく上位に立つ，全権をもつ者もしくは者たちの正しい命令であり，命令は法律を与える者もしくは者たちを除き，臣民全体か個々人に関するものである。より正確には，法律とは全般的なものごとに関する主権者の命令である (p. 216)。それに対して，従属的統治者（法務官）の命令は法律ではなく，告示 (édit) にすぎない。（中略）その命令は権限内の者しか拘束しえず，しかも……主権的支配者の法律・命令には反しえない (p. 217)。従って，告示を法律と呼ぶ者は言葉を誤っているのであり，全臣民に対して例外なく，全体であれ個々人であれ，法律を与えることができるのは主権的支配者だけである (p. 217)。

従って，結論はこうなる。主権的支配者の第一の印は，全員か個々人に法律を与える権能である。但し，これだけでは不十分で，自分より上位の者，同等の者，下位の者の同意なしに，と付け加えなければならないが (p. 221)。この法律を与え・廃棄する権能にその他の主権を構成する権能や印はすべて包含される。正確に言えば，その他の権能はすべてこの権能に包含されるので，主権の印は法律を与え・廃棄する権能だけである。主権の真の印をなす宣戦布告・講和締結権，終身裁判権，最上級官職保有者任免権，課税権，恩赦権，貨幣鋳造権，忠誠誓約要求権という権能は全員か個々人に法律を与える権能に包含されている (pp. 223–224)。

法律という言葉があまりに一般的なので，主権者の法律に包含される主権を構成する権能を特定する必要がある。〔主権の第二の印は〕宣戦布告・講和締結権であり，これにしばしば国家の滅亡と安全がかかっているので，主権の要の一つである (p. 224)。主権の第三の印は重要な官職保有者の任命権である (p. 228)。主権の次の〔第四の〕印は終身裁判権である (p. 231)。恩赦権も主権のこの印に基づく (p. 236)。忠誠誓約要求権も主権をなす権能の一つである (p. 242)。貨幣鋳造権も法律と同じ性格をもっており，法律を作る権能をもつ者だけが貨幣に法律を与えることができる (p. 242)。課税および免税権も法律と特権を与える権能に基づく (p. 244)。

J. Bodin, *Les six Livres de la Republique*, Paris (J. du Puys), 1583; Aalen (Scientia V.), 1961.

［清末尊大］

トマス・ホッブズ
Thomas Hobbes, 1588–1679

『リヴァイアサン』(1651年)

| **生涯と著作**　トマス・ホッブズは，1588年に，イングランド南西部のマームズベリ近郊で，イングランド国教会の教区牧師の次男として生まれた。オックスフォードで学んだのち，生涯庇護を受けることになる有力貴族のキャヴェンディッシュ家に仕えた。三度の大陸旅行において，ユークリッド幾何学に出会い，またガリレオをはじめとする近代自然哲学者たちと知り合うことで，1630年代の半ばには，自然論・人間論・政治論からなり，演繹的推論法と機械論的自然観に基礎をおく哲学体系を構想する。だが，『物体論』(1655年)，『人間論』(1658年)，『市民論』(1642年) の三部からなる『哲学原理』の出版は，1642年に勃発したイングランド内戦 (ピューリタン革命) の影響で大幅に遅れた。ホッブズは，内戦直前の1640年に人間論と政治論の草稿をまとめた『法の原理』を発表し，その後すぐにパリに亡命する。その2年後に『市民論』をパリで，さらに内戦終結後の1651年に，人間論と政治論に長大な宗教論を加えた『リヴァイアサン』をロンドンで出版し，同年，いまや共和国となったイングランドに帰国した。王党派と議会派との間で戦われた内戦において，ホッブズは前者の陣営に属していたが，王政復古後の立場は安泰ではなかった。その学説が無神論的と非難され，政治および宗教に関する著作の出版と再版を禁止されたのである。それでもホッブズは精力的に著述を続け，1679年に91歳でこの世を去った。

| **秩序の要請**　結果として王政を一時的に廃止するにいたったイングランド内戦の政治的要因は，チューダーおよびスチュアート王朝の政治体制が本質的に脆弱だったことにある。常備軍の不在，地方官僚制の未整備，貧弱な財政基盤に加えて，国教会による緩やかな宗教統制が，かえって宗教的ラディカリズムを横行させていた。また，「議会の中の王」という伝統的な統治原理は，

ひとたび王が課税権を強権的に行使しようとするや否や苛烈な主権論争を生じさせた。さらに、ヨーロッパ全土を席巻していた宗教戦争は、深刻な道徳的懐疑主義を産み出しており、もはや既存の宗教的ないし道徳的教義によって政治的権威を基礎づけることが適わなくなっていた。こうした時代状況のなかで、ホッブズは、内戦の回避と秩序の安定化を自身の政治哲学の喫緊の課題とし、真に絶対的な主権の理論を、異論の余地なき土台の上に打ちたてようとしたのである。

主権の設立

ホッブズは、哲学とは正しい推論を通じてものごとの因果関係を認識する学であり、ものごとの因果関係は、世界に存在する唯一の実体である物体の運動の原理に貫かれているとする。自然的なものも制作されたものも、この運動の原理に従うという点でおしなべて機械的なのである（引用①参照）。人間もまた、情念（それは外部の対象から伝わる運動の反作用として身体内部に生じる運動である）に従って自己の保全に努めるという点で、一個の機械として描かれる。それゆえ人びとの間には、実現すべき最高善や、共通の道徳的観念が存在しない。人間はきわめて利己的な存在であり、そして個々人に与えられた諸能力はほぼ等しいのだから、人びとが共通権力も法も存在しない自然の状態にあるとき、そこには各人の自己保存の自由（自然権）が衝突しあう際限なき戦争状態が現出する（引用②参照）。そこで人びとは、自己保存を求める理性の計算によって、戦闘の停止と自然権の破棄を命ずる平和の諸規則（自然法）を見いだし（引用③・④参照）、それをすべての人に遵守させるために、強制権力を樹立しようとする。この権力は、すべての人が相互に自然権破棄の信約を結ぶことで造られる人為的人格に属するのであり（人格については引用⑤参照）、それゆえ絶対的で抽象的である。同時に、この人為的人格においてはじめてすべての人が統一されるのだから、その権力は国家において単一で不可分である。この人為的人格を担う者が主権者であり、その権力こそが主権的権力であるとホッブズは論じる（引用⑥参照）。

ホッブズ主権論の意義

ホッブズは、以上のようにして樹立された主権国家の臣民に対して法の許す範囲内での広範な自由を認める一方で、彼ら自身の生に危害が及ばないかぎり、主権者への抵抗の権利を一切認めなかった（引用⑦・⑧参照）。それはホッブズがみずからに課した上述の政治的目標に鑑みれば当然といえよう。ホッブズ主権論の意義は、国家のすべての成員の同意によってのみ抽象的で絶対不可分の主権が成立するという、近代主権国家の構成原理が体系的に示されたことにあるといえる。

● 第Ⅲ部　近代

① 『リヴァイアサン』序文から（原著 pp. 9-10）
　自然（それによって神が世界を造り支配する技術(アート)）は，人の技術によって，模倣される。人の技術は，他の多くのものと同じように，人造(アーティフィシャル)の動物も造りうるのである。すなわち，生とは手足の運動でしかなく，その発端は体内の何らかの主要部分に存するのだから，すべての自動機械（時計のようにぜんまいと歯車によって自身を動かす装置）は，人造の生をもつといえないだろうか。（中略）技術はさらに進展し，理性的で自然のもっとも卓越した作品である人間を模倣するまでに至る。というのも，技術によって，コモンウェルスないし国家(ステイト)（ラテン語ではキウィタス）と呼ばれる，かの偉大なリヴァイアサンが創られるのだが，それは人造の人間にほかならないからである。だが，この人造の人間は，それが保護し防衛しようとする自然の人間よりも強く大きい。そして，そこでは全体に生と運動を与える主権者が人造の魂となる。（中略）衡平と法律は人造の理性と意志，和合は健康，叛乱は病気，そして内戦は死である。（中略）
　その素材と制作者は，ともに人間である。

② 同書，第1部第13章から（原著 pp. 86-90）
　自然は，人びとを身体および精神の諸能力において平等となるように造った。（中略）このような能力の平等から，われわれの目的達成における希望の平等が生じる。それゆえ，誰であれ二人の人間が同一の事物を欲し，しかもそれが共有できないとすれば，かれらは〔互いに〕敵となり，かれらの目的（それは主として自身の保全であり，また時には単に自身の喜びである）に至る途上で，互いを滅ぼし，あるいは屈服させようと試みるのである。（中略）
　〔したがって〕人びとがかれらすべてを畏怖させる共通権力をもたずに生きているときは，かれらは戦争と呼ばれる状態にあり，しかもそれは万人の万人に対する戦争であることは明白である。（中略）
　この万人の万人に対する戦争では必然的に何ごとも不正でありえない。そこには正と邪，正義と不正義の観念の存在する余地がない。共通権力なきところに法はなく，法なきところに不正はない〔からである〕。（中略）また，そのような状態にあっては，所有権も支配権もなく，はっきりと区別された私のものとあなたのものもない。すべての人にとって，みずから入手できるものだけが，それを保持しうるあいだにかぎって，みずからのものとなるのである。

人びとを平和に向かわせる情念は，死の恐怖であり，快適な生活に必要な事物への欲望であり，それらの事物が自分の努力で手に入るという希望である。そして理性は，平和のための適切な平和の諸条項を案出し，人びとはそれを承諾するであろう。こうした諸条項は自然の諸法とも呼ばれている。

③　同書，第1部第14章から（原著 pp. 91-94）
　著述家たちが普通 *Jus Naturale* と呼ぶ**自然の権利**とは，各人が自身の自然つまり自分の生を保全するために，自身の力を思うままに用いる自由であり，したがって，この自己保存のためのもっとも適当な手段であると人が自分の判断と理性において思いつくことを，何であれ行う自由である。（中略）
　自然の法（*Lex Naturalis*）とは，理性が見つけ出す戒律ないし一般規則であって，それは人が自分の生を破壊したり，その保存の手段を損なったりすることや，生を最良の状態に保全するであろうものをないがしろにすることを禁じる。すなわち，この主題について語る人びとは，*Jus* と *Lex*，権利と法を常に混同するのだが，この二つは区別されねばならないのである。なぜなら，権利は為すか控えるかの自由に存するのに対し，法はそのいずれかに決定し，拘束するからである。
　そして，（前章で示されたように）人間の条件とは，万人の万人に対する戦争の状態であり，この状況では，すべての人が自分の理性に従うのであり，そして，人がかれの敵に抗して自分の生を保全するために使用しうるもので，かれの助けとならないものは何もない。それゆえ，そのような状態では，すべての人がすべてのものに対して，互いの身体に対してでさえも，権利をもつことになる。したがって，この万人の万物に対する自然的権利が存続するかぎり，誰であっても（どれほど強壮でも，あるいは賢明でも）自然が通常人びとに認めるだけの生涯を生き延びうる保障はない。すると必然的に，すべての人は，平和を獲得する希望があるかぎり，平和に向かって努力せよ，そして平和を獲得できないときは，戦争のあらゆる支援と便宜とを求めかつ用いてよい，ということが理性の戒律ないし一般規則となる。
　人びとに平和への努力を命ずるこの基本的な自然の法から，次の第二の法が得られる。人は，平和と自身の防衛に必要であると考えるかぎりにおいて，この万物への権利を，他の人びともまたそうするときは，すすんで捨てるべきであり，また，他の人びとに対する自由の範囲は，かれに対して他の人びとがもつことを

● 第Ⅲ部　近代

自身が許容するだけに留めて満足すべきである。

　何らかのものに対して人がもつ*権利*を*捨てる*ということは，他人がその同じものに対する権利から利益を得ることを妨げる*自由*を，自分自身から*取り除く*ということである。

　権利は，それを単に放棄するか，または他人に譲渡することで捨てられる。(中略）人が自分の権利を破棄しようとも譲渡しようとも，いずれにせよかれは，その権利の譲渡ないし破棄を受けた相手が，それにより利益を得ることを妨げないよう**義務づけられる**，または**拘束される**といわれる。（中略）

　権利の相互譲渡は**契約**(コントラクト)と呼ばれる。（中略）

　さらには，一方の側の契約者が〔先に〕契約された事物を引き渡して，他方の側にはしかるべきのちに〔契約を〕履行するにまかせ，そのあいだは〔相手を〕信頼しているということもあろう。この場合は，後者の側の契約は**協定**(パクト)ないし**信約**(カヴィナント)と呼ばれる。あるいは，双方とも今契約し，後になって履行するということもありうる。

④　同書，第１部第15章から（原著 pp. 100-101)

　保持したままでは人類の平和を妨げる諸権利を，他の人に譲渡することをわれわれに義務づける自然の法から，第三の自然法が導かれる。それは，*結ばれた信約は履行すべし*である。これなしでは信約は無為かつ空言でしかなく，万人の万物に対する権利が残存し，われわれは依然として戦争の状態にある。

　そして，*正義の源泉と起源はこの自然の法に存する*。（中略）信約が結ばれれば，それに違反するのは*不正*である。不正義の定義は，信約の不履行に他ならない。したがって，不正ではないものは何であれ*正しい*。

　正と不正という名辞が意味を成す前には，何らかの強制権力が存在していなければならない。この権力は，人びとが信約の不履行によって得ることを期待する利益よりも大きな何らかの処罰の脅威でもって信約の履行を強制し，また，人びとが相互契約を通じて手にする所有権を保障する。所有権は，かれらが放棄した普遍的権利の見返りとなるのだ。このような権力はコモンウェルス樹立以前には存在しない。（中略）したがって，コモンウェルスなきところでは何ごとも不正ではない。かくして正義の本性は効力のある信約の遵守であるが，信約の効力は人びとにその遵守を強制するに足りる政治権力の設立においてのみ発生するとい

うことになる。そして，所有権が発生するのもそのときなのである。

⑤ 同書，第1部第16章から（原著 p. 114）
　群衆が一つの人格となるのは，かれらが一人の人間ないし一つの人格によって代表されるときであり，代表者の決定はその群衆を構成するすべての人の同意を必要とする。というのも，人格を一つにするものは，代表者の単一性であって，代表される者の単一性ではないからである。そしてその人格を担うのが代表者であり，しかもただ一つの人格を担うのである。このように考えなければ，群衆における単一性というものは理解されえない。
　また，群衆は当然に一人ではなく多数であるため，かれらは代表者がかれらの名において述べかつ行うすべてのことに対する一人ではなく多数の本人(オーサー)であると理解できる。各人は自分たちの共通の代表者に対し，各人で個別に権限(オーソリティ)を与えるのであり，かれらが代表者に無制限の権限を与える場合には，代表者のすべての行為を自身に帰属させるのである。

⑥ 同書，第2部第17章から（原著 pp. 117–121）
　自然の諸法……（要約すると）われわれに対して為されるように，他人に対して為せ）それ自体は，人びとに〔それらを〕遵守させる何らかの権力の脅威がなければ，えこひいき，自惚れ，復讐などに流されがちなわれわれの自然な情念に反する。そして，剣なき信約はただの言葉であり，人を保護する強さをまったくもたない。（中略）
　共通権力は，人びとを外国人の侵略と相互の危害から守り，そうすることで，人びとが自分の工夫と大地の恵みによってみずからを養い，満足して暮らしていけるようにさせるが，この権力を樹立する方法は一つしかない。それは，人びとが自分たちの力と強さのすべてを，一人の人間か，あるいは多数決を通じて全員の意志を一つの意志に縮減しうる合議体に与えることである。つまり，一人の人間ないし合議体を指名して人びとの〔代表されることで一つとなる〕人格を担わせ，そして共通の平和と安全に関することがらについて，この人格を担う者が行い，あるいは行わせることを何であれ認め，かつ自分たちがそうした行為の本人(オーサー)であると誰もが承認し，そこでは誰もが自分の意志を代表者の意志に従わせ，判断を代表者の判断に委ねるということである。これは同意や和合以上のものであ

り，すべての人びとが，全員との間で交わす信約によって，真に統一されるのである。この信約は，各人が各人に対して，以下のように述べることで成立する。わたしは，わたしの自己統治の権利を，この人ないしこの合議体に対して授権し〔かれのいかなる行為もみずからのものと認め〕，〔この権利をかれに対して〕放棄する。ただしそれは，あなたも同様に，あなたの権利をかれに対して放棄し，かれのすべての行為の権限を認めるかぎりにおいてである。この信約が結ばれ，かくして一つの人格に統一された群衆は，コモンウェルスと呼ばれる。

そして，この人格を担うものが主権者と呼ばれ，主権的権力をもつとされる。かれ以外のすべての人びとはかれの臣民である。

⑦　同書，第2部第18章から　（原著 p. 122）

　人びとが一つの人格によって統一されたとき，その人格を担う権利は人びとが主権者とする者に与えられるが，この権利は，人びとが互いに結び合う信約によってかれに付与されるのであって，かれと人びとが信約を結ぶわけではない。したがって，主権者の側からの信約違反は起こりえない。それゆえ，かれの臣民の何人たりとも，いかなる〔信約の〕失効の口実を設けようとも，かれに対する臣従から逃れることはできないのである。

⑧　同書，第2部第21章から　（原著 pp. 145–148）

　自由とは，（厳密には）抵抗の欠如を意味し（抵抗ということで，わたしが意味するのは運動に対する外的障壁である），それは理性的な被造物のみならず，非理性的な，そして無生物の被造物にも適用されうる。

　そして，この厳密かつ一般的に了解されている言葉の意味にしたがえば，自由人とは，かれの強さと賢さによって可能となるものごとにおいて，かれが行おうとする意志をもってする行為を妨げられていない人のことである。

　恐怖と自由は両立する。〔自分の乗った〕船が沈むであろうという恐怖から，人が自分の財産を海に投げ捨てるとしても，かれはみずからすすんでそれを行っているのであり，望めばそれを拒否できたからである。（中略）そして一般に，人びとがコモンウェルスにおいて，法に対する恐怖から行うすべての行為は，行為者がそれをしない自由をもつ行為なのである。

　自由と必然は両立する。水が水路を流れる自由のみならず必然も有しているよ

うに，人びとが自発的に行う行為も，自分の意志によるものなのだから，自由から生じるものの，やはり必然から生じているのである。というのも，人の意志によるあらゆる行為と，あらゆる欲求や性向は，何らかの原因から生じるが，その原因もまた他の原因から継続的な連鎖をなして生じているからである（その〔原因の連鎖の〕最初の環は，すべての原因の端緒である神の手に握られている）。
(中略)

　人びとの行為と言葉のすべてを規制するに十分な諸規則を定めているコモンウェルスは（その不可能性のゆえに）この世のどこにも存在しないことから，必然的に，人びとは，法の黙過するあらゆる行為について，自分にとってもっとも有益だと理性が示唆することを行う自由を有する。(中略) それはたとえば，売買や，あるいは別のやり方で相互に契約する自由であり，住居や食習慣や生業を決める自由であり，自身が適当と思う仕方で自分の子どもたちを育てる自由などである。

　しかしながら，そのような自由によって，生死に関する主権的権力が廃止されたり制限されたりすると理解すべきではない。すでに示されたように，主権的代表者が臣民に対して行いうることは何であれ，いかなる口実によっても，不正であるとか侵害であると正当に呼ぶことができないからである。なぜなら，すべての臣民が主権者の行うすべての行為の本人であることから，主権者は，かれ自身が神の臣民であり，それゆえ自然の諸法を遵守するよう拘束されているということをのぞけば，いかなるものについても権利を欠くことが決してないからである。

　　Thomas Hobbes, *Leviathan*, revised student edition, ed. by Richard Tuck, Cambridge University Press, 1996. 水田洋訳『リヴァイアサン』全4巻，岩波文庫，1992年を参照しつつ，新たに筆者が訳出した。〔　〕内は筆者による補足である。

[的射場瑞樹]

ジェームズ・ハリントン
James Harrington, 1611–1677

『オシアナ共和国』（1656年）

　17世紀イングランドという不安定な時代に生きた共和主義者ジェームズ・ハリントンは，過去の共和政から学ぶことによって，統治の安定性の回復を可能とする処方箋を提示する。

ハリントンの生涯　ハリントンは王室と関係の深い名門家系の一員として，イングランド北中部で生まれる。オックスフォード大学やミドルテンプル法学院で修養後，ヴェネツィアを含む大陸旅行(グランド・ツアー)へと赴く。各国の聖俗の統治機構や政治文化を十分に見聞した後，国王派と議会派による内乱の故国へ戻り，両者の仲介役や国王チャールズ1世の侍従を務める。国王処刑後は，政治の喧騒から離れ，主著『オシアナ共和国』の著述に専念し，その出版をもって，共和国体制の下，政治の舞台に戻る。

　主著では，歴史上の共和国の政治・宗教制度を分析し，共和政の歴史的必然性や二院制の必要性などを議論する。共和国体制末期には，主著の抜粋・要約とみなされる数多くの時論的出版物の発行や，自由な討論団体ロタ・クラブの主宰などにより，ハリントン派と呼ばれる一群の共和政維持勢力のシンボルとして政治的思想的中心に位置する。王政復古後は，王政に敵対した廉により投獄されるが精神の病を患い釈放され，共和政の可能性を信じながら亡くなる。

ハリントンの共和国論　『オシアナ共和国』においてハリントンは，安定性を欠く同時代の統治機構が依拠する「近代の知恵」ではなく，望ましい統治原理である「古代の知恵」を復活させるために，詳細な儀式の描写を挿(はさ)みつつ，理論的，歴史的，比較文化的分析を踏まえた共和政論を展開する。彼は，自らの政論が，「理性と経験」の双方から検証された確実性を持つと自負していた。

彼は，伝統的政体区分に倣い，土地所有者数に応じて，単独支配＝王政，少数支配＝貴族政，多数支配＝民主政，そして各々に応じた堕落政体として，専制，寡頭政，無政府状態を示す。前三者は，「共通の利益」を志向する「法の支配」なのに対し，後三者は，個別の利益を目指す「人の支配」＝党派支配である。そして前三者が合成された「混合政体」が共和政＝共和国と呼ばれる。

このような共和政の成立は，ハリントンによれば，歴史的前提を持つ。共和政という「上部構造」は，土地所有と軍事力の平準化という「土台」の歴史的変化の後に必然化される。つまり他者への従属が前提とされる封建制的土地所有関係が崩壊し，他者に従属しない独立の経済的・軍事的主体が多数出現することが共和政の条件である。そして共和政に親和的な土台の固定・維持のため，土地の均分相続を規定する法が必要となる。くわえて，歴史上の共和国（古代イスラエル，諸ポリス，共和政ローマ，同時代のヴェネツィアなど）の統治機構の比較分析や，マキァヴェッリやホッブズの議論の分析から，貴族層と平民層の対立除去，つまり，二院制を構成する元老院と民会の機能的連関こそが，統治の安定性の鍵だとする。

以上の理論的・歴史的分析の双方をふまえ，ハリントンは，30の仕掛け（オーダー）からなる安定的で平等な理想共和国モデルを示し，併せて，ローマの轍を踏まないように，包括的かつ一度にそれを設立する必要を説く。そのモデルは，市民層の維持と党派形成の防止を可能にする土地均分相続法，市民軍，二院制，平等な官職輪番制を有する混合政体であり，これによって，共和政の繁栄（＝拡大する共和国）と，市民の参加的徳と自由とをもたらすとした。

ハリントンとその解釈史

ハリントンの共和国論は，1650年代の共和政の質的変化――合議体中心の体制からクロムウェル独裁＝護国卿制への転換――に応ずる時局的側面，マキァヴェッリやホッブズとの理論的関係，煩瑣な儀礼の意味やヴェネツィアの影響，上部構造と土台の関係，共和政と規模の関係などの評価を巡って，トーランド，ハチスン，ヒューム，アメリカ独立革命期の政論家，コールリッジなどの後世の政論家たちの想像力を刺激し，彼ら自身の政治的課題に対する処方箋を生み出す源泉となってきた。また最近では，自律的市民像や市民的徳の涵養への関心から，ハリントンとその共和国論を共和主義の典型とみなす解釈の妥当性，つまり，彼を経由しない共和主義思想史の可能性（統治機構論的共和主義と徳論的なそれとの分別）に関して議論されている。わたしたちはいま，ハリントンからなにを学ぶのであろうか。

● 第Ⅲ部　近代

① 『オシアナ共和国』より【二つの知恵と二つの支配】(原著 pp. 8-9；邦訳 (A) 8 頁)
　統治とは（あるべき姿 de jure，もしくは，古代の知恵によって定義すると），共通の権利や利益という土台の上に，人間の政治社会を設立し維持する技術であり，また（アリストテレスやリヴィウスに従えば），統治とは法の支配であって，人の支配ではない。また，統治とは（事実上 de facto，もしくは近代の知恵によって定義すると），特定の個人もしくは少数の人間が都市や国家を従属させ，自分あるいは自分たちの私的な利益によってそれを支配する技術である。このような場合には，全ての法は一人の人間や少数の門閥の利害により作られるので，その統治は，人の支配であり，法の支配とはいえない。

② 【混合政体としての共和政】(原著 p. 10；邦訳 (A) 10-11 頁)
　統治には三種類ある。すなわち，単一人による統治，上層民による統治，および国民全体による統治があり，これらは，より学問的に言うと，君主政，貴族政および民主政と呼ばれる。かれらの意見によれば，これらの政体はすべて，堕落する傾向を持つため，いずれも悪いものとなりうる。(中略) そこで，君主政の堕落は専制，貴族政の堕落は寡頭政，民主政の堕落は無政府とよばれる。しかし，立法者たちは，これら三種の政体は，一番うまくいった場合でも，なお悪いものであると知っていたので，これら全ての混合からなるもうひとつ別の政体を考案し，それを唯一の優れた政体とした。

③ 【上部構造と土台】(原著 pp. 11-12；邦訳 (A) 12-13 頁)
　（土地をほとんど，あるいは全く保有しないで，全収入を商業で得ているような都市を除いて）土地所有または土地財産の割合ないし均衡(バランス)が支配権の性質を決定する。もし一人の人間が領土の唯一の土地所有者であるか，あるいは，たとえば領土の四分の三のような割合で土地所有において国民を圧倒する場合には，かれは大領主で（中略）彼の支配は絶対君主政である。もしも少数者ないし貴族層，または，貴族層と聖職者層が全ての土地の所有者であるか，上記の場合と同じような割合で土地所有において国民を圧倒するときには，それは封建的均衡(ゴシック)（中略）を生み，そしてその支配は，スペイン，ポーランド，最近のオシアナのように，混合君主政となる。そして，もしも全国民が土地所有者であるか，または，少数者ないし貴族階層のうちの誰もが土地所有において一般国民を圧倒することがな

いような形で土地が国民に分有されているならば，その支配は（暴力の介入がなければ）共和国となる。もしもこの三種の政体のいずれにおいても暴力の介入があるとすれば，政体を土台に，あるいは土台を政体に適合させるかのいずれかであるが，いずれも所有の均衡に符合しない政体を維持することになり，それは不自然で乱暴なことである。

④ 【土地所有法と統治の安定】（原著 pp. 12-13；邦訳 (A) 14 頁）
　オシアナの王座も，国王はしばしば変わったけれども，土地所有法が貴族層に土地財産を売却する途を開き，それによって国家の支柱が破壊されるまでは，決して揺り動かされることはなかった。（中略）土地所有の均衡を固定するこの種の法は，土地所有法と呼ばれるが，それは，最初，神自身によって導入されたものであった。神は，カナンの地を籤によって民に分配したのだが，この土地所有法が維持されているところでは，統治は同意による以外は変わることがないという優れた効果を持っていた。

⑤ 【二院制論】（原著 pp. 22-24；邦訳 (A) 28-32 頁）
　自然における神の秩序のように，個々人をして自分だけの特殊な好みを捨て去り共通の善ないし利益を尊重する性向をもつよう強いることを可能にする統治の秩序を示さない限り，正しい理性による統治は，民衆政治の下にある各個人に，自分が最も欲するものを自分だけで取らずに，公衆の食卓で上品に振舞い，料理の一番よい部分を礼儀と共通の利益に従って他人に与えよと説得するのと同じようにとても困難なことである。だが，各個人が，欲するものが手近にあるにもかかわらず，あらゆる場合に共通の権利や利益を優先させるような，いな，優先させるに違いないよう仕向ける秩序が，どんな場合でも同じように確実かつ容易に確立できることは，実は少女たちでさえ知っていることである。（中略）たとえば，二人の少女がひとつのケーキをもらい，それをまだ分けていないとしよう。（中略）その場合，一人が他方に，あなたが分けなさい，わたしが選ぶからと言うか，あるいは，わたしが分けるからあなたが選びなさいと言うことになる。この点でひとたび合意が成立すればそれで十分である。つまり，分けるほうの少女は，もしも不公平に分ければ他方がよいほうを選ぶので，損をする。したがって，彼女は公平に分け，両方とも正しい分け前に与ることになる。（中略）

いま，任意の数の人間（例えば二十人）を取り出して，即座に国家を設立するとしよう。（中略）約三分の一のものは残りの全ての人々よりもより賢いか，あるいは少なくとも，より馬鹿ではないといった具合に，かれらの間には差異があるだろう。（中略）その六人は，互いに話し合いや議論をしているうちに，資質の優秀さを示すようになり，他方で，十四人の人々は，彼らが考えたこともないような事柄を学ばされ，あるいは以前に彼らを悩ませた様々な真理がすっかり解明されることとなる。それゆえ，共通の関心事や困難や危険に際しては，かれら十四人は，子供が父親を頼るように，六人の意見を頼るようになる。（中略）これは，神がこのような目的と意図によって全人類にいきわたらせ給うた自然的貴族政に他ならない。（中略）民衆にとっては，彼らを指導者として活用することが，自然的義務であるばかりか積極的義務でもある。この場合，こうして認められた六人が元老院となる。しかし，それは，世襲の権利や財産の大きさのためではなく（中略）かれらがその優れた資質により選ばれるからであって，（中略）そうした場合には，民衆を指導する彼らの徳ないし権威は，その影響力を増すことになる。したがって，元老院の役割は，民衆の命令者ではなく，その相談相手となることである。そして，相談相手の正しい仕事とは，まず助言が必要な問題とは何かを議論すること，次にその問題について助言することである。（中略）したがって，元老院は国家の審議機関以上のものではない。（中略）

さて，元老院が分割をおこなうとして，誰が選択をおこなうのであろうか。（中略）分割をおこなう評議会が共和国の知恵から成り立っているように，選択をおこなう集会ないし評議会は，共和国の利益から成り立つべきである。共和国の知恵が上層民にあるのに対し，共和国の利益は民衆全体の中にある。その際，共和国が国民全体からなっている場合には，集会をするにはあまりにも多すぎるので，この評議会は，平等な形で，しかも全民衆の利害以外のどのような利害とも決して結びつくことがないような形で任命された代表者によって構成されるべきである。（中略）分割と選択は，統治の言葉で言えば，審議と議決である。そして，元老院で審議された上で民会に提議され，かつ民会によって議決されたものが，父の権威と民衆の権力とによって制定されるのであって，この二つが共同して作用するとき，法が作られるのである。

⑥ 【土地所有法と官職輪番制】（原著 p. 33；邦訳(A) 45-46 頁）
　平等な土地所有法とは，少数者や貴族階級の中の一人ないし複数が，その土地所有によって民衆全体を圧倒しないように土地を分配して所有の均衡を確立し維持する永久法である。（中略）平等な官職輪番制とは，人々が平等に休職期間を持つことを条件として，一定の期間だけ官職に就くこととし，それによって，全員を民衆の自由な選挙や投票で一部ずつ交代して官職に就かせる方法である。

⑦ 【平等な共和国の定義】（原著 p. 33；邦訳(A) 47 頁）
　平等な共和国とは（既に述べたことから言えば）平等な土地所有法を土台として確立される政体で，上部構造としての三つの秩序，すなわち討議及び提案をおこなう元老院，議決をおこなう民会，そして投票札による民衆の選挙を通じて平等な官職輪番制に従って執行をおこなう行政部を具備する政体である。

⑧ 【共和国の設立】（原著 p. 67；邦訳(B) 72-73 頁）
　共和国にとって最も有益なことは，第一に，〔共和国を設計する〕立法者は一人でなければならないということ，第二に，統治制度は一斉に，また一気に作られるべきであることである。（中略）こういうわけで，一人の賢明な立法者，それも私的な利益ではなく公共の利益に，また，彼の子孫ではなく国そのものにしっかりと心を向けている人間こそが，主権的権力をその手中に収めようとすることを正当に許されるのである。（中略）書物や建築物が，ただ一人の著者や建築家によってでなければ，完成の域に達することができないと考えられるのと同様に，共和国の建設も同じ性質をもつのである。

⑨ 【統治機構と市民】（原著 p. 64；邦訳(B) 68 頁）
　われわれに良き秩序を与えよ，さればそれがわれわれを良き人々となさん，というのが立法者の格言であり，これは政治において最も誤りのないことである。

The Commonwealth of Oceana & A System of Politics, ed. by J. G. A. Pocock, Cambridge: Cambridge University Press, 1992.　邦訳(A)：淺沼和典訳「ハリントンと『オーシアナ共和国』（その二）」『政経論叢』第 59 巻（1990 年），1-59 頁，邦訳(B)：同「（その三）」『政経論叢』第 60 巻（1991 年），37-77 頁。訳文は邦訳に従うが一部を変更した。また，【　】により見出しを付け，〔　〕内に補注を加えた。（　）はハリントンによる補注である。［竹澤祐丈］

バルーフ・デ・スピノザ

Baruch de Spinoza, 1632–1677

『神学・政治論』（1670 年）
『政治論』（1677 年）

生涯と著作　スピノザは，17 世紀オランダの思想家。主著『エティカ』のほか，『知性改善論』『デカルトの哲学原理』や政治学に関する上記の著作も残した。宗教的迫害を逃れてポルトガルから移住したユダヤ人（マラーノ）の子孫だが，不敬虔の疑いでユダヤ教共同体を 24 歳で破門される。知的活動の自由を守るためにハイデルベルク大学の哲学正教授の招きも断わるなど，質素な探究生活を営む。しかし，匿名で出版した『神学・政治論』によって，後世にまで続く「無神論者」のレッテルを貼られることになった。遺稿となった『政治論』は，民主制政体に関する章の途中で中断されている。

「国家の目的は自由である」とし最善の国家を民主制国家とした『神学・政治論』と，民主制を「完全な絶対統治（omnino absolutum imperium）」と規定しつつも暫定的な安定性しか持たない政体と規定した『政治論』とでは，必ずしも政治的見解は同一ではない。しかしとくに後者と『エティカ』に見られるスピノザの政治思想の中心には「媒介の拒否」という発想が貫かれているとも指摘され，ホッブズ─ロック─ルソーらが彫琢した社会契約説の系譜からの逸脱，政治とモラルの結びつきを前提に社会理論を組み立てる義務論的あるいは疎外論的な系譜からの離脱，情動を基盤にした共同性の構成論理の提示という側面を，スピノザの政治思想の特徴として挙げることができる。

契約概念の無力化と疎外論からの逸脱　スピノザは統治的行為の目的を，なんらかの〈真なる価値〉を実現する方向（道徳の政治的現実化）ではなく，理念や宗教的真理性とは異なる次元において，民衆の平和と安寧を実現する点にあると考えていた（道徳と政治との分離）。この視座は，信仰と哲学の混同を戒め，服従によって得られる実際的な効果と理

性による真理探究の営みとの峻別を説いた『神学・政治論』の有名な箇所（引用①を参照）からもうかがえる。

スピノザの政治学の基礎にあるのは，人間は諸感情に隷属しており，それらの感情は人間の意識ばかりか能力をはるかに凌駕するという事態の現実主義的な認識である。彼によれば，法的な共同社会（93ページの註を参照）は，そうした諸感情の法則から構成される必然的な析出物であるが，スピノザは，共同社会状態における個人の自然権に関して，社会構成における契約的諸契機よりも，自己保存の努力（conatus）にもとづく力能の表出に強力な優先権を認めた（引用②を参照）。さらに，統治機構に関して，統治者・被治者双方の徳性や高邁さといった倫理的ないし人倫的理想を一切前提せずに，人々の活動する力能の純粋な保障システムとしてそれを構築する必要を訴えている（引用③を参照）。

■「マルチチュード」によって構成される権利

このような発想は，スピノザが，権利と力能とを同一とみなし，自然権を所与の固定的ないし超越的規範としてではなく，諸力の結合から産出される暫定的な構成物とみなしていることに由来する（引用④・⑤を参照）。「人間は国民として生まれるのでなくて，生まれたのちに国民にされるのである」という彼の言葉は，スピノザが，統治の主体を，「個人」ではなく，国家的なものからの回収を逸脱する諸々の特異性の集合体としての「多数者」(マルチチュード)（群衆 - 多数性）とみなしていることからの帰結である（引用⑥を参照）。彼が，共同社会形成の強力な理由を，いわゆる一般意志でも自由をめざす精神でもなく，希望や恐怖といった「感情」に求めている点は（引用⑦を参照），スピノザの政治的視点が，人間の自己意識や主体性をも凌駕する微細な諸力の交錯する情動的レベルに向けられており，彼が，その地点からさまざまな力能が能動的に構成される現実的メカニズムを探ろうとしていたことを示している。

■甦るスピノザ

従来の思想史では，合理論の系譜にある徹底した汎神論者という程度の位置づけしかなされていなかった彼の思想も，20世紀後半以降，ドゥルーズ，ネグリ，アルチュセール，バリバール，マトゥロンらの精力的な努力によって，その現代的意義の再規定が進んでいる。「政治」の本質的な概念の革新が『エティカ』においておこなわれている点ともあわせ，ミクロポリティックな権力の支配に抵抗する能動的な〈生〉のネットワーク形成の手がかりを示し，目的論的な規範性を除いた地点でなお構想しうる社会性・共同性のあり方を示唆するスピノザの主張には，いまだ耳を傾けるべき点が多い。

● 第Ⅲ部　近代

① 『神学・政治論』第14章から（原著 pp. 179-180；邦訳 下巻 142-143 頁）
　今や，信仰ないし神学と哲学との間にいかなる相互関係も，いかなる類縁性もないことを示すことが残されている。この点は，まったくかけ離れたこれら両部門それぞれの目的と基礎とを知る者なら誰にとっても議論の余地なく明らかである。哲学の目的とは，ひたすら真理のみであり，これに対し信仰の目的とは，これまで十分示してきたように，服従と敬虔以外の何ものでもない。さらに哲学は，共通概念〔普遍的に確実な事柄〕を基礎にし，もっぱら自然の探究からのみ構成されねばならないが，これとは対照的に，信仰は物語と言語を基礎とし，もっぱら聖書と啓示からのみ導き出されなければならない。かくして本来，信仰とは，哲学する最大限の自由を各人に許容するものであって，人は，悪の誹りを受けることなく，いかなる事柄についても自分の好む意見を持ってかまわない。信仰は，人を反抗，憎しみ，争い，怒りなどへ駆るような見解を教える者のみを異端者，離教者として非難し，反対に自己の知力と能力の及ぶ限り正義と愛を勧める者のみを信仰者とみなすものなのである。

② 同書，第16章から（原著 p. 192；邦訳 下巻 170-171 頁）
　いかなる人も，欺瞞的であることなしには自分が万物に対して有する権利を放棄することを約束しないし，また一般にいかなる人もより大きな悪への恐れから，あるいはより大きな善への希望からでなければ，自分のそうした約束を守ろうとしない。これを理解するために一つの例を挙げよう。たとえばある盗賊が私に，私の財産を彼の欲する時にいつでも彼に渡すことを約束するよう強制したとする。ところですでに示したように，私の自然権は力によってのみ決定される以上，もし私がある種の詭計によってこの盗賊の欲することを約束することで彼から自由になることが可能ならば，私にはこれをなす自然権，すなわち，偽って彼の欲することを約束する自然権を有しているのは極めて明白である。あるいは，私が20日の間，食物も食べずいかなる栄養も摂らないことを，偽りない心から誰かに約束したとしよう。そして後になってから，その約束が，自分自身をひどく傷つけることなしには守り通すことのできない愚かなものであったことがわかったとする。私は自然権によって，二つの悪のうちより小さな悪を選ぶよう拘束されているのだから，私はそうした約束を破棄し，自分がそんな約束など与えなかったかのように行動する至上の権利を有する。そして敢えて言うが，私の行動が，真の

90

確実な理由に基づくものであれ，後からそんな約束をしたのは誤りだったとわかるような不確実な意見に基づくものであれ，いずれにせよこのことは自然権によって許されるのである。なぜなら，自分の確信が正しい認識に基づいていようと誤った認識に基づいていようと，私が恐れているのはより大きな損害であり，私は自然の法則に従って，あらゆる手段を用いてこれを避けようと努めるのだから。それゆえ，いかなる契約も利益によってのみ有効といえるのであり，利益が失われれば，おのずと無効になるということが結論される。したがって，結ばれた約束を破棄することによって利益よりも損害のほうが破棄者に及ぶような手だてもとっておかず，ただ人に対して約束をひたすら守るように要求するのは愚かなことである。このことは，共和国の構成に際して，特に妥当性を持つ。

③ 『政治論』第1章第6-7節から（原著 pp. 275-276；邦訳 15-16 頁）
　それゆえ，その安寧が，ある人間の信念に依存しているような，またその政務が，それに携わる人々が信義ある行動をしようとしなければ適切に運営され得ないような国家〔統治権〕は，安定性をまったく欠くだろう。それが永続しようとするなら，公的実務は，そこに携わる者が，たとえ理性によって導かれていようと感情に導かれていようと，信用を裏切ったり，浅ましい行為をしたりすることができないように組織されていなければならない。そしてまた国家〔統治権〕の安全にとっては，いかなる動機によって人が公的実務を適切に運営するよう導かれるかということはたいして問題ではない。実際に，適切に運営が行われさえすればよいのである。精神の自由ないし強さは個人としての徳だが，国家〔統治権〕における徳は安全の中にのみ存するからである。
　最後に，およそ人間というものは，野蛮人であろうと文明人であろうと，至る所で相互に結合し，何らかの社会状態を形成する。それゆえ，国家〔統治権〕の諸原因とその自然的諸基礎とは理性の教説の中に求められるべきではなく，人間一般の本性ないし条件から導き出されるべきである。

④ 同書，第2章第4-5節から（原著 p. 277；邦訳 18-20 頁）
　私は，自然権を，万物を生起させる自然の諸法則ないし諸規則，言いかえれば，自然の力そのものと解する。それゆえ全自然の，したがって各々の個体の自然権は，その力が及ぶ所まで及ぶ。結果として，各人が自己の本性の諸法則に従って

行動することは何であれ，最高の自然権に従って行動しているのであり，各個体は，その力がなし得るのに相当する権利を自然に対し有しているのである。

　ところで仮に，人がもっぱら理性の命令のみによって生き，それ以外のことは一切求めないというふうに人間本性が構成されているのなら，人間に固有のものとみなされる限りにおける自然権は，理性の力によってのみ決定されることだろう。しかし人間は，理性によってよりも盲目的な欲望によって導かれるのであって，そのため人間の自然の力ないし自然権は，理性によってではなく，人間を行動へと促し，自己保存へと向かわせる何らかの衝動によって規定されなければならない。確かに私は，理性から生じないこうした欲望に関して言えば，人間においては能動というより受動であるということを認める。しかしここで論じているのが，普遍的な自然の力ないし自然権であるからには，我々は理性から我々の中に生じる諸欲望とその他の原因から生じる諸欲望との間に，いかなる区別も認めることができない。どちらの原因も等しく自然の効果であり，人間に自己の存在へ固執する努力をさせる自然の力の展開なのであるから。

⑤　同書，第2章第15節から（原著 p. 281；邦訳 28 頁）
　いかなる人も自然状態においては，自己を他者の圧迫から守ることができる間だけ自己の権利のもとにあるのであり，一人だけではすべての人々からの圧迫に対して身を守ることができない。したがって人間の自然権は，それが単に一人一人の人間の力によって決定され，それのみによって保持されている限りは無きに等しく，現実においてというより観念の中にしか存在しない。というのも，人々はそれを保持するのに，何の保障も有していないからである。さらに疑いないのは，各人は恐れるべき原因を持つことが多ければ多いほどなし得ることが一層少なくなり，その結果，権利を保有することが一層少なくなるということである。それに加えて，人間は相互の扶助なしには，生活を支え精神を涵養することがほとんどできない。以上のことから，我々は次のように結論する。人間に固有なものとしての自然権は，人間が共同で権利を持ち，住んだり耕したりできる土地を確保するために連帯し，自己を守り，あらゆる暴力を退け，そしてすべての人々が合意した取り決めに合致して生活する場合においてしか考えられない，と。こういう仕方で一体に結合する人々がより一層多くなるにしたがって，すべての人々はより一層多くの権利を共に有するようになるからである。

⑥　同書，第3章第2節から（原著 pp. 284-285；邦訳 35-36 頁）
　国家〔統治権〕ないし最高権力における権利は，自然権以外の何ものでもなく，それは，一人一人の個人の力によってではなく，あたかも一つの精神によって導かれる多数者（multitudo）〔群衆 - 多数性〕の力によって規定されている。すなわち，自然状態において個人が自らの保持する力と同じだけの権利を有するのとちょうど同様に，全国家〔統治権〕の身体と精神もまた，自らの保持する力と同じだけの権利を有する。したがって，個々の成員ないし臣民は，社会が自分たちより力において勝るのに応じて，それだけ少なく権利を保持することになる。その結果，個々の成員は，社会の共同の決定によって各々が守ることができることを超えたいかなることも，権利としては行為することも保持することもできない。

⑦　同書，第6章第1節から（原著 p. 297；邦訳 63 頁）
　人間は，先に述べたように，理性より感情によって導かれるので，このことから，多数者が一緒になり，あたかも一つの精神によって導かれることに同意するのは，理性の促しによってではなく，何らかの共通の感情——すなわち共通の希望なり，共通の恐怖なり，何らかの共通の損害に復讐しようとする欲望なり——によるものであると結論づけることができる。ところが，誰であれ孤立状態では，自分を守る力を持たないばかりか生活に必要な物資を得ることもできない。そうである以上，孤立への恐怖という感情はすべての人々に内在している。したがって，次のように結論できる。人間は本性上，社会状態を強力に求めるものであり，人間がこの状態を完全に解消してしまうことはまったく不可能である，と。

　　註）　暫定的に imperium を「国家」，civitas を「社会」としたが，imperium は広く「社会的権力の統治」（またはその権利）の意であり，国民国家など，近代以降の国家概念と安易に混同できない。同様に civitas は，政治的な領域が国家的制度の内部・外部に分断される以前に生成するさまざまな不定形の諸力の場において，一定の法的サンクションを伴って構成される共同性というニュアンスを含んでいる。

Baruch de Spinoza, *Tractatus Theologico-Politicus,* in *Spinoza Opera*, im Auftrag der Heidelberger Akademie der Wissenschaften herausgegeben von Carl Gebhardt, Bd. III, Heidelberg: Carl Winters Universitätsbuchhandlung, 1925（畠中尚志訳『神学・政治論』上下，岩波文庫，1944 年）; idem, *Tractatus Politicus*, in *Spinoza Opera*, Bd. III.（畠中尚志訳『国家論』〔『政治論』〕岩波文庫，1976 年）．訳文は既訳を参考にしたが，改めて訳し直した。訳文中の〔　〕は引用者による補足。
　　　　　　　　　　　　　　　　　　　　　　　　　　　　　　　　　　　　　　[浅野俊哉]

● 第Ⅲ部　近代

ジョン・ロック
John Locke, 1632–1704

『統治論』（1689 年）
『寛容書簡』（1689 年）

著作の背景　イングランドでは 1660 年の王政復古後も，激しい政治的対立が持続していた。争点の第一は，国王と議会の関係をめぐるものである。中央集権化のすすむ中で伝統的な権限分割の維持が困難になり，両者の間に新たなバランスが確立される必要があった。第二の争点は，宗教政策に関するものである。イングランドではプロテスタントが複数の宗派に分裂し，国外にカトリック勢力の脅威が存在するなかで，宗教体制のゆくえは依然として不透明であった。こうしたなか，プロテスタント非国教徒に対して，国教会への帰順を強要すべきか，プロテスタント諸宗派間の融和・寛容をめざすべきかが争点になった。これら二つの争点をめぐり，諸党派間の複雑な同盟・対立の関係が展開するが，政治的対立は 1670 年代末にピークを迎える。次期国王ジェイムズのカトリック信仰が明らかになり，彼が即位した場合に，絶対王政の樹立とイングランドのカトリック化が強行されることが危惧されるようになる。シャフツベリ伯ら（ウィッグ）は，ジェイムズの王位継承を阻止する「排斥運動」を議会の内外で展開するが，国王は，王権を重んじる国教会・議会の保守派（トーリー）と提携してこれに対抗した。ロックは排斥運動に加担し，『統治二論』において国王権力の制限や抵抗権を主張するが，運動の失敗後は弾圧を逃れてオランダに亡命する。当時のオランダには，迫害を逃れた亡命者が集まっており，信仰の自由を主張する『寛容書簡』はこの環境で執筆される。その後ジェイムズ 2 世が即位すると，カトリシズムと絶対主義の脅威が現実のものとなり，トーリーの多くも国王と対立するにいたる。こうして抵抗が起こり，ジェイムズ 2 世は亡命し，オレンジ公ウィリアムとメアリが共同王位につく（名誉革命）。ロックは帰国し，新体制の構築の時期に主要著作を公刊してゆく。

主著の内容

『統治論』第1篇は，君主の絶対的権力を擁護するフィルマーの議論を論駁し，第2篇は統治の一般理論を展開する。自然状態においてすべての人間は自由・平等の状態にあり，個々の人間は自然法を自ら解釈し，その範囲内で自由に行動し，また違反者を処罰できる。同意によって政治社会が形成されると，人々は自然法の解釈・執行の権力を社会・人民にゆだねる。人民は統治を樹立し，為政者に統治を「信託」する。多様な統治形態が可能であるが，君主が立法権と執行権を独占する絶対王政，国民の同意なき課税，法によらぬ統治などは許されない。為政者が権力を濫用して国民の諸権利を侵害するときは，人民全体が権力を取り戻し，新たな統治形態や為政者を樹立できる。またイングランドの統治形態を念頭に，国王と議会の権力の適切な分割が論じられる。『寛容書簡』は，信仰における個人の内面の確信の尊重を主張し，また信仰の実践の場である教会を，信条を共有する人々の自発的な結社と定義する。国家や教会が暴力的手段を用いて，信仰を強要することは許されない。かくして（カトリック教徒などの例外を除き）諸宗派に対して普遍的な寛容が与えられるべきとされる。このようにロックは，人間の自由と平等，財産権の保障，政治権力の抑制，信教の自由など，近代自由主義の諸原理を提示した。

歴史上の位置

ロックの議論は，第一に，当時のイングランドの課題に応える側面がある。ロックは国王と議会の権力を伝統的な国制に沿って再定義し，また被治者の抵抗権を限定的な形で承認する。寛容をめぐる議論も，プロテスタント諸宗派間の団結と，カトリック勢力との対決という課題に応える意味を持つ。他方で，自由・平等の原理にもとづいて体系化されたロックの思想は，目前の課題への対処を超えた広い射程とラディカルな要素をも含んでいる。例えば家産制国家，絶対王政，奴隷制度などは，当時，世界各地に存在し，グロティウスやプーフェンドルフなど自然法論の主流もこれを容認していたが，ロックはこれらを自由・平等に反するとして批判する。宗教的寛容をめぐるロックの議論も徹底しており，イングランドはもちろん，オランダの制度すら批判の対象となる。名誉革命の理解についても，世襲原理や伝統国制の維持を前提とする議論が主流であるなかで，「人民が統治形態や為政者を変更しうる」というロックの議論は，ラディカルな潜在性を持つものであった。これらのラディカルな要素は，ルソーやイングランドの急進主義者などによって継承・展開され，18世紀末以降，政治的平等化の波が押し寄せると，社会変革の原理を提示するものとして大きな役割を果たすことになる。

● 第Ⅲ部　近代

① 『統治論・第二篇』第７章から（原著 pp. 343–345；邦訳 395–398 頁）

§89　従って，何人かの人々が，おのおの自然法(ロー・オヴ・ネイチャー)を執行する権力を放棄し，それを公共の手に委ねるような形で結合して一つの社会をなすとき，そこに，そしてそこにおいてのみ，政治社会(ポリティカル・シヴィル・ソサイエティ)が存在することになる。そして，このことは，自然状態(ステイト・オヴ・ネイチャー)のうちにある何人かの人々が社会に入り，一つの至高の統治の下で一つの人民(ピープル)，一つの政治体(ボディ・ポリティク)をなす場合，あるいは，誰かある人が，すでに作られている統治体に加わり，それと一体になる場合に行われることになるであろう。というのは，これによって，彼は，その社会，あるいはそれとまったく同じことであるが，その社会の立法部に，彼に代わって，社会の公共善が必要とするのに応じて法を作る権威を与え，また，その法の執行に対しては，彼自身も（自らが下した命令であるかのように）助力すべき当然の義務を負うからである。こうして，人々は，すべての争いを裁決し，国家(コモンウェルス)の各成員に対する侵害を救済する権威をもち，立法部，あるいはそれが任命した為政者に同定される地上の審判者を樹立することによって，自然状態を離れ，国家の状態のなかに自らを置くのである。従って，何人かの人々がいくら結合していたとしても，訴えるべきそうした決裁権力をもたない場合には，彼らは依然として自然状態のうちにあるということになる。

§90　ここからあきらかなことは，絶対王政というものは，ある人々からは世界における唯一の統治体だと見なされているにもかかわらず，政治社会とはまったく相容れず，政治的統治(シヴィル・ガヴァメント)のいかなる形態でもありえないということである。というのは，政治社会の目的は，社会の誰でもが侵害を受けたときや争いが生じたときに訴えることができ，また，社会の誰でもが従わなければならない公知の権威を樹立することによって，すべての人が自分の係争事件の裁判官となることから必然的に生じる自然状態の不都合性を回避し，また矯正することにあるのだから，人々が，相互の不和を決裁するために訴えるべきそうした権威をもたないところでは，彼らはどこにおいてもなお自然状態のうちにあるからである。そして，絶対君主というものは，彼の統治権の下にある人々との関係では，まさにそうした状態にあるのである。

§91　というのは，絶対君主は，立法権力も執行権力もともに彼一人で握っていると考えられるので，そこでは，公正に，差別なく，権威をもって裁決してくれるような，また，君主やその命令によって被るかもしれない侵害や不都合さに

対する救済や矯正が期待できる決裁を下してくれるような裁決者を見いだすことはできず，誰にもそうした訴えをなす道が開かれていないからである。それゆえ，どんな称号で呼ばれるにせよ，［ロシアの］ツァーとか［トルコの］大帝とかといった人間は，彼の統治権の下にある人々に対して，人類の残りの人々に対するのと同様に，自然状態のうちにあることになる。なぜならば，二人の人間がいて，彼らが権利をめぐる相互の争いを裁定するための恒常的な法も，地上において訴えるべき共通の審判者ももたない場合，彼らは，依然として自然状態のうちにあり，その不都合性にさらされたままであるからである。しかし，このような人々と，絶対君主の臣民，というよりもむしろその奴隷との間には，次のような一つの悲惨な相違がある。すなわち，通常の自然状態においては，人は，自らの権利を判断し，その権利を全力を尽くして維持する自由をもつのに対して，君主の意志と命令とによって自分の固有権(プロパティ)が侵害される場合にあっては，彼は，社会のうちにある人間がもつべき訴えの場を欠いているだけではなく，あたかも理性的被造物としての普通の状態から転落させられてしまったかのように，自らの権利を判断し，それを防衛する自由をも否定され，更には，無制約の自然状態にあって，お追従によって堕落し実力で武装した人間から被るおそれのあるすべての不幸と不都合とに身をさらさざるをえないこと，これが，その悲惨な相違に他ならない。

同書，第2篇第19章から（原著 pp. 444-446；邦訳 586-589 頁）

§240　ここにおいて，おそらく，君主あるいは立法部が信託に背いて行動しているかどうかを誰が裁決すべきなのかという例の疑問が生じるであろう。君主が正当な大権を行使しているにすぎないのに，悪意をもった党派的な者たちがその疑問を人民の間に広げるかもしれない。そこで，私としては，それに対して，人民が裁決者(ジャッジ)であるべきであると答えよう。というのは，信託を受けた者またはその代理人が正しく，また寄せられた信託に沿って行動しているかどうかの裁決者としては，彼に代理を委任した人，従って，彼に代理を委任することによって，委任された者が信託に沿わなかった場合にはその者を罷免する権力を依然として保持する人を措いて，他に誰もいないからである。もし，このことが私人の個々の場合において理に適ったことであるとすれば，何百万という人々の善に関係し，もし害悪が予防されなければ，その害悪はより大きくなり，それを取り除くことはきわめて困難であり，高くつき，かつ危険でもあるかのもっとも重大な場合に

そうでないということが，どうしてありうるであろうか。

§241 しかし，更にまた，この（誰が裁決者であるべきかという）問題は，裁決者がまったく存在しないということを意味しえない。なぜならば，地上に人間と人間との間の紛争に裁決を下すべきいかなる裁判官もいない場合には，天にいる神が裁決者として存在しているからである。確かに，神のみが正義の裁決者に他ならない。しかし，他の場合と同じように，この場合においても，各人が，他人が彼と戦争状態に身を投じているかどうか，また，エフタがしたように，至高の裁決者に訴えるべきかどうかの裁決者なのである。

§242 もしも，君主と人民の一部との間で，法が沈黙しているか，あるいは疑義があることがらについて，しかも重大な結果を招くことがらについて紛争が生じた場合，人民全体こそが適切な裁決者であると私は思う。なぜならば，君主が信託を受け，法の一般的な通常の規則の適用を免除されている場合，そこにおいて，もし誰かが自分たちは虐げられているということに気づき，君主は信託に反して，あるいはそれを超えて行動していると考えるなら，人民がその信託をどの範囲まで及ぼすつもりであったかを裁決するのに（最初に君主に信託を寄せた）人民全体以上にふさわしい者はいないからである。しかし，君主であれ，行政に携わる誰であれ，彼らがそうした裁決方法を拒否するならば，もはや天に訴える以外に途はない。地上には公知の上位者をもたない人々と，地上の裁決者への訴えを許さない人々との間の暴力は，端的に言って，天に訴えるしか途がない戦争状態であり，その状態においては，危害を受けている人間の側が，天に訴える途を利用し，それに身を委ねるのにふさわしいと考える時期について自ら判断しなければならないのである。

§243 結論を述べることにしよう。社会（ソサイエティ）にはいるときにすべての個人が社会に与えた権力は，社会が存続する限り，ふたたび個々人の手には決して戻ることはなく，常に共同体（コミュニティ）のうちにとどまる。そうでなければ，いかなる共同体もいかなる国家もありえないことになり，最初の合意に反することになってしまうからである。従ってまた，同じように，社会が，立法権を人間の何らかの集会に委ね，それが彼らとその後継者たちとの手中に引き続き置かれるようにし，しかも，その集会に，そうした後継者を定める指示と権威とを与えた場合は，統治が続く限り，立法権が人民に戻ることはありえない。なぜならば，人民は，立法部の手に永久に続く権力を与えてしまった以上，自分たちの政治権力を立法部に委ねたの

であり、それを取り戻すことはできないからである。しかし、もし人民が、その立法部の存続期間に制限を設け、個人または集会のうちにあるこの至高の権力を単に一時的なものとした場合や、権威をもつ人々の失策によってその至高の権力が彼らの手から失われる場合には、この権力喪失、あるいは、定められた期間の終了により、その至高の権力は社会に戻るであろう。そして、人民は、至高の存在として行動する権利を手にし、立法権を自分たちのうちに置き続けるか、新しい形態の統治を打ち立てるか、それとも、古い形態の統治の下でそれを新たな人々に委ねるかを、自分たちがよいと考えるところに従って決定する権利をもつことになるのである。

② 『寛容書簡』から（原著 pp. 64–72；邦訳 353–357 頁）

　宗教の問題に関して意見の異なる人々に寛容であることは、福音と理性とにまことによくかなったことでありますから、こんなにも明るい光の中で、盲目な人があるのは、まったく奇怪千万なことに思われます。私はここで、ある人々の高慢と野心、また他の人々の激情、無慈悲で穏和さを欠いた情熱を非難しようとは思いません。それらはおそらく、人間がなかなか完全には免れがたい欠陥でありましょうが、だれしもそれをまともに非難されることには耐えがたいものです。これらによって誤った方向につき動かされている場合に、別のもっともらしい外見によってそれを隠し、賞賛を得ようとしない人はほとんどいないのです。しかし、人がその迫害や非キリスト教的残酷さを、国家のためとか法の護持のためとかの口実でごまかしてしまうことがないように、また逆に宗教を口実にして不品行の容認や、悪行への免罰を求めることのないように、要するにつまり、君主に忠実な被治者としても、あるいは神を誠実に崇拝する者としても、自分や他人を欺くことがないようにするためには、私はなによりも政治の問題と宗教の問題とを区別し、教会と国家の間に、正しい境界線を設けることが必要であると思うのです。これをしなければ、一方で人間の魂のことを気遣う人々と、他方で国家のことを気遣う人々、少なくともそういうふうに言っている人々相互の間に、起こってくる争いに決着をつけることはできないでしょう。

　国家とは、人々がただ自分の世俗的利益を保全し、増進するためだけに造った集まりである、と私には考えられます。世俗的利益とは、生命、自由、身体の健康と苦痛からの自由、さらに土地や貨幣や家具などのような外的事物の所有のこ

とです。

　こういう現世的な事物の正当な所有を，平等な法の公平な施行によって，国民全般に，また被治者の一人一人に確保することこそ，為政者の義務なのです。もしもだれかが正義と公正に反してこれらの法を犯そうとするならば，その行為は，そんなことをしなければ彼が享受できる，また享受すべき利益を剝奪し減少させるという刑罰の恐怖によって，阻止されねばなりません。自分の利益の一部を，さらには自分の自由あるいは生命を喜んで剝奪されるという人はだれもおりませんから，為政者は，他人の権利を犯す人を罰するために，全国民の力を集めて武装しているわけなのです。

　ところで，為政者の権限がこうした世俗的利益以上には及ばず，政治的権力の権利や支配がこれらのものの護持・増進のための配慮だけに限定され制約されていて，けっして魂の救済にまでは手を伸ばしえない，また伸ばすべきでないということは，以下の考察によって証明されると思われます。

　第一に，魂への配慮は，いかなる他人にもゆだねられないことで，為政者にも同じくゆだねられはしないからです。神はそれを為政者にゆだねていません。神は，だれかを自分の宗教に強制して引き入れるというような権限を，いかなる人にも与えはしなかったからです。またそういう権力が人々の同意によって為政者に与えられるということもありえません。なぜなら，いかなる人も，自分自身の永遠の救済への配慮を放棄し，他人——それが君主であれ被治者であれ——の決めた礼拝ないし信仰を強制されて受けいれるなどということはできないからです。たとえそうしようとしても，他人の命令に従って信ずることなどはできません。救済のための真の宗教の力と効果は，信ずることに発するのです。どのような信仰告白をし，どのような外面的な礼拝をしようとも，それが真実であり，神の御心にかなうものだとわれわれの心のうちで信じているのでなければ，そういう信仰告白や礼拝はわれわれの救済に役だつどころか，実は障害となるのです。なぜなら，このようにして，宗教により他の罪を償うのではなく，神の御心にかなわぬと思われる礼拝を捧げることにより，われわれは数多くの他の罪に，さらに偽善と神の権威の冒瀆という罪を加えることになるからです。

　第二に，魂への配慮は為政者の関知する問題ではありえません。なぜなら為政者の権力はただ強制にのみ存するものだからです。しかし，救済のための真の宗教は心の内的な確信のうちにあり，それなくしては何ごとも神に受け容れられる

ことはできません。外的な力によって何ごとかを信ずるよう強制されえないというのが，人間の知性の本性です。財産の没収，投獄，拷問などの刑罰は，人々がものごとについて作り上げた内心の判断を変えさせるためには，無益なのです。
(中略)
　では次に，教会とはなんであるかを考えてみることにしましょう。私は，教会とは人々の自由な集まりであり，人々が神に受け容れられ，彼らの魂の救済に役だつと考えた仕方で神を公に礼拝するために，自発的に結びついたものである，と考えます。
　それは自由で自発的な結社なのです。だれも生まれながらにある教会の一員であるのではありません。もしそうなら，ある人の宗教は，所領とともに，父親，祖先から，相続の法によって伝えられてきたことになり，その人がある信仰を持つのは，出生によることになりましょう。こんな馬鹿げた話があるでしょうか。ですから，つまりこういうことなのです。なんぴとも自然的にはある特定の教会なり教派に結びつけられてはいないので，各人は真の宗教と神に受け容れられる礼拝がそこにあると信ずる集まりに自発的に参加するのです。救済への希望，これがその教会という集まりに加わる唯一の理由であったように，またそこにとどまる唯一の理由でもありうるのです。もしもあとになって自分が加わった教会の教義に誤りを見いだし，あるいはその礼拝に適切を欠く点を見いだしたならば，どうして入ったときと同様に自由にそこを出ていけないわけがありましょうか。メンバーは，永遠の生命への確実な期待に発するもの以外のいかなる絆によっても束縛されることはありません。このように，教会とは，この目的のために自発的に結びついた人々の集まりなのです。

R. Klibansky and J.W. Gough (eds.), *Epistola de Tolerantia*, Oxford University Press, 1968（生松敬三訳「寛容についての書簡」世界の名著『ロック　ヒューム』中央公論社，1980年）。
Peter Laslett (ed.), *Two Treatises of Government*, Cambridge University Press 1967（加藤節訳『統治二論』岩波文庫，2010年）。訳文は一部変更した。

〔辻　康夫〕

● 第Ⅲ部　近代

シャルル・ド・モンテスキュー
Charles-Louis de Montesquieu, 1689–1755

『法の精神』（1748 年）

位置付けの難しさ

『法の精神』ほど，多様な読み方を許容するものはない。研究者はこの本の一部を手掛かりにして，自由主義，封建反動，貴族主義，歴史主義，風土決定論，実証主義，混合政体論，権力分立論などの相反する位置付けをモンテスキューに与えてきた。これほど種々様々な解釈が生まれる背景には，モンテスキューの関心の途方もない広さと，『法の精神』が扱う主題の広範さがあった。

法概念の革新と事物の本性論

ボルドー近郊出身のモンテスキューは，法服貴族という実務家であった。ボルドー大学でローマ法を修め，のちに買官や相続でボルドー高等法院の職を得て，市の行政や争訟の解決に携わった。その過程で，フランス法の淵源の雑居性と，法体系の不整合を自覚し，法観念そのものを変革する必要性を痛感したのである。『法の精神』はまぎれもなく法の領域，役割，限界を考察した法学書であるが，法とは「事物の本性に由来する必然的な諸関係である」（第 1 編第 1 章）というモンテスキューの革新的ともいえるほど広範な定義は，このような問題関心によって生み出されたものといえる。

モンテスキューは，自然主義者であった。「事物の本性」論の土台にある自然とは，モンテスキューにとって人間行為の適否を測る規準，さらに政治，法律，刑罰が準拠すべき枠組みを指している。モンテスキューは自然による政治を意思による政治と対置し，事物の秩序に従う法律を恣意的な立法と対置してゆく。とくに，ボダンやホッブズの主権理論の台頭の結果として，立法行為が自生的な秩序，また自然の社会的相応である習俗を破壊することを恐れたモンテスキューは，「習俗の方が，法律以上に一国民の幸福に貢献する」（「わが随想」）と述べて，意

識的立法（意思の行使）と自由を取り違えることのないように警告した。

■ **文明比較による制度的教訓の抽出**　さらにモンテスキューは、ものの皮相さを暴くことで真理を明るみに出すモラリストであった。実務の合間にラ・ブリュイエールの『人さまざま』を愛読したモンテスキューは、その筆致を模倣して書簡体の風刺小説『ペルシア人の手紙』（1721年）を書き上げ、パリで文人としてのデビューを飾る。思想の表現形態を風刺、皮肉、諧謔、反語、当て擦りに見出して、ルイ14世をはじめとするアンシャン・レジームの指導者をその俎上に載せるという手法は、「中二階クラブ」や貴族婦人のサロンなどに出入りして磨きをかけた批評精神、相対主義とともに、『法の精神』での絶対主義の批判、専制政治の告発に活かされている。

　最後にモンテスキューは、歴史とくに文明史を愛好し、ヨーロッパとは異質な風土、習俗の中にも政治の原理を探り当て、政治の分類モデルを構築することに熱中した。若年期に芽生えた古代ローマへの憧憬は、『ローマ人盛衰原因論』（1734年）に結実し、『法の精神』で君主政、専制政治と並ぶモデルとして共和政を定立させる理由ともなった。また、オリエントや中国・日本の政治を紹介した宣教師や商人たちの旅行記を読み漁った経験は、フランス君主政の文明論的特徴を炙り出し、フランスにおける「中間団体」の重要性を認識するのに役立った。さらにイギリスを実地に見聞して、古代ローマと18世紀イギリスの権限配置を比較したことは、「権力分立」という自由の政治的教訓を見出すきっかけをもたらしたのである。

■ **現代への貢献**　もちろん、これら四つのエッセンスのいずれも、モンテスキューの独創とはいえない。むしろモンテスキュー政治理論の特徴は、『法の精神』における四つの総合（あるいはそれらの絶妙なブレンド）と、総合ゆえの包括性にある。いわゆる主権を頼りとした体制変革の時代、また普遍的理性によって発見される最終的解法を追い求めた啓蒙の世紀に、あえて「穏和」「関係」という曖昧さを志向し、「法律は純然たる権力行為ではない」（第19編第19章）と言い切ったモンテスキューの政治理論は、主権論の再検討がテーマとなっている今の時代にこそ読み直されなければならない。

● 第Ⅲ部　近代

① 『法の精神』序文（抜粋）（原著 p.229；邦訳 上 5-6 頁）
　私はまず人間を考察した。そして私は，法律や習俗のこの無限の多様性の中にあって，人間がただ自らの気紛れだけで行動しているわけではないと考えたのであった。
　私はいくつかの原理を立てた。すると，個々の場合がいわば自ずからこれらの原理に従うことがわかった。あらゆる国民の歴史は，いずれもこれらの原理から出てくる結果に過ぎず，個々の法律は，それぞれ他の一つの法律と結合しているか，あるいはまた，他のより一般的な法律に依存していることがわかった。
　古代を思い起こした時に，私はその精神を捉えようとつとめた。それは，実際に違っている諸々の事例を似たものとみなすことのないよう，また，似たように見える事例の場合についてもその違いを見落とさないようにするためである。
　私は，自分の諸原理を自分の偏見から導き出したのでは全くなく，事物の本性から導き出した。

② 同書，第1編「法一般について」
　第1章　様々な存在物との関係における法について（抜粋）
　法とは，その最も広い意味では，事物の本性に由来する必然的な諸関係である。そしてこの意味では，あらゆる存在物はその法を持っている。神はその法を持ち，物質的世界はその法を持ち，人間より上位の知的存在物はその法を持ち，動物はその法を持ち，人間はその法律を持つ。（原著 p.232；邦訳 上 9 頁）

　第2章　自然の法律について（抜粋）
　すべての法律に先立って，自然の法律がある。こう呼ばれるのは，それらがわれわれという存在物の構造だけに由来するからである。これらの法律をよく知るためには，社会が樹立される前の人間というものを考察しなくてはならない。自然の法律は，そのような状態において人間が受け取るような法律であろう。
　（中略）
　ホッブズが人間にまず帰している人間を征服したいという願望は道理に適っていない。命令とか支配とかいう観念は，非常に複合的で他の多くの観念に依存するから，人間が最初に持つような観念ではないであろう。
　ホッブズは，「もし人間が生来戦争状態にないとすれば，なぜ彼らはいつも武

装して出かけるのか，また，なぜ彼らの家を閉めるための鍵を持っているのか」と問い掛けている。だが，社会が設立された後でなければ人間に生じえないこと，また他人を攻撃し，自らを防御する理由を彼らに求めさせるようなことを，社会設立前の人間に帰するのは解せないことである。（原著 p. 235；邦訳 上 12–13 頁）

第3章　実定的法律について（抜粋）
　それらの法律は，その国の自然的なるもの，すなわち，寒いとか，暑いとか，あるいは，温かいとかの気候に，土地の質，位置，規模に，農耕民族，狩猟民族，遊牧民族といった民族の生活形態に相関的でなければならない。それらの法律は，国制が許容しうる自由の程度に，住民の宗教に，その性向に，その富に，その数に，その商業に，その習俗に，その生活態度に関係していなければならない。最後に，それらの法律は，それら相互間において関係を持つ。それらは，その起源，立法者の目的，その制定の基礎たる事物の秩序とも関係を持つ。まさにこれらすべてを見渡して，それらの法律を考察しなければならないのである。
　私がこの著作においてなそうとするのは，以上のことである。私はこれらすべての関係を検討するであろう。これらの関係がすべて一緒になって「法の精神」と呼ばれるものを形成する。（原著 p. 238；邦訳 上 16–17 頁）

③　同書，第2編「政体の本性に直接由来する法律について」
　第1章　三種の政体の本性について（抜粋）
　政体には三つの種類がある。「共和政体」，「君主政体」，および「専制政体」である。その本性を見出すには，最も教育のない人たちがそれについて持っている観念で十分である。私は三つの定義，いやむしろ三つの事実を想定している。共和政体とは，人民が全体として，あるいは人民の一部だけが最高権力をもつところの政体であり，君主政体はただ一人が統治するが，しかし確固たる制定された法律によって統治するところの政体である。これに反して，専制政体においては，ただ一人が，法律も規則もなく，万事を彼の意思と気紛れとによって引きずって行く。（原著 p. 239；邦訳 上 18 頁）

　第2章　共和政体について，および，民主政に関する法律について（抜粋）
　共和政において，人民が全体として最高権力を持つとき，それは民主政である。

最高権力が人民の一部の手中にあるとき，それは貴族政と呼ばれる。
　民主政において，人民はある点では君主であり，またある点では臣民である。
　人民はその意思である投票によってのみ君主でありうる。最高権力者の意思は最高権力者そのものである。それゆえ，投票の権利を確立する法律がこの政体においては基本的である。（原著 pp. 239-240；邦訳　上 18-19 頁）

　第 4 章　君主政体の本性との関連における法律について（抜粋）
　中間的，従属的そして依存的な諸権力が君主政体，すなわち一人が基本的法律に従って支配する政体の本性を構成する。
　（中略）
　最も自然的で従属的な中間権力は，貴族の権力である。貴族はどういう様態においてであれ君主政の本質の中に含まれるのであり，その基本的格率は次のごとくである。君主なくして貴族なし，貴族なくして君主なし。（原著 p. 247；邦訳　上 28 頁）

③　同書，第 3 編「三政体の原理について」（原著 pp. 258-259；邦訳　上 42 頁）
　第 9 章　専制政体の原理について（抜粋）
　共和国においては徳が必要であり，君主国においては名誉が必要であるように，専制政体においては「恐怖」が必要である。徳について言えば，それはここでは全く必要ではなく，名誉はここでは危険なものとなろう。
　ここでは，君公の無制限な権力は，すべて彼がそれを委ねる人々に移る。こうしたところでは，自分を高く評価できる人々は，革命を起こそうとすれば起こしうる状態にあるであろう。だからこそ，恐怖がすべての勇気を打ち挫き，ごくわずかの野心の気持までも消滅させてしまわなければならないのである。

④　同書，第 4 編「教育に関する法律は政体の原理に関係していなければならないこと」（原著 pp. 266-267；邦訳　上 53-54 頁）
　第 5 章　共和政体における教育について（抜粋）
　教育のすべての力が必要とされるのは，まさに共和政体においてである。専制政体の恐怖は威嚇と懲罰との中から自然に生れる。君主政の名誉は情念によって助長され，そして名誉がまた情念を助長する。しかし，政治的徳とは自己犠牲で

あり，これはいつでも極めて骨の折れることである。
　この徳は，法律への愛，祖国への愛と定義することができる。自分自身の利益より公共の利益を常に優先させることを求めるこの愛は，すべての個別的な徳を生み出す。これら個別的な徳とは，この優先のことにほかならない。

⑤　同書，第 6 編「民事，刑事の法律の単純さ，裁判の手続き，刑罰の制定等との関係における種々の政体の原理の諸帰結について」（原著 pp. 320-321；邦訳 上 118-119 頁）
　第 12 章　刑罰の威力について（抜粋）
　ある国で何かしら不都合なことが感ぜられたとしよう。乱暴な政体は，これをただちに是正しようとする。そして，旧来の法律を執行しようとは考えないで，悪行を即座に止めさせる残酷な刑罰を定める。だが，政体のバネはすり減る。想像力はより軽微な刑罰に慣れてしまっていたのと同じく，この重い刑罰にも慣れ，そして，軽微な刑罰への恐れが鈍るから，やがてあらゆる場合に重い刑罰を定めざるをえなくなるであろう。
　（中略）
　一つの悪を是正しようとする立法者は，往々にしてその是正のことしか考えない。彼の目はこの目的に向かって開かれ，数々の不都合に対しては閉ざされる。ひとたび悪が是正されると，人はもはや立法者の過酷さしかみない。しかし，この過酷さが生ぜしめた欠陥はその国家の中に残る。人々の心は腐敗し，専制政治に慣れてしまう。

⑥　同書，第 11 編「国制との関係において政治的自由を形成する法律について」
　第 3 章　自由とは何かということ（抜粋）
　なるほど民主政においては，人民が望むことを行なっているようにみえる。しかし，政治的自由とは人が望むことを行なうことではない。国家，すなわち法律が存在する社会において自由とは，人が望むべきことをなしうること，そして，望むべきでないことをなすべく強制されないことである。（原著 p. 395；邦訳 上 209 頁）

第6章　イギリスの国制について（抜粋）
　各国家には三種の権力，つまり立法権力，万民法に属する事柄の執行権力および公民法に属する事柄の執行権力がある。
　第一の権力によって，君公または役人は一時的もしくは永続的に法律を定め，また，作られた法律を修正もしくは廃止する。第二の権力によって，彼は講和を結び，もしくは戦争を遂行し，外交使節を派遣または接受し，安全を確立し，侵略を予防する。第三の権力によって，彼は犯罪を罰し，あるいは私人間の紛争を裁く。この最後の権力を人は裁判権力と呼び，他の執行権力を単に国家の執行権力と呼ぶのである。
（中略）
　同一の人間あるいは同一の官職者団体において立法権力が執行権力と結合されるとき，自由は全く存在しない。なぜなら，同一の君主または同一の元老院が暴君的な法律を作り，それを暴君的に執行する恐れがありうるからである。
　裁判権力が立法権力や執行権力と分離されていなければ，やはり自由は存在しない。もし，この権力が立法権力と結合されれば，公民の生命と自由に関する権力は恣意的となろう。なぜなら，裁判役が立法者となるからである。もしこの権力が執行権力と結合されれば，裁判役は圧制者の力を持ちうるであろう。
　もしも，同一の人間，または，貴族もしくは人民の有力者の同一の団体が，これら三つの権力，すなわち，法律を作る権力，公的な決定を執行する権力，犯罪や私人間の紛争を裁判する権力を行使するならば，すべては失われるであろう。（原著 pp. 396-397；邦訳 上 211-212 頁）

⑦　同書，第29編「法律の作り方について」
　第1章　立法者の精神について（抜粋）
　中庸の精神が立法者の精神でなければならない。私はこのことを語っているのであり，私はこのことを示すためだけにこの書物を著わしたのである。（原著 p. 865；邦訳 下 182 頁）

　第19章　立法者について（抜粋）
　アリストテレスは，ある時にはプラトンに対する彼の妬みを，またある時はアレクサンドロスに対する彼の熱狂を満足させようとした。プラトンは　アテナイ

人民の専制に対して憤慨していた。マキアヴェリは，崇拝の対象であるヴァレンチノ公のことで頭が一杯であった。トマス・モアは，考えたことよりも読んだものについて多く語り，ギリシアの都市の簡明さを使ってすべての国を統治しようとした。多くの著述家は王権が見えない至るところに無秩序を見出していたが，ハリントンには，イギリス共和国しか目に入らなかった。法律は，常に立法者の情熱や先入観に遭遇する。法律は，ある時にはそこを通ることでその色に染まり，ある時はそこにとどまってそれと一体化する。(原著 pp. 882-883；邦訳 下 202 頁)

Ch. de S. Montesquieu, *De l'Esprit des Lois* (1748), *Oeuvres Complètes de Montesquieu*, texte presenté et annoté par Roger Caillois, 2 vols, tome II, Paris: Gallimard, 1951（野田良之・稲本洋之助・上原行雄・田中治男・三辺博之・横田地弘訳『法の精神』全 3 巻，岩波書店，1987-88 年）。なお，訳文には適宜変更を加えた。

［押村　高］

ジャン＝ジャック・ルソー

Jean-Jacques Rousseau, 1712–1778

『人々の間における不平等の起源と根拠に関する論説』（1755 年）
『社会契約論：もしくは国法の諸原理について』（1762 年）

啓蒙と進歩　文明の発展，人類の進歩，理性の勝利が自明とされた啓蒙の時代にあって，ジャン＝ジャック・ルソーは，第一論文『学問芸術論』（1750 年）で古代と近代，無知と知，徳と才能，自然と文明を鋭く対立させて所与の価値を批判し，学問芸術を「鉄鎖の上の花飾り」であると断じて論争を惹き起こした。『不平等起源論』（1755 年）においては，従来の自然法理論を批判し，「条件的仮説的推理」によって現在の人間の存在様態から社会的な諸関係を除去し，人間の自然を見いだそうと試みる。第 1 部は，自己保存にもとづく自己愛と憐憫の情のみを持つ自然人が独立して散在している自然状態を考察の原点として提示する。第 2 部では，自然状態を脱した人類が他者との関係を拡大するのにともなって，利己心を中心とする情念と自己利益を優先する理性とが発達していく過程が仮説的な歴史として記述される。私的所有の成立によって人間社会の分裂は決定的になる。所有権を主張する富める者たちに対して，貧しい者たちは力にもとづく強者の権利を主張し，両者は戦争状態に陥る。資料は，この戦争状態を克服するために，構成員による契約が導入されて政治体が構成される場面である。ルソーは，この契約を支配従属関係の法的構成として描くことによって，J. ロックにまで至る契約説的な政治社会構成論が，支配者のための秩序擁護と不平等固定化のためのものでしかないことを暴きだす。本文は，最後にただ一人の専制的支配者以外全員が無であるがゆえに平等であるという擬似自然状態の到来を描いて終結するが，重要なのは，自然と社会，未開と文明という二分法それ自体ではなく，二分法を徹底することで，人間社会や文明のみならず情念や理性さえもが歴史的産物にすぎないことが明らかにされる点である。

ルソー

意志と規範　『社会契約論』（1762年）は，自己利益を優先させる現実の人間を前提にしつつ，現在の社会的諸関係を社会契約によって組み換えるという仮説を通じて現実の諸問題を浮かび上がらせることを主題とする。

　資料として第1篇第6章と第7章を訳出した。集会者の全員一致によって政治共同体を一気に創出する，という構成は，T. ホッブズの契約説の継承であるが，ホッブズが自然権の譲渡先である第三者に実体性を残すのに対し，ルソーは社会契約によって創出される人為的人格そのものに全面譲渡するという論理構成をとることで，ホッブズの契約説を換骨奪胎する。当該箇所は『社会契約論』のごく最初の部分であるが，すでにここで社会契約の基本的論理はすべて示されている。これ以後の部分では，社会契約によって成立した政治体の確立と維持の過程，一般意志と特殊意志との対立に起因する病理とその予防の問題が論じられることになる。第2篇では一般意志を法として現実化する作業が論じられ，特殊意志を持たず一般意志のみによって国制を構築する「立法者」の必要が説かれる。第3篇は政治体の執行機関である政府を扱う。政府の構成員は自らの特殊意志，媒介的中間団体としての政府の意志，政治体の一般意志に関わり，しかも自らの特殊利益を優先するから，政府の設立はそれ自体政治体の腐敗，解体の原因となる。第4篇においては，政治体を維持し崩壊の原因を除去するための方策が提示される。投票をはじめとする諸制度に加えて最後に導入される「公定宗教 religion civile」は「社会性の感情」とされるが，「自由への強制」，「立法者」と並んで，国家に関する根源的な問いを含んでいる。

理論と現実　本書に含めることができなかったが，『エミール，もしくは教育について』（1762年）は，ルソー自身によって『社会契約論』と一体をなす作品とされる。理想的な教師である「私」が少年エミールを育てるという物語を，あるがままの社会の中でありうる姿の人間を育てる過程と見るならば，そこに『社会契約論』と対になる設定を見いだすことができよう。

　このほか，現実の諸条件をもとに変革の可能性を論じた『コルシカ国制案』，『ポーランド統治論』は直接の影響を与えることはなかったが，政治的現実に対する理論の関係を考える上でも興味深い。また18世紀最大のベストセラーとなった書簡体小説『新エロイーズ』（1761年）や，『告白』『対話——ルソーがジャン＝ジャックを裁く』『孤独な散歩者の夢想』からなる自伝三部作は文学史上の重要作品であり，近代とは何かという問題を考える際に欠くことができない。

● 第Ⅲ部　近代

① 『人々の間における不平等の起源と根拠に関する論説』第2部（原著 pp. 158-161）

　このように悲惨な状況〔私的所有の矛盾に基づく戦争状態——解説参照〕について，また自分たちに降りかかる災難について，人間たちがついには反省しなかったはずがない。とりわけ富める者たちは，絶えざる戦争は自分たちのみにすべての代価を負わせるもので，生命の危険は共通なのに財産の危険は自分たちだけに降りかかってくるのだから，いかにも不利益だということを，じきに感じるようになったに違いない。それに富める者たちは，どれほどの粉飾をこらしたところで，自分たちのしたい放題が不安定で不当な権利のうえに立てられているにすぎないこと，力によって獲得したのにすぎないのだから力ずくで奪われても何も文句は言えないのだということを，十分に感じていたのである。勤勉さのみによって富を築いた者たちも，自分たちの所有をより優れた権利に基礎づけることができたわけではなかった。この壁を築いたのは私だとか，私は自分の労働によってこの土地を手に入れたのだとか言っても無駄であった。いったい誰があなたに境界を与えたのだ，と人々は彼らに言い返すことができたのである。別に私たちが押し付けたのでもない労働の対価をいったい何ゆえに私たちに払ってほしいなどと言い張るのか，あなたたちが過剰に持っているものを必要として同胞の多くが死に追いやられたり病気になったりしていることを，そして共有の糧に対して自分自身の糧以上のものを所有するためには人類の全員一致による明示的な合意がなければならないということをあなたたちは知らないのか，と。自己正当化に有効な論拠も自己防衛に十分なだけの力も奪われてしまった，個々人を撃破するのは簡単だとしても集団強盗の一味には自分がやられてしまう，たった一人ですべてを相手にしなければならず，対する敵は略奪の希望を共有することで団結しているのに同類とはお互いの嫉妬のために団結することができない，という状況のもと，富める者は必要に迫られ，ついに人間精神にかつて浮かんだ中で最もよく考えられた計画を思いついたのである。それは，自分を攻撃する人々の力そのものを自分の都合の良いように利用し，敵たちを自分の防衛者にし，敵たちに別の格言を吹き込み，そして，自然法は自分にとって都合が悪いのでその分だけ都合の良い別の制度を与えるというものであった。

　この観点から，まずは自分の隣人たちに，彼ら一人ひとりが互いに武装しあう状況，所有物を彼らの欲求と同じく厄介なものにしてしまっている状況，つまり，

貧しかろうと豊かであろうと安全を確保できないという状況の恐ろしさを説明した後、富める者は隣人たちを自分の目的に向かわせるもっともらしい理屈を容易に見つけ出したのである。「団結しよう」と富める者は隣人たちに言った。「弱者を抑圧から護るために、野心家を抑えるために、そして各人に対してその人に属するものの所有を保証するために。正義と平和の規則を制定しよう。全員が従わなくてはならず、誰をも特別扱いすることなく、いわば運命の気まぐれを是正して有力者も弱者も平等に相互の義務に従わせる規則を。つまり私たちの力を私たち自身に向けるのをやめて至高の権力へと統合しようというのだ。この権力が賢明な法に従って私たちを統治し、この集合体のすべての構成員を保護防衛し、共通の敵を追い払い、永遠の和合を保つのだ。」

　この演説にはほど遠いものであっても、粗野でだまされやすい人々をひきつけるのには十分だった。それに、彼らはお互いの間で解決しなければならない問題をたくさん抱えていたので、仲介者なしではやっていけなかったし、欲が深く野心が強かったので、主人なしで長く過ごすことはできなかったのである。すべての人々が自分の自由を確保できると信じて鉄鎖の前に駆けつけた。なぜなら彼らは政治的な制度の利点を感じるのに十分なだけの理性を持ってはいたが、その危険性を予見するほど多くの経験を有していた訳ではなかったからである。その悪弊を最もよく予測することができたのは、まさしくそこから利益を引き出そうと目論んでいる連中であった。賢者たちさえも、怪我人が体の他の部分を救うために腕を切り落とすように、自分の自由のある部分を保持するためには他の部分を犠牲にすることを覚悟しなければならないと考えた。

　社会と諸法の起源はこのようなものだった。あるいはこのようなものだったに違いない。社会と諸法は弱い者に新たな足かせを、強い者には新たな力を与え、自然的自由を回復しがたく破壊し、私的所有と不平等の法を永久に確定し、巧妙な簒奪を剥奪されざる権利とし、幾人かの野心家の利益になるようにこれ以降すべての人類を労働と隷属と悲惨に縛りつけたのである。あるひとつの社会が設立されると他のすべての社会の設立が不可避になったこと、統合された諸力に対抗するためには自分たちもぜひとも団結しなくてはならなかったことは、容易に理解できる。社会は急速に増加し拡大していってやがて地表を覆ってしまったので、くびきから逃れられ、いつも自分の頭上に吊り下げられているのが見えていてしばしば誤って落ちてくる剣から頭をよけることができる場所は、もはや世界中の

どこにも見いだせない，という事態になったのである。かくして国法が国民に共通の規則となり，自然法は様々な社会と社会との間にしか働く余地がなくなってしまった。自然法はそこでは万民法という名のもとで，いくつかの暗黙の約束事によって緩和され，商取引を可能にし，自然の憐憫の情の埋め合わせをすることになった。けれども憐憫の情は，社会と社会との間では，人間と人間との間で持っていた力のほとんどすべてを失ってしまい，もはや幾人かの世界市民の偉大な魂のなかに宿っているにすぎない。このような人々だけが，諸国民を隔てる想像上の障壁を乗り越え，諸国民を創造した至高の存在を模範として，全人類をその善意のうちに抱きしめるのである。

② 『社会契約論：もしくは国法の諸原理について』第1篇（原著 pp. 476–483）
第6章　社会契約について

　自然状態における人間の自己保存を妨げる諸障害が，その抵抗力によって，各個人がその状態にとどまるために用いることのできる諸力を圧倒する時点に，人間たちが到達したと想定してみる。その場合には，この原始状態はもはや存続しえなくなり，人類はその存在様式を変えなければ滅亡するであろう。

　ところで，人間は新しい力を生み出すことができるわけではなく，ただ現存する諸力を統一し，統御することができるだけであるから，自己を保存するためには，集合して，障害の抵抗を圧倒できるような力の総和を作り出し，ただ一つの原動力でそれらの力を活動させ，揃って作動させるしか方法はない。

　この力の総和は，複数の人々の協力によってしか生じえない。しかし各人の自由と力とはその人の自己保存の第一の手段であるから，自らを損ねることなく，また自らになさねばならぬ配慮を怠ることなく，力と自由とを差し出すにはどうしたらよいのだろうか。この難問は，私の主題に置き直すと，次の文言に言い表すことができる。

　「各構成員の人格と財産とを，共同の力すべてをもって防御し保護する結合の形式を見い出すこと，そしてこれによって各人が全員と結びつきながら，しかも自分自身にしか服従せず，それまでと同じように自由であることができるか？」これこそ社会契約が解決を与える根本的問題である。

　この契約の諸条項は行為の本質によってはっきりと決まっており，ほんのわずかでも変更を加えると無効となって一切の効果が失われる。したがって，これら

の条項は公式に表明されたことがおそらく一度もないにもかかわらず，いたるところで同一であり，いたるところで暗黙のうちに受け入れられ承認されている。社会契約が破棄されて各人が最初の権利に立ち戻り，自然的自由を放棄して得た約束による自由を失って，自然的自由を再度手に入れるまでは。

　これらの条項は，きちんと理解されるならばすべてが一つの条項，すなわち各構成員が自分のすべての権利とともに共同体全体に対して全面譲渡を行うということに帰着する。と言うのは第一に，各人は自分のすべてを与えるので条件は全員にとって平等であり，条件が全員にとって平等であるから，だれも条件を他の構成員たちに不利にしようとする関心を持たないのである。

　さらに，譲渡は留保なしに行われるので，結合はこの上もなく完全であり，いかなる構成員ももはや要求すべきことを持たない。というのも，もしも諸個人の手元になんらかの権利が残るとすると，諸個人と公共との間に立って判断を下すことのできる共通の上位者がいないから，各人はある点において自分自身の裁判官であることになり，じきにあらゆる点について裁判官であると主張するようになるだろうし，自然状態は存続し，結合体は必然的に専制的になるか無意味なものになるかのいずれかであろう。

　最後に，各人は全員に自己を与えるので，特定のだれにも自己を与えることにはならないし，自分に対する権利をある構成員に譲れば必ずそれと同じ権利をその構成員から獲得することになるので，各人は自分が失ったすべてと同価値のものを得るとともに，自分が持っているものを保持するためのより大きな力を獲得するのである。

　そこで，もし社会契約からその本質に属さないものを除くならば，次のような文言に帰着することがわかるだろう。「われわれ各々は，自分の人格とすべての力とを共同にして，一般意志 la volonté générale の最高指揮下におく。そしてわれわれは，一体をなすものとして，各構成員を全体の不可分の部分として受け入れる。」

　この結合行為は，直ちに，各契約者の個別的な人格に代わって，集会の持つ投票数と同数の構成員からなるひとつの人為的集合的団体を創出する。この団体はこの同じ行為からその統一，共同の自我，生命，意志を受け取る。このように他のすべての諸人格の結合によって形成されるこの公的人格は，かつては都市国家 Cité という名を持っていたが，今では共和国 République または政治体 corps politique

という名を持っている。構成員からは，受動的な場合には国家 *Etat*，能動的に活動する場合は主権者 *Souverain*，同類のものと比べるときには国 *Puissance* と呼ばれる。構成員について言えば，集合的には人民 *peuple* という名を持つが，個別的には，主権に参加するものとしては公民たち *Citoyens*，国家の法に服するものとしては臣民たち *Sujets* と呼ばれる。しかしこれらの用語はしばしば混同されて互いに取り違えられている。それらの用語を極めて厳密に使用する場合にきちんと区別することができれば十分である。

第7章 主権者について

　この公式によって，結合の行為は公共体と諸個人との相互的な約束を含んでいること，各個人は言わば自分自身と契約しているので二重の関係のもとで，すなわち主権者の構成員として諸個人に対して，また国家の構成員として主権者に対して約束をしていることがわかる。だがここでは，何人も自分自身と結んだ約束には拘束されないという国法の法格言は適用されえない。というのも，自分自身に対して自分を義務づけるということと，自分がその一部をなす全体に対して自分を義務づけるということとの間には大きな違いがあるからである。

　さらに，公共の決議は各人がそのもとにあるとみなされる二つの異なる関係のおかげですべての臣民を主権者に対して義務づけることができるが，逆の理由から主権者をそれ自身に対して義務づけることはできないのであり，したがって主権者は自分が違反することのできない法規を自らに課すことは政治体の本性に反するのである。主権者は自らを唯一の同じ関係においてしか考えることができないので，その点では自分自身と契約する個人の場合と同じである。そこから，人民団体に関する強制的な根本法というものは存在しないし，また存在しえないということがわかる。社会契約についてさえも同様である。このことは，この団体が社会契約に違反しない事柄で他の国家と十分に約束をすることができないということを意味しない。なぜなら，外国から見れば，人民団体は単純な存在すなわち一個人となるのだからである。

　しかし政治体もしくは主権者は，その存在を契約の神聖性からのみ引き出すのであるから，他の政治体に対してであっても，自分自身のある部分を譲渡するとか他の主権者に従属するというような，この始源的行為に違反するいかなることをも自らに課すことはできない。自らの存在を基礎づける行為を破棄することは

自らを否定することであり，無であるものはなにものも生み出さない。
（中略）
　実際，各個人は人間としては，公民として持つ一般意志とは反対もしくはそれと異なる特殊意志を持つことがあり得る。彼の特殊利益は共同の利益とは全く異なることを彼に語りかけることがあるのである。彼の存在は絶対で，自然的に独立しているので，共同の事由のためになすべきことを無償の寄付行為とみなすかもしれない。それを行なわなかったことで他の人々が受ける損失は，支払いが自分にとって負担であることに比べれば大したことはないと考えるのだ。そして，国家を構成している人為的人格は人間ではないのだから理性の産物だと見て，公民の諸権利を享受しながら臣民の諸義務は果たそうとしないだろう。このような不正が進展すると，政治体の破滅を招くことになるだろう。
　したがって社会契約が空虚な公式集にならないために，この契約は暗黙のうちに一つの約束を含んでおり，それのみが他の約束に効力を与えているのである。その約束とは，一般意志に従うことを拒否するものは誰であれ，政治体全体によって服従を強制される，というものである。これは，その者を自由であるように強制するということ以外を意味するものではない。なぜならこれこそが，各公民を祖国に与え，彼をあらゆる個人的な従属から守る条件であり，この条件が政治機関に仕組みと動きとを与えるのであり，この条件のみが国制に関する諸々の約束を正当なものにするのである。それがなければ，これらの約束は不条理でかつ専制的なものとなり，甚だしい悪弊に陥ることとなるだろう。

Jean-Jacques Rousseau, *Discours sur l'origine et les fondemens de l'inégalité parmi les hommes*（原好男訳『人間不平等起源論』ルソー選集 6，白水社，1986 年。戸部松実訳『不平等論　その起源と根拠』国書刊行会，2001 年。小林善彦訳『人間不平等起原論』中公クラシックス，2005 年。中山元訳『人間不平等起源論』光文社古典新訳文庫，2008 年）；*Du contrat social: ou, principes du droit politique*（Œuvres complètes de Jean-Jacques Rousseau, tome III, Bibliothèque de la Pléidade, Gallimard, Paris, 1964）（井上幸治訳『社会契約論』中公クラシックス，2005 年。作田啓一訳『社会契約論』白水 U ブックス，2010 年。中山元訳『社会契約論／ジュネーヴ草稿』光文社古典新訳文庫，2008 年）。各訳文を参照したが，新たに訳し直した。

［吉岡知哉］

アダム・スミス
Adam Smith, 1723-1790

『道徳感情論』（1759, 61, 67, 74, 81, 90 年）

生涯と仕事　スミスはスコットランド人である。グラスゴウ大学卒業後，オクフォード大学に入学するが，中途退学し帰国（1740-46 年）。この 6 年間の図書館にこもっての古典学習が，彼の基礎学力を決定づけた。1751 年，28 歳で母校の「論理学」教授に就任。翌年，「道徳哲学」教授に転じて，64 年まで勤めて辞職。貴族に随行してフランスにおもむき，66 年に帰国。その後，祖国を離れなかった。彼の業績は，グラスゴウ版全集にその「すべて」が収められている，目玉はライフワークとなった『道徳感情論』（1759 年）と，もうひとつの主著『国富論』（1776 年）の二点。『感情論』は生前 6 版に及び，『国富論』は死後の 1791 年に 6 版がでた。後者の刊行が，"新しい学問"「政治経済学」の「開祖」として，「世界のスミス」となった。エディンバラにある墓石には，「『感情論』と『国富論』の著者」と刻まれている。ここでは，『感情論』に的をしぼる。

学問——"伝統と革新"（continuity and innovation）——「文明人」と「文明社会」（「商業社会」）　スミスの実生活は平穏だったが，"頭の中"は最後の最後まで「波乱万丈」であった。そのことを公言している。自ら認めたごとく，彼の学問は「完結」しなかった（資料④）。『感情論』と『国富論』という 2 冊を，一人の作者の作品としてどう「読む」のか。もうひとつは，「未完」の部分，「諸国民の法の一般理論」の内容を伺い知ることである。スミスの構想した「学問体系」における"意図と成果"に注目すると，「スミス問題」が生じるのである。大胆にいえば，スミスは「道徳哲学」という「西ヨーロッパ近代」（西ローマ帝国崩壊以後）に成立した「学問の体系」を引き継ぎつつ，それを「革新」，「完成」しようと試みたといえる。「倫理」（ethics）と「法学」（jurisprudence）に，もうひとつ「政治経済学」

(political economy) が加わったことで，彼の意図した学問体系に，どういう問題が生じたのか，"書かれざる一章"「法学」が「失われた環」として，残るのである。スミスに先行する「法学」は大陸で流行した「自然法学（natural jurisprudence）」で，17世紀に絶頂に達していた（資料④）。この法学を継承しつつ革新しようと意図したと思われる。「諸国民の法の一般理論」を，その「理論史」とともに完成させたかったと思われる。その突破口となったのは「文明社会」論ではなかったのか。同時代のスコットランドにおけるさまざまな「文明社会（史）」論が，彼の学問世界を独自のものにしている。スミスの時代には，'natural history of civil society'ともいうべき「文明社会」論がさまざまなヴァリエーションを通して登場しつつあった。『国富論』第3篇「国によって豊かになる道がさまざまであること」は，スミス自身による「文明社会（史）」論の展開である。この歴史（'philosophical history'）によれば，人類の歴史は「文明」の高度化とともに人類の「進歩（堕落）」を促し，社会の制度，習慣（人間の行動様式）が変化し，とりわけ「生産様式」は「採集・狩猟」，「牧畜」，「農業」，「商業・手工業」の4段階を経て，当時の「文明社会」は，最高の発展段階に達した「豊かな社会」ということになり，スミスは「文明」の現段階における人間，「文明人」を抜きにして自らの学問を語りえなかった。『感情論』における「社会人」理解が「文明人」である限り，「文明社会」の豊かさを，諸国民について明らかにせざるをえなかった。それなくして先に進めなかった。その試みの成果が「諸国民の豊かさの本質と源泉とは何か」を問うた『国富論』（Inquiry concerning the Nature and Causes of Wealth of Nations）だった。

■ **スミスの政治学――「諸国民の法の一般理論」**

ところで，最終目標であったスミス自身の「道徳哲学」を完成させるためには，「法学」という欠落部分を埋めなければならなかった。その努力の一端は，現存する2つの学生ノートによって，推測できる。「道徳哲学」体系の伝統を「文明社会」の現段階に見すえて，どう革新し，体系化しうるのか。スミスの目指した方向のなかで，「法学」（'law and government'）だけが，達成されずに終わった。「道徳哲学」体系の伝統もまた，「衰退」の一途をたどる。18世紀英国は，見るべき「政治学」を生まなかったといえる。しかしそこには，権力関係を抜きにしても成立しうる「社会」の登場が「文明社会」論を通して，うかがい知れる。それはまた，「政治経済学」の成立を可能にした与件であった。

（訳文は，ペンギン古典文庫版第6版による。引用箇所は全文省略なしである。）

① 『道徳感情論』第Ⅰ部「人間にふさわしい自然な行為について」。3節からなる。第1節「人間らしさについて。第1章「同情（sympathy）について」（原著 p. 13）

　人間は，利己的なものだと，いかに想定したとしても，人間に自然にそなわったものとして，人間には他人の運・不運とかが気かがりになり，他人の幸・不幸を見すごせない。そうさせるいくつかの原理がはたらいているのは，誰も否定できない。そういうものとして，哀れみ（pity）とか，強い共感（compassion）が作用するが，だからといって，そこから，何か具体的に得るものがあるわけではないが，人の運・不運や幸・不幸を目の当たりにしたり，身近に想像したりして，よろこんだり，かなしんだりするものなのである。私たちが，しばしば他人のかなしみを，自らのかなしみとするということは，そんなことをいちいちとりあげるまでもなく，当たり前のことなのである。つまり，ということは，そういう感情は，人間にごく自然に備わった，人間ならだれもがもっている他の様々な情念と同じように，徳の備わった，人間らしさの豊かな人たちがとりわけそういうものに人一倍，恵まれているとしても，普通の人にとっても，当たり前のものなのである。どんな残酷な極悪人であろうと，どんな犯罪者であろうと，例外ではない。

② 同書，第Ⅵ部「徳について」。3節からなる。第2節「他人の幸・不幸に関わる個人のあり方について」。「序」（原著 pp. 257–258）

　すべての個人のあり方が，他人の幸・不幸に関わる限り，個人のあり方が他人の利害と深く結びつくのは避けられない。

　未遂であれ，実際に行なわれたものであれ，正義に反する行為に対する怒りが，公平に見て（in the eye of the impartial spectator），その本人を不幸に追い込んだり，その本人の幸せをおびやかすことになるのは，やむをえないとする正当な根拠となる。正当な動機にもとづかない他人の幸・不幸に関わる行為は，それ自体，正義によってたつ法の侵犯なのだから，予防措置であれ，懲罰行為であれ，それらに対する実力（force）の行使は，当然である。どんな国家（state）やコモンウェルスであっても，そうするのは当然なのだが，国家（society）の権威に服する人々が相互に幸せを侵したり，おびやかしたりするのを防ぐため，国家（society）の実力（force）を行使するのに，いろいろな手を打っている。国家（state）がこの目的のために定めた規律は，それぞれの国家（state）や国（country）にふさわしい民法や刑法の制定というかたちをとっている。これらの規律がのっとっている，

あるいはまた，よって立つべき原理は，しかるべき分野の学問の主題であるが，それは諸学のうちで，これまで最も重要なものとされているのに，現在のところ，いちばん遅れている自然法学の主題であるが，ここではさしあたって詳細に論ずるところはない。教会も宗教も，当然，他人の幸せを侵したり，おびやかしたりすることを固く禁じており，法がそれにふさわしく個人を守ることができない場合においてすら，きわめて清く正しい人間のあり方を説いている。それは，きちんとした慎重さでもって注意深く維持されれば，常に高く評価され，そのことだけでも，ずば抜けたものになり，確実にそれは下位の多くの徳のある能力を引き出すことになるのである。そこには，他人に対する深い思いやりと，強い人間愛と，大きな善行が生まれるのである。これは充分によく理解された人間のあり方であって，それ以上の説明を必要としない。この第2節では，次のことを明らかにすることを試みたい。すなわち，自然が私たちの善き務めを果たすように仕組んだ，また，私たちの善行をなすための乏しい能力を方向づけ，引き出すように配慮したと思える秩序の源泉を明らかにすること，それを第1章では，個人について，第2章では社会について，試みたい。

③ 同書，第Ⅶ部「道徳哲学のさまざまな体系について」。第4節「道徳の実践準則についてのさまざまな哲学者の試みについて」（原著 pp. 401-403）

道徳哲学を構成する二つの役に立つ部門は，それゆえ，倫理と法学ということになる。中世からやや後の時代にいたるまでのキリスト教会制度の中で道徳的判断を具体的に下したカズイストたちの立場は，当然ながらこの分類とは全く違ったものとして否定されるべきである。古代のモラリストはこの分類の仕方についてそんなに厳密に対応しないで，それでも良識ある対応の仕方で，正義，中庸，真実というものに対する感情が何に由来するのか，また，そのような徳が私たちにどういう行いに通常は至らしめるのか論ずることで良しとしたように思う。

たしかに，カズイストのようにではなくても，それでも，彼らと同様に厳密に論じようとした少数の哲学者がいたことは確かである。キケロの『義務について』の第3巻のように，そのような試みが見られる。そこでキケロは，カズイストのように，多くの適切な事例を示して，私たちに行為の指針を与えている。それらの事例は行為の適正さを決めるポイントがどこにあるかを決定するのがはなはだ厄介なものである。また，『義務論』の多くの文章からは，キケロ以前に同じ問

題について同じ試みがなされていたことが読み取れる。キケロも，キケロが引いた彼以前の哲学者たちは，そうはいっても，カズイストの求めたような完全無欠の体系を獲得しようとしたとは思えない。そうではなくて，普遍的ないかなる状況にも耐えうる行為の最高度の適正さが，普通の日常的な境遇の中で見通せるのか，あるいは，引き出せる義務の準則に妥当するかどうか留保していたように見受ける。

　実定法のいかなる体系も，しょせんは，自然法学の体系化の不完全な具体化の試みであり，正義についての準則についての個別的な検討にすぎない不充分な試みでしかなかったと評価するしかない。正義が順守されないということは，人が好き勝手にふるまうということなのだから，正当な支配服従関係の実現のためには支配者がコモンウェルスの実力を行使することをやむなくされることがあるのだ。正義を実現するためにこういう手を打たないと，文明社会 (civil society) は血なまぐさい混乱の巷と化してしまうだろう。そこでは，各自が身の危険を感じたら，相互に傷つけあうことになるのである。万人が正義を行使するということが，このような混乱に陥ることにならないようにするために，それなりに安定した権威を保持している。すべての統治体では，支配者は，万人に対して正義を実現し，すべての訴えに対して耳を傾けることを明言するものである。うまく統治された，すべての国家 (states) では，さらに，万人の争いの決着をつけるべき裁判官 (判定者) が任命されるだけではなく，そのような裁判官の判決を規則に則ったものにすべく，あらかじめ定められた準則が存在するのである。つまりは，こうした定められた準則が，普通は，自然法に則った正義と相反しないように，工夫されているのである。もちろん，すべてが工夫されたように，いついかなる場合でもうまくいくとは限らない。時には，いわゆる統治の構造なるものが，すなわち，統治体の（諸）利害が，時には統治を恣にする特定の身分の諸利害が，普遍的正義 (natural justice) にかなった国 (country) の実定法を歪めてしまうこともある。いくつかの国では，国民 (the people) の民度の低さ (the rudeness and barbarism) が，民度の高い (more civilized) 国民が，ごく自然に実現している程度 (accuracy and precision) の人間が本来もっている正義感 (the natural sentiments of justice) を持ち合わせていないということもある。そういう民度の低い国の国民は，彼らの粗野で荒っぽい，卑俗な振る舞いに見合った法を享受している。別の国々では，不幸にも，その国の裁判制度自体が，法学の確固たる体系に基づいて，民度の高い国

民が実現している正義（司法）を確立できないでいる。民度の高い国民なら，法学の体系に基づいたきわめて高度な裁判制度をもっているからである。もちろん，そうはいっても，その国の国法（実定法）に基づいた判決が，いついかなる場合でも，ごく自然な正義感に対応した準則に厳正に一致する，そういう国はどこにもないだろう。国法の体系は，そんなわけで，その国の最高の権威あるものにふさわしいものであるとはいえ，人類が経てきた時代の諸国民のもっている記録が示しているように，これまで，普遍的な正義の準則に則った完璧な体系と見なされるものを，実現，実施したことはないのであるし，また，不可能である。

　次のようなことは，達成できると期待したい。つまり，様々な国の国法の，それぞれに応じた，国によって異なる，足りないところとか，良いところを考察して，法律家が理屈に合った議論を重ねて（reasonings），今までのすべての国の法制度を越えた正義の本来のあり方にかなった準則とは何かをつかむキッカケに恵まれるということである。また，こういうことも，期待していいだろう。すなわち，法律家たちが理屈に合った議論を重ねて，言葉の真の意味で，自然法学と呼ぶにふさわしい体系，本質，すなわち，すべての国民の国法を貫通し，そして基本となる一般原理の理論を打ち立てることに成功する可能性である。だが，そうはいっても，法律家たちの理屈に合った議論が，それらしきものを生み出したとしても，またいかなる法律家の試みといえども，ある特定の国の国法を体系的に論じるのは，そこで，一般原理の理論についていろいろ触れないわけにはいかないであろうけれど，だけれども，そうしたところで，何かそういう一般的体系が考え出されたのは，ようやくにして，ついこの頃になってからのことであり，他方，法の哲学がその枠の中で，解決したのもそうである。しかも，そういうことが，特定の国民の特定の制度を顧みることなく，やられてしまっているということである。古代のモラリストの誰一人として，正義の準則について，格別の考察を試みたものはいないのに，私たちは気づいている。キケロは，その『義務について』，さらに，アリストテレスは，『ニコマコス倫理学』の中で，他のあらゆる徳を論じるのと同じように，正義について論じていて，特別視していない。キケロもプラトンも，その『法について』で，私たちがそこに期待するような，すべての国の国法に執行されるべきとされる普遍的正義に基づいた公平性の準則について考察の試みがなされていない。そんな類いのものは，存在しないのである。プラトンやアリストテレスやキケロのいう法とは，治安のための様々の法律であ

って，正義のそれではないのである。近代になってグロティウスは，確かに，すべての国民の基礎に共通し，また，そうなるべき様々な原理の体系に当たるようなものを世界に向かって提出しようとした最初の人であるといえる。すなわち，彼の『戦争と平和の法（権利）』は，それが完璧ではないにしても，おそらく，現在に至るまで，この主題について論じられた作品の中で，もっともすぐれたものである。私は，別の論述において，法と統治についての一般原理を明らかにし，そして，また，社会のそれぞれの時代と時期に一般原理がいろいろな大きな変化をこうむったのかについても論じるべきであろう。そこでは，正義に関わることだけでなく，治安，財政，軍事，その他，法の対象となる一切のものを取り扱うことになるのは，当然である。そんなしだいで，目下のところは，法学の歴史について，これ以上，立ち入ることは慎まねばならない。

④　同書，第6版の「前言」（Advertisement）全訳（原著 n.p.）
　『道徳感情論』の初版をもう大分以前の1759年に出してから，度あるごとに，いくつかの訂正と，本書で論じていることをもっとうまく説明するため材料を温めてきた。だが，生活上の予期せぬ様々な出来事に，いろいろ時間と集中力を奪われて，ここに至るまで実現できなかった。それは，私がいつも心がけてきたことだが，できるだけ周到に細大もらさず本書を改善するという目的である。読者は，この新しい版において，私がいくつかの重要な改訂を行ったことに気がつかれるであろう。たとえば，それは，「第Ⅰ部　行為の適正さについて，第3節　その適正の生み出す結果について，第3章　道徳感情の荒廃について，その荒廃のキッカケとなるのは，金持ちや大物を賛美しがちな傾向と，貧しくて，卑しい境遇におかれた人達をさげすみ，無視する傾向であること」。さらに，「第Ⅲ部　自らの感情や行為の是非を判断する元となり義務感の基礎となるものについて」を構成する全4章である。第Ⅵ部「徳（virtue）のあり方について」は，この新版にみられるごとく，すべて新たに加わったものである。第Ⅶ部で，私は，ストア哲学について，これまでの諸版で，全篇のところどころで論じてきたものを，その大部分について，ひとつにまとめてみた。特に，第2節第1章Ⅲで，それを試みている。同じように，ストア派の哲学の教説のいくつかについて，これまでよりも一層詳しく，そして明確になるように説明しようと努力した。第Ⅶ部第4節，最終節なのだが，私は，本当の事を裏切らない，ウソをつかないことの基本

と義務に，やや議論を深めた。さらに，本書の全篇を通して，そんなに重要ではないにしても，いくつの改変と訂正を行っている。

この本の初版の最後のパラグラフで，私は，こう断っている。すなわち，法と統治の一般原理を明らかにすること，さらにその一般原理が社会の歴史の様々な時代と時期に応じて，どのような様々な大変化をこうむったか，一般原理の歴史についても明らかにすること，これである。つまり，司法のみならず，治安，財政，軍事についてだけでなく，それ以外の法治の目的（対象）になるものすべてについて明らかにすることである。本書でなしえなかったことのうち，その後，『国富論』においてそれらのうちのいくつか，すなわち治安，財政，軍事については，少なくとも部分的にではあれ，一応言及した。ここに至って，今もってできていないのは，法学の原理論であり，これは私が学問的生涯の課題としてきたものである。その理由は最初に述べたように，本篇の改訂を長らく妨げてきたのと全く同じものである。年月はどんどん経っていくけれど，この残された生涯の重大な課題を充分に達成する見通しはきわめて難しくなったとはいえ，この期に及んでもその任務を放棄することなくなお努力する所存であるのだが，ここでも30年も前にいったことをそのまま繰り返さざるをえないのである。本書でなしえなかった事を実現する覚悟は今もって変わらないということである。

【資料④への注記】　この「絶筆」でも明らかなように，スミスは『感情論』，『国富論』の2書を一つのコンテクストで取り扱っているのがわかる。前者は1759年，61年，67年，74年，81年と版を重ね，この90年最終版に立ち至った。他方，後者は1776年，78年，84年，86年，89年，91年（死後）と版を重ねた。これを一つのコンテクストにおいて刊行順に並べると，同じ年に2書が刊行されなかったことが明らかになる。「道徳哲学」という前世紀からの伝統を受け継いでこの学問体系を革新しようとしたスミスの意図に即せば，この2書を一つのコンテクストで解読する試みが必須になろう。それは彼の「意図と結果」が「栄光と挫折」に終ったことを眼前にすることになるだろう。2書を一つのコンテクストで読むという試みはなぜか「皆無」である。

【参考文献】　Adam Smith, *The Theory of Moral Sentiments*, Introduction by Amartya Sen, edited with Notes by Ryan Patrick Hanley, Penguin Classics, Penguin Books, 2009（邦訳に岩波文庫版がある）。関心があれば，次の3書を参照してほしい。Nicholas Phillipson, *Adam Smith: An Enlightened Life*, Penguin Books, 2011（永井大輔訳『アダム・スミスとその時代』白水社，2014年）。Ian Ross, *The Life of Adam Smith*, 2nd edition, Oxford University Press, 2011（初版1995年版からの邦訳に篠原久他訳『アダム・スミス伝』シュプリンガー・フェアラーク東京，2000年がある）。T. M. Devine, *The Scottish Nation*, Penguin, 2006. なお『国富論』については，原典がPenguin Classics（1999年）に入った。邦訳に岩波文庫，中公文庫版がある。　　　[佐々木武]

トマス・ペイン

Thomas Paine, 1737–1809

『コモン・センス』(1776年)

コスモポリタン　トマス・ペインは，1737年に，クエーカー教徒のコルセット職人の子として，イギリスのノーフォーク州に生まれた。ペインは，長じてみずからもコルセット製造に従事したが，失敗し，収税吏になった。1774年，ベンジャミン・フランクリンの勧めで，アメリカに移住し，アメリカ独立後の89年にイギリスに帰国した。フランス革命が起こると，エドマンド・バークの『フランス革命の省察』に反論して，『人間の権利』を著している。両者は，ともに，アメリカ植民地の独立を支持したが，フランス革命にたいする対応では異なっていた。権利の基礎づけを伝統に求めたバークは，アメリカの独立をイギリス臣民の権利の主張として理解したが，人間の権利という非歴史的な主張を受け入れることができなかった。それにたいし，ペインは，二つの革命をともに自然権の主張として理解した。この書物は，君主制や貴族制を批判し，貧民や高齢者にたいする国家補助や無償の初等教育などデモクラシーと平等についての過激な主張を含んでいたために，イギリス政府から反逆罪で告発された。フランスへ逃れたペインは，国民公会の代議員に選ばれ，共和制憲法の制定に参加した。しかし彼は，ルイ16世の処刑に反対したため，ジャコバン派に捕えられ，入獄させられた。駐仏アメリカ公使ジェイムズ・モンローに助けられて出獄したあと，ペインは，『理性の時代』を著している。ナポレオンの独裁が始まると，彼はふたたびアメリカへ渡り，死去する1809年まで，アメリカに住んだ。けれども，76年に『コモン・センス』を著したペインを時の人にしたアメリカで，ペインは歓迎されなかった。酒浸りになり，キリスト教を攻撃する彼は，かつての仲間からは遠ざけられ，交友関係を再開したのは，トマス・ジェファソンだけであった。

トマス・ペイン

パンフレット作家

『コモン・センス』は，1776 年 1 月に出版され，当時イギリスとの和解論がまだ根強かったアメリカ世論に，イギリス国制から離脱して，共和制として独立することを訴えた。この数十頁のパンフレットがアメリカ諸植民地の独立への動きを決定づけたということはできないが，その年だけでも 10 万部以上売れたことを考えると，独立支持の世論を喚起する力をもったということは否定できないだろう。イギリスのある新聞は，「このパンフレットは，あらゆる階層に読まれている。そして，読者が増えれば増えるほど，考えを変える者が多くなっている」と報じている。また，ジョージ・ワシントンは，「これは立派な主張であり，争う余地のない議論である。これを読むならば，だれでも迷わずに分離独立に賛成するだろう」と述べている。

イギリス人の権利から人間の権利へ

歴史の事例や聖書から引用し，卓抜な比喩を用いて，平明な文章で書かれた『コモン・センス』は，当時，現存する理想の政体であると考えられていたイギリス国制を完膚なきまでに批判し，アメリカ人にたいして，イギリス国制のもとでのイギリス臣民としての権利の回復を主張するのではなく，自然権にもとづく共和制を樹立することを説いている。彼の議論は，ジョン・ロックが『統治論』で提示した政府論にもとづいている。ロックによれば，自然権をもつ人間は，その自然権が十分に守られるように，契約によって自然権の一部を委託して政府を樹立する。そして，人間は，自由や財産権がその政府によって侵された場合には，それを廃止して新たな政府を設立する権利をもっている。このような考え方は，当時すでに広く普及していた。ペインは，ロックの抽象的な議論を具体的にイギリス国王とアメリカ植民地との関係にあてはめて敷衍し，イギリスからの分離独立が正統化されることを訴えたのである。

アメリカ植民地人の権利を，イギリスの自由の伝統にではなく，自然権に基礎づけたペインは，アメリカの独立は世界史の新たな始まりであると論じた。「われわれは，みずからの手でもう一度世界を作りかえることができる。現代に似た情勢はノアの時代以来なかったことだ。新しい世界の誕生は目前に迫っている」。アメリカは世界の再生というメシア的な使命感を帯びているという考え方は，アメリカ人の自己理解の伝統の一つとなる。ペインは，そのようなキリスト教的な神の国の出現を説いたわけではないが，共和制の樹立によって世界を解放するという世俗的な千年王国像を提示したと言えよう。

① 『コモン・センス』（原著 pp. 124-125, 126-127；邦訳 18-21, 25-26 頁）

　政府の意図や目的について明快で正確な理解をしてもらえるように，地球上のある隔離された場所に少数の人びとが，世界と交わることなく定住したと想定してみよう。その場合，ある国家もしくは世界の最初の居住者となる。このような自然的自由の状態において，社会を作ることが，彼らが最初に考えることである。さまざまな動機が彼らを社会建設に向かわせる。一人の人間がもつ力では彼の欲望を満足させるなどできないし，精神的にも孤独にいつまでも耐えるということができないので，ほどなく，彼は，自分と同じようにだれかほかの人の援助を必要としている人間の協力を求めるようになる。

　四，五人が協力すれば，荒地のなかにさほど悪くない家を建てることができるだろう。しかし，一人でやろうとすれば，それを建てるのに要した時間をなにもできずに過ごしてしまうだろう。木を倒しても運べないし，それを動かしたとしても立てることができない。そのうち空腹になって，仕事を中断しなければならなくなるし，さまざまな欲望が彼を違った行動へと急き立てる。病気，いや，不運な出来事でさえ，死につながるだろう。というのは，それらはどちらも致命的ではないかもしれないが，どちらによっても彼は生活できなくなり，死ぬというより朽ち果てるという状態へと追いやられるからである。

　こうして，重力に引かれるように，新しくやって来た移民たちは，着いてまもなく，必要に迫られて社会を作るようになる。そして，彼らが，お互いに，まったく公正に振る舞っているかぎり，相互扶助が，法律や政府の命じる義務に取って代わり，それらを不必要なものにしている。しかし，天国以外に，悪徳に染まらない場所はない。彼らが，彼らを一つの大義のもとに団結させた移住当初のさまざまな困難を克服するにつれ，互いの義務や愛着が失われていくのは避けられないだろう。そして，このような怠慢は，道徳の欠陥を補うために，なんらかのかたちの政府を設立する必要があることを彼らにわからせる。

　適当な木のある場所が議場となる。その木の枝の下に，全体にかかわる問題を討議するために，全植民地の人間が集まってくる。おそらく，彼らが作る最初の法律はたんに決まりという名称をもつにすぎず，それに違反した場合の刑罰としては公衆の軽蔑があるだけだろう。この最初の議会においては，すべての人間が，自然権によって，議席をもつだろう。

　しかし，植民地が大きくなるにつれ，公衆の関心も同じように広がる。住民の

住んでいる場所も離れ離れになり、社会がまだ小さく、住民が互いに近くに住み、公衆の関心も少なく些細なことだけだった入植当初のころのように、全員がいつでも集まるということは、きわめて不都合になる。そこで、全体から選ばれた一部の人間に法律を制定することを任せようと同意するのが便利であることがわかってくる。選ばれた人たちは、彼らを選んだ人びとがもっているのと同じ関心をもち、全住民が、彼らが参加した場合に行動するのと同じように行動すると考えられている。

　植民地がさらに拡大しつづけるならば、代表の数を増やすことが必要になる。植民地の各地域の利害が配慮されるように、植民地を適当な部分に分け、各部分が適正な数の代表を派遣することがもっともよい方法であることがわかってくる。また、選ばれた人びとが、選んだ人びとと異なる利害を自分たちで形成することのないように慎重に考えた結果、選挙をしばしば行なうのが理に適っているのがわかってくる。なぜなら、そのようにして、選ばれた人びとが、数ヶ月のうちに、選挙民のもとに戻り、彼らと交わることになるので、公職剝奪の憂き目を見ないように慎重に判断させることによって、公衆にたいする代表の忠誠を確保することができるからである。そして、このように、代表と選挙民が頻繁に交わるために、あらゆる地域に共通の利害が生まれるようになり、その結果、植民地に住む人びとは、互いに自然と助け合うようになるだろう。そして、（国王という無意味な名称ではなく）このことに、政府の強さと被治者の幸福はかかっているのである。（中略）

　イギリス人が、国王、貴族、庶民からなる自分たちの政体を偏見をもって支持しているのは、理性ではなく国民の傲慢さに由来している。ほかの国々にくらべてイギリスでは、個々人が安全であることはまちがいない。しかし、フランスと同じように、イギリスにおいても、国王の意思はその国の法律となっている。異なっているのは、イギリスでは、国王の意思が彼の口から直接出ないで、議会の法律というもっと恐るべきかたちで民衆に提示されるという点である。

<small>Thomas Paine, *Common Sense*, Originally printed in Philadelphia, 1776. 本書で利用した原典は、David A. Hollinger and Charles Capper eds., *The American Intellctual Tradition* (5th edition), Vol. 1, New York: Oxford University Press, 2006（小松春雄訳『コモン・センス』岩波文庫、1953 年）。訳文は一部変更してある。</small>

［中野勝郎］

第Ⅲ部 近代

ジェイムズ・マディソン
James Madison, 1751–1836

『ザ・フェデラリスト』(1788年)

『ザ・フェデラリスト』 『ザ・フェデラリスト』は，合衆国憲法の批准を得るために，1787年10月から88年4月にかけて，ニューヨーク市の新聞に掲載された論説をまとめた論文集である。新聞の論説は，「パブリアス」という匿名で発表されたが，1802年版の『ザ・フェデラリスト』では，アレグザンダー・ハミルトン（初代財務長官），ジェイムズ・マディソン（第4代大統領），ジョン・ジェイ（初代最高裁主席判事）が著者であることが明らかにされた。しかし，どの篇をだれが書いたのかは明示されず，その後，研究者によっておおむね解明されてきたにもかかわらず，いくつかの篇については，今日にいたるまで筆者が確定されていない。『ザ・フェデラリスト』は，合衆国憲法の批准を得るために，憲法案を擁護し反対論を論駁するという目的をもって書かれた「説得の書」である。その点では，政治的，党派的な著作である。しかも，「パブリアス」という単一の匿名で執筆されているとはいえ，3人の政治家，とりわけ，ハミルトンとマディソンとのあいだには，政治観の違いが存在した。連邦政府が発足してまもなく，マディソンは，ハミルトンの政策に反対して国務長官を辞したトマス・ジェファソンとともに野党である共和派を結成するようになる。したがって，同書は，政治史的な背景を踏まえて読んだ方が，理解が深まるであろう。しかし，同書は，憲法制定期の資料としての価値しかもたないというわけではない。今日にいたるまで合衆国憲法の最良の解釈書として読み継がれてきたし，権力の必要性と権力の危険性との緊張関係や権力と自由との均衡という政治の根本問題にふれてもいる。さらに，連邦制という国家体制を擁護する議論は，主権国家システムを捉え直すうえで参考になるであろう。

第10篇の性格

ここで取り上げた第10篇は，マディソンが執筆している。この篇を含め，マディソンの政治観については，評価が定まっていない。1950年代と1960年代には，第10篇は，多元主義的政治学の始まりであると位置づけられていたが，1960年代から70年代にかけて，そのような議論は，共和主義の影響を強調する歴史解釈やシュトラウス主義者の政治理論家によって批判された。現在にいたっても，この論争には決着がついていない。マディソンの政治観をめぐる議論が今日なお続いているのは，アメリカの建国を「近代」の出来事として捉えるのか，それとも，「古典古代」的な政治の試みとして位置づけるのか，言い換えれば，18世紀末のアメリカを自由主義の文脈で解釈するのか，それとも，共和主義の伝統に組み込むのかについて，歴史家のあいだで見解の違いが存在していることにもよる。

アメリカ的な共和政

マディソンは，『ザ・フェデラリスト』において，ヨーロッパで伝統的に受け継がれてきた共和政観とは異なるアメリカ的な共和政像を提示している。従来，ヨーロッパでは，共和政は混合政体と結びついて考えられがちであった。また，モンテスキューが『法の精神』で説いているように，共和政は狭い社会でしか実現できないとも考えられていた。それにたいして，マディソンは，アメリカのように領域が広く君主政や貴族政が存在しない社会でも共和政を実現できると論じている。なぜなら，第一に，広大な領域では，共和政を腐敗させる要因である党派対立のもたらす弊害を防ぐことができるからである。狭い共和国よりも広い共和国の方が，相互に対立する利益が多く存在するため，どの利益を代表する集団であれ，それが多数派になるのはむずかしい。さらに，住んでいる場所がお互いに遠いために，同一の利益をもっている人びとが同時に結集できないことも，多数派の形成を困難にする。第二に，広大であるがゆえに人民の直接参加が不可能であるため，代表制が採用されざるをえない。そして，代表制により特定の利益や地方的偏見が濾過され洗練された意見が議会で表明されるからである。

　直接民主制と対比させながら代表制を論じているように，マディソンの共和政論は，少数支配を正統化している。しかし，第51篇に明らかなように，彼は，政府諸部門をすべて人民に基礎づけ，それらを相互に均衡抑制させることによって，混合政体で実現されていた公共の利益や自由をアメリカでも保障できると考えた。混合政体が民主政をその一部として組み込んでいたのにたいして，マディソンの共和政は，民主政に基礎をおく共和政であると言えよう。

① 『ザ・フェデラリスト』第10篇（原著 pp. 62-64；邦訳 60-64 頁）

　共和政という言葉で，私は代表という制度をもつ政体を指しているのであるが，このような政府こそ一つの新しい展望を開き，われわれが探し求めていた匡正策を約束してくれる。まず，共和政が直接民主政と異なる点を検討してみよう。そうすれば，連邦制のもとで実現することになる匡正策の性質と効果とが正しく理解されることになろう。

　民主政と共和政とのあいだの二大相違点は，第一に，共和政においては，一般市民によって選出された少数の市民の手に政治が委ねられることであり，第二に，共和政には，より多くの市民とより広大な領域とが含まれうることである。

　この第一の相違点の結果として，共和政においては，世論が，選ばれた一団の市民たちの手を経ることによって洗練され，かつその視野が広げられるのである。その一団の市民たちとは，その賢明さゆえに，自国の真の利益をもっともよく理解し，また，その愛国心と正義心とのゆえに，一時的なあるいは偏狭な思惑によって自国の利益を犠牲にすることが，きわめて少ないと思われる。このような制度のもとでは，人民の代表によって表明された公衆の声の方が，民意表明を目的として集合した人民自身によって表明される場合よりも，よりいっそう公共善に合致するということになるだろう。それにたいし，民主政では，結果が逆になるだろう。派閥的な気分の強い人びと，地方的偏見をもつ人びと，悪意ある企みをもと人びとが，陰謀，買収，その他の手段に訴えて，まず人民の投票を獲得し，ついでその人民の利益を裏切ることがあるかもしれない。それゆえ，（中略）二つの明白な理由からして大きな共和国の方が有利なことは明らかである。

　第一に，共和国が小さい場合でも，少数者の陰謀を防ぐためには代表の数をある程度まで増やさなければならないし，共和国が大きい場合でも，代表者が多すぎるために起こる混乱を防ぐためには，その数をある程度にとどめておかなければならないという点に留意すべきである。このことからして，大小二つの共和国の代表者の数は……割合から言えば，小さい共和国の方が代表の数が多いことになる。したがって，代表にふさわしい人格を備えた人の割合が，大きい共和国においても小さい共和国においても同じであるとするならば，大きい共和国の方が選択の余地が大きく，したがって，適切な選択がなされる可能性も大きいということになろう。

　次に，各代表は，小さい共和国よりも大きい共和国においての方が，より多数

の市民によって選出されることになるから，不適格な候補者が選挙につきものの悪質な手段に訴えて当選するということは，より困難になるだろうし，また，人びとの投票もより自由に行われるから，とくに注目すべき実績のある人物や，とくに知名度の高い定評ある人物に投票が集中することになるだろう。

ただ，ほかの多くの場合と同じく，この場合にもどちらに行きすぎても不都合な点があり，その中間があることを認めなければならない。つまり，選挙民の数をあまりにも多くした場合には，地方事情や群小諸利益についてほとんど通じていない代表が選ばれることになるだろうし，選挙民の数をあまりにも少なくした場合には，選ばれた代表がこれらのものとあまりにも密着しすぎ，重大な全国的問題を理解したり，処理したりするには適任ではないということになるだろう。（中略）

第二の相違点は，共和政においては，民主政におけるよりも，より多数の市民とより広大な領域とをその範囲内に含みうるということである。民主政におけるよりも共和政の方が党派的結合の危険性を少なくできるのは，主としてこの事情にもとづく。社会が小さくなればなるほど，そこに含まれる党派や利害の数も少なくなり，党派や利益が少なくなればなるほど，多数派が同一党派として形成されることが多くなってくる。また，多数派を形成している人間の数が少なくなればなるほど，また，彼らがおかれている領域が小さくなればなるほど，彼らが一致協力してほかを抑圧する計画を実行しやすくなる。しかし，領域を拡大し，党派や利益群をさらに多様化させれば，全体中の多数者が，ほかの市民の権利を侵害しようとする共通の動機をもつ可能性を少なくすることになるだろう。あるいは，かりにそのような共通の動機が存在するとしても，それを共有する人びとすべてが，自身の強力さを自覚し，互いに団結して行動することはより困難になるだろう（中略）。

Alexander Hamilton, James Madison, and John Jay, *The Federalist*, edited by Jacob E. Cooke, Middletown, Conn.: Wesleyan University Press, 1961（斎藤眞・中野勝郎訳『ザ・フェデラリスト』岩波文庫，1999年）．訳文は一部変更してある．

［中野勝郎］

エマニュエル・シィエスほか
Emmanuel J. Sieyès, comte, 1748–1836

『第三身分とは何か』(1789 年)
『人権宣言』(1789 年)

| 人権の原理による正当化　　1788 年 8 月，長年にわたって開かれていなかったフランス全国三部会（諸身分会議）の開催が決定された。翌 89 年 5 月の召集に先だって，エマニュエル＝ジョゼフ・シィエスが 89 年 1 月に発表したパンフレットが『第三身分とは何か』である。このパンフレットの中で，シィエスは貴族の特権を否定し，第三身分こそが「すべて」であり，国民そのものであると主張した。三部会議員に選ばれたシィエスは，やがて三部会が国民議会に変わり，封建制廃止の決議を経て同年 8 月 26 日に『人権宣言（人間と市民の権利の宣言）』を採択するにあたって，主導的な役割をはたした。

　『人権宣言』によって論理化された人間の権利，すなわち，伝統にもとづく諸身分の特権ではなく，一般的な人間の権利については，エドマンド・バークやジョゼフ・ド・メーストルによる，伝統の立場からの抽象的であるという批判，また，それとはまったく異なる立場のカール・マルクスによる，利己的人間の権利であるという批判にもかかわらず，「アンシャン・レジーム（旧体制）」に代わる新しい社会的原理として，その後幅広い合意を獲得し，今日に至っている。

　重要なのは，『人権宣言』が憲法制定に先だって採択されたことに示されるように（後に 1791 年憲法に前文として組み込まれた），人間の権利という観念こそが，新しいフランスの国制すべての基礎となったことである。人間と人間との間の平等で普遍的な関係に基礎を置く権利の観念こそが，そのような権利の担い手としての市民の統一体である国民という理念を支え，政治的正当性の基礎となったのである。アメリカ合衆国においてはまず憲法が制定され，後になって修正条項として人権規定が加わった。この背景には，新たに発足する連邦政府からいか

に個人の権利を守るかという問題意識があった。これに対し，フランスにおいては，『人権宣言』をその正当性の基礎として新たに憲法を制定し，新しい秩序を生み出すことが課題とされた。『人権宣言』は政府の権力を制限するというより，個人の権利の上に立脚する新しい社会と政府とを生み出す基礎となったのである。

　『人権宣言』採択をめぐる過程で大きな役割をはたしたシィエスの狙いは，特権階級の存在を否定しこれを国民から排除することで，新たな政治的正当性を国民の単一の政治的意志に求めることにあった。彼にとって，伝統や歴史的前例はもはや正当性の根拠になりえない。征服者の後裔としての権利を主張する特権階級など，「フランコニーの森の中に追い返」すべきであった。さらにシィエスが，このような一つの国民の意志を，単一の代表と結びつけたことも重要である。彼に多大な影響を与えたジャン＝ジャック・ルソーが，代表制を一般意志の行使と両立しないとしたのに対し，シィエスは一般意志を直接民主制と切り離し，むしろ代表制と結びつけ，そのことによって国民議会を正当化した。このようなシィエスの議論は，全国三部会を国民議会へと変化させ，その後の革命を導く原理となった反面，憲法にも従属することのない国民の一般意志と代表制政府との間のきわめて不安定な関係を生み出すことにもつながった。

『人権宣言』をめぐる争点

　ところで『人権宣言』は多くの論争の産物であり，そこには微妙な争点が秘められている。正式名称である『人間と市民の権利の宣言』において，人間と市民とが書き分けられていることもそのひとつだが，新たな秩序を確立するにあたって権利を規定するだけで良いのかということも，論争の対象になった。各個人の権利に限界を画すため，『人権宣言』に義務の規定を置くことも真剣に議論された。しかしながら，『人権宣言』は最終的に，権利の限界は「他の構成員の同じ権利の享受の確保」だけであるという考えを採用した。権利の平等性・相互性のみがその唯一の制限であり，権利を外在的に制限することはできないという立場が取られたのである。

　他方，『人権宣言』は，「これらの限界は，法律によってのみ定められうる」と規定している。このことは，法律次第によっては，権利の制限も可能となることを意味した。『人権宣言』によって生まれた新しい秩序は，シェイエスの思想的影響もあって，立法権優位のものとなる。個人の権利の実現は，立法権に委ねられたのである。このことは，人間の権利にもとづく革命が，それを保障するための安定した秩序を生み出す苦難を示していると言えるだろう。

① 『第三身分とは何か』第1章から（原著 p. 126；邦訳 18-19 頁）

　国民とは何か。共通の法律の下で生活し，同じ立法府によって代表される等の条件を満たす人々の団体である。

　貴族身分が，市民全体が皆持つ権利とは別の特権や免除を認められていること——それらを厚かましくも自分たちの権利と呼んでいるが——は，あまりにも明白ではないか。

　それによって，貴族身分は共通の秩序，共通の法律の埒外（らちがい）に出るのである。このようにして，彼らはすでに社会生活上の権利ゆえに，国民全体とは別個の人民となっているのである。それはまさしく国家の中の国家（*imperium in imperio*）である。

　政治的権利に関しても，彼らは，それを別個に行使している。彼らは，人民の委任を一切受けていない彼ら独自の代表を持っている。貴族身分の議員団は，別個に集会する。たとえ，貴族身分の議員団が一般の市民の議員と同じ会場に集まったとしても，彼らの代表権は本質的に異質かつ別個のものであるということになんら変わりはない。それはまず，その原理から見て国民とは無縁である。なぜなら，彼らの任務は人民に由来していないからである。次に，彼らの代表権は，その目的から見ても国民とは無縁である。なぜなら，彼らの目的は全体の利益ではなく，個別の利益を守ることだからである。

　したがって，第三身分は国民としての属性を全て備えていると言える。第三身分ではない者は，自分が国民に属するとみなすことはできない。第三身分とは何か。全てである。

② 同書，第2章から（原著 pp. 127-128；邦訳 23-24 頁）

　人民がかくも長く隷属の状態に苦しんできたことも，人民が強制と屈服の状態に今もなお止め置かれていることも，ここでは仔細に検討するつもりはない。人民の社会生活上の条件は変化したし，これからもなお変化するに違いない。第三身分が自由でなければ，国民が全体として自由になることはおよそ不可能であるし，またいずれかの身分が個々に自由になることさえも不可能である。人は，特権によって自由なのではない。市民の権利によって，全ての者に属する権利によって，自由なのである。

　もしも貴族たちが，——彼ら自身にはこの自由がふさわしくないことを示すだ

ろうが——この自由を犠牲にして，人民を抑圧し続けようとするのなら，人民は，「どんな根拠があってだ」と問い質すだろう。もしもそれに対して征服を根拠として，と言うのであれば，それは，歴史を少々遡ろうということになるはずだ。しかし，第三身分は，過去に遡ることを恐れてはならない。第三身分は，征服の前年に遡ろう。そうすれば，第三身分の力は今や征服されるほど弱くはない以上，その抵抗は間違いなくもっと手強いものとなろう。第三身分は，征服者の家系に生まれて征服に基づく権利を継承したなどという，馬鹿げた主張をし続けているこれらの家族を皆，なぜフランコニーの森の中に追い返さないのだろうか。

③　同書，第5章から（原著 pp. 180-181；邦訳 105-106 頁）
　国民は全てに先行して存在するのだ。国民は全ての源だ。その意思は常に適法なのだ。それは法律そのものだ。国民に先行し，その上位に位置するのは自然法のみなのだ。実定的法律は，国民の意思からしか生じえないが，それにはいくつかの種類があり，その正しい理解のためには，まず第一に憲法としての法律を取り上げねばならない。それは二つの部分に分かれる。一つは立法権限を持つ団体の組織と役割を規定するもの，もう一つは執行権限を持つさまざまな団体の組織と役割を定めるものである。これらの法律は基本法と呼ばれるが，それは国民の意思から独立して存在しうるという意味ではなく，この法ゆえに存在し活動する諸国体はそれに手を出すことができないという意味においてである。憲法のいずれの部分も憲法により設けられた権力の作ったものではなく，憲法制定権力が作ったものなのである。

④　『人権宣言』から（原著 pp. 11-16；邦訳 130-133 頁）
　国民議会として構成されたフランス人民の代表者たちは，人権についての無知，忘却あるいは軽視が，公共の不幸および政府の腐敗の原因にほかならないことにかんがみ，一つの厳粛な宣言によって，人間の譲渡不可能かつ神聖な自然権を提示することを決意した。それは，この宣言が社会体のすべての構成員の面前につねに存在することによって，彼らにその権利および義務をたえず想起させるためであり，立法権の行為および行政権の行為が，あらゆる政治制度の目的といつも対照されうることによって，よりいっそう尊重されるためであり，市民の要求が以後単純で争う余地のない諸原理に基礎を置くものとなって，つねに憲法の維持

とすべての人の幸福に向かうようにするためである。

したがって，国民議会は至高の存在を前に，またその庇護のもとで，次のような人間および市民の権利を承認し，かつ宣言する。

第1条　人間は自由かつ権利において平等なものとして生まれ，そして生きつづける。社会的区別は，共同の利益にもとづいてのみ設けることができる。

第2条　あらゆる政治的結合の目的は，人間の消滅することのない自然権の保全にある。これらの権利とは，自由，所有，安全および圧政への抵抗である。

第3条　あらゆる主権の原理は，本質的に国民に存する。いかなる団体，いかなる個人も，国民から明示的に発するものでない権威を行使しえない。

第4条　自由は，他人を害しないすべてをなしうることにある。したがって，各人の自然権の行使の限界は，社会の他の構成員に同じ権利の享受を確保すること以外にはない。これらの限界は，法律によってのみ定められうる。

第5条　法律は，社会に有害な行為でなければ，禁止する権利をもたない。法律により禁止されていないすべてのことは，妨げることができず，また何人も法律の命じないことをなすように強制されえない。

第6条　法律は一般意志の表明である。すべての市民は，自身でまたはその代表者を通じて，その形成に協力する権利をもつ。法律は，保護する場合にも，処罰する場合にも，すべての者に同一でなければならない。すべての市民は法律の目からは平等であるがゆえに，その能力にしたがって，かつその徳と才能以外で区別されることなく，すべての公の位階，地位および職務に平等に就くことができる。

第7条　何人も，法律によって定められた場合で，かつ法律が規定する形式によるのでなければ，訴追され，逮捕され，または拘禁されえない。恣意的な命令を請求し，発令し，執行するか執行させる者は，処罰されなければならない。しかし，法律により召還され，または逮捕されたあらゆる市民は，ただちに従わなければならない。その者は，抵抗することによって有罪となる。

第8条　法律は厳密かつ明白に必要な刑罰しか定めてはならず，何人も，犯罪に先だって制定されかつ公布され，そして合法的に適用された法律によらなければ，処罰されえない。

第9条　すべての者は，有罪と宣告されるまでは無罪と推定されるから，逮捕が

不可欠と判断される場合であっても，身柄を確保するために必要でないようなすべての厳しい措置は，法律によって厳しく戒められなければならない。

第10条　何人もその意見について，たとえそれが宗教上のものであっても，その表明が法律の確立した公の秩序を乱すものでないかぎり，これについて不安を感じないようにされなければならない。

第11条　思想および意見の自由な伝達は，人のもっとも貴重な権利の一つである。したがって，すべての市民は，自由に発言し，著述し，印刷することができる。ただし，法律によって定められた場合には，この自由の濫用に責任を負わねばならない。

第12条　人間と市民の権利の保障には，公共の武力が必要である。したがって，この武力は，すべての者の利益のために設けられるのであって，それが委託される者の特定の利益のために設けられるのではない。

第13条　公共の武力の維持のため，また行政の支出のため，共同の租税が不可欠である。それはすべての市民のあいだで，その能力に応じて，平等に配分されなければならない。

第14条　すべての市民は，自身でまたはその代表者によって，公共の租税の必要性を確認し，これに自主的に承認し，その使途を追及し，またその分担額・基礎・徴収および期間を定める権利をもつ。

第15条　社会は，あらゆる公務員に対し，その行政について説明を求める権利をもつ。

第16条　権利の保障が確保されず，権力の分立が定められていないすべての社会は，憲法をもつものでない。

第17条　所有は不可侵かつ神聖な権利であるから，何人も合法的に確認された公共の必要性がそれを明白に要求し，かつ事前の正当な補償という条件のもとでなければ，それを奪われえない。

Emmanuel Sieyès, *Qu'est-ce que le Tiers état?*, Genève, Librairie Droz, 1970（稲本洋之助・伊藤洋一・川出良枝・松本英実訳『第三身分とは何か』岩波文庫，2011年）。訳文は一部修正した；*Les Déclarations des droits de l'homme: Du débat 1789-1793 au Préambule de 1946*, Paris: Flammarion, 1989（高木八尺ほか編『人権宣言集』岩波文庫，1957年）。邦訳を参照したが，訳し直した。

［宇野重規］

エドマンド・バーク
Edmund Burke, 1729–1797

『現代の不満の原因を論ず』（1770年）
『ブリストル到着ならびに投票終了に際しての演説』（1774年）
『フランス革命の省察』（1790年）
『フランス国民議会議員への手紙』（1791年）

保守主義の創始者として　アイルランドに生まれたエドマンド・バークは，ホイッグの有力議員として，イギリスの政治に深く関与した人物である。彼は，フランス革命勃発の翌年の『フランス革命の省察』を手始めに，この革命に対する批判をつぎつぎと発表した。社会を一挙に変更して白紙から設計しなおす革命ではなく，必要ならば少しずつ改革しながらも，あくまで現体制を保守せねばならない，というバークの反革命思想は，保守主義の出発点とみなされている。革命家が人間の理性に全幅の信頼を寄せて，自由や平等といった抽象的原理の実現をめざしたことをバークは批判する。人間は，知的にも道徳的にも不完全な存在だからである。これに対して彼は，これまでの長い時間の歩みのなかで継承されてきた伝統——「偏見（先入見）」や身分秩序や宗教制度——の意義を説く。持続してきたものには，時の試練のなかで検証された真の合理性が存在する，というのである。抽象的な理性でなく具体的な歴史的経験を高く評価するバークの思想は，過去への回帰ではなく，過去から現在にいたる継承を重視する思想である。

自由と専制，文明と野蛮　バークは，正しいものは過去から継承されてきたと論じるが，しかし，過去から継承されたすべてが正しいと考えたわけではない。力と恐怖による支配がどれだけ続こうと，彼はその味方ではない。バークに見られるのは，どんなものであれ過去から継承したすべてを擁護するという硬直した態度ではなく，伝統の果たす機能や役割に着目する冷徹な認識である。フランス革命で標的とされた伝統は，これまでに素晴らしい社会を築き上げてきた，というのがバークの主張であった。ヨーロッパ世界は，騎士道精神とキリスト教道徳を土台にした歴史の歩みのなかで，政治権力や

利己心の暴発を防いで自由を保障する社会を構築した，というのである。ここに達成された自由は，抽象的権利にもとづく普遍的な自由でなく，あくまで具体的な時間と空間のなかで形成され，その枠内にある，歴史的権利としての自由である。この自由なヨーロッパ社会は，文化と習俗を洗練させて，経済発展を遂げた「文明社会」として成長した。ところが，この自由で豊かな社会を革命は破壊した，というのがバークの批判である。彼にとっては，ヨーロッパとフランス革命の対決とは，自由と専制，繁栄と貧困，文明と野蛮の対決であった。長い歩みのなかでようやく権力や利己心を制限して文明社会に到達した，というヨーロッパの歴史的成果を拒否したフランス革命は，革命政権の暴走を招き，野蛮な軍事独裁に陥るであろう。バークがこう予測できたのは，彼の観点からすれば当然であった。哲学的・宗教的な狂乱から政治社会を護ろうとしたという意味で，バークは「保守的啓蒙」という一種の啓蒙思想の系譜に属する，との指摘もある。

バーク解釈の政治思想史

こうしたバークの革命批判は，20世紀（とくに冷戦期）には，保守主義の古典と広く理解された。ところが19世紀には，バークは自由主義者・議会主義者として知られていた。そこで注目されていたのは，フランス革命批判よりも，国王や宮廷の権力の濫用を批判し，アメリカ植民地の独立を支持し，アイルランドのカトリックの窮状を憂いてインドにおける植民地支配の腐敗を指弾したバークである。政党や代表をめぐる彼の有名な議論はこうした活動のなかで示されたものであり，具体的な状況のなかで，優れた政治的判断力（「思慮」）を駆使しながら改革に邁進した政治家というのがここでのバーク像である。バークは，自らの政治グループの活動を正当化するなかで，政党を国民全体の利益を推進する集団と定義して，私的利益を追求する派閥や徒党と区別する。さらに議員や政治家について，地元選挙区からの指示や委任に拘束されずに，自らの判断力と良心にしたがって全体の利益に奉仕すべき国民代表として位置づける。国王でも民衆でもなく，少数の有能な政治階層（「自然の貴族」）による統治こそ，バークの理想とする政治であった。

同時代の風刺画家たちは，痩せて神経質そうな丸眼鏡の人物としてバークを描いたが，そうした肖像は今ではあまり知られていない。バークは，後の世代によって，彼の時代には存在しなかった保守主義や自由主義という図式を当てはめられて，称賛や非難の対象とされてきたのである。近年では，彼のフランス革命批判をモダニティ批判として読解したり，彼のアイルランド論やインド論をポストコロニアリズムの観点から再評価する試みもある。

● 第Ⅲ部　近代

① 『フランス革命の省察』（原著 p. 19；邦訳 29 頁）

　何らか変更の手段を持たない国家には，自らを保守する手段がありません。そうした手段を欠いては，その国家が最も大切に維持したいと欲している憲法上の部分を喪失する危険すら冒すことになり兼ねません。イングランドに国王がいなくなった王政復古と「〔名誉〕革命」という二つの危機的時期に際して，保守と修正の二原理は力強く働きました。これら二つの時期に当って国民は，往時の大建築の中にあった統一の紐帯を喪失しましたが，それにも拘らず，建物全体を分解はしませんでした。反対に彼らはいずれの場合にも，古い憲法の欠陥ある部分を，損われなかった諸部分によって再生させたのです。

② 同書（原著 pp. 76-77；邦訳 110-111 頁）

　御判りのように，私は，この啓蒙の時代にあってなおあえて次のように告白する程に途方もない人間です。即ち，我々は一般に無教育な感情の持ち主であって，我々の古い偏見を皆捨て去るどころかそれを大いに慈しんでいること，また，己が恥の上塗りでしょうが，それを偏見なるが故に慈しんでいること，しかもその偏見がより永続したものであり，より広汎に普及したものであればある程慈しむこと，等々です。我々は，各人が自分だけで私的に蓄えた理性に頼って生活したり取引したりせざるを得なくなるのを恐れています。というのも，各人のこうした蓄えは僅少であって，どの個人にとっても，諸国民や諸時代の共同の銀行や資本を利用する方がより良いと我々は考えるからです。我が国の思索家の多くは，共通の偏見を退けるどころか，そうした偏見の中に漲る潜在的智恵を発見するために，自らの賢察を発揮するのです。彼らは自ら探し求めていたものを発見した場合——実際失敗は滅多に無いのですが——偏見の上衣を投げ捨てて裸の理性の他は何も残らなくするよりは，理性折り込み済みの偏見を継続させる方が遙かに賢明であると考えます。

③ 同書（原著 pp. 66-69；邦訳 97-101 頁）

　婦人に慇懃な人々の国，名誉と騎士道を尊ぶ人々の国にあって，そうした災厄が彼女〔王妃マリー・アントワネット〕の上に下るのを生きて見ようとは夢思いませんでした。彼女に対する侮蔑の脅威が瞥見されただけでも，一万もの剣が抜き放たれて復讐に閃くものと私は信じていました。しかし，騎士道の時代は過ぎ

去りました。詭弁家，守銭奴，計算屋の時代がそれに続きます。ヨーロッパの栄光は永遠に消え失せました。身分と女性に対するあの高雅な忠節，あの誇り高い服従，あの尊厳な信従，心情のあの恭順……はもはや決して，決して見られないでありましょう。(中略) このように思想と感情が交々織り成す織物の起源は古えの騎士道にあります。(中略) 現代のヨーロッパにその特質を賦与したのはこれでした。内部では統治形態が如何に異ろうとも，現代ヨーロッパをアジア諸国家より区別し，また恐らくは，古代世界の最も燦然たる時代に繁栄した諸国家より区別して優れたものとしたのもこれでした。諸身分を混同することなく偉大な平等をもたらし，それを社会生活のあらゆる段階を通じて下まで伝え降して行ったのもこれでした。王達を和らげて同僚とし，私人を高めて王達の朋輩にしたのもこの思想でした。それは，力も用いず反対にも会わず，高慢と権力の荒々しさを屈服させました。それは，君主達を，社会の評判という柔い首輪に従うの〔を〕余儀なくさせ，厳格な権威を強制して優雅さに服従させ，更には，法における征服者が習俗によって支配されることになる統治をもたらしたのです。(中略) 我々の習俗，我々の文明，そして文明や習俗と結び付いたすべての価値ある事どもは，我がこのヨーロッパ世界においては，幾世紀にもわたり二つの原理の上に立脚して来ました。いやその二つが結合した結果でもありました。これにも勝って確実なことはありません。私が申しているのは紳士の精神と宗教の精神です。戦いと混乱のさ中，政府はただ大義として存在するだけで実際には体を成していなかった時ですら，貴族と聖職者は，それぞれ保護と天職とを通じて学問を存続せしめて来ました。(中略) もしも私が考えるように，現代の文芸は，常に自ら進んで認める以上に古代〔古来〕の習俗に負っているとするならば，我々が額面通り充分な価値を認めているその他の事柄もまた同様の筈です。我が守銭奴政治屋共の神々たる商業，貿易，製造業などですら，それ自体恐らくはその被造物に過ぎず，自らは結果でしかありません。

④ 『フランス国民議会議員への手紙』(原著 vol. VIII, pp. 312-315；邦訳 552-555 頁)

彼らの指導者たちの間では一体誰が一番よくルソーに似通っているか，の大議論があることは天下周知の事実である。有体に言えば，彼らは皆が皆ルソーに似ている。彼らはこの人物の血を自らの心とそして習性に注入する。彼らは彼を学習し，彼を熟読する。(中略) 彼らの大目的は，従来人間の意思と行動の規制と

して用いられてきた各種の原理の代替物を見出すことである。(中略) かくして彼らは素朴な義務に代わる，人を嬉しがらせる利己的で誘惑的で仰々しい悪徳を選び出した。キリスト教道徳の基礎をなす真の謙虚さは，すべての真正な徳目の，目立たないが深い堅実な土台である。だが彼らは，これの励行には極度の苦痛が伴いその外見はいかにも見すぼらしい，との理由でこれを残らず放棄した。(中略) だが彼〔ルソー〕の感情には，普通の親としての愛情の一かけらも宿っていない。一方では全人類への仁愛と，そして他方ではこれら教授たちが日常で接触する個々の隣人への全くの無感覚こそは，この新しい哲学の特性に他ならない。(中略) 彼は自分とは最も遠い関係の無縁な衆生のためには思いやりの気持で泣き崩れ，そして次の瞬間にはごく自然な心の咎めさえも感じずに，いわば一種の屑か排泄物であるかのように彼の胸糞悪い情事の落し子を投げ棄て，自分の子供を次々に孤児院へ送り込む。熊は自分の仔を愛して舐めながら育て上げるが，熊は哲学者ではない。(中略) 彼らは虚栄心の倫理のこの哲学的宗匠のもとで，フランス国民の道徳的素質の刷新に着手した。

⑤ 『現代の不満の原因を論ず』(原著 vol. II, pp. 314–318；邦訳 76–81 頁)

　結合と派閥は同義であるという教説は，これまでも絶えず非立憲的な政治家連中によって入念に説かれ来った主張である。その理由は明白であろう。何となれば，人間が結合し連繋している間は，彼らは何らかの悪しき意図の存在について即刻容易に警鐘を打ち鳴らすことができる。彼らはその意図を衆知を集めて検討し，総力を挙げてそれに抵抗することができる。これに反して彼らが協調も秩序も規律もなく個々に散らばっている限りは，連繋は不確実であり合議は困難であり抵抗は不可能である。(中略) それ〔政治の世界における結合〕は，われわれの公的義務の完全な遂行のためには絶対に必要不可欠であり，ただ時として偶然的に派閥に堕する傾向を表わすに過ぎない。国家社会は家族から成り立つが，自由な国家社会はその上さらに政党からも成り立っている。それゆえわれわれの政党の絆がわれわれを故国に結びつける紐帯を必ず弛緩させるという主張は，あたかもわれわれの自然的愛情や血縁の絆がわれわれを悪しき市民たらしめる傾向を含む，と論断するにも似た屁理屈である。(中略) 政党とは，その連帯した努力により彼ら全員の間で一致している或る特定の原理にもとづいて，国家利益の促進のために統合する人間集団のことである。私一己の考えを言うならば，自己の

政策を実地に移すべき手段の採用を拒否する人間が，本心からこの政策の正しさを確信しそれを大切なものと考えていると本当に言えるのか不可解である。統治の固有な目標を画定することが思弁的哲学者の仕事であるに反して，行動の場における哲学者とも言うべき政治家の仕事は，これらの目標を実現すべき適切な手段を発見してそれを効果的に採用することに他ならない。

⑥ 『ブリストル到着ならびに投票終了に際しての演説』(原著 vol. III, pp. 69–70；邦訳 164–165 頁)

　私の尊敬すべき同僚代議員は，自分の意思が諸君の意思に従属すべきである，と語っている。これが問題のすべてであるならば，事態は無邪気なものである。つまり統治がどちらかの側の意思の問題に過ぎない限り，疑いもなく諸君の意思が優越すべきであろう。しかし統治と立法とは，意向の事柄ではなくて理性と判断力に関する事柄である。(中略) 有権者の見解は代議員が常に喜んで耳を傾け，常に真剣に考慮すべき掛け替えのない貴重な見解に他ならない。しかし代表が自己の判断力と良心の最も明白な確信に反してまでも必ず盲目的盲従的に追従し投票し支持しなければならぬというような権威的指図——訓令の布告なるもの〔——〕は，少なくともこの国の法律の上では前代未聞であり，わが国の憲法の秩序と精神全体の完全な取り違えから生じる誤解に他ならない。議会は決して多様な敵対的利害関係を代表する使節団から成るところの，そしてこの使節各個人はそれぞれが自己の代表する派閥の利益をその代理人ないし弁護人として他の代理人ないし弁護人に対して必ず守り抜かねばならないという種類の，会議体ではない。議会は一つの利害つまり全成員の利害を代表する一つの国民の審議集会に他ならず，——したがってここにおいては地方的目的や局地的偏見ではなくて，全体の普遍的理性から結果する普遍的な利益こそが指針となるべきものである。諸君は確かに代表を選出するが，一旦諸君が彼を選出した瞬間からは，彼はブリストルの成員ではなくイギリス本国議会の成員となるのである。

　　Edmund Burke, *Reflections on the Revolution in France*, ed. by J. G. A. Pocock, Indianapolis: Hackett, 1987 (半澤孝麿訳『フランス革命の省察』みすず書房，1989 年)。それ以外の作品：*The Writings and Speeches of Edmund Burke*, Oxford: Clarendon Press, 1981– (中野好之編訳『バーク政治経済論集』法政大学出版局，2000 年)。いずれも，原文の改行と傍点は省略してある。　　　［犬塚　元］

● 第Ⅲ部　近代

メアリ・ウルストンクラフト
Mary Wollstonecraft, 1759–1797

『女性の権利の擁護』（1792 年）

生　涯

メアリ・ウルストンクラフトは，1759 年にロンドンの没落する中流階級の家庭に生まれた。法律家となった兄とは異なり，メアリは満足な教育も受けられず，学校経営や家庭教師などにより自分と妹たちの生活を支えなければならなかった。その過程でリチャード・プライスなどの改革派と出会い，彼らから影響を受けた。1787 年に彼女は，出版社主ジョセフ・ジョンソンの援助を受けながら本格的な執筆活動を始め，彼のもとに集まる多くの改革派知識人と交流を持った。

1790 年，E. バークの『フランス革命の省察』が出版されると，ウルストンクラフトはただちにそれに反論する『人間の権利の擁護』を著す。さらに 1792 年にはルソー批判を多く含む『女性の権利の擁護』を執筆し，同年末に革命の混乱が激しくなるパリへと出かけていった。

パリでウルストンクラフトは，アメリカ人のギルバート・イムレイと出会い，1794 年に娘を出産するが，まもなく彼は彼女のもとを去り，そのショックから二度の自殺を試みた。その後彼女は，ジョンソンを介して以前から知っていた無政府主義者のウィリアム・ゴドウィンと再会する。彼らは結婚制度に反対だったが，ウルストンクラフトの妊娠を機に，1797 年に正式に結婚した。しかし，二人の結婚生活は数か月しか続かず，ウルストンクラフトは，娘を出産した数日後に亡くなったのである。

思　想

ウルストンクラフトの思想の特徴は，彼女が「人間」の権利とともに「女性」の権利に関する著作を著したことに象徴的にあらわれている。彼女の思想は基本的には J. ロックの影響を受けている。すなわち，神は人間に理性を与えた。人間はそれを使いながら教育によって知識を身につけ，さら

に徳を自分のものとする。そのようにして人間性が獲得され、魂は完成されるのだと考える。

　彼女は、理性は神により普遍的に、すなわち文字どおり「すべての人間」に与えられており、人間性の獲得こそが人間が生きる目的なのだと考えた。そのような考え方からすれば、身分制にもとづく伝統的な社会秩序を擁護するバークの議論が否定されることはいうまでもない。これは、革命を支持する男性の知識人と同様である。しかし彼女は、神が理性を男性にも女性にも等しく与えたと考える。その点から、女性は男性とはまったく別の感情的存在であり、家庭にいて男性に従うのが自然だとして、そこから市民社会を考えたルソーも批判されなければならなかったのである。「身分」と「性」という二種類の抑圧を解消することこそ、彼女の提起した問題であった。

　『女性の権利の擁護』では、市民生活の基礎として家庭生活が位置づけられている。彼女は、家庭生活において男女が対等に協力していくことこそが、市民としての社会生活を営む基礎となると考える。男性は家庭における義務を果たすことで、市民としての義務を果たす準備をし、女性は市民としての自覚をもつことによってこそ、家庭における義務もよく果たすようになる。このように、女性と男性が共に人間として完成することをめざしながら、共に市民社会を構成していくことが、彼女の主張の中心であった。そしてそのために、さまざまな権利が主張された。男女が共に教育されること、女性の職業訓練の必要性、対等な立場での家庭生活、また女性の経済的自立、参政権の要求など。このように並べてみると、後に女性たちが苦労して獲得してきた権利のほとんどが、彼女の議論に含まれていたことがわかるだろう。

　市民社会をどのように構成するかをめぐって揺れ動いていた時期に、このような主張がなされたことは重要である。すなわち、現実は、家庭を市民社会から切り離し、家庭での男性による支配を認めることで市民社会から女性を排除するという方向に進んだが、家庭もその他の領域の活動も男女が対等に担うという形で市民社会を構成するという選択肢も、当時はありえたのである。

　母性やセクシュアリティの扱いなど、現代のフェミニストから批判される点を含んではいるが、ウルストンクラフトは市民社会の構成に関する根本的な問題を提示した。しかし、市民社会は違った形でつくられていき、彼女の指摘した問題は、いまだ解決されるべき問題として残されているのである。

● 第Ⅲ部　近代

① 『女性の権利の擁護』「タレイランへの献辞の手紙」から（原著 p.69）
　たとえあなたが，女性の幸福を進めるために最も考えられた方法で行動していると固く信じていても，男性が自由を求め，自らの幸福に関して自分で判断することが許されるべきだと主張する時に女性を服従させることは，矛盾しているし，不正なことではないでしょうか。もし女性も，理性という神からの贈り物を男性と共に与えられているとしたら，誰が男性に決定権を独占させたのでしょう。
　愚かな王から愚かな父親に至るまで，すべての組織における専制的支配者は，みな理性を押しつぶすのに熱心でありながら，ただ人の役に立つために王位を奪ったのだといつも主張します。あなたが，市民的・政治的権利を否定することですべての女性を家庭のなかに閉じ込め，暗やみで手探りするような状態のままでいるよう強いるとき，あなたは彼らと同じように行動しているとはいえないでしょうか。まさかあなたは，理性に基づかない義務に拘束力があり得るなどと考えはしないでしょう。もし，実際家庭にいることが彼女たちの運命だとしたら，その議論は理性から引き出されるはずです。そして，堂々と論証されるでしょう。女性が知性を持てば持つほど，自分の義務を理解して，ますますその義務を果たすようになるでしょう。もし彼女たちがその義務を理解しなければ，また，彼女たちの道徳が男性の道徳と同様の不変の原理にもとづかないならば，どんな権威も，彼女たちに立派な態度でその義務を果たさせることはできないのです。女性たちは便利な奴隷かもしれません。しかし奴隷制は，主人と卑しい隷属者をも堕落させるという影響を与え続けるのです。
　しかしもし女性が発言を認められず，人類の自然権による参加から除外されるべきだというのであれば，その主張が不正で矛盾しているという非難を退けるために，最初に，女性は理性を欠いているということを論証してください。さもないと，あなた方の新しい憲法における欠点は，男性が何らかの形で専制的支配者のように行動するに違いないということを示し続けることになるでしょう。また社会のどこで行なわれようとも，専制は道徳を害し続けることになるでしょう。

② 同書，第9章から（原著 p.237）
　私は，普通の生活を生きる女性たちは，宗教と理性によって，妻や母としての義務を果たすように命じられていると考える。しかし，優れた特性を持った女性たちが，役に立ち独立した人生を送るためのさらに豊かな計画を追求できる道が

開かれていないことを，悲しまずにはいられない。（中略）私は，女性が政府の審議に何らの直接的関与も許されず恣意的に支配されるのではなく，自分たちの代表を持つべきだと真剣に考えている。

③　同書，第9章から（原著 pp. 238-239）
　もし女性たちがもっと系統だった方法で教育を受けたならば，彼女たちは同様に，さまざまな仕事で活躍できるだろう。それによって多くの女性が，一般的で合法的な売春から救われるだろう。そうすれば，男性が生活のために役人になりその義務を怠るのと同じように，女性が生活のために結婚することはなくなるだろう。また，自分で生計をたてようと試みる——最も称賛すべき試み！——ときも，売春で生活しているかわいそうな見捨てられた人々と同じ生活程度にまで，おちぶれることもなくなるだろう。

④．同書，第12章から（原著 p. 260）
　男性と女性を共に改善するためには，家庭という私的な場でも，学校という公的な場においても，一緒に教育されなければならない。もし，結婚が社会を結びつける絆ならば，人類はすべて，同じ模範にしたがって教育されるべきである。さもないと，女性が啓蒙された市民となるまで，また自分で収入を得られることで自由となり，男性から独立できるまで，男女の交際は友人同士という名に値せず，女性は女性としての義務を果たすことがないだろう。

⑤　同書，第12章から（原著 p. 264）
　自分自身のためだけに生き，しばしばある一定のスタイルで生活できないと，結婚を恐れている自己中心的な気取り屋と比べて，結婚している市民はなんと違った性格を備えていることだろう。（中略）人を形作る〔結婚生活における〕些細な義務を習慣的に実践することによってのみ，人は，公的生活における義務を果たす準備をすることができるのである。

　　　Mary Wollstoncraft, "A Vindication of the Rights of Woman: with Strictures on Political and Moral Subjects", in *A Vindication of the Rights of Men and a Vindication of the Rights of Woman and Hints*, Cambridge University Press, 1995 より筆者が訳出した。

〔中村敏子〕

ジェレミ・ベンサム
Jeremy Bentham, 1748–1832

『統治論断片』（1776 年）
『道徳および立法の諸原理序説』（1789 年）
『議会手続き論』（1791 年）
『大言壮語のナンセンス』（1795 年）
『憲法典』（1830 年）

功利主義の哲学者

ベンサムは，イギリスの法学者。法・政治制度改革の哲学的構想に尽力した。晩年は「哲学的急進派」と呼ばれる人々を通じて，議会改革運動に影響を与えた。その思想史上の功績は，功利主義の定式化と普及にある。「最大多数の最大幸福こそが，正邪の判断基準である」という命題は，その最も簡潔で影響力のある定式であろう。

「最大多数の最大幸福」（「最大幸福原理」）の説明においてベンサムは，善を快楽，悪を苦痛と同定し，快楽の極大化と苦痛の極小化を，その目標とする。そして，自然法や共感の原理に訴える直観主義的な議論を，科学性を欠く恣意的なものとして退ける。快楽の測定法にまつわる困難を，ベンサムは認識していた。しかし，社会理論としての功利主義を展開する際に彼は，〈各個人が自らの幸福の最善の判定者である〉，〈社会の普遍的な幸福は，その社会を構成する個々人の幸福の総計である〉という二つの考えに訴えた（功利の原理の詳細な定式化は，彼の主著『道徳および立法の諸原理序説』（1789 年）にある）。かかる考えは，彼の経済思想においては自由主義的な市場経済の支持に帰結した。

原理の現実化

最大幸福原理を，それ自体として抽象的，演繹的に理解し，展開することもできるが，ベンサムはあくまでも経験的に展開した。つまり，既存の制度や社会動態を前提とし，それを功利性原理によって改革するという方法をとった。この現実主義的な側面は，彼の法実証主義に表われている。〈人間は自己利益を追求する〉という心理学的洞察にもとづいて，善き制度を構想する際に彼が留意したのは，人間の行為の（不）履行に対してなされるサンクションのシステムの効果的な構築により，最大幸福を実現することであった。そうしたサンクションの源泉となる権力の実定的な存在が，彼の議論の

大前提であり，かかる権力の最高位に論理的に位置する主権は，あらゆる政治体にとって不可欠の要素だとされた。

初期の著作である『統治論断片』(1776年) では，曖昧さを内包するコモンローに依拠するイギリスの伝統的な法・政治制度の不合理が糾弾され，フランスの「人および市民の権利宣言」などを批判した『大言壮語のナンセンス』(1795年，最初の出版は1816年) では，事実に基づかない抽象的で絶対的な基準への訴えは，自由や権利の擁護にはならないとされた。ベンサムによれば，自由とは実定的な法律によって限界付けられると同時に，保障される。こうして初期ベンサムの議論は，保守・革新にかかわりなく，科学的な基礎を欠く思想や制度の批判に費やされていた。現実の問題解決は，正しい知識の普及により可能になる，と彼は考えた。この頃のベンサムは，ロシアのエカテリーナ2世のような権力者による改革を期待する，啓蒙主義的な立場にあった。

邪悪な利益と代議制民主政

この立場から，後期の急進主義的な立場への移行を，転向とみなすべきかには論争の余地がある。だが，合理的な刑務所制度であるパノプティコンの実現計画が挫折した頃に当たる19世紀の初頭，ベンサムが「邪悪な利益」という概念を使用し始めたことが重要なのは，たしかであろう。つまりイギリスの支配層 (法曹界，政界，国教会) には，国民の普遍的利益と異なる特殊な利益があり，この邪悪な利益が国民全体の幸福実現を阻害していると，主張するようになる。かくして彼は，最大幸福の実現を目標とする法制度改革には，その前に議会制度をはじめとする憲政制度の抜本改革が必要になる，と認識するに到った。端的にいえば国民主権に基づく代表制民主政の確立が不可欠なのであり，そのために彼は，男子普通選挙，毎年の選挙，秘密投票などの制度の必要性を唱え，その実現に努めた。

公開性の原理

ベンサムの政治的功利主義の基本構想は，統治者の利益と被治者の利益が一致する制度の構築であり，そのためには，統治者が被治者に依存することが肝要だとされた。議会ならびに政府全体の改革案を提示する際ベンサムは，この基本構想の実現のため，特に「公開性」の原理に訴えた。議会や行政府の行動や発言は，できるかぎり記録・公開され，公衆の監視下に置かれるべきとされた。彼は世論の重要性を唱え，公的関心をもった公衆の意見による「道徳的なサンクション」が，「悪政に対する安全保障」になると主張した。こうした機構を彼は「世論法廷」と呼び，そこにおける新聞が果たす役割の重要性を，そしてその前提となる報道・出版の自由の重要性を，強調した。

① 『統治論断片』（原著 p. 393）
　我々が生きているのは忙しい時代である。知識は急速に完成に向かって発達している。とりわけ自然界においては，あらゆることが発見と改良に満ちている。（中略）自然界における発見と改良に対応するのが，道徳界における改革である。道徳界にはもはや発見の素材は何も残ってはいない，という一般的に思える考えが，本当だとすればそうなるであろう。しかしながらおそらく，これは本当ではない。おそらく，改革の基礎として最もよく役立つだろうと考えられた観察のなかには，これまで不完全にのみ認識されていたか，あるいはまったく認識されていなかった事実問題の観察であったために，提出されたときに発見の名を帯びることができると思えるものがある。「最大多数の最大幸福こそが，正邪（right and wrong）の判断基準である」という基本的な公理の諸帰結はまだ，一定の方法と正確さをもって展開されたことはないのである。

② 『道徳および立法の諸原理序説』（原著 p. 11；邦訳 81-82 頁）
　自然は人類を苦痛と快楽という，二人の主権者の支配のもとに置いてきた。我々が何をすべきかということを指示し，また我々が何をするであろうかということを決定するのは，ただ苦痛と快楽だけである。一方においては正邪の基準が，他方においては原因と結果の連鎖が，この二つの玉座につながれている。（中略）功利の原理（principle of utility）はこのような〔苦痛と快楽への我々の〕従属を承認して，そのような従属をその思想体系の基礎と考えるのである。そして，その思想体系の目的は，理性と法律の手段によって，幸福の構造を生みだすことなのである。

③ 同書（原著 pp. 11-12；邦訳 82 頁）
　功利の原理とは，その利益が問題になっている人々の幸福を，増大させるように見えるか，それとも減少させるように見えるかの傾向によって，または同じことを別の言葉で言いかえただけであるが，その幸福を促進するように見えるか，それともその幸福に対立するように見えるかによって，すべての行為を是認し，または否認する原理を意味する。わたしはすべての行為と言った。したがって，それは一個人のすべての行為だけではなく，政府のすべての政策をも含むものである。

④　同書（原著 p. 12；邦訳 83 頁）

　社会とは，いわばその成員を構成すると考えられる個々の人々から形成される，擬制的な団体である。それでは，社会の利益とは何であろうか。それは社会を構成している個々の成員の利益の総計にほかならない。

⑤　『大言壮語のナンセンス』（原著 pp. 329-330）

　政府のない人間の生活がどうなるのかについて，我々は知っている。政府なしで生きるとは，権利なしで生きていくということなのだ。このことを我々が知っているのは，そのような生活の事例について，多くを知っているからである。つまり多くの未開の民族，もしくは人種の生活に，そのような事例がある。たとえば，あのよく知られている，オーストラリアのニューサウスウェールズにいる未開人の生活がそうである。そこには服従の習慣がなく，したがって政府は存在しない。政府が存在しないため，法律もなければ，権利のようなものもない。安全保障（security）もなければ，所有権もない。恒常的な支配，つまり法律と政府の支配に対抗するものとしての自由は完全である。しかしながらあらゆる突発的な支配，つまり自分より強い者からの押し付けに対抗する自由は，まったくない。このような状態のなかに，つまりこれと同じ状態のなかに我々は，すなわちこの世界でヨーロッパと呼んでいる地域に住んでいる人々は，有史以前の時代において生活していたと，類推することができる。政府がないのだから，結果として権利はない。権利がないのだから，結果として所有権はない。法律による安全保障がないのだから，法律による自由はない。安全保障があるとしても，それは野獣にあるものと変わりない。予測能力と，不安感情は，鋭敏になる。したがって，幸福という観点において，人間は獣以下の状態にあった。権利の欠如に由来して，幸福が欠如する度合いに応じる仕方で，権利のようなものがあってほしいと願う理由が存在することになる。しかしながら，権利のようなものがあってほしいという理由そのものが，権利であるわけではない。ある種の権利を確立してほしいと願う理由そのものは，権利ではないのだ。願望は手段ではない。空腹はパンではないのだ。

　存在していないものを破壊することはできない。破壊されることができないものを，破壊されないために，何かを要求することもできない。自然権とは端的にいって，無意味な言葉である。自然的で，不可侵の権利とは，レトリックが生ん

● 第Ⅲ部　近代

だ無意味な言葉であり，《大言壮語のナンセンス》なのだ。

⑥　『道徳および立法の諸原理序説』（原著 pp. 14–15；邦訳 85–86 頁〔この部分は
　　1822 年 7 月にベンサムがつけ加えた注記〕）

　『統治論断片』が，1776 年に出版されてからまもなく，これを読んで，功利の原理は危険だという結論に到達したのは，アリグザンダー・ウェダーバーンであった。彼はその当時，検事総長か検事次長の職にあり，その後ラウバラ卿，ロスリン伯と次々に称号を変えて，民訴裁判所長官と大法官を歴任した人物である。（中略）「この原理は危険だ」。彼の言葉は，ある程度までまったく真実である。統治の唯一の正しい，そして正当視することのできる目的は，最大多数の最大幸福であるという原理——このような原理がどうして危険なものとして否定されるのであろうか。比較的少数の寵臣をともなったり，ともなっていなかったりする，ある一人の人間の最大幸福を，その現実の目標または目的としている，すべての統治にとっては，この原理は疑いもなく危険なのである。多くの下積みの協力者たちを踏み台として，寵臣たちに利益をふるまってやることが，このような支配者にとって，楽しみでもあり，和合のもとでもある。したがって，この原理は，一人の支配者をも含む，このようなすべての官僚の利益——邪悪な利害（sinister interest）——にとって危険である。そして訴訟費用のなかから引き出される利益を得るために，司法その他の手続きの遅延やわずらわしさや費用を最大限にすることが，彼らにとって利益になるのである。

⑦　『議会手続き論』（原著 p. 29）

　公衆（the public）は一個の法廷を構成する。それは，他のすべての法廷を一緒にしたものよりも強力なものである。この法廷の命令を無視できるふりをする個人がいるかもしれない。つまりそれを，互いに相殺し合うような，動揺し，相反する数多の意見からなるものと思い描くかもしれない。しかしながら，すべての人が感じているのは，以下のようなことである。つまり，この法廷は間違うことがあるかもしれないが，それが腐敗することはありえない。この法廷は継続的に教化されていく傾向がある。この法廷は，国民のすべての叡知とすべての正義を結びつける。この法廷はつねに公的な人物の運命を決定する。そして，この法廷が科する処罰を避けることはできない。

⑧ 『憲法典』（原著 p. 36）

　世論は，人民の団体から発せられる法システムの一つと考えることができる。（中略）統治権力の邪悪な行使に対して，世論は唯一の牽制である。そして統治権力の有益な行使にとって，それは不可欠の補足物なのだ。有能な支配者は世論を指導する。賢明な支配者は世論を指導するか，それに従う。そして愚かな支配者はそれを無視する。文明の発達の現段階においてでも，世論の命じるところは，最大幸福原理の命じるところと，だいたいにおいて一致している。しかしながら，いくつかの点において，世論が最大幸福原理から離反することがまだある。とはいえ，こうした離反は，ますますその数が少なくなってきているし，ますますその範囲は狭まってきているので，早晩ほとんど気にならないものになるであろう。逸脱は消え去り，両者の一致が完全になるであろう。

⑨　同書（原著 p. 163）

　公開性（publicity）によって創られる善には，二種類がある。つまり，１．一般的なものと，２．個別的なものである。一般的な善は，法律の効力と世論法廷（Public Opinion Tribunal）の効力に公開性が付与する効率に存する。つまり一般的な善は，すべての公職者がその適性を保持することを保障する手段になるという，公開性の特徴に存するのである。個別的な善は，数名の諸個人に対して提供される，事実の個別的なことがらに関する情報から引き出される，個別的な用途に存するのであり，公開性によって，そうした諸個人の幸福は促進されるであろうし，彼らの行為は有益な影響を受けるであろう。

Jeremy Bentham, *A Fragment on Government*, in *The Collected Works of Jeremy Bentham: A Comment on the Commentaries and A Fragment on Government*, ed. by J. H. Burns and H. L. A. Hart, Oxford: Clarendon Press, 1977; *An Introduction to the Principles of Morals and Legislation*, ed. by J. H. Burns and H. L. A. Hart, London: the Athlone Press, 1970（山下重一訳「道徳および立法の諸原理序説」関嘉彦編『ベンサム　J. S. ミル』世界の名著 49，中央公論社，1979 年）; "Nonsense upon Stilts" in *The Collected Works of Jeremy Bentham: Rights, Representation, and Reform*, ed. By P. Schofield, C. Pease-Watkin, and C. Blamires, Oxford: Clarendon Press, 2002; *The Collected Works of Jeremy Bentham: Political Tactics*, ed. by M. H. James, C. Blamires, and C. Pease-Watkinm Oxford: Clarendon Press, 1999; *The Collected Works of Jeremy Bentham: Consitutional Code*, vol.1 ed. F. Rosen and J. H. Burns, Oxford: Clarendon Press, 1983.

［山岡龍一］

バンジャマン・コンスタン
Benjamin Constant, 1767–1830

『政治原理論』(1815 年)
「近代人の自由と比較された古代人の自由について」(1819 年)

▎人と業績

　バンジャマン・コンスタンはスイス生まれの思想家・政治家・ジャーナリスト・小説家である。没後今日に至るまでロマン小説『アドルフ』の作家としてその名声が衰えることはなかったが，フランスのポスト革命期における代表的な自由主義理論家としての実績は長い間忘れ去られていた。事実，彼の政治思想に然るべき位置づけと分析が施されるようになったのは，20 世紀も後半を迎えてからである。

　「近代人の自由と比較された古代人の自由について」(以下，「近代人の自由」と略記) は，自由主義の主要原理を集約的に表わしているゆえ，I. バーリンや J. ロールズをはじめとする現代自由主義理論家にもしばしば好んで言及されてきた。つまり，現代自由主義において重視される「消極的自由」対「積極的自由」という図式の原型をコンスタンがこの論文 (元は講演) で提示したとされるのである。かくしてコンスタンは西洋政治思想史における「自由主義の父」としての地位を確保するに至るわけだが，しかし皮肉にもそうした位置づけによってコンスタンの思想の全体像が見えにくくなっているのも事実である。

　コンスタンの浩瀚にして多様な著作の相互の関連性は，彼のコスモポリタンな経験を反映しているともいえるのだが，その思想におけるスコットランド啓蒙主義 (彼は革命前にエディンバラ大学で学んだ) とドイツ・ロマン主義 (ナポレオンによって護民院を追放された後ドイツでしばらく亡命生活をおくり，ゲーテ，シラー，シュレーゲル兄弟などと交流した) の影響を看過するわけにはいかない。コンスタンの思想をトータルに把握しようとするならば，「近代人の自由」における自由論と『政治原理論』における主権制限論・制度論との関係を捉えつつも，両者がいかに彼固有のペルフェクティビリテ論 (人間の完成可能性・道徳的進歩

を重視するある種の歴史哲学）および宗教論に基礎づけられているかを理解しなければならない。その際注目すべきは、「人類のペルフェクティビリテについて」と題される論文と 5 巻本の『宗教論』および 2 巻本の『ローマ多神教論』である。

■ コンスタンの政治思想

コンスタンは、本資料からもわかるように、個人的権利の尊重を旨とする近代人の自由（今日の基本的人権とほぼ同一の内容）と、共同体への全人格的献身を前提とする政治参加ないし権力の共有としての古代人の自由とを比較しつつ、近代における前者の優位と適合性を説く。彼は常に理念と時代状況（時代精神）との整合性を重視する。また、近代人の自由を保全するためには主権が（たとえ人民主権であっても）制限されねばならないと再三強調する。つまり、自由論と主権制限論は表裏一体の関係にあり、人民主権が政治権力の唯一の正当な源泉であるとしつつも、それは個人の自由・権利を不可侵なものとして保障する限りのことだと訴えるのである。

しかし、だからといってコンスタンが政治参加としての政治的自由の意義を否定したわけではない。それどころか、近代人の自由とは市民的自由と政治的自由との二要素からなっており、後者は前者の保障のために必要不可欠なものとされるのである。また、資料にあるように、政治的自由の行使が自己完成の追求と実現にも役立ちうると彼は主張する。つまり、近代人が第一義的に個人的自由を要求するゆえ、それは保障されねばならないが、しかし同時に市民意識や道徳観念・感情の醸成のため直接的もしくは間接的に政治に参加することが有益とされるのである。

■ ペルフェクティビリテ論および宗教論との関係

コンスタンは一方で個人的権利の不可侵性を時代状況との適合性に照らして正当化するわけだが、他方で近代人の自由、時代精神、政治原理（とくに人民主権）、政治制度（代議制）、そして社会経済構造（商業社会）を歴史的発展・文明化の所産とみなす。その意味で、歴史を単なる変化として捉えるのではなく、道徳的進歩や社会経済的発展と連動する文明化のプロセスとして理解し、歴史の不可逆性という形で個人的自由の不可侵性を基礎づけようとしたのである。その際、コンスタンがそうした進歩の起動因として求めたのは、高貴な道徳感情と宗教感情の自由な発露であり、それを支えあるいは導く自由な精神であった。

● 第Ⅲ部　近代

① 「近代人の自由と比較された古代人の自由について」（原著 pp. 593-594；邦訳 166-167 頁）

　さて皆さん，あなた方は先ず現在，イギリス人，フランス人，アメリカ合衆国の住民たちが自由という言葉をどのように理解しているのか，それを考えてみてください。

　自由とは，かれら各人にとって法律にのみ従う権利であり，一個人あるいは複数の個人の気まぐれな意志によって逮捕されず，拘束されず，殺されず，また，いかなる手段をもってしても虐待されない権利であります。それはまた，かれら各人にとって自己の意見を述べ，自己の職業を選択し，それに従事する権利であり，自己の財産を自由に処分し，浪費すらもすることができる権利であります。それはまた，何らの許可も受けることなく，その理由や行程を報告する義務もなく往来する権利でもあります。さらに，それは，かれら各人にとって他の人びとと共に，かれらに共通する利害について協議し，かれらが選択する信仰を表明し，あるいは，ただ単に，より以上に自分の好みや気紛れに適した仕方で数日間・数時間を過ごすために集合する権利であります。そして，最後に，それは，かれら各人にとって，すべての，もしくは特定の役人を任命することにより，あるいはまた，程度の差はあれ，当局が考慮せざるをえない勧告，請願，要請などをすることによって政府の行政活動に強い影響力を及ぼす権利であります。そこで今度は，このような自由を古代人の自由と比較していただきたいと思います。

　古代人の自由とは共同で，しかし，直接に主権全体のいくつかの部分を行使すること，すなわち，公共の広場に集合して戦争と平和について討論し，外国人との間に同盟条約を締結し，法律を採択し，判決を言い渡し，役人たちの報告，議事録，業務の執行などを調査・検討し，さらに，その役人たちを全人民のもとに出頭させ，かれらを告発して有罪あるいは，その無罪放免を決定することであります。古代人が自由と名付けるものは，そこにあるわけでありますが，しかし，それと同時に，かれら古代人は，この共同的自由が人民全体の権力への個人の完全な従属と両立しうるものとして，その自由を容認していたのであります。

② 同論文（原著 pp. 616-617；邦訳 184-185 頁）

　古代的自由の危険性は，人びとがひたすら社会的権力の共有を確保することに熱心なあまり，個人的権利と，その享受をあまりにも軽視し過ぎるところにあり

ました。
　これに対して，近代的自由の危険性といえば，それは，われわれが自分たちの私的独立の享受と，個人的利益の追求に心を奪われ，あまりにも安易に政治権力を分担するという，われわれの権利を放棄する点にあるのではないかと思われるのであります。
　(中略) われわれにとって宿命的なものがわれわれに要請しているのは，ただ単に幸福だけではありません。それは，われわれの自己完成 (perfectionnement) ということであります。そして，先に述べました政治的自由こそ，神がわれわれに与え給うた自己完成のためのもっとも強力にして，かつ効果的な手段に他ならないのであります。
　政治的自由は，すべての市民に例外なく，かれらにとって絶対に尊重すべき価値あるものについて検討し，吟味する仕事を委ねることによって，かれらの精神を強化すると共に，かれらの思想を高貴なものとし，ひいては，かれらすべての間に，ある種の知的平等を実現するのでありますが，この知的平等こそ，人民に名誉と力を与えるものとなるのであります。

③ 『政治原理論』(原著 pp. 311-312)
　人民主権が無制限であると定めてしまうと，人びとは自ら生み出した途方もない権力を行き当たりばったりに人間社会へ放り込むこととなる。この強大過ぎる権力は，誰の手に委ねられようと害悪であることに変わりはない。一人だろうと，複数だろうと，全員であろうと，やはり悪は悪である。あなた方は権力の担い手を非難し，状況に応じて君主政なり，貴族政なり，民主政，混合政体，代表制なりをかわるがわる攻撃するだろう。だがそれは間違いなのだ。責めるべきは権力の強大さであって，その担い手ではない。戒めるべきは武器であって，それを持つ腕ではない。そこに懸けられる重みは人間の手には到底負えないものなのである。

　　B. Constant, "De la liberté des anciens comparée à celle des modernes," in *Écrits politiques*, éd. Marcel Gauchet, Paris: Gallimard, 1997, pp. 589-619（大石明夫訳「近代人の自由と比較された古代人の自由について」『中京法学』第 33 巻第 3・4 号，1999 年 3 月，161-190 頁）．訳文に変更は加えていない；*Principes de politique applicables à tous les gouvernements représentatifs et particulièrement à la Constitution actuelle de la France (1815)*, in *Ibid.*, pp. 303-506 より訳出した。

[堤林　剣]

● 第Ⅲ部　近代

クロード・アンリ・ド・ルヴロワ・サン＝シモン
Claude Henri de Rouvroy Saint-Simon, 1760–1825

『産業者の教理問答』（1823–24 年）

空想的社会主義　1760 年 10 月フランス名門貴族の長男として生まれたサン＝シモンは，アメリカ独立戦争に従軍し，フランス大革命を経験するなかで思想営為をおこなった。本格的な論文としては 1803 年に刊行された「ジュネーヴ人の手紙」が処女作とされ，以後膨大な著作を残し，1825 年パリに没した。彼がシャルル・フーリエやロバート・オーウェンらとともに空想的社会主義者と呼称されるようになったのは，マルクス・エンゲルスによる『共産党宣言』（1848 年）や，エンゲルスの『空想から科学へ』（1880 年）以来のことである。エンゲルスによれば，「彼らが空想的であったのは社会的地盤がなかったから」であり，「啓蒙主義者と同様に，まずある特定の階級を解放しようとはしないで，いきなり全人類を解放しようとした」からである。たしかにこの時代のフランスでは，いまだ産業革命は成就しておらず，したがって階級としての産業プロレタリアートは成熟していなかったのである。科学的社会主義を自称するマルクスが，後に観察したイギリスでの産業資本主義社会とははるかに様相を異にしていた時代なのである。そうした時代にあって，社会主義的要素をその思想の中に萌芽的に織り込んだとするべきであろう。「資本主義的生産も階級の地位も未熟であったから，それに照応して理論もまた未熟であった」（エンゲルス）のである。

「産業」・「産業者」　「社会主義」をどのように概念化するかは多くの議論を要するところではあるが，一般的に理解されている社会主義思想家の枠組みのなかにサン＝シモンを位置づけるのには若干の躊躇がともなう。そのことが最も集中的に現われている著作のひとつが，晩年のサン＝シモンによって執筆された『産業者の教理問答』であろう。彼の思想を読み解くうえ

での重要なキー概念のひとつは「産業者」である。彼は貧困からの解放を産業の発展に求めた。それは 1817 年に刊行された『産業　第 2 巻』に掲げられたエピグラフ「すべては産業によって，すべては産業のために（"Tout par l'industrie, tout pour elle"）」が象徴的に物語っている。ここで彼は「政府がなすべきことは，無為の有閑人を規制することである。政府の活動がこの範囲を超えるとき，政府は専制的で侵害的となり，従って産業に対しても暴虐的になる」と述べ，産業活動の自由を最大限に確保しようとする自由主義的最小国家論の立場を表明する。そして政府の役割を「他のさまざまな仕事とは異なったたったひとつの仕事，つまり無為の有閑人たちが暴力を用いて産業を脅かすのを阻止することを目的とする仕事」に限定し，「統治は必要である。つまり必要悪である」と宣言する。統治の必要性を認めながら，しかしそれの入り込む部分を極小化するために彼は「生産の科学（la science de la production）」としての「政治科学（la science de la politique）」を位置づけるのである。

■『教理問答』解題　　1823 年 3 月，サン＝シモンは経済的窮地に追いやられ，かつ思想的な行き詰まりもあって，自殺を図るが未遂に終わる。この自殺未遂が大きな思想的転移をもたらす。彼は再び執筆活動に入り，同年 12 月から『産業者の教理問答』の出版を開始する。これは第 4 分冊までの刊行を予定したが，第 3 分冊を当時彼の弟子であったオーギュスト・コントに『実証政治学体系』と題して執筆させることにし，サン＝シモンはその「まえがき」を執筆した。しかしこの「まえがき」でコント批判をおこない，両者は互いに離反することになり，第 3 分冊は完成を見ずに，第 4 分冊もまた未刊のままに終わった。この自殺未遂後に執筆された『教理問答』と『新キリスト教――保守主義者と革新者との対話』（1825 年）はその前に執筆された『組織者』（1819-20 年）・『産業体制論』（1821-22 年）などから見え始めた非自由主義的立場の集大成として読むことができる。『教理問答』においてサン＝シモンは「政府を国民の大多数の利益になる方向に，つまり産業者階級の利益になる方向に断固として進む腹を決めさせるために，公明正大で合法的かつ平和的な手段しか用いないと決心した人々には，自由主義という呼び名はまったくふさわしくない」と言い切って，これまでの自由主義的立場に決別し，代わって社会の組織化と管理を核とする「産業主義」の旗を高らかに掲げるのである。サン＝シモンの行き着いた思想の結論として本書の持つ意味は大きい。

● 第Ⅲ部　近代

① 『産業者の教理問答』第1分冊から（原著 pp. 3-5；邦訳 2-3 頁）
問　産業者とは何か。
答　産業者とは，社会のさまざまな成員たちの物質的欲求や趣好を満たさせる一つないしいくつかの物的手段を生産したり，それらを彼らの手に入れさせるために働いている人たちである。したがって，麦を播き，家禽や家畜を飼う農耕者は産業者である。車大工，蹄鉄工，錠前師，指物師は産業者である。短靴，帽子，リンネル，ラシャ，カシミアの製造者も同様に産業者である。商人，荷車曳き，商船に雇われている水夫は産業者である。これらすべての産業者は一緒になって，社会の全成員の物質的な欲求や趣好を満足させる一切の物的手段を生産するために，またそれらを社会の全成員の手に入れさせるために，働いている。そして，これらの産業者は，農業者，製造業者，商人と呼ばれる三大部類をなしている。
問　産業者は社会においていかなる地位を占めるべきであるか。
答　産業者階級は最高の地位を占めるべきである。なぜなら，産業者階級はあらゆる階級のうちで最も重要な階級であり，産業者階級はほかのすべての階級がなくてもすませるが，ほかの階級はいずれもみな産業者階級なしではやっていけないからである。産業者階級は自力で，みずからの働きによって，生活を維持しているからである。ほかの階級は，産業者階級のためにつくさなければならない。なぜなら，ほかの階級は産業者階級のおかげをこうむって生活している階級だからであり，産業者階級はほかの諸階級の生活を維持しているからである。要するに，すべては産業によっておこなわれているのであるから，すべては産業のためにおこなわれなければならない。
問　産業者は社会でどんな地位を占めているか。
答　産業者は，現在の社会組織によって，すべての階級のうちで最下位におかれている。社会秩序は，今なお，最も重要な労働，最も直接的な有用性のある労働よりも，第二次的な労働に，それどころか無為徒食にさえ，より多くの尊敬と権力とを与えている。
問　最高の地位を占めてしかるべき産業者が，最下位におかれているのはなぜであるか。本当は第一位である人々が，最下位の者とされているのはなぜなのか。
答　われわれはその点をこの問答を進めていく過程で説明するであろう。
問　産業者は，現在おかれている低い地位から，当然占めてしかるべき上位の地位に移るためにはどうしたらよいのか。

答　われわれはこの教理問答で，産業者が自分たちの社会的地位をそのように上昇させるためにとらなければならない方法を述べるであろう。

② 同書，第1分冊から（原著 pp. 41-44；邦訳 26-27 頁）
問　未来の考察に移ろう。産業者の政治的運命は結局のところどんなものであるか，はっきり述べてもらいたい。
答　産業者は社会の第一階級となるであろう。最も重要な産業者が公共財産の指導を無報酬で引受けるであろう。法律をつくるのは彼らであろう。他の諸階級が相互に占める地位を決めるのは彼らであろう。彼らは，これら諸階級のそれぞれに，産業に対しておこなった貢献の度合いに応じた重要性を与えるであろう。現在の革命の最終的結果は必ずやこのようなものであろうし，このような結果が得られた暁には，平安は完全に保たれ，公共の繁栄は可能な限りの早さで進み，社会は人間の本性が望みうるあらゆる個人的ならびに集団的幸福を享受するであろう。

　産業者の未来についてのわれわれの見解は以上の通りであるが，この見解は次の考察にもとづいたものである。

　㈠　社会の過去についての概説は，産業者階級が不断に重要性を獲得してきたのに反して，他の諸階級は絶えず重要性を失ってきたことを，われわれに立証した。ここからわれわれは，産業者階級がついにはあらゆる階級のうちで最高の階級になるはずである，と結論せざるをえない。

　㈡　単純な良識は，すべての人々に，次のように推理させた。人間は自分たちの境遇の改善に絶えず努めてき，最も有益な仕事にたずさわっている階級が最も重んじられるような社会秩序を確立するという目的を常にめざしてきたので，社会はこの目的を最後には必ず達成するであろう，と。

　㈢　労働はあらゆる美徳の源泉である。最も有益な労働は，最も尊敬されなければならぬ労働である。それゆえ，神の道徳も人間の道徳も，等しく，産業者階級が社会において最高の役割を演じるよう要求している。

　㈣　社会は諸個人から成り立っている。社会の知性の発達は，大規模な形をとった個人の知性の発達以外のものではありえない。諸個人の教育の進み方を観察してみれば，小学校では監督する行動が最も重きをなしていることに気づく。そして，より上級の学校では，子供たちを監督する行動が絶えず強度を減じていき，

それにひきかえ，知識を与え教え諭すことがますます重要な役割を演じるようになることがわかる。社会の教育についても事情は同じであった。軍事的行動，つまり封建的行動が当初においては最も有力であらざるをえなかった。この軍事的行動が絶えず減退していかざるをえなかったのに反して，管理的行動は絶えず重要性を獲得していかざるをえなかったので，管理的権力は最後には必ずや軍事的権力を圧倒するにちがいない。

　軍人や法律家たちは，最後には，管理に最も有能な人々の指図のままに動くようになるにちがいない。なぜなら，知的に啓発された社会では，法の力と法に従わせるための軍人の力とは，管理を妨害しようと企てる者たちに対してしか用いられないようになるだろうからである。社会の力を導いていくもろもろの構想は，管理に最も有能な人々によって生み出されなければならない。ところで，最も重要な産業者たちは管理に最大の能力をもっていることが立証された人々であるから——けだし，この管理という分野での彼らの能力のおかげで，彼らは重きをなすに至ったのであるから——社会的利益の管理は必ずや，最後には，彼らにまかされるであろう。

③　同書，第2分冊　第二補遺から（原著 pp. 178-181；邦訳 112-114 頁）
　公益のためにつくそうと熱意をもち，社会の全体的利益と産業の全体的利益との間に存在するさまざまな関連を認識しているすべての産業者に，もうこれ以上自由主義者と呼ばれるのに甘んじないよう，われわれは勧める。われわれはこれらの人々に，一つの新しい旗を掲げ，その団旗に産業主義という標語を記すよう勧める。
　われわれはすべての人々に，もし彼らがわれわれと同じように，平穏で安定した秩序をつくり上げる唯一の方法は，国庫に最も多くの金を支払い，国庫から引き出すことの最も少ない人たちに，公共財産の高度管理を担当させることにあると深く確信しているならば，彼らの身分や職業のいかんを問わず，同じような勧告をする。すなわち，われわれはそれらの人たちに，自分は産業主義者であるとはっきり表明するよう勧める。（中略）
問　自由主義という言葉にまとわりついている難点とは何であるか言ってもらいたい。誠実で合法的で平和的な手段しか用いないで社会組織の改善という目的を達成しようとする党派が，この自由主義という言葉を放棄することから，どんな

よい結果が生じうるのか。(中略)

答　自由主義者と呼ばれるがままになっている人々の最大部分は、平和的な人々——公明正大な、合法的な、平和的な手段によって平穏で安定した秩序、知識と文明の状態に釣合った秩序を確立して、革命を終わらせようという欲求に駆り立てられている人々——から成っている。しかし、この自由主義的党派の指導者たちは、批判的な性格、つまり十八世紀の革命的な性格をもち続けている人々である。最初は愛国者として、次にはボナパルティストとして、革命で役割を演じたすべての連中が、今日、自分たちは自由主義者であると称しているのである。したがって、自由主義的とみなされた党派は今日、相異なった、対立的でさえある意見をもった二種類の人々から成立っている。この党派の創立者たちは、つくられるどんな政府をも、自分たちがそれにとってかわるために、転覆させることを主たる方針としている人々である。これに反して、この同じ党派の圧倒的大多数者は、政府が、国民の利益が要求する方向を、決然としてとりさえすれば、政府に最大の安定と最大の力とを与えようと欲するであろう。

自由主義という名称は、愛国者の党派とボナパルティストの党派との残党たちによって選ばれ、採用され、唱えられたものなので、この名称は平和的な手段によって堅固な秩序をつくり上げようとする本質的傾向をもった人々にとって、きわめて大きな支障がある。

われわれは、愛国者たちやボナパルティストたちが社会に貢献しなかった、と言うつもりはない。建設できるようになるためには、その前に破壊しなければならなかったのだから、彼らのエネルギーは有用であった。しかし、今日では、彼らを駆り立てた革命精神は、あからさまに公益に反するものである。今日では、革命精神とまったく反対の精神を少しも表示していない名称は、教養と善意ある人々にふさわしいものではありえない。

Œuvres de Claude-Henri de Saint-Simon, 6 vol., Paris: Édition Anthropos, 1966, Tome IV（森博編訳『サン−シモン著作集　第5巻』恒星社厚生閣、1988年）。なお同訳書は宮島喬氏の解説を収載したものが岩波文庫白224-1として2001年に出版されている。さらに他の訳者によるものとして高木暢哉訳「世界古典文庫」（日本評論社、1948年）、坂本慶一訳「世界の名著　続8」（中央公論社、1975年）がある。2012年11月、フランスではPUFによって"ŒUVRES COMPLÈTES"と銘打ったサン=シモン著作集全4巻が刊行されたことを付記する。

[藤原　孝]

アレクシ・ド・トクヴィル
Alexis de Tocqueville, 1805–1859

『アメリカにおけるデモクラシー』（第 1 巻：1835 年，第 2 巻：1840 年）

『アンシャン・レジームと革命』（1856 年）

生涯と著作

1805 年 7 月 29 日，トクヴィルは，ノルマンディーの古い貴族の家系に生まれた。パリ法科大学を卒業し，ヴェルサイユ裁判所に職を得るが，七月革命を機に，同僚のボモンと一緒にアメリカを旅行。その見聞をもとに著した『アメリカにおけるデモクラシー』（1835, 1840 年）で一躍文学界の寵児となり，1841 年にアカデミー・フランセーズ入りを果たした。1839 年以降，下院議員，第二共和政では外務大臣も務めた（1849 年 6-10 月）。ルイ・ナポレオンのクーデターを機に政界を引退し，第二帝政下では『アンシャン・レジームと革命』の執筆に専念した（1856 年刊行，第 2 巻は未完）。また，死後出版であるが，二月革命の体験をもとに書かれた『回想録』（1893 年）は歴史資料としても評価が高い。1859 年 4 月 16 日，療養先のカンヌで病死した。

デモクラシーの両面性

トクヴィルは，「デモクラシー」を政治体制以前に社会状態をあらわす「境遇の平等」と規定し，封建制の解体と平等化を歴史的必然と認識したうえで，将来デモクラシーが抱えうる問題を鋭く指摘した。そのひとつは，引用①にあるように，「多数者の暴政」である。その議論の独自性は，デモクラシーにおいて多数者が政治的に絶対的な権力をもつことを指摘しただけでなく，多数者が社会のなかで精神的権威となり，人びとがその意見に同調するようになることを指摘した点にある。

もうひとつは，個人主義の指摘である。引用②のように，トクヴィルは，当時利己主義とほぼ同一視されて用いられはじめた個人主義という言葉を，人間のいわば本能である利己心と区別し，自己や近親者のうちに引きこもるような心的傾向と定義した。貴族的社会では，身分制度のなかに他者との関係がいわば埋め込まれていたのに対して，民主的社会でそのような既成の関係から解放された個人

は，他者との制度上の関係をもたず，いわば「根なし草」の状態となり，公共の事柄にも無関心になる傾向がある。

ただ引用③にあるように，個人主義の真の危険は，それが集権制と結びつくときに生じる。人びとが政治や社会の問題に無関心になる一方で，教育や福祉など多分野で行政に依存するようになると，中央政府による集権的統治が拡大してゆく。しかも，人びとは平等と物質的幸福が保障されるなら政治的自由をみずから放棄して行政権力の画一的支配に従うようになる。トクヴィルは，国民の面倒を見ながらその自由の実質を骨抜きにしてゆくこの「穏やかな専制」に抗するには，各人の大事の自由（政治家の選択）以上に小事の自由の行使（日常的な政治実践）が重要だと主張している。

フランス革命論と政治的リベラリズム

1848年，フランスでは二月革命が勃発し，共和政が樹立されるが，すぐに崩壊し再び帝政にいたる。トクヴィルは，フランスがこうして革命から帝政へと悪の連鎖を繰り返す原因を，歴史研究を通じて探求した。その独自性は，革命による旧体制との断絶を強調する通説に対して，その連続面を指摘したことにある。引用④にあるように，フランス革命は，旧体制のもとで進められた行政の集権化を完成させたのであり，その点では革命以前と以後は連続している。革命の目的であった封建的諸権利の一掃は，中間諸集団の政治的権利の剥奪というかたちで革命以前に開始されていたのである。

この中央集権化の背景には，民衆による上層階級の諸特権への憎悪と同時に，自由より平等，政治的権利より物質的幸福を求める性向が存在した。これに対してトクヴィルは，引用⑤のように，自由と物質的利益の直接的・持続的な因果関係を明確に否定し，物質的利益を侵害することもある自由をそれ自体として希求することの重要性を指摘している。この点で，経済的自由主義者あるいは古典派経済学とは一線を画する。その指摘には，産業化を推進するルイ・ナポレオンのもとで，私的利益に専心し「狭隘な個人主義」に陥っていた同時代人への警句が読み取れる。

また，トクヴィルの革命論は，経済決定論にかわる政治文化論としての特徴をもつ。たとえば，引用⑥のような革命の要因の指摘である。経済状況の深刻化が革命を惹起するという通説に対して，むしろ為政者が改革に着手し，封建的桎梏がわずかに緩み，経済的にも豊かになりはじめたとき，それまで完全に抑えられていた人間の感受性が解放され，国民は少しの抑圧にも敏感になると指摘した。

① 『アメリカにおけるデモクラシー』第1巻第2部第7章（原著 pp. 288-292；邦訳 第1巻下 147-153頁）

　人民が己れの利害にしか関わらぬ案件において正義と理性の枠を完全に踏み外すことはありえず，したがって人民を代表する多数者に全権を委ねるのを恐れるべきではないと言って憚らなかった人々がいる。だが，これは奴隷の言葉である。
　多数者を一体として見れば，少数者という別の個人と，意見，またたいていの場合，利害において対立している個人にほかならない。ところで，一人の人間が全能の権力を身につければこれを敵に対して濫用するかもしれぬと考えるのであれば，どうして同じことが多数者についても生じることを認めないのか。人間は団体になって性格が変わったのか。力を増すにつれて，反対に対して忍耐強くなったのか。そんなことは私には信じられない。一人の同胞に対して否定する，すべてをなしうる力の保持を，複数の人間だからといって認めようとは決して思わない。（中略）
　全能の力は私にはそれ自体悪しきもの，危険なものに見える。そうした力を行使することは，いかなる人間の能力をも超えていると思われる。（中略）その権力が，人民の名で呼ばれようと国王の名で呼ばれようと，民主制と言われようと貴族制と言われようと，またその権力の行使が王国でなされようと共和国でなされようと，同じことである。
　合衆国で組織されたような民主主義の政府について私がもっとも批判する点は，ヨーロッパで多くの人が主張するように，その力が弱いことではなく，逆に抗しがたいほど強いことである。そしてアメリカで私がもっとも嫌うのは，極端な自由の支配ではなく，暴政に抗する保障がほとんどない点である。
　合衆国で一人の人間，あるいは一党派が不正な扱いを受けたとき，誰に訴えればよいと読者はお考えか。世論にか。多数者は世論が形成するものである。立法部にか。立法部は多数者を代表し，これに盲従する。執行権はどうか。執行権は多数者が任命し，これに奉仕する受動的な道具にすぎぬ。警察はどうか。警察とは武装した多数者にほかならぬ。陪審員はどうか。陪審員は多数者が判決を下す権利をもったものである。裁判官でさえ，いくつかの州では多数によって選挙で選ばれる。どれほど不正で非合理な目にあったとしても，だから我慢せざるをえないのである。（中略）
　それに国王のもつ力は物理的な力にすぎず，臣民の行為を規制しても，その意

志に働きかけることはできない。ところが多数者には物理的かつ精神的な力があり、これが国民の行為と同様、意志にも働きかけ、行動を妨げるだけでなく、行動の意欲を奪ってしまうのである。

　総じてアメリカほど、精神の独立と真の討論の自由がない国を私は知らない。

② 同書、第 2 巻第 2 部第 2 章（原著 pp. 612-614 ; 邦訳　第 2 巻上 175-177 頁）
　個人主義は新しい思想が生んだ最近のことばである。われわれの父祖は利己主義しか知らなかった。
　利己主義は自分自身に対する激しい、行き過ぎた愛であり、これに動かされると、人は何事も自己本位に考え、何を措いても自分の利益を優先させる。
　個人主義は思慮ある静かな感情であるが、市民を同胞全体から孤立させ、家族と友人と共に片隅に閉じこもる気にさせる。その結果、自分だけの小さな社会をつくって、ともすれば大きな社会のことを忘れてしまう。
　利己主義はある盲目の本能から生まれ、個人主義は歪んだ感情というより、間違った判断から出るものである。その源は心の悪徳に劣らず知性の欠陥にある。（中略）
　利己主義は世界と共に古い悪徳である。ある形の社会の中に多くあって、他の社会には少ないというものではない。
　個人主義は民主的起源のものであり、境遇の平等が進むにつれて大きくなる恐れがある。（中略）
　貴族社会では、すべての市民が上下関係の中で変わらぬ地位におかれ、その結果、誰もが上には人がいて自分はその庇護を必要としていることに気づき、下にはまた別の人があってその助力を得られることを見出す。
　貴族的な世紀に生きる人々はだからほとんどつねに自分の外にある何かと緊密に結びついており、しばしば自分自身を無視する気にもなる。たしかにこのような世紀には、同胞という一般観念は曖昧で、人類の大義のために身を捧げようとは誰もあまり考えない。だが特定の人間のためにはしばしば自己を犠牲にする。
　民主的世紀は逆で、誰もが個人として人類に負う義務は明確だが、一人の人間に対する献身は稀になる。人間的感情の絆は広がり、かつ緩むのである。
　民主的な国民あっては、新たな家族が絶えず無から生まれ、別の家族は絶えず無に戻り、残ったものもすべて姿を変える。時の流れは刻々断たれ、過ぎた世代

の名残は消える。人は先立った人たちをすぐに忘れ，後に続く人々のことはなにも考えない。すぐ近くにいる人だけが関心の対象である。

　各階級が互いに近づき，混じり合いだすと，成員同士は無関心で疎遠になる。貴族制はすべての市民を下は農民から上は国王に至る一つの長い鎖に結び合わせたが，デモクラシーはその鎖を壊し，環を一つ一つばらばらにする。

③　同書，第2巻第4部第6章（原著 pp. 837–839；邦訳　第2巻下 256–261 頁）
　この人々の上には一つの巨大な後見的権力が聳え立ち，それだけが彼らの享楽を保障し，生活の面倒をみる任に当たる。その権力は絶対的で事細かく，几帳面で用意周到，そして穏やかである。人々に成年に達する準備をさせることが目的であったならば，それは父権に似ていたであろう。だが，それは逆に人を決定的に子供のままにとどめることしか求めない。市民が楽しむことしか考えない限り，人が娯楽に興ずることは権力にとって望ましい。権力は市民の幸福のために喜んで働くが，その唯一の代理人，単独の裁定者であらんとする。市民に安全を提供し，その必要を先取りして，これを確保し，娯楽を後押しし，主要な業務を管理し，産業を指導し，相続を規制し，遺産を分割する。市民から考える煩わしさと生きる苦労をすっかり取り払うことができないはずがあるまい。（中略）
　現代人は二つの相反する情熱に絶えずとらわれている。指導されたいという欲求を感じ，同時に自由のままでありたいという願望ももつ。この相反する衝動のどちらも消すことができないので，彼らは両者を一度に満たそうと努める。単一の，人を後見する全能の権力，ただし市民が選挙で選ぶ権力を想い描くのである。彼らは集権制と人民主権を結びつける。このことは彼らをいくらか安心させる。後見人を自分で選んだことを思って，甘んじて後見を受ける。鎖の端をもつのは一人の人間でも一つの階級でもなく，人民自身であることを見て，だれもが鎖につながれるままになる。
　この体制においては，市民は一時従属から出て主人を指名し，また元へ戻る。
　今日，多くの人々が行政的専制と人民主権とのこの種の折衷をいとも簡単に受け容れ，個人の自由を国民的権力に預ければ，それで自由の十分な保証になると考えている。私はこれに満足しない。私にとって主人の性質の如何は服従の事実に比べてまったく重要でない。（中略）
　このように，最重要問題においては個人の関与の余地がなお残されているこ

とはよく分かる。だが，小さな個別問題についての個人の関与はそれに劣らず排除されている。瑣末な事柄においてこそ，隷属は特に危険だということを人は忘れている。私としては，仮にどちらか一つなら確実にもてるという場合を考えるとすれば，自由は大事におけるより小事における方が必要だという考えに傾く。

　瑣末な問題における人々の従属は毎日明らかになり，誰彼の区別なくあらゆる市民に感じとれる。それは市民を絶望に追いやりはしないが，絶えず妨害し，意志の行使を諦めさせる。小事における隷属はこのようにして次第に人々の精神を萎縮させ，意気阻喪させる。これに対して，従わねばならないのは，重要だが滅多にない状況においてだけだというのであれば，隷属は時々しか明らかにならず，限られた人々の上に及ぶだけである。市民を中央権力にそれほど従属させておいて，その同じ市民に時々権力の代表者を選ばせても無駄であろう。自由意志のこの行使がどんなに重要なものであっても，これほど短く，稀であっては，彼らが自ら考え，感じ，行動する能力を少しずつ失っていき，だんだんと人間以下に落ちていくのを妨げることはできないであろう。

④　『アンシャン・レジームと革命』第1部第2章（原著 pp. 59-60；邦訳 107-109 頁）
　フランス革命の目的は古い政府を変えることだけではなく，古い社会体制を廃止することでもあった。だからこそ，フランス革命はすべての既存の権力を一斉に攻撃し，有力な勢力をことごとく打破し，伝統を消し去り，習俗や慣習を刷新し，それまで尊敬と服従の基礎となっていたあらゆる考えを追い払って，人間精神をいわば空っぽにしなければならなかったのである。まさにここから，革命のきわめて無政府的な性格が生まれてきたのである。
　しかしながら，これらの残骸を取り除いてみれば，権威と影響力の断片をことごとく寄せ集め，飲み込んで統一した巨大な中央権力が見えてくるだろう。以前，権威と影響力は無数の二次的権力や団体，階級，職業，家族，そして個人のなかで分散し，まるで社会全体に散乱しているかのようだった。ローマ帝国崩壊以来，このような中央権力がかつて世界に出現したことはない。大革命がこの新しい権力を創出した，いや，むしろそれは大革命の廃墟からまるで自然発生的に生まれたのである。大革命によって樹立された政府は，確かに以前の政府より不安定ではあったが，大革命によって転覆されたいかなる政府よりもはるかに強力であった。この後，別のところで述べるように，それが以前より不安定でありながら強

● 第Ⅲ部　近代

力であったのは，同じ原因によるものだった。

　半壊した旧制度の残滓を通してミラボーがすでに垣間見ていたのは，このように単一で規則的で壮大な権力形態である。これは，巨大であったにもかかわらず，当時はまだ民衆の目に見えていなかった。しかし時が経つにつれて，少しずつすべての人びとの目に露わになってきた。今日，特に君主たちは，それに魅了されている。大革命によって生まれた君主だけでなく，革命にもっとも無縁でもっとも敵対的な君主さえも，この権力を感嘆と羨望の目で眺めている。(中略) フランス革命は，君主たちにとって災禍であると同時に教師でもあったのだ。

⑤　同書，第3部第3章（原著 p. 195；邦訳 349-351 頁）
　自由は物質的利益をもたらすとだけ考えて，自由への真の愛がかつて生まれたとも思わない。なぜなら，その見通しが暗くなることは往々にしてあるからである。確かに長期的に見れば，自由はつねに，自由を維持する術を知る人々に，裕福，安楽，そしてしばしば富をもたらす。しかし自由は，こうした利益の享受を一時的に阻害することもあり，専制だけが，その一時的享受を可能にするときもある。自由のなかに物質的利益だけを求める人々は，長い間自由を保持することは決してなかったのである。

　いつの時代にも一部の人々の心を自由に強く引きつけたのは，自由のもつ魅力そのもの，自由がもたらす利益とは無関係の自由そのものの魅力である。それは神と法だけが支配する世界で，何の拘束も受けずに言葉を発し，行動し，息をすることのできる喜びである。自由にそれ以外のものを求める者は，隷従する運命にある。

　あらゆる危機と苦難にもかかわらず，執拗に自由を追求する国民もある。そのとき彼らが自由に求めるのは，自由がもたらす物質的利益ではない。彼らは自由そのものをきわめて貴重で必要な利益とみなすので，自由を失ってしまえば，ほかのどんな利益も彼らを慰めることはできないだろう。彼らは，自由を享受することですべてが慰められるのである。繁栄のなかで自由にあきあきする国民もある。彼らはまさに自由のおかげで得たその物質的幸福を何かおこなうことで危うくするのではないかと恐れて，何の抵抗もせずに自由を奪われるがままにしてしまう。自由であるために，彼らに欠けているものは何か。それは自由であることへの願望そのものである。この崇高な願望の分析を，私に求めることはしないで

いただきたい。それは心に抱くべきものなのだ。それは，神が受け入れの準備をされた高貴な心のなかに自然とはいってゆく。この感情が心を満たし，燃え立たせる。自由への願望を一度も抱いたことのない凡庸な魂に，それを理解させるなどということは諦めなければならない。

⑥　同書，第3部第4章（原著 p. 202-204；邦訳 362-366 頁）
　人びとが革命に走るのは，必ずしも事態が悪化の一途をたどっているときとはかぎらない。多くの場合，もっとも重く厳しい法律に何の不平ももらさず，気にもしないかのごとく耐えてきた国民は，その法律の重圧が軽くなるやいなや，激しくそれを拒絶するものである。革命が破壊した体制のほうが，その直前の体制よりよいことはほとんど常である。経験の教えるところによれば，悪しき政府にとってもっとも危険な時期とは，通常みずから改革をはじめるそのときである。長く抑圧したのちに臣民を解放しようとする国王を救うことができるのは，偉大な天才だけだろう。不可避なものとして耐え忍ばれてきた弊害は，逃れられるという考えが頭に浮かぶやいなや，我慢ならないものに思える。そのとき取り除かれたありとあらゆる悪弊が，残る悪弊をより際立たせるように思え，いっそう辛いものに感じられる。なるほど弊害は以前より小さくなっているが，感受性はより鋭くなっている。全盛期の封建制は，それがまさに消滅しようとしていたときほどフランス人に激しい憎悪を抱かせることはなかった。ルイ16世のほんの小さな恣意的行為でさえ，ルイ14世紀の専制すべてよりも耐えがたいものと思われた。パリでは，〔1685年にルイ14世の命を受けた〕竜騎兵の新教徒迫害よりも，〔1773年に不正に投獄された〕ボーマルシェの短い投獄のほうが衝撃を与えたのである。（中略）／大惨事はどうすれば避けられただろうか。一方に，裕福になりたいという欲求が日に日に膨らんでいる国民がいる。他方に，たえずこの欲求を煽り立てては妨害し，駆り立てては失望させる政府がある。このように二方向から政府崩壊へと押しやられることになったのである。

　　Alexis de Tocqueville, *De la démocratie en Amérique,* in *Œuvres complètes*, Bibliothèque de la Pléiade, t. I, Paris: Gallimard, 1991（松本礼二訳『アメリカのデモクラシー』全4巻，岩波文庫，2005-2008年）; idem, *L'Ancien Régime et la Révolution*, in *Œuvres complètes*, Bibliothèque de la Pléiade, t. III, Paris: Gallimard, 2004（小山勉訳『旧体制と革命』ちくま学芸文庫，1998年）。後者については，訳文を一部変更してある。　　　　　　　　　　　　　　　　　　［髙山裕二］

ジョン・ステュアート・ミル
John Stuart Mill, 1806–1873

『自由論』（1859 年）
『代議制統治論』（1861 年）

| ミルの思想形成　　J. S. ミルは，産業革命と民主主義とが進展しつつあった 19 世紀イギリスで活躍した思想家である。ミルの父は，経済学者として知られるジェイムズ・ミルであった。父ジェイムズは，ベンサムの功利主義思想に共鳴し，ベンサムやその支持者たちとともに，選挙権拡大など民主主義的諸改革を促進するために文筆をふるった。知的に早熟だった息子ミルは，この父とベンサムから大きな思想的影響を受けて育ち，早くも 10 代後半から，ベンサム主義的改革の大義を擁護する論文を書きはじめた。

やがて，20 歳となったミルは，精神的な危機を経験することになる。このときミルは，目先の快楽追求を超えた深い意味での生きる目的を自分が本当に持っているのかどうか，自問し苦悩した。数年にも及ぶこの苦い経験によって，ミルは，人間の行為は快楽と苦痛によって決定されるというベンサムや父ジェイムズの人間観に不適切な単純化があると感じはじめ，そうした人間観にもとづいた彼らの政治理論・社会理論の修正に乗り出すことになった。

| ミルの思想の意義　　ミルは，ベンサムのめざした民主主義的改革それ自体は支持し続けた。なぜなら，ミルの考えでは，民主主義は，ベンサムが主張したように「最大多数の最大幸福」の必須の条件であるとともに，ベンサムが強調しなかった点であるが，人々の知的道徳的向上にとっても有意義だったからである。しかし他方，ミルは，民主主義社会を構成する人間が生きる目的をしっかりと持ち，知的道徳的に向上していくためには，自由が必要不可欠であることを強調した。ところが，ミルの考えでは，民主主義は個人の自由を自動的に保証するわけではない。むしろ，自由は，つねに努力して確保する必要があるとミルは力説した。この主張は，19 世紀と今日とのさまざまな政治的・社

会的な相異にもかかわらず，今日のわれわれにとっても示唆的な観点を含んでいる。

『自由論』　『自由論』においてミルは，民主主義社会に向かいつつあった当時のイギリス社会では，自由が二つの方向から脅かされていると診断した。世論の担い手であるミドルクラスは，自分たちとは異なる考えや生活様式に対して不寛容な傾向があった。他方，諸個人の自由を顧慮せず，少数のエリートによって強権的に社会改革を実現しようとする思想傾向もしばしば見られた。そこでミルは，これら二つの社会的専制を防止するために，干渉を正当化する理由が主観的好悪ではなく公正な基準でなければならないという考えにもとづいて，個人の行為に対する干渉は，その行為が他者や社会全般に対して直接の危害を与える場合にのみ正当化される，という自由原理を提唱した。ミルによれば，この自由原理こそが，言論の自由ばかりでなく，他者や社会に危害を与えない個人の行為全般の自由を正当化する公正な根拠であった。さらにミルは，自由によって諸個人に確保される個性や自発性（深い意味での生きる目的を持つこと）が個人の幸福にとって不可欠な要素であると指摘した上で，個性や自発性の喪失による画一化の進行は社会の活力を奪い停滞をもたらすと警告した。

『代議制統治論』　ミルは，『代議制統治論』において，代表制民主主義の制度成立に必要な社会的諸条件を提示するとともに，民主主義体制における様々な政治制度のあり方を探求した。ミルによれば，政治制度の評価基準は，公正であるとともに能率的で実効的に機能しているか，および，社会成員の知的道徳的資質を向上させているかであった。『代議制統治論』におけるさまざまな改革提言（比例代表制の導入，女性への選挙権付与，地方政治への住民参加の促進など）は，これらの基準にもとづいている。こうした基準に組み込まれた公正という観点には，『自由論』に通底する自由への関心が強く表われている。自由原理にもとづいて保護されるべき個人的自由が侵害されると，人間の尊厳の感覚が損なわれると考えたミルにとって，政治の場における不当な公的決定もまた，同様の害悪を個人にもたらすものであった。ミルによれば，公的決定における公的利益の顧慮を確実にするために個人の見解表明の機会が公正に与えられている政治体制こそが，理念的に最高の統治形態と言える真の代議政治である。このように，ミルは，政治参加の意義が，参加者の資質向上という点の他に，少数者や女性の意見表明についての公正な機会の確保にもあると考えたのである。

● 第Ⅲ部　近代

① 『自由論』第1章から（原著 pp. 223–224；邦訳 224–225 頁）
【自由原理について】　この論文の目的は、一つのきわめて単純な原理を示すことである。この原理は、用いられる手段が法的刑罰という物理的手段であれ、世論という道徳的強制であれ、強制と統制という形で社会が個人を扱う際に、その扱い方を絶対的に律する資格を有している。その原理とは、人間の行為の自由に対して個人的ないし集団的に干渉する際の唯一正当な目的は自己防衛である、という原理である。文明社会のいかなる成員に対しても、本人の意志に反して権力を行使することが正当たりうる唯一の目的は、他者に対する害悪を防止することである。本人自身の善は、物的なものであれ精神的なものであれ、十分に正当な根拠とはならない。（中略）それらは、その人に諫言したり、議論して理解させようとしたり、説得したり、懇願したりする正当な理由にはなるが、その人を強制したり、言う通りにしない場合に害悪を課したりする正当な理由とはならない。強制や害悪を加えることが正当となるためには、抑止した方がよいと考えられる行為が、他者に害悪をもたらすことを意図したものでなければならない。社会に従わなければならない行為は、他者にかかわる行為だけである。

② 同書，第4章から（原著 pp. 281–282；邦訳 308–309 頁）
【自由原理の補足説明】　人が自らに加える害悪が、共感と利害関心を介して身近な人々に深刻に影響するかもしれないこと、また、より低い度合においてではあるが社会全般にも影響するかもしれないことは、私も十分に認める。（中略）しかし公に対する何らかの特定の義務に違背しない行為や、自分自身以外の確定的個人を明らかに害することのない行為によって社会にもたらされる偶然的な害、あるいは推定的な害にかんして言えば、そうした不都合は、人間の自由というより大きな善のために社会が耐えることのできるものである。

③ 同書，第3章から（原著 p. 261；邦訳 279–280 頁）
【自由の価値に対する一般人および改革者たちの無理解】　この原理〔自由原理〕を主張する際に直面することになる最大の困難は、承認されている目的をめざす手段の評価という点にあるのではなく、目的それ自体に対する一般の人々の無関心という点にある。（中略）大多数の人々は、あるがままの人間のあり方に満足しており（なぜなら、あるがままにしているのは彼らであるから）、そうしたあ

り方がなぜ万人にとって十分には善きものでないのかを理解できない。またさらに，道徳や社会の改革者の大半にとって，自発性は理想の一部とはなっていない。むしろ，こうした改革者から見れば，自発性は，人間にとって最善であると改革者たちが独断的に考えているものを受容させる際に，厄介でおそらく制御しがたい障害として警戒すべきものなのである。

④　同書，第1章から（原著 p. 227；邦訳 230 頁）
【思想・言論の自由の根拠は自由原理】　直ちに一般的命題に入っていかずに，まず最初に，先に述べた原理〔自由原理〕が基礎として，十分ではないにせよある程度まで承認されている一部門に限定した方が議論に好都合であろう。その部門とは思想の自由である。同系統の自由，すなわち発言と執筆の自由も，思想の自由と不可分である。(中略) それらの根拠は，正しく理解するならば，この主題の一部門〔思想・言論の自由〕だけでなく，はるかに広い範囲に適用可能である。そして，問題のこの部分を徹底的に考察することは，残りの部分〔行為全般の自由〕の最善の序論であることが判明するであろう。

⑤　同書，第3章から（原著 pp. 260–261；邦訳 279 頁）
【自由原理は，言論の自由ばかりでなく，個人の自由全般の根拠でもある】　人間が不完全である限り異なった見解の存在することが有益であるのと同様に，生活の実験が存在することは有益である。(中略) 要するに，第一義的に他者にかかわらない事柄においては，個性が自己主張することが望ましいのである。その人自身の性格ではなく，他の人々の伝統や習慣が行為の規則になっている場合，人間の幸福の主要な構成要素の一つが，そしてその個人および社会の進歩の主要な構成要素の一つが欠如しているのである。

⑥　『代議制統治論』第1章から（原著 p. 380；邦訳 28–29 頁）
【統治形態は，一定の制約の範囲内で選択可能である】　最善の統治形態を抽象的に探求することは幻想的なことではなく，科学的な知性を高度に実践的に使用することである。また，ある国に，その国の現状において相当の程度まで条件を満たすことのできる最善の制度を導入することは，実践的な努力を捧げることのできる最も合理的な目的の一つである。統治の諸問題における人間の意志と目的意

識の効力を軽んずることで言いうる一切のことは，人間の意志と目的意識を適用する他のすべてのことについても言えよう。あらゆる事柄において，人間の力にはきわめて厳しい制約がある。人間の力は，自然の諸力の一つないしいくつかを利用することによってのみ作用しうる。(中略) われわれは川を逆流させることはできない。しかしだからといって，水車は「作られるのではなく成長するものである」とも言わないのである。

⑦　同書，第1章から（原著 p. 376；邦訳 20 頁）
【国民の能力に対する歴史的・社会的制約】　それ〔政治機構〕は，現に存在する人々の能力や資質に適合していなければならない。このことは三つの条件を含んでいる。当該の統治形態の適用対象となる国民は，それを積極的に受け入れていなければならないし，あるいは少なくとも，その確立について克服不可能な障害を対置するほど消極的であってはならない。彼らは，それを維持していくのに必要な事柄を積極的に行い，また，行うことができなければならない。さらに，その〔統治形態の〕目的を達成可能とするために自らに求められる事柄を積極的に行い，また，行うことができなければならない。

⑧　同書，第2章から（原著 pp. 390–391；邦訳 51 頁）
【政府や政治制度の善し悪しを評価する基準】　そこでわれわれは，善き統治の基準は，政府が被治者の善き資質の総量を，集団全体においても個々の人間においても増大させる度合である，と考えてよいであろう。なぜなら，〔各人の資質改善によって増大することになる〕被治者の幸福は統治の唯一の目的だからであり，かつまた，被治者の善き資質は機構を動かす動力を供給するからである。この他に，善き統治のもう一つの要素として，機構の質がある。すなわち，いずれの時代においてにせよ，〔社会成員の〕既存の資質を政府が利用し，そうした資質を正しい目的の手段とする度合である。

⑨　同書，第7章から（原著 p. 449；邦訳 173–174 頁）
【比例代表制の必要性】　真に平等な民主主義であれば，あらゆる部分が，数に比例しない形ではなく，比例する形で代表される。選挙民の中の多数者は，つねに多数の代表者を持つが，しかし，選挙民の中の少数者も，〔全く代表者を持たな

いのではなく〕少数の代表を持つ。一人一人で見れば，少数者も，多数者と同様に，十分に代表されていることになる。そうでなければ，平等な統治は存在せず，不平等と特権の統治が存在しているのである。代表における公正で平等な度合の影響力を持てないような部分が出てくるわけである。これは，あらゆる正当な統治に反するが，とりわけ，平等をまさに根源と基盤とすると公言している民主主義の原理に反している。

⑩　同書，第 8 章から（原著 pp. 469–470；邦訳 217–218 頁）
【見解表明の公正な機会の確保は，選挙資格拡大の根拠ともなる】　より大きな害悪の防止のためでないならば，ある人にとって他者と同じ利害関心のある事柄の処理に際して，自分の発言が考慮されるという通常の特権がその人に与えられないとすれば，それは，人格にかかわる不正である。（中略）他者が人の相談なしに，その人の運命を左右する無制限の権力を持つならば，〔支配される側の〕人は誰でも自尊心を失うのである。

⑪　同書，第 8 章から（原著 pp. 488–490；邦訳 257–260 頁）
【投票は権利ではなく信託であり，公的利益に配慮する義務をともなう】　権利という観念をどのように定義し理解するにせよ，人は（法的な意味を別とすれば）他者に権力を行使する権利を持たない。その人が手中にすることを許された権力は，道徳的には，最も完全な意味での信託である。ところが，選挙人としてであれ代表としてであれ，何らかの公的役割を果たすことは，他者に対する権力〔の行使〕なのである。（中略）彼は，公共の善にかんする自らの最善にして最も良心的な見解に従って投票せねばならない。（中略）投票者は，仮に自分一人だけが投票者で選挙が自分一人によって左右されるとしたらなすべきであるのとまさに同じように，自分の最善の判断によって投票する絶対的な道徳的義務の下にある。

John Stuart Mill, *On Liberty, The Collected Works of John Stuart Mill, vol. XVIII*, University of Toronto Press, 1977（早坂忠訳『自由論』関嘉彦責任編集『ベンサム　J. S. ミル』世界の名著 49, 中央公論社，1979 年）; *Considerations on Representative Government, The Collected Works of John Stuart Mill, vol. XIX,* University of Toronto Press, 1977（水田洋訳『代議制統治論』岩波文庫，1997 年）。訳語の統一のために，訳文の一部を変更した。また，わかりやすくするために【　】内に見出しを追加するとともに，必要に応じて〔　〕内に補注を加えた。

［関口正司］

第Ⅲ部　近代

イマヌエル・カント
Immanuel Kant, 1724–1804

『「啓蒙とは何か？」という問いへの答え』(1784 年)
『永遠平和のために』(1795 年)

カントの生涯　イマヌエル・カントは，1724 年 4 月 22 日に東プロイセンの首都ケーニヒスベルク（現，ロシア共和国カリーニングラード）に生まれ，敬虔主義に属する宗教的な雰囲気の家庭で成長した。1740 年 9 月にケーニヒスベルク大学に入学，46 年夏『活力の真の測定に関する考察』を提出し卒業した。1770 年母校の論理学・形而上学の正教授に就任するまで，私講師の身分に甘んじた。60 年代以前は大陸の合理論の影響を受け，その後倫理学・政治思想はルソー，理論哲学はヒュームの影響などにより経験論的・懐疑論的傾向を強めた。特に 80 年代以降は，批判哲学と呼ばれる独自の哲学の構築に努めた。86 年には総長に就任している。高齢のため，95 年に長年続けた形而上学の講義や人間学の講義も冬学期に終了せざるをえなかった。1804 年 2 月 12 日，老衰により死去した。

　カントは生涯独身を貫き，生誕の地を離れることもなく，規則正しい学究生活を続けたため「時計の人」とも呼ばれ，浮世離れした人間のように誤解されることが少なくなかった。しかし実態は逆であり，カントは現実を直視したリアリストである。当時は政治的にも激動の時代であり，七年戦争ではロシア軍によるケーニヒスベルクの占領・支配（1758–62 年）と，プロイセンによるこの地の奪還という歴史的事件を体験した。1789 年に生じたフランス革命に共感を示し，1794 年には宗教に関する講義と刊行の禁止という言論弾圧を経験した。1795 年 10 月にはポーランドの滅亡という悲劇を目の当たりにしている。これらの出来事は著作活動に大きな影響を与えたのである。

主要著作　批判期の論考に限定すると，1781 年に刊行された『純粋理性批判』の影響は，1785 年頃にはドイツのプロテスタント系大学では強力

な支持者を得るほどに高まり，1788年には『実践理性批判』，90年には『判断力批判』の三批判書が刊行され，批判哲学の体系構築の成果が徐々に形になって現われた。84年には『世界市民的見地における普遍史の理念』，『啓蒙とは何か』が執筆され，85年に『人倫の形而上学の基礎づけ』，86年に『人類史の憶測的起源』『自然科学の形而上学的原理』，93年に宗教哲学的研究をめざした『たんなる理性の限界内の宗教』や政治哲学的・歴史哲学的考察の成果『理論と実践に関する俗言』，95年には『永遠平和のために』，97年は『人倫の形而上学』，98年『実用的見地における人間学』，『諸学部の争い』などの人文・社会・自然科学の全領域にわたる知的探究の成果を刊行した。

引用文献の思想史的位置づけ

18世紀は啓蒙の時代と呼ばれたように，当時は啓蒙をめぐる論争がさまざまに戦わされていた。『啓蒙とは何か』での「啓蒙」の定義は，こうした論争に終止符を打つほどの決定的な影響を持つものであった。ヘーゲルやドイツ・ロマン主義による否定的な評価とは異なり，カッシーラー『啓蒙の哲学』による積極的評価やそれとは対照的なホルクハイマー／アドルノ『啓蒙の弁証法』，ハーバマスやフーコーの啓蒙をめぐる論争にいたる，現代の啓蒙論争までカントの定義は決定的な影響力を及ぼしている。

『永遠平和のために』は，革命後のフランスとプロイセンの間で結ばれた秘密の留保条項を含むバーゼル平和条約に対する不信や憤激と，こうしたたんなる休戦条約ではなく，恒久的な平和状態を確立するための方途を示すことに執筆の狙いがあった。この構想はルソーの『サン・ピエールの永遠平和論抜粋』などによるサン・ピエールの平和論の影響もあったが，カントの平和論はクラウゼヴィッツの『戦争論』やトルストイの代表作『戦争と平和』にも影響を与えた，と言われている。第一次世界大戦の惨禍に対する反省から国際連盟が設立された際に，カントの永遠平和論がモデルとされた。また，近年のヨーロッパ連合（EU）の誕生にもカントの永遠平和の理念の部分的な実現をみることができる。世界市民主義の理念や訪問権の重視の思想は，愛国主義との関係や，外国人・異邦人・難民などのいわゆる招かれざる客の「普遍的な歓待」の権利をめぐるデリダの批判など今日なお活発な議論を呼び起こしている。

● 第Ⅲ部　近代

① 『啓蒙とは何か』から（原著 S. 35；邦訳 25 頁）
　啓蒙とは人間が自ら招いた未成年状態から抜け出ることである。未成年状態とは，他人の指導なしには自分の悟性を用いる能力がないことである。この未成年状態の原因が悟性の欠如にではなく，他人の指導がなくとも自分の悟性を用いる決意と勇気の欠如にあるなら，未成年状態の責任は本人にある。したがって啓蒙の標語は，「あえて賢くあれ！　Sapere aude!」[1]「自分自身の悟性を用いる勇気を持て！」である。／自然はこれほど多くの人間を他人の指導からとっくに解放しているのに（自然によって成人となっている人たち），なぜなら彼らは生涯をとおして未成年状態でいたいと思い，またなぜ他人が彼らの後見人を気取りやすいのか。怠惰と臆病こそがその原因である。未成年でいるのはそれほど気楽なことだ。

② 同書から（原著 S. 36；邦訳 26 頁）
　したがって，ほとんど自分の本性となっている未成年状態から抜け出ようと努めるのは，個々の人間にとっては困難である。それどころか各自が未成年状態を捨てがたく思っており，自分自身の悟性を用いるのは今のところ現実に不可能である。なぜなら，そうした試みは一度もさせてもらえなかったからだ。教会の法令や決まり文句，自分の才能を理性的に使用するかまたはむしろ濫用する際に習慣化したこの道具は，いつまでも変わらない未成年状態の足枷となっている。／しかし，個々の人間ではなく公衆が自らを啓蒙することはむしろ可能であり，無論自由が与えられさえすればそれはほぼ避けがたくなる。というのは，大衆の後見を任せられた人たちのなかにも自分で考えることのできる者が常に数名はいて，彼らは自分で未成年状態という束縛を脱した後で，個々の人間がもっている価値と自分で考えるという使命に，理性的な敬意を払う精神を周囲に広めてゆくからである。

③ 同書から（原著 S. 36–40；邦訳 27–31 頁）
　こうした啓蒙を実現するために要求されるのは自由以外の何ものでもない。しかもこれは，およそ自由という名をもちうるもののなかでもっとも害の少ない自由である。すなわち，万事において自分の理性を公的に使用する自由である。（中略）自分の理性の公的使用は常に自由でなければならず，これのみが人々のなかに啓蒙を実現できる。だが，その私的使用はしばしば極端に制限されることがあ

182

ってもかまわない。だからといって啓蒙の進展が格別妨げられはしない，と。／
　さてそこで，「われわれは現在啓蒙された時代に生きているのか」と問われるなら，「そうではない。しかしおそらく啓蒙の時代に生きているだろう」というのが答えである。

④　『永遠平和のために』第１章から（原著 S. 343–348；邦訳 252–260 頁）
　この章は国家間の永遠平和へのための〔六個の〕予備条項を含む／一，「将来の戦争の種をひそかにやどして締結された平和条約は，決して平和条約とみなされるべきではない。」／というのは，その場合は実は単なる休戦状態であり，つまり敵対行為の延期であって，平和ではないからである。／二，「独立して存続しているいかなる国家（その大小はここでは問題でない）も，相続，交換，買収，または贈与によって，ほかの国家の所有にされるべきではない。」（中略）国家は人間の社会なのであり，その社会に対しては国家自身以外のなにものも支配したり，自由に処理したりすることはできない。（中略）他の国家に接合することは，道徳的人格としての国家の存在を破棄することであり，道徳的人格を人格ではなく物件にしてしまうことを意味する。／三，「常備軍は，時がたつとともに全廃されるべきである。」／というのは，常備軍はいつでも戦争を始めることができるという準備態勢によって他の国々を絶えず戦争の脅威で脅かすからである。／四，「国家の対外的な紛争に関しては，いかなる国債も発行されるべきではない。」（中略）クレジット・システムは，国家が互いに対立している状態で競い合うときの道具としては，危険な金力，すなわち戦争遂行のための金づるとなる宝庫である。（中略）戦争遂行の簡単さは，それゆえ人間の本性にもともと備わっているようにみえる傾向，つまり支配者の戦争志向と相まって，永遠平和の多大な障害となる。／五，「いかなる国家も他の国家の体制や統治に，暴力を持って干渉すべきではない。」／というのは，どんな理由で，ある国家が他の国家にそのように暴力をもって干渉する権利をもちうるのであろうか。／六，「いかなる国家も他国との戦争において，将来の平和に際し，相互の信頼関係を不可能にしてしまうような敵対関係をすべきではない。たとえば，暗殺者や毒殺者の雇い入れ，降伏協定の破棄，敵国内での裏切りの煽動等が，それである。」／このようなことは卑劣な策略である。というのは，戦争のさなかにもまだ敵の心情あるいは考え方に対する何らかの信頼が残っていなければならないからである。信頼を欠けばいかなる平

和の締結も不可能であるし，敵対行為というものは〔一人残らず殺害しつくす〕殲滅戦争へとエスカレートすることであろう。(中略) 殲滅戦争では，敵味方双方の滅亡が同時に起こり，その滅亡とともにあらゆる法も消滅するから，永遠平和は人類の巨大な墓地の上にのみ実現されることになろう。だからそのような戦争は，それゆえそこに通じる手段の使用もまた，絶対に許されてはならない。

　以上に掲げた諸条項は，客観的には，つまり権力者たちの意図においては，すべて禁止法則（leges prohibitivae 禁止する法）であるけれど，そのうちのいくつか（たとえば，第一，第五，第六条項）は，厳格な，どんな場合にもあてはまる種類の法則（leges strictae 厳格法）であり，ただちに廃止を要求する。しかし他のもの（たとえば，第二，第三，第四条項）は，法規則の例外措置としてではなく，法規則の執行に関して，状況によっては，主観的に権限を拡張しその適用に手加減を加え，完全なる遂行を延期することも許されている（leges latae 任意法）。だがその際法則の目的が見失われてはならない。

⑤　同書，第2章から　（原著 S. 348-370；邦訳 260-291 頁）
　この章は，国家間における永遠平和への〔三個の〕確定条項を含む／互いに一緒に生活している人々の下での平和は自然状態（status naturalis）ではない。人間の自然状態はむしろ戦争状態である。すなわち，それはつねに敵対行為の勃発状態というのではないにしても，たえず敵対行為の脅威のある状態である。だから平和状態は意識的に創りだされなければならない。なぜなら，敵対行為がなされないというだけでは，まだ平和状態の保証ではないからである。そして保証というものは一方の隣人に対して他方の隣人が与える（このことはしかし法的状態においてのみ起こりうる）ものである。

　永遠平和のための第一確定条項／各国家における市民的体制は，共和的であるべきである。／第一に社会の成員の（人間としての）自由の諸原理，第二にすべての成員の（臣民としての）唯一で共同の立法への従属の諸原則，第三にすべての成員の（国家市民としての）平等の法則，これら三つに基づいて設立された体制が共和的体制である。

　永遠平和のための第二確定条項／国際法は自由な諸国家の連合の上に基礎を置くべきである。／国家単位でまとまっている諸民族は，個々の人間のように評価されうる。すなわち諸民族は，その自然状態においては（つまり外的法則の従属

下にない場合には），互いに隣り合っているだけですでに害を与えあっているのであり，だから各民族は自分たちの安全のために，彼らの権利が保証されうる場として，一緒に市民的体制に類似した体制に入ることを，他に対して要求することができるし，また要求すべきなのである。この状態は国際連盟といってもよいが，そうはいってもそれは諸民族合一の一国家であってはならないと思う。

　永遠平和のための第三確定条項／「世界市民法は，普遍的な友好をうながす諸条件に制限されるべきである。」／この条項でも先の諸条項におけるのと同じように，提起されているのは博愛ではなくて，権利についてである。そしてここで友好（よいもてなし）というのは，外国人が他国の土地に足を踏み入れたというだけの理由で，その国の人間から敵としての扱いを受けない権利のことである。その国の人間は，彼の生命に危険のおよばない方法でするかぎり，その外国人を退去させることはできる。しかし彼が彼の居場所で平和的にふるまうかぎり，その外国人に敵としての扱いをしてはならない。もっとも彼が要求できるのは，客人の権利（そのためには，彼をしばらく家族の一員として扱うという，特別の好意ある契約が必要とされるであろう）ではなくて，訪問の権利である。この権利は，地球表面の共同所有権に基づいて互いに友好を結び合うよう，すべての人間にそなわる権利である。

　第一補説　永遠平和の保証について／永遠平和の保証（担保）にあたるものは，偉大な芸術家である自然（諸物の熟練した造り手である自然）[2]である。自然の機械的な流れからは，人間の不和を通じて，人間の意志に反してもなお，融和そのものを生まれさせようとする合目的性が，輝き出ている。

　第二補説　永遠平和のための秘密条項／公を旨とする公法の話し合いの過程で現れる秘密条項は，客観的には，その内容から見れば，一つの矛盾である。

1) 古代ローマの詩人ホラティウス（B.C. 65-8）『書簡集』にある「あえて賢くあれ。始めよ。」の一節である。
2) ルクレティウス（B.C. ca. 94-55）の『物の本質について』の言葉である。

Kant's gesammelte Schriften. Herausgegeben von der Königlich Preußischen Akademie der Wissenschaften, Band VIII, Berlin und Leipzig 1923（福田喜一郎訳『啓蒙とは何か』，遠山義孝訳『永遠平和のために』，福田喜一郎ほか訳『歴史哲学論集』〔カント全集 14〕岩波書店，2000 年所収）。訳文はすべて岩波版「カント全集」14 巻からの引用である。

[牧野英二]

● 第Ⅲ部　近代

ヨハン・ゴットリープ・フィヒテ
Johann Gottlieb Fichte, 1762–1814

『ドイツ国民に告ぐ』（1808年）

ライフ・ヒストリー　1762年5月19日，ザクセン，オーバーラウジッツのラメナウに亜麻布織職人の子として生まれた。ミルティッツ家の支援を得て，ナウムブルク近郊にあるシュールプフォルタで学んだ後（1774–80年），イエナ，ヴィッテンブルク，ライプツィヒで神学と法学を学んだ。1790年ライプツィヒでカント哲学の解説を一学生から依頼され，カント哲学を研究することになった。91年「あらゆる啓示の批判」を書き，カントに持参。出版を勧められ，翌年最初の著作として，無署名で刊行されると，待望のカントによる宗教哲学の書ではないかと評判になるが，フィヒテの書であることが明らかになり，一躍論壇にデヴューすることになった。

94年5月に，ラインホールトの後任として，イエナ大学教授に就任。同年「知識学の概念」「全知識学の基礎」を著す。イエナ時代にはこの他に「学者の使命」「自然法の基礎」「道徳論の体系」などを著すが，いわゆる「無神論論争」がおこり，無神論の嫌疑をかけられ，99年イエナ大学を辞職し，ベルリンに移住する。その後1805年にエアランゲン大学に招聘されるが，その間，1800年には「人間の使命」「封鎖商業国家論」を著し，04年末から05年3月にかけて連続講演「現代の根本特徴」をおこなっている。07年末から08年3月にかけて，フランス軍占領下のベルリンでドイツ国民の再生を訴える連続講演「ドイツ国民に告ぐ」をおこない，敗戦に打ちひしがれた聴衆を勇気づけた。10年新設のベルリン大学の哲学部長となり，11年には選挙による初代総長となった。最晩年の政治哲学講義として，「法論」（12年）「国家論」（13年）がある。解放戦争の最中，1814年1月29日，チフスに感染し，51歳で没した。

フィヒテ

思想の意義 フィヒテは，みずからの思想を自由の体系と称し，フランス革命に負うていることを告白している。その意味で「知識学」は，自律的存在としての人間の自由の体系の哲学に他ならなかったが，それは同時に，カントの自律の論理の根拠を自我の哲学として超越論的に極めようとする「知の知」の試みでもあった。フィヒテの「知識学」は，シェリングやヘーゲルに批判的に受け継がれ，ドイツ観念論の思想世界を生み出していくことになる。「知識学」の実践的適用として，「自然法の基礎」「道徳論の体系」「封鎖商業国家論」が挙げられる。さらに独自の言語論に基づく国民的文化共同体論である「ドイツ国民に告ぐ」は，集合的自我認識の展開として理解することができる。両者を媒介する作品として，歴史哲学的考察のもとに現状認識を示した「現代の根本特徴」，知と信仰を主題とした「人間の使命」「浄福なる生への導き」がある。「真に生きるとは，真に考え，真理を認識することである」（「浄福なる生への導き」）ということばはフィヒテの思想を集約的に表現している。

引用文献の位置づけ 『ドイツ国民に告ぐ』は全14回に及ぶ講演からなっているが，内容的には，(1)すべての国民子弟に対する普通教育による人間形成を説く国民教育論，(2)人間が言語を作るのではなく，言語が人間を作るのだとし，ドイツ国民にとってのドイツ語の文化的根源的価値を主張する言語論，(3)ドイツの領邦国家体制の政治的多元構造をかならずしも否定的には捉えず，ドイツ語とドイツ文化を共有するドイツ人と諸邦を古代ギリシアのヘレネスと諸ポリスとの関係で捉え，共和制的な連邦と特徴づけ，一元的な中央集権国家をむしろ退ける国制論の三つの部分からなっている。

フィヒテの言語文化論は，言語を国民的アイデンティティの根幹にすえたドイツ国民の再建構想であるが，それは民族主義的な排他性や閉鎖性を伴うものではなく，むしろ人類の進歩と完成をめざす啓蒙の普遍主義の圏内にある点に留意すべきである。また共和制や連邦制を是とする国制論も従来見過ごされてきた点である。両者とも当時のドイツ文芸におけるギリシア主義的「新古典主義」の傾向に連なるものである。たしかに「ドイツ国民に告ぐ」は一般には，近代ドイツナショナリズムのマニフェストとして理解され，その時々の政治情況やイデオロギーに強く規定されて解釈されてきた。さらにナチズムの経験から遡行的に作られたドイツナショナリズムの負の文脈の影に追いやられてきた。しかしいずれの立場も，ナショナリズムと全体主義の時代の意識に従って解釈された過剰な神話化である。「ドイツ国民に告ぐ」の再解釈が求められるゆえんである。

① 『ドイツ国民に告ぐ』

　新しい教育が目的とする道徳は，みずから進んで自分自身の生活を営むという第一義的で，依存することなく自立的なものなのです。（中略）この教育を受ける生徒は，この地上においてみずからに与えられた短い生涯において人間社会の一員であるばかりでなく，この教育によって，より高次の社会的秩序の下での精神生活一般の永遠の鎖の一環として，認められているのです。（第三講，GA 131-132；邦訳 39-40 頁）

　言葉が人間によって作られるよりも，はるかに多く人間は言葉によって作られます。（中略）生きた言語の民族にあっては，精神形成は生命のなかへ入り込みます。これと反対の民族にあっては，精神形成と生命とは各々別の道を進みます。（第四講，GA 145, 155-156；邦訳 55, 67 頁）

　ただ生きた言語だけが（中略）詩をもつことができます。（中略）このような言語は限りない，そして永遠に新鮮に若々しくさせる詩作の能力を具えています。というのも，生き生きとした思索のひとつひとつの動きが詩的感動の新しい血管を開くからです。こうして，言語にとってこの詩こそ，新しく得られた精神形成が普遍的生命へと流れ込む優れた手段なのです。死んだ言語は，こういう高次の意味においては，全然詩をもつことができません。（第五講，GA 162；邦訳 74 頁）

　同時代人の眼の前で，外国〔フランス〕は，近代世界における理性と哲学のもう一つの課題である完全な国家の建設に安易にしかも火のような大胆さで取りかかったのですが，間もなくあきらめてしまったので，現在の状態によってその課題を考えるだけで罪悪として弾劾しなければならなくなり，できればその努力を歴史の年鑑から抹殺するために方策を用いざるをえなくなる羽目に陥ったのです。こんなことになった原因は明白です。理性国家というものは，在来の素材をかき集め人工的に細工することによって打ち建てられるものではなく，国民がそういうものへとまず育成され，引き上げられなければなりません。完全な人間へと教育するという課題をまずもって実際に解決した国民のみが，しかる後に完全な国家という課題をも解決するでありましょう。（第六講，GA 178-179；邦訳 93 頁）

古代でギリシャ人においてだけそうであったように，ドイツ人においては，国家と国民とが互いに分離さえしており，各々が独立して現れました。前者は特別なドイツ諸王国，諸侯国として，後者は眼に見える形では王侯連合として，眼に見えない形では，文書に書かれてはいないがすべての人の心情に生きている法として通用しており，その結果は多数の習慣や制度のなかに至る所で眼に入ります。ドイツ語の達する限り，その地域内で生まれた者は誰でも，一部は自分がまず第一にその世話を託するところに自分の生まれた国家の公民として，また一部はドイツ国民の共通の祖国全体の公民として，自分を二重の形で公民と見なすことができました。誰にでもこういう祖国の全土を超えて，自分の精神にもっとも親しい教育とか，あるいは自分にもっとも適した活動領域などを求めることが許されていました。（中略）このようにして，個々の国家の多くの偏頗と狭量性にもかかわらず，全体としてとらえられたドイツには，かつて人々がもったことのない最高度の研究，発表の自由がありました。そして高度の文化は至る所で行われた全ドイツ諸国家の公民たちの相互作用の結果であったし，いつまでもそういうものでした。そしてこの高度の文化がこういう形において次第に大衆に普及し，このようにして大衆も自分自身によって自らを全体として教育し続けていったのです。（第八講，GA 209-210；邦訳 130-131 頁）

　国家と国民との間に作られた区別を我々が忘れさえしなければ，もともと両者の問題は決して矛盾し合うことなどありえなかったはずです。ドイツ国民に共通の民族に対する高度の祖国愛は，各個のドイツ国家において最高の指導権をとらねばならず，またとるべきものでした。（中略）全ドイツ国民を統合して支配し，伝来の共和制に代えて専制政治を持ち込もうとしても，たかだか特別の一ドイツ国家でおしまいになってしまうでしょう。この共和政体こそがまさにこれまでドイツ文化の最も優れた源泉であり，その特性を確保する第一の手段であったのです。（第九講，GA 213；邦訳 135-136 頁）

　　Johann Gottlieb Fichte, *Reden an die deutsche Nation*, Berlin: Realschulbuchhandlung, 1808, ただし原著頁は J. G. Fichte - Gesamtausgabe I, 10, Werke 1808-1812, Stuttgart: frommann, 2005（GA と略記）に従う（石原達二訳『ドイツ国民に告ぐ』玉川大学出版部，1999 年）。なお訳文は一部変更してある。

[杉田孝夫]

ゲオルク・ヴィルヘルム・フリードリヒ・ヘーゲル
G. W. F. Hegel, 1770–1831

『法哲学綱要』(1820 年)
『歴史哲学講義』(1822–30 年)

生涯と著作　ヘーゲルは，フランス革命にともなう政治的激動に翻弄されつつ，自分が生きた時代の課題と正面から取り組み，時代体験を哲学の言語にまで抽象化しようとした思想家である。1770 年にヴュルテンベルク公国の首都シュトゥットガルトで生まれ，18 歳でテュービンゲン神学院に入学するが，翌年起こったフランス革命の理念に心酔し，シェリングらと自由の樹を植えた。家庭教師時代を経て，1801 年よりロマン派が集うイエーナ大学で私講師を務めながら，1807 年『学の体系第一部　精神現象学』でカントやフィヒテと異なる独自の立場を表明する。その前年に，千年の歴史を誇る神聖ローマ帝国はフランス軍に敗れ，滅亡していたが，プロイセン軍の戦闘の前夜，『精神現象学』の最後のページを書き上げた。

1808 年よりニュルンベルクで，ギムナジウムの校長を続けながら『論理学』を公刊するが，革命理念の伝道者ナポレオンを支持し，解放戦争によるナポレオンの没落を嘆き悲しんだ。1816 年にはハイデルベルク大学に招かれ，『哲学的諸学のエンチクロペディ概説』を公刊し，論理学・自然哲学・精神哲学からなる体系を示した後，2 年後にベルリン大学に招聘される。

解放戦争後のドイツでは，学生同盟を担い手とするナショナリズム運動が最初の高揚期を迎えていた。急進派学生がテロ事件を起こし，カールスバード決議により関係者の大学追放と検閲による言論統制が進む中，1820 年 10 月に主著『法哲学綱要　自然法と国家学概説』を公刊した。序文でヘーゲルは，テロ行為を弁護する哲学者フリースを非難し，哲学の任務は現在あるものの把握であり，彼岸世界の提示ではないと断定したため，「プロイセンの国家哲学者」と批判される。1820 年代には，歴史哲学・美学・宗教哲学・哲学史等の講義に全精力を傾けた後，

1831 年にイギリス選挙法改正論を残して死去する。

思想の意義

ヘーゲルは，啓蒙主義とロマン主義という同時代の二つの思想潮流を批判し，両者の総合を図ろうとした思想家である。カントやフィヒテの主観性哲学は，主体と客体の分裂を固定化する「悟性」の立場と呼ばれるのに対し，他方でシェリングやヘルダーリンの同一哲学は，主体と客体の合一を回復する「直観」の立場と呼ばれる。これに対し，ヘーゲルは，分裂か合一かという二者択一の論理をとらず，両者は共に真理の一面を突いているが，部分的に真にすぎず，真理全体の契機（Moment）をなすと考え，「真なるものは全体である」という「理性」の立場を打ち出す。ヘーゲルの弁証法的思考様式は，主体と客体の未分化な直接的統一から，反省による両者の分離を経て，媒介された統一に至るという，三段階をたどり精神の自己認識が発展していく運動として展開される。

精神哲学の第二部にあたる『法哲学綱要』も，体系の他の部分と同じく三分法で構成される。第 I 部「抽象的法」がフランス革命で得られた人格と所有の自由を，第 II 部「道徳性」がカントの道徳的に自律した主体を基礎づけるのに対し，第 III 部「倫理」は，自立的人格の原理から，両性の合意にもとづく「新たな家族」と「欲求の体系」としての市民社会を導き出した上で，これらを「倫理的実体」と呼ばれる人間共同体としての国家に連れ戻し，国家主権のもとで三権が有機的に結合した立憲君主政を「現実的理性」の姿として描き出す。

ヘーゲルの思想は，ヘーゲル左派を通じマルクス主義の生みの親になったばかりか，ドイツ歴史主義の伝統を形作り，20 世紀政治の動向を規定することになった。

引用文献の位置づけ

引用①は名文句が散りばめられた『法哲学綱要』の序文，引用②・③はその近代的な家族論，引用④・⑤は相互依存の体系としての市民社会分析，引用⑥・⑦は市民社会の階級分化と根本矛盾の指摘，引用⑧・⑨は市民社会と国家を媒介する同業団体論，引用⑩・⑪は国家概念の演繹と本質規定，引用⑫は混合政体としての立憲君主政論，引用⑬・⑭は『歴史哲学講義』の基本図式とフランス革命観である。

● 第Ⅲ部　近代

① 『法哲学綱要』序文（原著 S. 24-28；邦訳 17-22 頁）
　哲学は，理性的なものの探求なのだから，まさに現在ある現実的なものを把握するのであり，どこにあるかを神のみが知るような彼岸的なものを定立するのでない。実際には，一面的で空虚な理屈の陥る誤謬のうちでなら，この彼岸的なものがどこにあるかを語ることができよう。本文の論述で私が注意しておいたように，空虚な理想の代名詞と見なされるプラトンの『国家』でさえ，本質的にはギリシア的倫理の本性以外の何ものも捉えていない。（中略）理性的なものは現実的であり，現実的なものは理性的である。とらわれない意識ならどんな意識でも，哲学と同様に，この信念を共有している。そして，哲学は，この信念から出発して，自然的宇宙の考察と同じく，精神的宇宙の考察に向かっていく。（中略）
　ここがロドス島だ，ここで跳べ[1]。現にあるものを概念によって把握すること，これが哲学の課題である。なぜならば，現にあるものは理性だからである。個人に関しては，そもそも誰もが自分の時代の子である。そして哲学もまた，思想のうちに自分の時代を捉えたものである。ある哲学が，自分が生きている現在の世界を超え出ていると想うことは，ある個人が自分の生きる時代を跳び越え，ロドス島を跳び出ていると想うのと同様に，愚かな妄想である。もしも個人の理論が実際に自分の生きる時代を超え出て，あるべき世界を建設するとすれば，確かに世界は存在するであろうが，それは，もっぱら彼の臆見のうちに，どんな好き勝手なものも想像できる軟弱な場所のうちに存在するにすぎない。（中略）
　世界がいかにあるべきかを教えることについて言えば，そもそも哲学は常にやって来るのが遅すぎる。現実がその形成過程を終え，完成してしまった後になって初めて，哲学は世界についての思想として時間の中に現れる。これは概念が教えるところだが，また必ず歴史が示すところでもある。現実が成熟する中で初めて，理念的なものが実在的なものに対峙する形で現れ，理念的なものがこの世界を実体において把握し，これを知性の王国の形態へと形成する。哲学が自らの灰色を灰色で描くとき，生の形態は古たものになってしまっており，灰色に灰色を重ねてみても，その形態は若返らず，単に認識されるにすぎない。ミネルヴァの梟[2]は，夕暮れが訪れると初めて飛び立つ。

　　1)『イソップ寓話集』によれば，ロドス島でオリンピック選手より高く跳躍したと自慢する法螺吹きに対し，聴衆の一人が言った言葉。

2）ミネルヴァは古代ローマの知恵の女神，これに仕える聖鳥が梟。

② 同書，172節（原著 S.324；邦訳337頁）
　婚姻によって新たな家族が構成される。この新たな家族は，それが生まれ出てきた家系や家に対してそれ自体で自立したものである。このような家系や家との結びつきは自然的な血縁関係を基礎にしているが，新たな家族は倫理的な愛を基礎にしている。従って，個人の所有は本質的に彼の婚姻関係と関連するのであり，彼の家系や家とは縁遠い関連をもつにすぎない。

③ 同書，180節（原著 S.335-336；邦訳347-348頁）
　家族を維持し，栄光あるものとするために，相続人補充指定や家族世襲財産により，息子たちのために娘たちを，あるいは長男のためにそれ以外の子供たちを遺産相続から排除したり，不平等一般を導入したりする相続法の制度は，一方では，所有の自由の原理（62節）を侵害することになり，他方では，承認されるべきいかなる権利も絶対に持たない恣意に基づくことになる。更に言えば，この家族を維持するのではなく，この家系あるいは家を維持しようという思想に基づく。しかし，この家や家系ではなく，家族そのものがこうした権利を持つ理念であるから，資産の自由や相続権の平等によってこそ倫理的形態も家族も保持されるのであり，その反対物によってではない。

④ 同書，199節（原著 S.353；邦訳368-369頁）
　このように労働と欲求充足が相互依存的であることから，主観的利己心は，他の全ての人の欲求充足への寄与に転換する，すなわち，普遍的なものが特殊的なものを媒介する弁証法的運動に転換する。その結果，各人は自分のために取得し，生産し，享受しながら，まさにそれによって他の人々の享受のために生産し，取得する。万人が依存し合う全面的に錯綜した状態のこうした必然性は，いまや各人にとり普遍的で持続的な資産となる。この資産は，各人が自己の陶冶と技能を通してこれに参与する可能性を含んでおり，これにより各人は自己の生計を確保する。

⑤　同書，238節（原著 S.386；邦訳 409-410 頁）
　個人が普遍的資産から自分のために獲得するための手段や技能に関し，また生活能力がなくなった場合の個人の生計と扶養に関し，個人のこうした特殊な側面に配慮する任務は，まず家族という実体的全体に属している。しかし，市民社会は個人をこの家族の絆から切り離し，家族の成員を相互に疎遠なものにし，この成員を自立的な人格として承認する。更に市民社会は，かつては個人が生計の糧を得ていた外的な非有機的自然や父祖の土地の代わりに，市民社会の基盤を据え，家族全体の存立そのものを市民社会に依存させ，偶然性に委ねてしまう。こうして個人は市民社会の息子となり，市民社会が個人に対し要求すると共に，個人も市民社会に対し権利を持つ。

⑥　同書，243節（原著 S.389；邦訳 413-414 頁）
　市民社会が円滑に作動しているならば，市民社会はその内部において絶えざる人口増加と産業発展を続ける。欲求を介する人々の結合の普遍化，そして欲求を充たす手段を用意し作り出す仕方の普遍化によって，一面では富の蓄積が増大する。なぜなら，この二重の普遍性から莫大な利潤が引き出されるからである。他面では，特殊な労働の個別化と制限，そしてこうした労働に縛りつけられた階級の依存と困窮が増大する。これには，広範な自由を感得し享受できなくなり，とりわけ市民社会の精神的長所を感得し享受できなくなることが結びついている。

⑦　同書，245節（原著 S.390；邦訳 415 頁）
　貧困に陥りつつある大衆を普通の生活水準に維持するための直接的な負担が富裕な階級に課せられるか，あるいはそのための直接的な手段が他の公的所有物（富裕な救貧院や基金や修道院）のうちにあるかすれば，労働によって媒介されることなく，困窮者の生活は保障されるだろう。だが，これは，市民社会の原理，市民社会の諸個人が持つ自立と誇りの感情の原理に反するだろう。あるいは，困窮者の生計が労働によって（労働の機会が与えられることによって）媒介されるとすれば，一方では生産物の量が増大し，生産物はあり余るとともに，他方ではこれに見合った（自ら生産者でもある）消費者が不足するという点にまさに害悪が生じ，この害悪は以上の二つの仕方では増大するばかりである。ここで，富の過剰にもかかわらず，市民社会が十分には豊かではないこと，すなわち市民社会

が，貧困の過剰と賤民の出現を妨げるほどに十分な固有の資産を持っていないことが明らかになる。

⑧　同書，253節（原著 S. 395-396；邦訳 422 頁）
　公認された同業団体の成員であることなしには（公認される限りで，共同体は同業団体であるが），個人は職業身分の誇りを持たないし，孤立化によって営業の利己的な側面に限定され，彼の生計や享受は安定したものではなくなる。だから，こうした個人は，営業における自分の成功を外面に表明して承認を求めようとするが，この表明には限りがない。というのは，職業身分が現存せず（市民社会では，法律により設立され，承認された共同体だけが現存する），自らに見合った一般的な生活様式を取らない以上，職業身分にふさわしく生活することもないからである。同業団体では，貧困が受け取る援助は，偶然的なものでも，不当に屈辱を与えるものでもなくなり，富もまた，同業者に対し義務を果たす点で，有産者のうちに引き起こす高慢さや，それ以外の人々に引き起こす嫉妬を失う。つまり誠実さが真に承認され，誇りを得る。

⑨　同書，289節（原著 S. 458-459；邦訳 497 頁）
　特殊な領域の権限において生じる同業団体の精神は，同時にそれ自身において国家の精神に転化する。というのも，同業団体の精神は，国家のうちに特殊な目的を保持する手段を持つからである。これが市民の愛国心の秘密であるが，それは，国家が市民社会の特殊な領域，その権限，権威および安寧を保持する以上，市民が国家を自己の実体として知るという面による。特殊なものを普遍的なものに根づかせる作用を直接に含んでいるかぎり，国家が信条においてもつ深さと強さも，同業団体の精神の中に存在する。

⑩　同書，256節（原著 S. 397-398；邦訳 424-425 頁）
　他の法的人格との関係を媒介して自己保存を達成する個人と，家族とは，一般に二つのまだ観念的な契機を形作るにすぎないのであり，これらの契機から，国家がこれらの真なる根拠として出現する。直接的な倫理〔＝家族〕を，市民社会の分裂を通して，これらの真なる根拠として現れる国家にまで展開すること，まさにこうした展開だけが国家の概念の学問的証明である。国家は，真なる根拠と

して生じるだけに，学問的概念の歩みの中では結果として現れる。(中略) 従って，現実においては，国家一般が逆に第一のものとなり，その中で初めて，家族が市民社会にまで発展するのであり，国家の理念こそが，この二つの契機のうちへ自己を分割する。そして，市民社会が発展する中で，倫理的実体は〔主体性という〕無限の形式を獲得する。

⑪　同書，260節（原著S.406-407；邦訳436-437頁）
　国家は，具体的自由の現実性である。だが，具体的自由とは，人格的個別性とその特殊利益が（家族及び市民社会の体系において）完全に発展し，その権利が承認される点に成り立ち，また同様に，人格的個別性と特殊利益が，一方では自己自身を通じて普遍的利益に移行し，他方では知と意志を持ってこの普遍的利益を承認し，しかも自己自身の実体的精神として承認し，そして，自己の究極目的をなす普遍的利益のために活動する点に成り立つ。(中略) 近代国家の原理は，主体性の原理を人格的特殊性という自立的極にまで完成させると同時に，この主体性原理を実体的統一に連れ戻し，こうして主体性原理そのもののうちで実体的統一を保持するという，途方もない強さと深さをもつ。

⑫　同書，273節（原著S.435-436；邦訳471頁）
　立憲君主政への国家の形成は，実体的理念が無限の形式を獲得した近代世界の業績である。世界精神がこのように自己内へ深化していく歴史，あるいは同じことだが，理念がその契機を（ただその契機だけだが）総体性として自分から解き放ち，まさにそれによって概念の理念的統一（実在的理性もそこに成り立つ）の中に保持するこの自由な形成，倫理的生命のこの真なる形態化の歴史は，普遍的世界史に属する事柄である。国家体制を君主政，貴族政，民主政へ分ける古い区分は，まだ分離していない実体的統一を基礎としており，この統一は，まだ（発展した自己内組織化という）内的区別に達していないし，従って深さと具体的な理性的状態に達していない。従って，古代世界の立場にとって，この区分は真なる正しいものであった。(中略) このように，それぞれに異なった全体に属している形態は，立憲君主政ではその契機へと引き下げられている。すなわち君主は一人であり，執行権とともに若干の人が，立法権とともに多数者一般が現れる。

⑬ 『歴史哲学講義』序論（原著 S. 32；邦訳 上 41 頁）

　世界史とは自由の意識における進歩であり，我々は，この進歩の必然性を認識しなければならない。私は，自由の意識の違いについて一般的に述べ，オリエント人は一人が自由だと知っていただけであり，ギリシアとローマの世界は，若干の人が自由だと知っていたが，我々〔＝ゲルマン人〕は，すべての人間がそれ自体で，つまり人間として自由であると知っている，と述べたが，これは，同時に，世界史の区分と扱い方をも示している。（中略）精神の自由についての意識と精神の自由の実現一般は，精神世界の定義を示すものであり，更には──精神世界こそ実体的世界であり，物理的世界は精神世界に従属するものである（中略）以上──世界の究極目的を示すものである。

⑭ 同書，第4部（原著 S. 529；邦訳 下 359 頁）

　太陽が天空に位置し，惑星がその周りを回るようになって以来，人間が頭で，つまり思想で立って，思想に従って現実を築き上げるということはなかった。知性が世界を支配する，と最初に言ったのはアナクサゴラスだったが，今初めて人類は，思想が精神的現実を支配すべきだと認識するに至った。従って，これは輝かしい日の出であった。思考する全ての人々がこの時代を共に祝福し，高貴な感動がこの時代を支配した。神と世界との和解が今初めて現実にもたらされたかのように，精神の熱狂が世界を震わせた。

> G. W. F. Hegel, *Grundlinien der Philosophie des Rechts* in *Werke in zwanzig Bänden*, Bd. 7, Frankfurt am Main, 1970（上妻精・佐藤康邦・山田忠彰訳『法の哲学：自然法と国家学の要綱』上下（ヘーゲル全集 9a-9b），岩波書店，2000-2001 年）；*Vorlesungen über die Philosophie der Geschichte* in *Werke in zwanzig Bünden*, Bd. 12, Frankfurt am Main, 1970（長谷川宏訳『歴史哲学講義』上下，岩波文庫，1994 年）。訳文については，いずれも一部変更した。

［権左武志］

カール・マルクス
Karl H. Marx, 1818–1883

『ユダヤ人問題によせて』(1844年)
『ドイツ・イデオロギー』(1845–46年)
『共産党宣言』(1848年)
『ルイ・ボナパルトのブリュメール18日』(1852年)

| マルクス政治思想の意義　　20世紀の末にマルクス主義を公認のイデオロギーとする国家の多くが崩壊し、政治勢力としてのマルクス主義の影響力もまた決定的に凋落した。いまさらマルクスを論じることの意味はない、という考え方もありえよう。しかし、19世紀半ばに生まれたこの思想が何ゆえに20世紀の末まで政治上「現役」でありえたのかが、むしろ説明を要する驚くべき点であり、またこの思想をイデオロギー的に専有してきた政治勢力が失われたことにより、ようやくこの思想の歴史的な相貌を明らかにする機会が生じたともいえる。

| マルクスの政治思想を取り出す困難さ　　政治思想史においてマルクスを扱うことには困難がある。これにはさまざまの理由がある。マルクスの経済理論における『資本論』に対応するような体系的な政治上の著作は存在しない。単に書かれなかったということだけでなく、固有の政治理論がそもそも存在しえるかどうかもまたそれ自体論点でありえる。

　また、『ドイツ・イデオロギー』、『共産党宣言』のような、政治的に重要な初期著作は、エンゲルスとの共著であり、エンゲルスが晩年に『家族・私有財産・国家の起源』など独自の政治的著作を書いたこと(これらは教義体系としてのマルクス主義成立に大きく寄与している)もあって、マルクスとエンゲルスの差異も問題になるが、立ち入る余裕はない。さらに、マルクスの思想形成史上『ドイツ・イデオロギー』を境にした、初期とその後のいわゆる切断の問題が存在する(廣松渉、アルチュセール)。『ユダヤ人問題によせて』などで展開された政治的叙述がなおヘーゲル主義やフォイエルバッハの疎外論などの枠組みの内部にあり、後期には克服されたとするならば、前期に多くを占める政治的著作の価値が問題

になりえる。この哲学上の切断はたしかにマルクス解釈上重要なものであるが、しかし政治上は別の非連続も考えられ、哲学に解消されない複雑な様相を呈している。

■ **マルクスによる政治的伝統の破壊？** マルクス『経済学批判』序文の、いわゆる「唯物史観の公式」を引いて、政治は「上部構造」の一部にすぎず、「土台」としての経済（生産力および生産関係）に従属しており、この「土台」次元の発展法則を解明することが、科学としてのマルクス主義の使命だとするドグマティックな解釈が、長く正統とされていた。しかし今回引用した箇所からも、マルクスにはそのような解釈に収まらない豊かな政治的叙述が存在することは明らかである。

マルクスに政治的伝統の破壊者という面があるとすれば、それは経済への還元といった素朴な次元にはない。ドイツの後進性という問題と、自らの出自としてのユダヤ人問題を出発点としつつ、普遍的な解放理論を志向する過程（今日からすれば、普遍的でありえない個別的な解放の問題がどうなったのかが問題になりえるとしても）で、フランス革命の理念とその矛盾に出会い、ヘーゲル法哲学を両義的に再考する志向が、『ユダヤ人問題』にはとくに顕著に現われている。

その結果、アリストテレス由来のゾーン・ポリティコン的な国家像であれ、近代の国家主権論や社会契約説であれ、共通の前提としていた、自足し閉じた政治社会の想定が相対化される。ヘーゲルとも異なり国家の枠を越え、逆に国家を形成する力として把握される『ドイツ・イデオロギー』の「市民社会」概念や、また『共産党宣言』で描写された、自らの姿に型どって世界を再創造するブルジョワジーのダイナミズムは、グローバリゼーションが基調になった今日の世界規模の政治の前提を提供している。

また『ルイ・ボナパルトのブリュメール18日』からの引用箇所では、社会に寄生して支配を拡張するボナパルト国家の怪物性への批判が見られる。このことは20世紀にマルクス主義を標榜する国家への批判を先取りするかのようで、皮肉である。また『ユダヤ人問題』以来の、国家という幻想的な公共性が、社会から生じながら社会に対立するものとして発現する、という主題の発展をみることができよう。

① 『ユダヤ人問題によせて』（原著 S. 365–369；邦訳 45–51 頁）

　安全というのは，市民社会の最高の社会的概念であり，全社会はその成員のおのおのに，彼の人身，彼の権利および彼の財産の保持を保障するためにだけ存在するという，警察の概念である。ヘーゲルはこの意味で市民社会を「強制国家，悟性国家」と呼んでいる。

　安全の概念によって，市民社会はその利己主義を超え出るわけではない。安全とは，むしろその利己主義の保障なのである。

　それゆえ，いわゆる人権のどれ一つとして，利己的な人間，市民社会の成員としての人間，すなわち，自分自身だけに閉じこもり，私利と私意とに閉じこもって，共同体から分離された個人であるような人間を超え出るものではない。人間は人権において類的存在とみなされたどころか，むしろ類的生活そのものである社会は，諸個人にとって外的な枠として，彼らの本来の自立性の制限として現れるのである。彼らを結合する唯一の紐帯は，自然的必要，欲求と私利であり，彼らの財産と彼らの利己的人身との保全である。

　みずからを解放し，民族のさまざまな成員間をさえぎる障壁をすべて粉砕し，一つの政治的共同体を建設することを始めたばかりの民族，このような民族が，隣人からも共同体からも切り離された利己的人間の権利承認を堂々と宣言したこと（1791年の宣言），それどころか，もっとも英雄的な献身だけが国民を救うことができ，それゆえにこうした献身が是非とも要求されるような瞬間，市民社会のあらゆる利益を犠牲にすることが日程にのせられ，利己主義が犯罪として罰せられねばならないような瞬間に，このような宣言が繰り返されたこと（1793年の人間……権利宣言）は，すでにそれだけでも一つの謎である。さらに，公民的性格，政治的共同体が，政治的解放者たちによって，これらのいわゆる人権の保持のための手段にまで格下げされ，したがって公民（citoyen）は利己的な人間（homme）の下僕であると宣言され，人間が共同的存在としてふるまう領域が，部分的存在としてふるまう領域の下に引きおとされ，結局のところ，公民（citoyen）としての人間ではなく，ブルジョワ（bourgeois）としての人間が，本来のそして真の人間だと受けとられたことを見るとき，あの事実はますます謎を深める。（中略）

　政治的解放は，同時にまた，人民から疎外された国家制度の基礎であり支配権力の基礎である古い社会の解体でもある。政治的革命は，市民社会の革命である。

古い社会の性格はどのようなものであったか？　それは一言で特徴づけることができる。すなわち，封建制である。古い市民社会は直接に，政治的性格をもっていた。すなわち，たとえば財産とか家族とか労働の仕方とかという市民生活の諸要素は，領主権，身分，職業団体といったかたちで，国家生活の諸要素に高められていた。これらの要素は，このようなかたちで，個々人の国家全体に対する関係，すなわち彼の政治的関係，つまり社会の他の構成部分から彼が分離され閉め出されている関係を規定していたのである。なぜなら，人民生活のこのような組織は，財産とか労働とかを社会的な要素にまで高めないで，むしろそれらを国家全体から完全に分離し，それらによって社会のなかの特殊な諸社会をつくりあげたからである。それでもなお，市民社会の生活諸機能や生活諸条件は，封建制の意味でではあるが，相変らず政治的であった。（中略）
　この支配権力を打倒し，国家の業務を人民の業務にまで高めた政治的革命，政治的国家を普遍的な業務として，つまり現実的な国家として確立した政治的革命は，共同体からの人民の分離をそれぞれ表現していたすべての身分，職業団体，同業組合，特権を必然的に粉砕した。それによって政治的革命は，市民社会の政治的性格を揚棄した。それは市民社会をその単純な構成諸部分にうち砕いたのであって，一方では諸個人に，他方ではこれらの個人の生活内容，市民的状況を形づくる物質的および精神的諸要素にうち砕いたのである。政治的革命は，いわば封建社会のさまざまな袋小路のなかへ分割され解体され分散していた政治的精神を，その拘束から解き放った。つまり政治的革命は，この政治的精神を分散状態から寄せ集め，市民生活との混合状態から解放して，それを共同体の領域として，すなわち市民生活のあの特殊な諸要素から観念的に独立した普遍的な人民的業務の領域として，確立したのである。特定の生活活動と特定の生活状況とは，ただ個人的な意味しかもたないものになり下った。それらはもはや国家全体に対する個人の普遍的関係を形づくらなくなった。公的な業務そのものが，むしろ各個人の普遍的業務となり，政治的機能が各個人の普遍的機能となったのである。
　しかし，国家の観念主義の完成は，同時に，市民社会の物質主義の完成でもあった。政治的なくびきを振りはらったことは，同時に市民社会の利己的な精神をしばりつけていた絆を振りはらったことでもあった。政治的解放は，同時に政治からの市民社会の解放，普遍的内容であるかのような外見そのものからの市民社会の解放でもあった。

● 第Ⅲ部　近代

　封建社会は，その基礎へ，つまり人間へ，解消された。ただしそれは，実際に
その基礎をなしていたような人間，つまり利己的な人間への解消であった。

② 『ドイツ・イデオロギー』(F. エンゲルスとの共著)
　従来のどの歴史的諸段階にも常に現前した生産諸力によって条件づけられつつ，
かつまた同時に生産諸力を条件づける交通形態，それが市民社会である。前述の
ところからすでに明らかな通り，この市民社会は，単一家族と複合家族
——いわゆる部族制——をその前提とし基礎としているが，これの立ち入った諸
規定は前述したところに含まれている。ここにおいてすでに，この市民社会こそ
が全歴史全体の真の汽罐室であり舞台であるということ，そして，大げさな政治
劇に目を奪われて現実的諸関係を等閑視した従来の歴史観が，いかに〈間違って
いる〉背理であるかということが，明らかである。(原著 S. 38；邦訳 74 頁)

　市民社会は，生産諸力の一定の発展段階の内部での諸個人の物質的交通の全体
を包括する。それは一つの段階の商工業生活の全体を包括し，その限りにおいて，
国家や国民を超え出る——もっとも，他面では，市民社会の側でも，対外的には
国民的なものとして自己を押し出し，対内的には国家として自己を編制せざるを
えないのだが。(原著 S. 144；邦訳 200 頁)

③ 『共産党宣言』(F. エンゲルスとの共著) (原著 S. 464-466；邦訳 45-48 頁)
　ブルジョワ階級は，歴史において，きわめて革命的な役割を演じた。
　ブルジョワ階級は，支配をにぎるにいたったところでは，封建的な，家父長的
な，牧歌的ないっさいの関係を破壊した。かれらは，人間を血のつながったその
長上者に結びつけていた色とりどりの封建的きずなをようしゃなく切断し，人間
と人間のあいだに，むきだしの利害以外の，つめたい「現金勘定」以外のどんな
きずなをも残さなかった。かれらは，信心深い陶酔，騎士の感激，町人の哀愁と
いったきよらかな感情を，氷のようにつめたい利己的な打算の水のなかで溺死さ
せた。かれらは人間の値打ちを交換価値に変えてしまい，お墨つきで許されて立
派に自分のものとなっている無数の自由を，ただ一つの，良心をもたない商業の
自由と取り代えてしまった。一言でいえば，かれらは，宗教的な，また政治的な
幻影でつつんだ搾取を，あからさまな，恥知らずな，直接的な，ひからびた搾取

と取り代えたのであった。
　ブルジョワ階級は，これまで尊敬すべきものとされ，信心深いおそれをもって眺められたすべての職業からその後光をはぎとった。かれらは医者を，法律家を，僧侶を，詩人を，学者を，自分たちのお雇いの賃金労働者に変えた。(中略)
　ブルジョワ階級は，生産用具を，したがって生産関係を，したがって全社会関係を，絶えず革命していなければ生存しえない。これに反して，古い生産様式を変化させずに保持することが，それ以前のすべての産業階級の第一の生存条件であった。生産のたえまない変革，あらゆる社会状態のやむことのない動揺，永遠の不安定と運動は，以前のあらゆる時代とちがうブルジョワ時代の特色である。固定した，さびついたすべての関係は，それにともなう古くてとうとい，いろいろの観念や意見とともに解消する。そしてそれらがあらたに形成されても，それらはすべて，それが固まるまえに，古くさくなってしまう。いっさいの身分的なものや常在的なものは，煙のように消え，いっさいの神聖なものはけがされ，人々は，ついには自分の生活上の地位，自分たち相互の関係を，ひややかな眼で見ることを強いられる。(中略)
　ブルジョワ階級は，すべての生産用具の急速な改良によって，無制限に容易になった交通によって，すべての民族を，どんなに未開な民族をも，文明のなかへ引きいれる。かれらの商品の安い価格は重砲隊であり，これを打ち出せば万里の長城も破壊され，未開人のどんなに頑固な異国人嫌いも降伏をよぎなくされる。かれらはすべての民族をして，もし滅亡したくないならば，ブルジョワ階級の生産様式を採用せざるをえなくする。かれらはすべての民族に，いわゆる文明を自国に輸入することを，すなわちブルジョワ階級になることを強制する。一言でいえば，ブルジョワ階級は，かれら自身の姿に型どって世界を創造するのである。

④ 『ルイ・ボナパルトのブリュメール18日』
　第一次フランス革命では，立憲派の支配にジロンド派の支配が，そしてジロンド派の支配にジャコバン派の支配が続いた。これらのどの党派も，より進んだ党派に支えられていた。どの党派も，革命を遠くまで導きすぎて，もはや革命についていくことも，まして革命の先頭に立つこともできなくなると，すぐさま背後のもっと大胆な同盟軍によって押しのけられ，ギロチンに送られる。革命は，こうして上昇線を描いて進んでいく。

1848年の革命は逆である。プロレタリアの党は小市民的民主派の党の付録であるように見える。それは，4月16日，5月15日，そして6月の日々に小市民的民主派の党に裏切られ，見捨てられる。民主党は民主党で，ブルジョワ共和派の党の肩に寄りかかる。ブルジョワ共和派は，かろうじて足元が固まったと思ったら，すぐさま重荷になる同志を払い落とし，自分自身は秩序党の肩にもたれる。秩序党は肩をすぼめてブルジョワ共和派をひっくり返らせ，自分自身は武装権力の肩にしがみつく。秩序党がまだ武装権力の肩につかまったつもりでいると，ある晴れた朝，肩が銃剣に変わってしまっているのに気づく。どの党派も，前に突き進む党派に背後から襲いかかり，後戻りする党派に前から寄りかかる。(原著 S. 135；邦訳55-56頁)

膨大な官僚制組織と軍事組織をもち，重層的で大げさな国家機構をもつこの執行権力，50万の軍隊と並ぶ50万の官僚軍，網膜のようにフランス社会の肉体に絡みついて，そのすべての毛穴を塞いでいるこの恐ろしい寄生体は，絶対王政の時代に，封建制が衰退しているときに生成したものであり，それがその衰退の加速を助けたのである。土地所有者と都市の領主的特権は，同じくらい多い国家権力の属性に転化し，封建的な高位高官は，給料を受け取る官僚に，対立しあう中世的絶対権の乱雑な見本帳は，工場のように仕事が分割され集中された国家権力の整然とした計画に転化した。第一次フランス革命は，市民的な国民統一を創出するために，あらゆる局地的，地域的，都市的，地方的な特殊権力を打ち破るという使命をもっていたので，絶対王政が開始したもの，つまり中央集権化を発展させなければならなかったが，同時に，政治権力の範囲，属性，手先を発展させなければならなかった。ナポレオンがこの国家機構を完成させた。正統王朝の王政と七月王政は，市民社会内部の分業が新しい利害集団を創出し，したがって国家行政の新しい素材を創出するのに応じて増大する，より大規模な分業以外には，何も付け加えなかった。あらゆる共通利益は，村の橋や校舎や自治体財産からフランスの鉄道や国有財産や国立大学にいたるまで，すぐに社会から分離されて，より高い一般的利益として社会に対置され，社会構成員の自発性からもぎ取られて，政府活動の対象とされた。最後に，議会的共和制は，革命との闘争のなかで，抑圧措置とともに政府権力の諸手段と集中化を強化せざるをえなかった。すべての変革が，この機構を打ち砕く代わりに，それを完璧なものに近づけた。支配を

めぐって交互にもみ合った諸党派は，この途方もない国家建造物を手に入れることを，勝者の主要な戦利品だと見なした。

しかし，絶対王政下でも，第一次革命の間も，ナポレオン治下でも，官僚制は，ブルジョワジーの階級支配を準備する手段にすぎなかった。復古王政下でも，ルイ＝フィリップ治下でも，議会的共和制の下でも，官僚制は，どれほど独自の権力を求めたにしても，支配階級の道具だった。

2代目ボナパルトの下ではじめて，国家が社会に対して自立し，社会を制圧したように見える。執行権力の自立性は，自らを正当化するのに，その首長がもはや天才を必要とせず，その軍隊がもはや栄誉を必要とせず，その官僚制がもはや道徳的権威を必要としない場合に，あからさまに際立つ。国家機構は，市民社会に対して自らをひじょうに強固にしたので，その頂点に座るのは，12月10日会の首領，酔っぱらった暴兵たちに指導者に祭り上げられた，外国からやってきた冒険家で十分なほどである。（原著 S. 178-179；邦訳 174-176 頁）

① Karl Marx, Zur Judenfrage, in Karl Marx, Friedrich Engels Werke (MEW), Dietz Verlag, Berlin, 1956, Band 1（城塚登訳『ユダヤ人問題によせて ヘーゲル法哲学批判序説』岩波文庫，1974 年）。② Karl Marx, Friedrich Engels, hrsg. von. Wataru Hiromatsu, Die deutsche Ideologie, Kritik der neuesten deutschen Philosophie in ihren Repräsentanten, Feuerbach, B. Bauer und Stirner und des deutschen Sozialismus in seinen verschiedenen Propheten（河出書房，1974 年，第一分冊：廣松渉編訳，小林昌人補訳『新編集版 ドイツ・イデオロギー』岩波文庫，2002 年）。③ Karl Marx und Friedlich Engels, Das kommunistishe Manifest, in MEW Band 4, 1957（大内兵衛・向坂逸郎訳『共産党宣言』岩波文庫，1971 年改訳）。④ Karl Marx, Der 18. Brumaire des Louis Bonaparte, in Marx/Engels, Gesamtausgabe (MEGA), 1/11, Berlin, 1985（植村邦彦訳『ルイ・ボナパルトのブリュメール 18 日』平凡社ライブラリー，2008 年）。

原著は参照の便宜を考え，①③については，ディーツ版の全集所収のものを表示した。②については，この全集を含め，これまで用いられてきたテキストがマルクス・エンゲルスの草稿から恣意的に編集されたものであることが明らかとなり，それに代わるものとして廣松渉氏によって草稿から著者たちの意図に沿って復元したテキストが出版された。使用した訳文は，廣松氏の遺志を継ぎ，この河出書房版に添えられた廣松氏自身による日本語訳（第二分冊）をもとに小林氏が改訳して，岩波文庫から出版されたものである。④は訳書が新 MEGA 版に依拠しているので，それを表示した。訳文は変更せずそのまま用いているが，強調の傍点は省略したものがある。

［森　政稔］

エルンスト・ルナン

Ernest Renan, 1823–1892

『国民とは何か』（1882年）

　エルンスト・ルナンは，ブルターニュ人の，つまりフランスに同化されたマイノリティの農民家庭に生まれている。最初は聖職者になるつもりでいたが，やがて教会と決裂し，熱狂的に共和主義に共感するようになった。膨大な量におよぶ精力的な哲学的，歴史的執筆活動と，姉の貯蓄でその生計を支える生活を送った。彼が取り組んだ『キリスト教起源史』という大作の一巻にあたる『イエスの生涯』は，岩波文庫の翻訳もあるが，キリストが神であることを否定しつつ，その教えを愛の倫理学として理解し，超自然的なものに依拠しないキリスト教の歴史を描いている。正統的なキリスト教に対する批判的で懐疑的な自由主義の立場からの解釈は，同時代に大きな衝撃と影響を与えた。一度は無神論を理由に拒まれていたコレージュ・ド・フランスの教授団に，1870年になって遅まきながら加わり，聖書学についての講義をおこない，さらに8年後にはアカデミー・フランセーズの会員にも選ばれている。

国民主義のモデルとして

　『国民とは何か』は，彼が1882年にソルボンヌでおこなった講演であり，一時は第三共和制における国家理解の規範のごときものとして受けいれられていた。国民とは主意的な精神的な原理であると断言したこのテクストは，歴史的には，きまってその数十年前におこなわれたフィヒテの『ドイツ国民に告ぐ』と対にして取り上げられてきた。その場合の対比図式は非常に単純化されたものだった。つまり，フィヒテの国民観念は「ドイツ的」であり，民族全体を前提にしてはじめて個人が可能になるかのような民族主義の起源であるのに対して，ルナンのそれはいかにも「フランス的」で，啓蒙された国民概念であるというものであった。こうした理解はフィヒテの矮小化，ルナンの平板化であるとともに，国民という観念と近代国民国

家がもたらす呪縛についての透徹した思考を妨げる結果を招く。そもそもその図式における「ドイツ的」,「フランス的」という想定自体のなかに,国民の表象が差し込まれているのだから,奇妙な論点先取であることは明らかだ。しかし,最近では,フィヒテとルナンのふたつの国民観念には深い類縁性があり,両者はあるひとつの国民主義のふたつの表われにすぎないと考えられるようになってきている。

国民の記憶と忘却

そのようにルナンの理解が深まったことのひとつの要因は,近年のナショナリズム論における新しい視点,とくに国民国家の暴力を,たんに物理的制度や実体的威力としてだけでなく,それが持っている想像力の次元を含めてはっきりととらえようとする志向に深く関わっている。そうした傾向を代表する論考であるベネディクト・アンダーソンの『想像の共同体』は,ルナンの国民概念が,かつての政治的暴力がもたらした虐殺の忘却のうえにはじめて可能になると指摘したことに何よりも強調点をおいている。そして,そもそもこの『国民とは何か』というテクスト自体が,1770-71年の普仏戦争における敗北とパリコミューンの記憶を忘却し,内戦の傷がもたらした社会的対立に対する和解を企てるという文脈をもっていたのである。アンダーソンはそうした作用のなかに,国民国家のもっとも明示的な自己表現を見たのである。

ルナン理解は,ポストコロニアル状況との関係のなかで,つまりフランス社会における移民の「統合」という問題をめぐってもアクチュアリティを増している。それは,本質主義的な国民概念にかわる,多文化的で可変的な国民概念が,ルナンのなかに見出されるのではないか,という期待によってであろう。しかし,『国民とは何か』は,その点でも単純なテキストではない。有名な「国民の存在は日々の人民投票である」というフレーズは,国民観念の主意主義的な決定を可能にしているように見えながら,実はこの規定は,当事者たちによるなんらかの自主的な選択可能性のごときものとはならないからである。一見そこに暗示されているような,国民の境界が自発的に選択可能になるような記述は,実はこの人民投票の遂行的な不可能性において実際には否定されている。

『国民とは何か』は,国民国家という「怪物」の力を見極めるために,その観念をめぐる限界点を確定するために,一度は徹底的な解読を必要とするテクストである。

① 『国民とは何か』（原著 pp. 891f.；邦訳 47 頁）
　忘却，歴史的誤謬と言ってもいいでしょう。それこそが一つの国民の創造の本質的因子なのです。だからこそ，歴史学の進歩は往々にして国民性にとって危険です。歴史的探求は，あらゆる政治構成体，もっとも有益な結果をもたらした政治構成体の起源にさえ生起した暴力的な出来事を再び明るみに出してしまうからです。統一は，つねに乱暴になされます。北フランスと南フランスの統合は，絶滅戦争と一世紀近くも続いた恐怖政治の結果です。フランス王は，あえて言うなれば，数世紀にわたって国民の結晶化作用を保証した理想的な類型であり，存在しうるもっとも完璧な国民的統一を成し遂げました。そのフランス王でさえ，あまりに近くから見られたため，威信をなくしてしまったのです。彼が形成した国民は彼を呪い，そして今日，フランス王の往時の価値，その事績を知っているのは教養のある人々だけです。

② 同書（原著 p. 892；邦訳 48 頁）
　国民の本質とは，すべての個人が多くの事柄を共有し，また全員が多くのことを忘れていることです。フランス市民は誰一人，自分がブルグンド人，アラン人，タイファル人，ヴィシゴート人のいずれの後裔だか知りません。いかなるフランス市民も，聖バルテルミの虐殺，一三世紀の南仏で起きた虐殺を忘れていなければなりません。フランスには，自分でフランク人の血を引いていることを証明できる家族は十指に足りません。しかもこれらの証拠と称するものも，系図学者のどんな方式をもってしても整除不可能な数えきれない未知の交雑のため，本質的に不完全なものです。

③ 同書（原著 pp. 894f.；邦訳 50 頁以下）
　国民は王朝の原理なしで存在しうること，王朝によって形成された国民もこの王朝から分離することができ，分離したからといって存在することを止めるわけではないことも認めなければなりません。君主の権利しか考慮しない古い原理を維持することはもはや不可能でしょう。王朝の権利以外に，国民の権利というものがあるのです。この国民的権利は，どんな基準を根拠に据えるべきなのでしょう。どんな徴でそれを認めたらよいのでしょう。どんな明白な事実から，それを派生させることができるのでしょう。

④　同書（原著 pp. 903f.；邦訳 61 頁）

　国民とは魂であり，精神的原理です。実は一体である二つのものが，この魂を，この精神的原理を構成しています。一方は過去にあり，他方は現在にあります。一方は豊かな記憶の遺産の共有であり，他方は現在の同意，ともに生活しようという願望，共有物として受け取った遺産を運用し続ける意志です。人間というものは，皆さん，一朝一夕に出来上がるものではありません。国民も個人と同様，努力，犠牲，献身からなる長い過去の結果です。祖先崇拝はあらゆる崇拝のうちでもっとも正当なものです。祖先は私たちを現在の姿に作りました。偉人たちや栄光（真の栄光です）からなる英雄的な過去，これこそその上に国民の観念を据えるべき社会的資本です。過去においては共通の栄光を，現在においては共通の意志をもつこと。ともに偉大なことをなし，さらに偉大なことをなそうと欲すること。これこそ民族となるための本質的な要件です。

⑤　同書（原著 pp. 904f.；邦訳 62 頁）

　国民とは，したがって，人々が過去においてなし，今後もなおなす用意のある犠牲の感情によって構成された大いなる連帯心なのです。それは過去を前提はします。だがそれは，一つの確かな事実によって現在のうちに要約されるものです。それは明確に表明された共同生活を続行しようとする合意であり，欲望です。個人の存在が生命の絶えざる肯定であると同じく，国民の存在は（この隠喩をお許しください）日々の人民投票なのです。ああ，わたしは知っています。それは神授権ほど形而上学的ではなく，歴史的と称される権利ほど乱暴でもありません。私が皆さんのご高察に委ねた考え方によれば，国民にも王とも同様に，ある州に対して「汝は余に属す，余は汝を取る」と言う権利はありません。私たちにとって，州とは住民のことです。この件について意見を求められるべき者がいるとすれば，それは住民です。ある地方をその意志に逆らって併合したり引き止めたりすることは，国民にとって決して真の利益ではありません。国民の願望こそ最終的には唯一の正当な基準であり，つねにそこに立ち戻るのでなければなりません。

Ernest Renan, *Qu'est-ce qu'une nation? Conférence faite en Sorbonne,* le 11 mars 1882, Paris: *Œuvres complètes de Ernest Renan, Tome 1,* Henriette Psichari (ed.), Calmann-Lévy, 1887, pp. 887–906（鵜飼哲訳『国民とは何か』インスクリプト，1997 年所収）。訳文は既訳をそのまま引用した。

[岩崎　稔]

ハーバート・スペンサー
Herbert Spencer, 1820–1903

「政府の固有の領域」(1843 年)
『社会静学』(1851 年)
『人間対国家』(1884 年)

　ハーバート・スペンサーは，イングランドに生まれた。父親と叔父が経営する学校で受けた短期間の教育を別にして，ほぼ独力でその思想を形成した。しかし彼の思想には，非国教徒であった父親の反権威主義と独立精神，急進主義者であった叔父の自由放任主義が色濃く反映している。鉄道技師を経てジャーナリズムの世界に入り，『エコノミスト』の編集者時代に処女作『社会静学』(1851 年)を発表。後に執筆活動に専念して，天文学・生物学から倫理学・政治学までを包括する「綜合哲学体系」を完成した。

国家介入にたいする批判

　彼の政治思想の骨格は，最初期の論文「政府の固有の領域」(1843 年) にほぼ現われている。ここでスペンサーは，政府（国家）の任務を「自然権の保護」を目的とする「正義の執行」に限定する。政府は自然権の相互保障のシステムであって，それ以上のものではない。政府の機能をきわめて狭く捉え，「おこなうべきこと」によってではなく「おこなってはならないこと」によって政府を定義する点に，スペンサーの国家観が明瞭に示されている（引用①参照）。

　スペンサーの政治思想は，自然権の保護を政治の目的とする点で，自然権を否定したベンサムのそれとは異なる。しかし「最大幸福」を社会の共通目的であるとする点で，なおも功利主義の影響下にあった。ただしスペンサーは，最大幸福の原理を直接的に適用した点で功利主義を批判する。社会立法をつうじて政策的に害悪を除去しようとする試みが，広範な国家介入を招いたからである。スペンサーによれば，あらゆる害悪は人間が環境に適応する過程でおのずと消滅する（引用②参照）。つまり，最大幸福の原理は直接的に適用されるべきではなく，自然な過程に任せることによって間接的に適用されるべきものなのである。

社会進化と適者生存

人間は，自己と環境の均衡をめざして適応をつづける存在である。そのためには，個人の能力を自由に発揮することができなければならない。それゆえ「平等な自由の法」が道徳の第一原理となる（引用③参照）。同じように，人間社会も，個人の自由な幸福追求が相互依存的関係として実現される社会的均衡をめざして絶え間なく進化してゆく有機体である。それゆえ，自由放任こそが政策の原理となる。

スペンサーの進化論は，しばしば「社会ダーヴィニズム」であるとされる。しかし，スペンサーの進化論はダーウィン『種の起源』（1859年）よりも早く発表され，またよく知られる「適者生存」という言葉もスペンサーの造語である。適者生存の論理は，彼の救貧政策・公衆衛生政策批判に端的に現われている。社会の害悪を取り除こうとする国家の介入政策は，環境に適応できない人々を生きながらえさせることによって，結果的にさらに大きな害悪を招く。社会の適切な進化にとって，介入は不必要であるばかりか，悪である。このようにしてスペンサーは古典的な自由主義の自由放任政策を進化論を使って正当化するのである（引用④・⑤参照）。

しかし，スペンサーの自由放任思想が脚光を浴びたのは，19世紀後半の国家介入政策の発展期であった。社会立法の成立による政府介入の拡大に，「議会の専制」と「官僚制支配」による自由主義の理念の危機を見たスペンサーは，個人主義と権力制限の原理に立ち戻ることによって，彼が考える「真の自由主義」を守ろうとしたのである（引用⑥参照）。

影響

自由主義に社会進化の論理をスペンサーが持ち込んだことによって，自由主義には新たな側面が加えられることになった。とりわけ彼の理論は，アメリカで絶大な支持を受けた。彼の思想は，優勝劣敗の原理にもとづく生存競争こそが自由社会の特徴であり，またそれをつうじて理想社会が実現されるとするアメリカの保守主義的な自由主義の形成に大きな貢献したといえる。

しかし，有機体的社会観は，個人主義よりもむしろ集産主義に適合的である。スペンサーの介入批判にもかかわらず，もしも国家による適切な管理と指導があれば，社会はより調和的で健全な有機体へと育成進化させることができるという論理が導かれる。こうしてスペンサー自身の意図に反して，彼の有機体論は，政府の積極的役割をつうじて調和的な理想社会を実現することをめざすL.ホブハウスの新自由主義や，国家統制による福祉国家建設をめざすウェッブ夫妻のフェビアン主義に受け継がれることになったのである。

① 「政府の固有の領域」（原著 pp. 186-187）
　社会の法則には自然の害悪が取り除かれるのとよく似た特性があること，神の創造物のいずれについてもそうであるように，社会にもその構成するすべての要素間の均衡を保ちつづける美しい自己調整原理が存在していること，さらに，外なる自然にたいする人間の干渉がしばしば適正な均衡状態を崩してしまうように，社会の活動をことごとく立法によって統制しようとする試みは，悲惨と混乱のほかには何ももたらさないということを人間は知っている。（中略）では，彼らは政府に何を望むだろうか。それは商業を規制しないこと，民衆を教育しないこと，宗教を広めないこと，慈善を行わないこと，道路や鉄道を建設しないことである。彼らが政府に望むのは，人間の自然権を保護すること，人格と財産を守ること，強者に弱者の権利を侵害させないようにすること，要するに，正義を執行することだけである。これが政府の本来の，そもそもの任務なのである。

② 『社会静学』（原著 pp. 30-32）
　すべての害悪は環境条件に資質が適応していないことから生じるものであり，この不適応が存在するかぎり，環境条件に適応するよう資質を変えることをつうじて害悪はさらに消失しつづけることになる。（中略）最初におかれた状態に適応するために，人間はある道徳的資質を必要とした。現在の状態に適応するためにそれとは別の資質を必要としている。人間はこれまでそうであったように，これからもずっとこの適応の過程のなかにいる。人間の完成を信じるということは，この適応の過程のおかげで，最終的に人間は自分の生活様式に完全に適応すると信じるだけのことなのである。

③ 同書（原著 p. 36）
　もしも人間が，その能力を行使するために必要な自由を同じように要求するのであれば，各人の自由は全員の同様な自由によって制限されなければならない。（中略）我々が投げ込まれている生存の領域では，全員の無制限な活動が許されるような余地はなく，しかも我々はその資質からして無制限な活動にたいする同様な要求をもつので，どうしても課さざるをえない拘束は全員に平等に割り当てるほかに道はない。かくして我々は，すべての人が，他のすべての人々が所有する同様の自由と両立するかぎり，自分の能力を行使する完全な自由を要求するこ

④　同書（原著 pp. 204–206）
　災厄，病気，死は，自然が無能のみならず無知に下した罰であり，同時に矯正の手段でもある。自然は，最も発達していない者を除去する一方で，除去されずに生き残った者たちを止むことなき試練による訓育規律に服せしめることで，生存の条件を理解しそれに則して行為できる，そうした民族の成長を保障しているのである。（中略）そしてこうした試練に耐えることができるほど逞しい者だけ，つまり通常の，また突発的に生じた生存の差し迫った必要にかなりうまく適合する者だけが生き残る。そしてこのようにして人種は堕落を免れるのである。

⑤　同書（原著 pp. 215–216）
　つまり，（中略）社会を一つの有機体と見なすならば，ある一つの機能の能力を活性化するために社会的活力を消耗すれば，かならず他の機能を果たす活力を減じることになると言うことができる。社会は放任されているかぎり，そのさまざまな器官は相互に適当な関係を保ちながら発達しつづけるだろう。（中略）いかなる特定の方向にであっても未熟な発達を生み出すことによってこの過程に干渉することは，他のところでそれに応じた退行を引き起こすのであり，それは例外なく，有機体が均衡を達成するのを阻害するのである。

⑥　『人間対国家』（原著 p. 26）
　このように多種多様な規制法は，それが民衆によって選ばれた政体から提出されたということを根拠にしても擁護できるものではない。というのは，民衆によって選出された政体の権威は，君主政の権威が無制限のものではないのと同様に，無制限のものと見なされるべきではないからである。そして，過去からの真の自由主義が君主は無制限の権威をもつという仮定に反駁したように，現在の真の自由主義も議会は無制限の権威をもつという仮定に反駁するものだからである。

Herbert Spencer, *Social Statics* (1851), *Abridged and Revised,* University Press of the Pacific, 2003; idem, "The Man versus the State" (1884), "The Proper Sphere of Government, Letter I" (1843), in idem, *The Man versus the State: with Six Essays on Government, Society, and Freedom*, Indianapolis: Liberty Classics, 1981.

［金田耕一］

● 第Ⅲ部　近代

フリードリヒ・ニーチェ
Friedrich Nietzsche, 1844–1900

『悦ばしき知識』
(第四書まで 1882 年；第五書を収録した完成版 1887 年)

生涯　1844 年にドイツ，ザクセン州の牧師の家に生まれる。1869 年にバーゼル大学の古典文献学の助教授になる。1872 年出版の『悲劇の誕生』をもって思想家ニーチェは誕生する。1889 年にトリノで精神の病に冒され，以後病院で過ごし，1900 年にワイマールで死去。

ファシズムとの関係　ニーチェには固有の意味での政治思想は存在しない。にもかかわらず彼は，その死後ファシズムのなかで先駆者として注目され，その影響を受けたファシズムの思想家も多い。たしかに字面どおりに読むならば，彼の思想のなかに個人主義・平等主義・法治国家の断罪，強者の支配，闘争の賛美を見いだすことは容易であり，そこにファシズムの序曲を聴き取ることは不可能ではない。しかし，彼の主張の根底にある意図が，言語の暴力性と個人概念の虚構性の暴露，そして同一性と差異の二項対立の上に築き上げられた西洋形而上学全体の解体にあることに気づくならば，彼とファシズムを結びつける解釈が誤りであることは明白である。なぜならば，ファシズムは個と全体，理性と感性，普遍と特殊という二項対立を前提にして力点を前項から後項へと移行させたにすぎないからである。ニーチェの思想の本質は，ポストモダニズムと同様に，まさにあらゆる意味での二項対立そのものを脱構築するところに存する。

遠近法主義と脱構築　ここでは，テキストとして『悦ばしき知識』を選んだ。二項対立に囚われた形而上学的思考が残存していた初期思想を自己批判して，ニヒリズムの告知とその克服へ向けて思索を開始する出発点に位置する。引用①は，いわゆる遠近法主義の認識論を説明している。ニーチェによれば，普遍的な認識を保証する「アルキメデスの点」は存在しない。す

べての認識は，各個体の生にとって最も有利な視点から見られたものにすぎない。1873年に書いたと思われる草稿「道徳外の意味における真理と虚偽について」の言語批判や1886年の『善悪の彼岸』261の虚栄心批判に連なる思想を語っている引用②は，特定の遠近法的地平を特権化して同一性のもとに個物を認識することを可能にする言語の暴力を指摘し，合理的自我の確立が実はその特定の地平を強制されることに等しいことを喝破している。その結果，個体は，同一性と差異によって秩序づけられた世界の中に組み込まれ，そこに合理的個人が誕生するのである。つまり個人の成立と共同体の成立は相即的である。

■ **ニヒリズムの肯定** 　引用③は，遠近法主義の立場から，存在する個物には目的（意味）もその存在の本質も，そして意味や本質に基礎づけられた世界の普遍的な秩序もなく（『力への意志』12参照），それらを可能にしている同一性と差異の強制から逃れるためには「エゴイズム」に徹し，自らの地平に忠実に世界を認識する必要性のあることが主張されている。そのとき，われわれは，万人を拘束する必然的秩序からも，またそれと対立する偶然や混沌という観念からも解放されて，哄笑しつつ舞踏する幼子の生き方を獲得するであろう。しかし，そこにはおよそ秩序というものが存在しないのではないか，戯れる個体相互の最小限の共同性はいかに確保されうるのか。引用④はこの問いに答えている。この文章では，『このようにツァラトゥストラは語った』第Ⅰ部の「友」と「隣人への愛」と同様に，友情と隣人愛が対照的に捉えられている。同一性を附与されて集団の一員へと括られた人間相互のルサンチマンに満ちた関係性ではなく，異なる地平をもつ個体同士の友情に満ちた闘技(アゴーン)こそが，求められるべきである。そこに，形而上学的秩序とは異質な孤独な恒星間に成立する星辰の秩序が現われるであろう。

　最も政治的な響きをもつ引用⑤は，自己の存在の根拠をもたず，またそれを提供する起源への郷愁も捨て去った「われら故郷無き者」が作り出す「新しい秩序」「新しい奴隷制」について語っている。主人と奴隷を決定するのは「力への意志」である。むろん，それは特定の地平を，つまり主観的な意志を押しつけることではない。むしろそうした主観的意志を免れた者こそが主人たる資格がある。だがしかし，もしそれも特定の地平の押しつけであり（「自己言及性の逆説」），そしてそれが，ニーチェの言う「大いなる政治」（『善悪の彼岸』208）であるとすれば……。ここに，ニーチェの政治思想をめぐる解釈の分かれ目がある。

● 第Ⅲ部　近代

① 『悦ばしき知識』162 節から（原著 p. 498；邦訳 210 頁）
　エ̇ゴ̇イ̇ズ̇ム̇。──エゴイズムというものは感情のもつ遠近法的法則だ。これによれば，近いものが大きく，また重要に見えるし，その反対に，遠くなるにつれてすべての事物の大きさと重さとが減ってゆく。

② 　同書，354 節から（原著 pp. 591-593；邦訳 336-337 頁）
　お̇よ̇そ̇意̇識̇と̇い̇う̇も̇の̇は伝達の必要に迫られてのみ発達したものである，──もともとそれは人と人の間（特に命令者と服従者との間）にのみ必要なもの，有用なもの，しかもこの有用性の程度に比例してのみ発達したものである。（中略）意̇識̇さ̇れ̇て̇い̇る̇思̇考̇は，思考全体の極めて僅少の部分，いうならばその最も表面的な部分，最も粗悪な部分にすぎない。──というのも，この意識された思考だけが，言̇語̇を̇も̇っ̇て，すなわち伝̇達̇記̇号̇──これでもって意識の素姓そのものがあばきだされるが──をもって営まれるからである。要すれば，言葉の発達と意識の発達（理性の発達ではなく，たんに理性の自意識化の発達）とは，手を携えてすすむ。附言すれば，人と人との間の橋渡しの役を果たすのは，ただたんに言葉だけではなく，眼差しや風采や身振りもそうである。われわれ自身における感覚印象の意識化，それらの印象を固̇定̇することができ，またいわばこれをわれわれの外に表出する力は，これらの印象をば記号を媒介にして他人に伝達する必要が増すにつれて増大した。記号を案出する人間は，同時にいよいよ鋭く自分自身を意識する人間である。人間は，社会的動物としてはじめて，自分自身を意識するすべを覚えたのだ，──人間は今もってそうやっているし，いよいよそうやってゆくのだ。──お察しのとおり，私の考えはこうだ──意識は，もともと人間の個的実存に属するものではなく，むしろ人間における共同体的かつ畜群的な本性に属している。従って理の当然として，意識はまた，共同体的かつ畜群的な効用に関する点でだけ精妙な発達をとげてきた。また従ってわれわれのひとりびとりは，自分自身をできるかぎり個̇的̇に理解しよう，「自己自身を知ろう」と，どんなに望んでも，意識にのぼってくるのはいつもただ他ならぬ自分における非̇個̇的̇なもの，すなわち自分における「平均的なもの」だけであるだろう，──われわれの思考そのものが，たえず意識の性格によって──意識の内に君臨する「種̇属̇の̇守̇護̇霊̇」によって──いわば多数決にかけられ，畜群的遠近法に訳し戻される。われわれの行為は，根本において一つ一つみな比類ない仕方で個人的であり，

唯一的であり，あくまでも個性的である，それには疑いの余地がない。それなのに，われわれがそれらを意識に翻訳するやいなや，それらはもうそう見えなくなる……これこそが私の解する真の現象主義であり遠近法主義である。動物的意識の本性の然らしめるところ，当然つぎのような事態があらわれる。すなわち，われわれに意識されうる世界は表面的世界にして記号世界であるにすぎない，一般化された世界であり等し並みの世界にすぎない，——意識されるものの一切は，意識されるそのことによって深みを失い，薄っぺらになり，他と比較可能で愚劣なものとなり，一般化され，記号に堕し，畜群的標識に化する。すべて意識化というものには，大きなしたたかな頽廃が，偽造が，皮相化と一般化が，結び付いている。

③ 同書，109節から（原著 pp.467-468；邦訳 171-172 頁）
　われわれは用心しよう！——世界が一つの生きものだなどと考えないように，われわれは気をつけよう。世界はどっちのほうへ伸びるというのだ？　それは何を養分として生きるというのだ？　どうしてそれは成長したり繁殖したりできるのだ？　有機体とはどういうものかを，おおよそのところわれわれだって知っている。それなのにわれわれは，宇宙を有機体と呼ぶあの連中のやりかたにならって，われわれが地殻の上でのみ認める極めて派生的な，晩生の，珍奇な，偶然的なものを，本質的なもの・普遍的なもの・永遠なものに解釈し変えていいものだろうか？　そうしたことは私に吐き気を催させる。宇宙は一個の機械だなどと信ずることをすら，われわれは慎もう。宇宙が一つの目標を目指して組み立てられたものでないことは，たしかだ。われわれがそれに「機械」という言葉をつかうのは，宇宙に余りにも高い栄誉を附与するというものだ。われわれに近い星辰の循環運動のような秩序整然としたものの存在を，いたるところに予想してかかることがないよう気をつけよう。銀河に一瞥を投じてさえすでに，そこにははるかに蕪雑な矛盾撞着した諸運動または永遠な直線的落下軌道をもった星辰とかいった類のものがあるのではないか，という疑いがかきおこされる。われわれが生存しているこの星辰の秩序は，一個の例外である。この秩序と，それに制約された可成りの期間の持続とが，さらに例外中の例外をも，つまり有機体の形成をも可能にしたのだ。それに反し，世界の総体性格は，永遠にいつまでも混沌である，それも必然性を欠くという意味ではなく，秩序・組織・形式・美・知恵およびわ

れわれの美的人間性の形容詞となるようなものの一切が欠けているという意味である。（中略）われわれは，宇宙が無情で不条理だとか，或いはその逆だとかいって陰口をたたくのはやめにしよう！　それは完全でもなければ，美しくも高貴でもないし，またそれらのどれひとつにもなろうなどとは露ほども欲していない。それは人間に倣おうなどとは皆目つとめてはいない！　それはわれわれのどんな美的および道徳的な判断とも断じて相応ずるものではない！　それはまたどんな自己保存衝動をも持たないし，またおよそいかなる衝動をも持っていない。それはまたいかなる法則をも知らない。われわれは，自然に法則があるなどと言わぬようにしよう。あるのはもろもろの必然性だけだ，つまり自然には命令する何者もなく，服従する何者もない。もし諸君が，目的の何一つ存しないことを知るならば，諸君はまたいかなる偶然も存しないことを知るだろう。なぜといって，諸目的の世界があるところでのみ「偶然」という言葉も意味をもつからである。

④　同書，279節から（原著 pp. 523-524；邦訳 252-253 頁）
　われわれは友達であったが，互いに疎遠になってしまった。けれど，そうなるべきが当然だったのであり，それを互いに恥じるかのように隠し合ったり晦まし合ったりしようとは思わない。われわれは，それぞれその目的地と航路とをもっている二艘の船である。もしかしたらわれわれは，すれ違うことがあるかもしれないし，かつてそうだったように相共に祝祭を寿ぐことがありもしよう。（中略）われわれが互いに疎遠となるしかなかったということ，それはわれわれの上に臨む法則なのだ！　まさにこのことによって，われわれはまた互いにいっそう尊敬し合える者となるべきである。
　まさにこのことによって，われわれの過ぎし日の友情の想い出がいっそう聖なるものとなるべきである！　おそらくはわれわれのまことにさまざまな道筋や目標が，ささやかな道程として包みこまれるような，巨大な目に見えぬ曲線と星辰軌道といったものが存在するのだ，――こういう思想にまで，われわれは自分を高めようではないか！　だが，あの崇高な可能性の意味での友人以上のものでありうるには，われわれの人生は余りにも短く，われわれの視力は余りにも乏しい。――されば，われわれは互いに地上での敵であらざるをえないにしても，われわれの星の友情を信じよう。

⑤　同書，377節から（原著 pp. 628–629；邦訳 378–379 頁）

　われら故郷無き者。(中略)未来の子であるわれわれ，そのわれわれが，どうしてこの現代に安らうことができようぞ！　この脆く崩れかけた過渡時代においてさえなおも家郷にある思いをさせるような一切の理想に対し，われわれは嫌悪を覚える。ところで，その「現実」に関していえば，それが永続するとはわれわれには信じられない。今日なおわれわれを載せている氷は，すでにはなはだしく薄くなってしまった。南風が吹いている。われわれ自身，われら故郷無き者たちは，この氷と諸他の薄すぎる「現実」とを破砕する何ものかであるのだ，……われわれは何ものをも「保守」しない，われわれはまたどんな過去にも帰ろうなどとは思わない，われわれはさらさら「自由主義者」ではない，われわれは「進歩」のお先棒をかつぎなどしない，われわれはいまさら市場の魔女の未来の歌声に耳をふさいだりする必要などない――彼女らが歌うところのもの，「平等の権利」「自由社会」「もはや主人なく奴隷なし」等によって，われわれは誘惑されはしない！　われわれは，正義と融和の国が地上に建設されるのを，願わしいことだとは露思ってはいない。(中略)われわれは，われわれと同じく危険，戦争，冒険を愛し，妥協せず，とらえられず，丸めこまれず，去勢されぬすべての人々を，悦ばしく感ずる。われわれは，自分自身を征服者に数え入れる。われわれは，新しい秩序の必然性について，さらには新しい奴隷制の必然性について思い耽る。――それというのも，「人間」という典型のいかなる強化と向上にも，或る新しい種類の奴隷化がなくてはならないからだ――そうではないか？

Friedrich Nietzsche, *Die fröhliche Wissenschaft, Sämtliche Werke Kritische Studienausgabe in 15 Bänden*, hrsg. von Giorgio Colli und Mazzino Montinari, Band 3, de Gruyter（信太正三訳『悦ばしき知識』ニーチェ全集第8巻，理想社，1980年）。訳文を変えた部分がある。

【参考文献】　ちくま学芸文庫ニーチェ全集の第2巻（塩屋竹男訳『悲劇の誕生』1993年），第9・10巻（吉沢伝三郎訳『ツァラトゥストラ上下』1993年），第15巻（川原栄峰訳『この人を見よ・自伝集』1994年）

［小野紀明］

第IV部　現代

ウェーバー
マーシャル
ソレル
ホブスン
レーニン
フロイト
ラスキ
リップマン
シュミット
シュンペーター
ケインズ
ハイエク
グラムシ
アドルノ
アレント
毛沢東
フーコー
ロールズ
ハーバマス
第二波フェミニズム

● 第 IV 部　現代

マックス・ウェーバー
Max Weber, 1864–1920

『宗教社会学論選』（1920 年）
『支配の社会学』（1921 年）

生涯と著作　法律家で，のちに国民自由党の代議士になる父と，敬虔なプロテスタントの母のもと，マックス・ウェーバーは 1864 年にエアフルトで生まれた。彼は今日では社会学者として知られているが，『中世商事会社』の研究によって法学博士号を，『ローマ農業史』によって法学の教授資格を取得し，最初の教授職はフライブルク大学の国民経済学だった。ウェーバーは精神の病によって移籍したハイデルベルク大学を辞することになるが，彼の家にはトレルチ，イェリネク，ルカーチ，ヤスパースらが集まった。健康不安のなか，のちに『学問論』に収録されることになる「社会科学および社会政策的認識の『客観性』」などの諸論文で「価値自由」や「理念型」を論じ，1904 年にはセントルイス万博の学術会議に参加するためにアメリカ旅行をした。トクヴィルの旅が『アメリカのデモクラシー』を生んだように，この旅は政党の比較政治社会学や『プロテスタンティズムの倫理と資本主義の精神』の基礎になった。宗教の経済倫理に注目する比較研究は『儒教と道教』『ヒンドゥー教と仏教』『古代ユダヤ教』へと展開され，没後に『宗教社会学論集』三巻にまとめられた（『宗教社会学論選』はこの抜粋）。第一次世界大戦が勃発すると精力的に政治評論を発表し，「新秩序ドイツの議会と政府」などの重要論文は『政治論集』に収録されている。1919 年にミュンヘン大学に復職するが，急性疾患のために翌年死去した。晩年におこなわれた 2 つの講演『職業としての学問』『職業としての政治』はとくに有名。没後『経済と社会』（『支配の社会学』『法社会学』『都市の類型学』などが含まれる）が刊行されたが，その編纂をめぐっては論争がある。このほか『ロシア革命論』『古代農業事情』『音楽社会学』なども重要。

「神々の闘争」と合理性論

ウェーバーの仕事は「神は死んだ」と宣告したニーチェ以降に顕在化する諸価値の対立・葛藤という事態（「神々の闘争」）に対する彼なりの応答として読むことができる。彼はしばしば近代（モデルネ）を探求した社会理論家であるといわれるが，前近代から近代へ（封建制から近代資本主義へ）という直線的な進歩の論理を彼の著作から読み取るのは誤りである。「合理化」「合理性」「合理主義」という彼の鍵概念は，諸価値の対立・葛藤という認識を前提にして，したがって啓蒙主義的な「理性」を相対化したうえで意識的に多義的に用いられている（引用②参照）。

比較宗教社会学と「西洋」の普遍性への問い

ウェーバーは「西洋」の普遍性とその成立の条件を探求した。経済的構造に着目したマルクスとは対照的に，彼は宗教に注目して文化比較をおこない（引用③参照），「西洋」においてのみ，合理的実験による自然科学，合理的な法，和声音楽，絵画における遠近法，そして近代資本主義など，「普遍的な意義と妥当性」をもつ諸現象が成立したと主張した（引用①参照）。「西洋」においては多元的な緊張関係が保持され（引用⑬参照），それが伝統の相対化に有利な地盤を提供したという。近代法や官僚制の「形式合理性」は，ある共同体においてのみ妥当する「実質的」善が相対化されることで成立する（引用④参照）。「正当的支配の三類型」（伝統，カリスマ，合法）も伝統の相対化以後のレジティマシーの類型論である（引用⑤参照）。「脱魔術化」をもたらす禁欲的プロテスタンティズムと「呪術の園」を温存する儒教の対比の議論は（引用⑨参照），戦後日本のウェーバー研究においてとくに重視された。

緊張の政治思想

ウェーバーは政治をその目的ではなく，手段としての権力，とりわけ物理的強制力によって定義し（引用⑥参照），宗教との緊張関係をくり返し問題にした。また近代における官僚制化，規律化，あるいはカリスマの消滅を論じつつも（引用⑩・⑪参照），いかなる秩序においても非合理性（カリスマ）の契機が内包されているとし（引用⑨・⑫・⑭参照），それを忘却して独善に陥ることを戒めた。信条（心情）の純粋性を貫徹することを求める「信条倫理」と結果の責任を求める「責任倫理」の対立や（引用⑦参照），官僚制の「鉄の檻」とそれに対抗する人民投票的指導者民主制も，こうした価値をめぐる緊張の理論を基礎にしている。近代化にともなう価値葛藤は救済願望をかき立て（引用⑧参照），原理主義的な運動を生み出しやすい。独善的な普遍主義と偏狭な個別主義に対抗する点で，ウェーバーの緊張の政治思想は意味をもつ。

● 第 IV 部　現代

① 『宗教社会学論選』(原著 S. 1；邦訳 5 頁)
　近代ヨーロッパの文化世界に生をうけた者が普遍史的な諸問題を取扱おうとする場合，彼は必然的に，そしてそれは当をえたことでもあるが，次のような問題の立て方をするであろう。いったい，どのような諸事情の連鎖が存在したために，他ならぬ西洋 (Okzident) という地盤において，またそこにおいてのみ，普遍的な (universell) 意義と妥当性をもつような発展傾向をとる文化的諸現象——少なくともわれわれはそう考えたいのだが——が姿を現すことになったのか，と。

② 同書 (原著 S. 11-12；邦訳 22-23 頁)
　右にあげた文化諸特性に関する諸事例のいずれにおいても，結局のところ，問題になっているのは明らかに西洋文化のおびている独特な「合理主義」である。が，この「合理主義」なる語は，後段の叙述で繰り返し説明するように，きわめてさまざまな意味に解することができる。たとえば神秘的瞑想の「合理化」という語法があるが，この場合には，生の他の諸領域から見ればすぐれて「非合理的」な行動様式を指すものでありながら，しかも経済・技術・学問研究・教育・戦争・司法・行政などの合理化の場合と同じように，合理化とよばれるわけである。さらにまた，それら生の諸領域のすべてにおいては，それぞれのさまざまな究極的観点ないし目標のもとに「合理化」が進行しうるのであるが，その場合，一つの観点からみて「合理的」であることがらが他の観点からみれば「非合理的」であることも可能である。それゆえ合理化と一口に言っても，あらゆる文化圏にわたって，生の領域がさまざまに異なるに応じてきわめて多種多様の合理化が存在したということになるであろう。文化史の上で合理化が示すそうした差異を特徴づけるものは，何よりもまず，どのような分野でどの方向にむかって合理化がおこなわれたか，ということである。こうしてさしあたっては，またもや西洋，なかんずく近代西洋における合理主義の独自の特性を認識し，その成立のあとを解明することが問題となってくるのである。

③ 同書 (原著 S. 252；邦訳 58 頁)
　人間の行為を直接に支配するものは，(物質的ならびに観念的な) 利害関心 (Interessen) であって，理念 (Ideen) ではない。しかし，「理念」によってつくりだされた「世界像」は，きわめてしばしば転轍手として軌道を決定し，そしてそ

の軌道の上を利害のダイナミズムが人間の行為を推し進めてきたのである。つまり「どこから (wovon)」，そして「どこへ (wozu)」「救われる」ことを欲し，また——これを忘れてはならないが——「救われる」ことができるのか，その基準となるものこそが世界像だったのである。

④　同書（原著 S. 272；邦訳 91-92 頁）
　行政と司法における実質的な（material）合理化と形式的な（formal）合理化とを区別することができる。前者は，ちょうど大家族の家長がその成員にするように，家産制的君主が功利的なまたは社会倫理的な立場から自己の臣民の福祉の増大を図る場合に見られ，後者は，すべての「公民」に対してひとしく拘束力をもつ法規範の支配が，訓練をつんだ法律家の手によって，貫徹されていく場合に見られた。（中略）そして近代西洋「国家」，ならびに西洋の「教会」の誕生は，その本質的な部分において，法律家の仕事であった。

⑤　同書（原著 S. 272；邦訳 92-93 頁）
　形式主義的な法学的合理主義の勝利とともに，西洋では，伝来の支配の諸類型とならんで，合法的支配という類型が登場した。それの，ただ一つではないにしても，もっとも純粋な種類は，過去においても現在においても，官僚制的支配である。（中略）その場合，われわれの用語法にとって決定的な意味をもつ特徴として妥当するのは，カリスマをそなえた個人（予言者や英雄）への信仰と帰依による服従ではなく，また神聖な伝統や，伝統的秩序によって定められた支配者個人に対する恭順の念，また場合によっては，特権や授与によって自己の権利を認められた官職受封者や官職受禄者に対する恭順の念による服従でもなく，一般的な形で示された事象的な「職責」への非人格的な拘束である。

⑥　同書（原著 S. 547；邦訳 118 頁）
　そもそも強制手段という赤裸々な暴力に訴えることは，国外に対してだけでなく，国内においても，およそ政治的団体の本質に属することがらである。いやむしろ，これこそが，われわれの述語規定にしたがえば，ある団体を政治的たらしめるものであり，「国家」は，正当性をあたえられた暴力行使の独占（legitime Gewaltsamkeit）を要求する，そうした団体なのである。

⦿　第Ⅳ部　現代

⑦　同書（原著 S. 552-553；邦訳 127-128 頁）
　合理的行為はそれ自身のなかにも深い緊張（Spannung）を孕んでいる。というのは合理的行為それ自身には，個々の場合における行為の倫理的価値が何によって決められるべきか，成果によってか，それともその振舞い自体の――なんらかの倫理的規定をもつ――固有な価値によってか，そうした原理的な問題をさえ判断する手段があたえられていない。つまり，行為者の結果に対する責任（Verantwortung）が手段を神聖化するのかどうか，また，どの程度まで神聖化するのか，あるいは反対に，行為を支える信条（Gesinnung）の価値が結果に対する行為者の責任を拒否し，責任を神に，あるいは神によって見過ごされている現世の堕落と愚昧に転嫁する，そうしたことが正当化されるのか，またどの程度まで正当化されるのか，そうした問題を判定する手段を合理的行為はもっていないのである。宗教倫理が信条倫理として昇華されていくと，この二者択一は後者，つまり「キリスト者は正しきを行い，結果は神にゆだねる」という方向に傾く。しかし，これをどこまでも首尾一貫させていくとすれば，自分の行為は現世の自己法則性にさからい，それがもたらす結果についてその非合理性を宣告されることになるであろう。

⑧　同書（原著 S. 569-570；邦訳 157-159 頁）
　ひたすら文化人へと現世内的に自己完成をとげていくことの無意味さ（Sinnlosigkeit），言いかえれば，「文化」がそこに還元されうるかにみえていた究極的価値の無意味さは，宗教的思考からすれば――そうした現世内的視点から見れば――死の明白なる無意味さから帰結した。〔そのように無意味な〕死こそが，ほかならぬ「文化」という諸条件のもとにおいて，生の無意味さに最終的な刻印を押したように思われた。農民は，アブラハムのように，「生きることに飽満して（lebenssatt）」死ぬことができた。封建社会の領主や戦士たちもそうであった。みんな，その外へは出ることのないような生の一循環を完了したからである。そのようにして，彼らは彼らなりに，生の内容の素朴な一義性から生まれてくる地上的完結に到達することができた。ところが，「文化内容」の獲得ないし創造という意味で自己完成を追求する「教養」人の場合には，そういうわけにはいかない。もちろん彼らも「生きることに倦怠する（lebensmüde）」ことはありうるが，一循環が完結したという意味で「生きることに飽満する」ことはありえない。なぜなら，教養人にあっては完全の追求は，原理的に文化財の場合と同様，どこまで行

っても限りのないものだからである。そして文化財や自己完成の目標がさらに分化し、多様化してくればくるほど、個々人が――受動的には受容者として、能動的には共同の創造者として――限りある人生のうちに手中にかかえこみうる部分は、ますます僅かなものになってくる。(中略) このように見てくると、「文化」なるものはすべて、自然的生活の有機体的循環から人間が抜け出ていくことであって、そしてまさしくそうであるがゆえに、一歩一歩とますます破滅的な無意味さへと導かれていく。しかも文化財への奉仕が聖なる使命とされ、「天職 (Beruf)」とされればされるほど、それは、無価値なうえに、どこにもここにも矛盾をはらみ、相互に敵対しあうような目標のために、ますます無意味な働きをあくせく続けるということになる、そうした呪われた運命におちいらざるをえないのである。

⑨ 同書（原著 S. 527；邦訳 192 頁）
　儒教の倫理も、ピューリタニズムの倫理も、ともに深い非合理的な根底をもっていた。が、それは前者においては呪術、後者においては現世を超越する神のどこまでも究めがたい決断であった。ところで、呪術から帰結するものは伝統の不可侵性 (Unverbrüchlichkeit der Tradition) であった。もろもろの精霊の怒りを避けるために、経験ずみの呪術的手段を、究極においては、伝来の生活態度の諸形式を変更するようなことはとうてい許しえなかったのである。これに反して、現世を超越する神と、また被造物的に堕落し倫理的に非合理的な現世との関係から帰結するものは、逆に、伝統の絶対的な非神聖視 (Unheiligkeit der Tradition) と、そして所与の世界を支配し統御しつつ、これを倫理的に合理化しようとする不断の勤労への絶対無制限な使命、要するに、「進歩」への合理的な即事象的態度であった。儒教における現世への順応は、ピューリタニズムにおける現世の合理的改造への使命と対蹠的な関係にあったのである。

⑩ 『支配の社会学』（原著 S. 569-570；邦訳 115 頁）
　ひとたび完全に実現されると、官僚制は最もうちこわしがたい社会組織の一つになる。官僚制化は「共同社会行為 (Gemeinschaftshandeln)」を合理的に組織された「利益社会行為 (Gesellschaftshandeln)」に転位するための、特殊的手段そのものである。したがって官僚制化は、支配関係の利益社会化の手段であり、官僚制的装置を統轄する者にとって、過去においても現在においても、第一級の権力

手段なのである。けだし，他のチャンスが同じであるならば，計画的に組織され指導された「利益社会行為」の方が，これに抵抗する「大衆行為」または「共同社会行為」にまさっているからである。かくて，行政の官僚制化がひとたび完全に貫徹されると，支配関係の事実上不壊に近い状態が作り出されることになる。

⑪　同書（原著 S. 681-682；邦訳 502-504 頁）

　カリスマは，それが共同社会行為の永続的組織の中に流入してゆくときは，常にその勢力の減退をきたし，伝統の力か，あるいは合理的な利益社会関係の力が増大してゆく。これは，カリスマなるものの宿命なのである。カリスマの消滅は，全体として見るときは，個人的行為の作用力の減退を意味する。

　ところで，個人の行為の意義を後退させてゆくあらゆる力の中で，最も抗しがたい一つの力は，合理的な規律（Disziplin）である。規律は，ただ個人的なカリスマのみならず，身分的名誉にもとづく［階層］構成をも根絶してしまうか，あるいは少なくともその作用を合理的に変形してゆく。

　さて，規律とは，内容的には，受けた命令を徹底的に合理化された形で——すなわち計画的に訓練された・精確な・一切の自己の批判を無条件に排除するごとき仕方で——遂行することと，もっぱらこの目的のみに内面的志向をたゆまず集中すること，以外の何ものでもない。この標識に，さらに，命ぜられた行為の画一性という［規律の］第二の標識がつけ加わる。（中略）一般的に言えば「規律」，特殊的に言えば規律の最も合理的な落とし子たる官僚制，この両者はともにひとしく「没主観的（sachlich）」なものであり，それ自体としては——迷うことなき「没主観性」に徹して——規律の奉仕を望みまた規律を作り出しうるごときあらゆる力に，自己を役立てる。

⑫　同書（原著 S. 691；邦訳 533 頁）

　およそ一切の正当な政治権力には，この権力がいかなる構造のものであろうとも，何ほどか最小限度の神政政治的ないし皇帝教皇主義的な要素が，融合し合っているのが常である。けだし，一切のカリスマは，究極的にはやはり，それが呪術的起源のものであるということの何らかの痕跡を要求するものであり，したがって宗教的権力と親縁性をもち，したがってまた，政治権力の中には常に何らかの意味での「神授性」が伏在しているからである。

⑬　同書（原著 S. 713-714；邦訳 608-609 頁）

　西洋の文化の特殊な発展の萌芽を宿していたのは，つまるところ，一方では官職カリスマと修道院生活の間の，他方では政治権力の封建制的・身分制的な契約国家の性格とそうした政治権力から独立し，それと交差する合理的官僚制的に形成された教権制の間の，緊張（Spannung）と独自の調整である。社会学的な考察にとっては少なくとも，西洋の中世は，他の文化がそうであったところのものが，その程度においてはるかに少ない。すなわち，教権制が勝利して以来のエジプト，チベット，ユダヤの文化，儒教が完全に勝利して以来の中国文化，封建制が勝利して以来の——仏教を度外視すればであるが——日本文化，皇帝教皇主義および国家官僚制が勝利して以来のロシア文化，カリフ制と支配のプレベンデ的・家産制的なステロ化が最終的に確立されて以来のイスラム文化，そして最後に——もちろん多くの点で他とは異なった意味においてではあるが——古代のギリシア・ローマ文化がそれぞれ程度は違うがそれでも高度にそうであったところのもの，つまり「統一文化（Einheitskultur）」ではなかったのである。（中略）西洋の教権制は政治権力との緊張関係の中で生きてきたのであり，政治権力に対して，そして古代やオリエントの純粋な皇帝教皇主義的ないし純粋な神政政治的な形態に対して特殊な制約となってきたのである。

⑭　同書（原著 S. 726；邦訳 655 頁）

　人権がその究極的正当化を見出すのは，個人の「理性」の支配は，理性に自由な活動が許可されるときは，——神の摂理によって，また自己の利益は個々人が最もよく知っているが故に——，少なくとも相対的に最良の世の中を生み出すであろうという，啓蒙時代の信仰の中においてである。理性のカリスマ的な神聖化（これはロベスピエールによる理性の神化の中にその特徴的な表現を見出した）は，カリスマがその波瀾にみちた道程をたどってそもそもとりえたところの，カリスマの最後の形式なのである。

Max Weber, *Gesammelte Aufsätze zur Religionssoziologie*, J. C. B. Mohr, 1988（大塚久雄・生松敬三訳『宗教社会学論選』みすず書房，1972 年）; *Wirtschaft und Gesellschaft. Grundriss der verstehenden Soziologie*, 5. rev. Aufl., J. C. B. Mohr, 1972（世良晃志郎訳『支配の社会学』I・II, 創文社，1962 年）。各引用部の訳文は，一部変更してある。

［野口雅弘］

● 第 IV 部　現代

トマス・H. マーシャル
Thomas H. Marshall, 1893–1981

「シティズンシップと社会的階級」(1950 年)

背　景　1990 年前後から，政治思想の領域におけるシティズンシップという用語の使用頻度は飛躍的に高まり，現在ではある種の業界用語(バズワード)となっている。もちろんそれには理由がある。グローバル化に伴う国民国家の相対化，国民国家内部でのエスニシティ，ジェンダー，宗教，文化といった各種の差異の露呈は，「ある共同社会の完全な成員である人びとに与えられた地位身分」（引用①）としてのシティズンシップのあり方を根本から問い直す契機となったからである。つまり，各々の生にとってどの共同社会のいかなる地位身分が真に重要なのかが問い直されるようになったのである。その際にほとんどの論者が言及する文献が，イギリスの社会学者 T. H. マーシャルによるケンブリッジ大学での講演「シティズンシップと社会的階級」(1949 年 2 月)である。

経歴と著作　マーシャルは R. ティトマスと並び，戦後イギリスで「ソーシャル・ポリシー」と呼ばれる専門分野（社会福祉サービスの歴史的発展と現状に関する社会学的分析）の開拓者であり，*Social Policy*（『社会（福祉）政策』）は，今日まで読み継がれている標準的教科書である。上記講演はその後 *Citizenship and Social Class and Other Essays*, 1950 に独立した論文として収録され，近年 T. H. Marshall and Tom Bottomore, *Citizenship and Social Class*（『シティズンシップと社会的階級』）として再刊された。本書ではこの版を底本としている。

意義と批判　本論文の趣旨はタイトルが示すとおり，①封建社会における不平等かつ固定的な地位身分と近代社会における平等主義的なシティズンシップとの対比，②資本制的な社会的階級の不平等性の下で近代的シティズンシップがいかにして進化してきたかを歴史的・論証的に説明することである。その際の彼のスタンスは，教条的マルクス主義を批判するとともに，ナチ

ス・ドイツ的「戦争国家(ウォーフェア・ステート)」に対するアンチテーゼとしての「福祉国家(ウェルフェア・ステート)」擁護の立場に立って,「その内実を三つの権利概念から理念化しようとしたものである」(岡野：37)。実際，マーシャルのシティズンシップ論において最も頻繁に引用されるのは，18世紀における「市民的権利」，19世紀における「政治的権利」，20世紀における「社会的権利」の確立を論じた部分である（引用②・③）。

当初からマーシャルの議論に対しては，①イングランド民衆の権利拡大の歴史＝物語として見ても単純化されすぎているという指摘があったが，近年ではそのシティズンシップ概念自体に対して，②マーシャルが概念化したものはあくまでも自由主義的(リベラル)シティズンシップ（近代の権利中心的な「希薄な (thin) シティズンシップ」）であって，公民共和主義的(シヴィック・リパブリック)シティズンシップ（古典古代の義務中心的な「厚みのある (thick) シティズンシップ」）の伝統への観点が欠落していること (cf. Heater: 4, 12f.／邦訳 6, 20 以下；Faulks: 11)，③マーシャルの議論が「国民国家」という共同社会を自明の前提にしていること（引用④・⑤）によって，他にありうる共同社会への成員資格としてのシティズンシップを排除する機能を果たしていること，などの指摘がなされている（岡野：44；Bulmer & Rees: 126）。いずれにせよ，シティズンシップとアイデンティティ，権利主体性と実存主体性，再分配の政治と承認・帰属の政治の関係をどう扱うかが，今後の政治思想・政治理論にとっての中心的課題のひとつであることは確かであろう。

【参考文献】 T. H. Marshall, *Social Policy*, London: Hutchinson, 1965 (2nd ed., 1967: 3rd [revised] ed., 1970: 4th [revised] ed., 1975: 5th ed. [A. M. Rees, *T. H. Marshall's Social Policy*], 1985)（岡田藤太郎訳『社会（福祉）政策——二十世紀における（改訂版）』相川書房，1990年［原著第4版の翻訳］）；岡野八代『シティズンシップの政治学——国民・国家主義批判』（フェミニズム的転回叢書）白澤社，2003年，増補版，2009年；Bryan S. Turner & Peter Hamilton (eds.), *Citizenship: Critical Concepts*, 2 vols., London, New York: Routledge, 1994; Martin Bulmer & Anthony M. Rees (eds.), *Citizenship Today: The Contemporary Relevance of T. H. Marshall*, London: UCL Press, 1996; Derek Heater, *What is Citizenship?*, Oxford: Polity Press, 1999（田中俊郎・関根政美訳『市民権とは何か』岩波書店，2002年）；Keith Faulks, *Citizenship*, London, New York: Routledge, 2000; Audrey Osler and Hugh Starkey, *Changing Citizenship: Democracy and Inclusion in Education*, London: Open University Press, 2005（清田夏代・関芽訳『シティズンシップと教育——変容する世界と市民性』勁草書房，2009年）；藤原孝・山田竜作編『シティズンシップ論の射程』日本経済評論社，2010年；Bernard Crick and Andrew Lockyer (eds.), *Active Citizenship: What Could It Achieve and How?*, Edinburgh: Edinburgh University Press, 2010; Bernard Crick, *Essays on Citizenship*, London: Continuum, 2000（関口正司監訳『シティズンシップ教育論——政治哲学と市民』法政大学出版局，2011年）。

① 「シティズンシップと社会的階級」第3章から（原著 p. 18；邦訳 37-38 頁）
　シティズンシップとは，ある共同社会の完全な成員である人びとに与えられた地位身分である。この地位身分を持っているすべての人びとは，その地位身分に付与された権利と義務において平等である。そうした権利や義務がどのようなものとなるかを決定するような普遍的原理は，存在しない。（中略）これに対して社会的階級とは，不平等のシステムである。しかもそれは，シティズンシップと同様に，一連の理想，信念，価値によって基礎づけられうる。したがって，シティズンシップが社会的階級に与えるインパクトは，対立し合う二つの原理のあいだの葛藤という形態をとるであろうと考えることは，理にかなっている。

② 同論文，第2章から（原著 p. 8；邦訳 15-16 頁）
　私はシティズンシップの三つの部分ないし要素のことを，市民的，政治的，社会的というふうに呼びたいと思う。市民的要素は個人の自由のために必要とされる諸権利から成り立っている。すなわち，人身の自由，言論・思想・信条の自由，財産を所有し正当な契約を結ぶ権利，裁判に訴える権利である。最後の権利はそれ以外の諸権利とは異なる系列に属している。というのも裁判に訴える権利は，他者とともに平等に保有しているあらゆる諸権利を，正当な法的手続きに従って擁護し主張するという権利だからである。このことはわれわれに，市民的権利と最も直接に結びついている制度は法廷であることを示している。政治的要素とは，政治的権威を認められた団体の成員として，あるいはそうした団体の成員を選挙する者として，政治権力の行使に参加する権利のことを意味している。この権利に対応する制度は議院および地方議会である。社会的要素とは，経済的福祉と安全の最小限を請求する権利に始まって，社会的財産を完全に分かち合う権利や，社会の標準的な水準に照らして文明市民としての生活を送る権利に至るまでの，広範囲の諸権利を意味している。これと最も密接に結びついている制度は，教育システムと社会的サービスである。

③ 同論文，第3章から（原著 p. 17；邦訳 36 頁）
　〔イギリスにおけるシティズンシップの発展の概略をたどるという〕目的のために，私はシティズンシップを，市民的，政治的，社会的という三つの要素に区分した。私は，市民的権利がまず最初に現れ，それらは1832年に第一次選挙法

改正法が議会を通過する以前に近代的な形態でうち建てられた，ということを示そうとしてきた。次に現れたのは政治的権利であり，万人に妥当する政治的シティズンシップという原理は1918年に至るまで承認されなかったとはいえ，政治的権利の拡張こそは，19世紀の主要な特徴の一つをなしているのである。これに対して社会的権利は，18世紀並びに19世紀の初頭にはほとんど消滅してしまうほどに没落した。それは公的な初等教育の発達とともに再生し始めたが，それがシティズンシップのなかの他の二つの要素と同等な位置を占めるに至ったのは，ようやく20世紀になってからである。

④　同論文，第2章から（原著 pp. 8-9：邦訳 17 頁）
　封建社会において地位身分とは階級の証明印であり，不平等を測る尺度であった。社会の成員であることによって——貴族であれ平民であれ，自由人であれ奴隷であれ——すべての人に付与されるような，一連の均一な権利や義務は存在しなかった。（中略）他方で中世の都市には，本物の平等なシティズンシップが見い出される。しかし中世都市のシティズンシップに特徴的な権利や義務は，厳密な意味で局所的（local）であったのに対し，私がその歴史をたどろうと思っているシティズンシップのほうは，そもそもの定義からして国民／国家的（national）なのである。

⑤　同論文，第3章から（原著 pp. 24-25：邦訳 52 頁）
　シティズンシップはこれ〔血縁関係や共通の祖先といった虚構〕とは異なる種類の紐帯を要求する。すなわち，共有財産である文明への忠誠心にもとづいて，共同社会の成員であると直接に感じる感覚である。それは，権利を認められ普通法によって保護される，自由な人びとの忠誠心である。（中略）この時代〔18世紀〕は単に近代的な市民的権利の誕生を見たばかりでなく，近代的な国民意識の誕生をも目のあたりにしたのであった。

　　T. H. Marshall and Tom Bottomore, *Citizenship and Social Class,* London: Pluto Press, 1992（岩崎信彦・中村健吾訳『シティズンシップと社会的階級——近現代を総括するマニフェスト』法律文化社，1993年）。ただし，訳文は一部変更してある。また，〔　〕は引用者による補足である。

［添谷育志］

ジョルジュ・ソレル
Georges Sorel, 1847–1922

『暴力論』(1908年)

ソレルの生涯　ジョルジュ・ソレルは地方都市シェルブールに生まれ，パリ近郊のブーローニュ＝シュル＝セーヌで死ぬ。1865年にグランド・ゼコールのひとつエコール・ポリテクニック（理工科学校）に入学し，卒業後は国家の土木局（橋梁・道路部門）の高級技術者としての人生を開始する。アルジェリアやカタローニヤにも出向いた（1870年から1892年まで）。思想家としてのソレルの人生は，国家公務員としての人生が終わった後から開始する。隠居した彼の関心は当時の社会問題に集中する。プルードン，マルクス，ニーチェ，ベルクソン，ウイリアム・ジェームズなどから影響を受ける。彼は社会と政治の諸問題を研究するが，その研究を導くもっとも主要な動機は道徳問題であった。当時の社会情勢は，世界史的には「大不況期」に入った時期であり，労働運動も活性化していた。他方で，既存の社会主義は議会改良主義に傾き，支配階級との議会的取引に重点を移していた。当時最大の左翼の指導者ジョーレスに対するソレルの激烈な批判が生まれる。この批判は，政治的関心から出たというよりも，当時の中産階級の道徳的堕落へのソレルの道徳的憤慨による。こうしてソレルは社会主義から革命的サンディカリズムに魅惑されるようになる。彼は労働者のゼネラル・ストライキのなかに道徳的規律の再生を感じ取り，道徳的革新を引き起こす激烈な精神をすべて暴力とよび，暴力を革命の叙事詩的神話とみなす。彼にとって暴力は人類の救済に通じるとすら思われたのである。ソレルはロシアのボルシェヴィキ（ただしレーニンは除く）にも，フランスの極右集団（アクション・フランセーズ）にも，イタリアのムッソリーニにも影響を与えた。ムッソリーニがソレルを恩師のひとりと数えたために，ソレルはその後ファシズムの精神的父であるかのような誤解が全世界に流布したが，ある程度の理由があるにせ

よ、これはあくまで誤解である。

|解説| ソレルにとって階級闘争、革命、ゼネスト、生産活動などはすべて暴力である。彼は暴力の典型的現象である革命やゼネストを神話と呼ぶ。では階級闘争と神話と暴力をつなぐものは何であろうか。それは暴力に関するソレル独自の定義のなかにある。彼にとって暴力は情熱（パッション）であり、激情的な力である。情熱が発現する現象はすべて暴力の現象である。彼の暴力概念は、当時も今も、かなり常識からずれている。特異な暴力論によってソレルは何を語ろうとするのか。『暴力論』に散在する定義めいたものを拾いながら、ソレル的暴力概念の内容をまとめてみよう。

　第一に、暴力（violence）は物理的力（force）ではない。物理的な力は破壊的であるが、暴力は生産的で建設的である。第二に、暴力は情熱であるがゆえに人間の生命力を飛躍させる。ソレルはベルクソンの生の躍動に共感する。第三に、生産的労働もまた暴力である。職人や技術的労働者は物を美的理想に沿って情熱的に創造するからである。第四に、生産者は創造するに際して厳格なまでの労働倫理に服する。倫理もまた暴力である。この倫理規範への服従は自己訓練であり、激情なしには規律はありえない。第五に、叙事詩（épopée）と神話（mythe）もまた暴力である。情熱をかき立てるホメーロス的英雄叙事詩は、現代では社会と歴史を作る生産者の物語に等しい。ナポレオン軍の戦士、発明する技術者、冒険的企業家、ゼネスト労働者などは、利益を眼中におかない冒険者として、現代の英雄なのである。

　いっさいの経済主義の拒否、自己犠牲と自己規律の生産者倫理、職種をこえての英雄的行動の賛美は、ソレルを革命的マルクス主義にもアクション・フランセーズ的な右翼にも近づける。ソレルにおいてマルクス、プルードン、ニーチェ、ベルクソンが出会う。一種の混沌と折衷を貫く一本の糸があるとすれば、それは人類の未来を衰退から守り救済する激情的な、したがって暴力的な生命意志である。この救済の意志があるがゆえに、彼は議会主義的社会主義と民主主義政治を断罪する。彼の眼には、議会に安住する社会主義も、ブルジョワ・リベラリズムも、駄弁によって民衆を籠絡し、民衆の情熱を枯渇させると見た。

　人類の未来は、ソレルにとって革命的サンディカリズムとプロレタリア的ゼネストの成就にかかっていた。ソレルの政治思想は、終末論の一種、つまり革命的終末論である。人類を救うもの、それが人民を昂揚させる激情としての暴力である。

① 『暴力論』
1. 強制力と暴力の区別
　強制力(フォルス)は，少数者によって統治される，ある社会秩序の組織を強制することを目的とするが，他方，暴力(ヴィオランス)はこの秩序の破壊をめざすものだと言えるだろう。(原著 p. 217 ; 邦訳 下 53 頁)

2. 階級闘争
　暴力行為とは，階級闘争の荒々しい，明確な表現である場合にしか，歴史的価値を持ち得ない。(原著 p. 99 ; 邦訳 上 148 頁)

3. 人類の救済
　プロレタリア暴力は，ただ単に未来の革命を保証し得るばかりでなく，人道主義によって愚鈍化されたヨーロッパの諸国民が，かつての活力を回復するのに用いることができる唯一の手段と思われる。(原著 p. 101 ; 邦訳 上 149 頁)
　プロレタリア暴力は，階級闘争の感情の純粋で単純な表れとして行使されるので，じつに美しく，英雄的なものとして現われる。この暴力は，文明のもっとも重要な利害に奉仕する。それは，おそらく，直接的で物質的な利益を得るために最適な方法ではないだろうが，世界を野蛮から救い出すことができるのだ。(原著 p. 111 ; 邦訳 上 162–163 頁)

4. ゼネストと神話
　彼らのおかげで，ゼネストとは，まさに私が言ったとおりのものであることがわかる。ゼネストとは，社会主義全体を包みこむ神話，つまり，現代社会に対して社会主義が仕掛ける戦争の多様な表れに対応するあらゆる感情を，本能的に呼び起こすことが可能なイメージの組織化である。ストライキは，プロレタリアートの内部に，この階級が有するもっとも高貴で，もっとも深遠で，もっとも力動的な感情を生み出してきた。(原著 p. 153–154 ; 邦訳 上 221 頁)
　社会主義者たちは，彼らが身を捧げている事業が，重大で，恐るべき，崇高な事業であることに確信をもたなくてはならない。(原著 p. 170 ; 邦訳 上 243 頁)

5. 戦士のモラル

　戦いは，自分の行動の動機を熱狂からくみ出す個人がなしとげる，英雄的武勲の積み重なりとなった。(中略) 〔革命的文学の〕表現形式は……真実である。(中略) 実にホメーロス的な戦闘の調べを，われわれは受け取るからである。(原著 p. 316；邦訳 下 184 頁)

6. 生産者のモラル

　ゼネストの思想はプロレタリア暴力がよびおこす感情によってたえず若返り，きわめて叙事詩的な精神状態を作り出す。同時にゼネストの思想は，自由に働き，おどろくほど進歩的な仕事場を実現できる諸条件に向けて，魂のすべての潜在力をふり向ける。このように，われわれはゼネストの感情と，生産の持続的進歩をよびおこすのに必要な感情の間に，きわめて大きな類似があることを知った。現代世界は生産者の道徳を保証することができる第一義的原動力(モトゥール・プルミエ)をもっていると，われわれは主張する権利を有するのである。(原著 pp. 329-330；邦訳 下 199 頁)

7. 崇高のモラル

　これらの初期の軍隊のなかに，後世の軍律思想にとって代わるものを見つけたいのであれば，次のように言えばよいであろう。最下級の兵士のほんのわずかの過失が全体の成功とすべての戦友の生命を台無しにすると，どの兵士も確信していた——またそのように行動したのである，と。(中略) 同じ精神が，ゼネストに情熱を燃やす労働者集団のなかにもみられる。事実，この集団は革命を，個人主義的といえるような性格をもつ巨大な反乱だと考えている。ひとりひとりがもてるかぎりの熱意をもって進み，自分の責任で働く。巧みに組立てられた大きな全体プランに自分の行動を従わせることなど考えもしない。(原著 pp. 317-318；邦訳 下 185-186 頁)

　　Georges Sorel, *Réflexions sur la violence* (1908), Paris: Marcel Rivière, 1972 (1st edition 1908)（今村仁司・塚原史訳『暴力論』上下，岩波文庫，2007 年）。訳文はすべて同書を用いた。

［今村仁司］

ジョン・ホブスン
John Atkinson Hobson, 1858-1940

『ジンゴイズムの心理学』(1901 年)
『帝国主義論』(1902 年)
『自由主義の危機』(1907 年)
「政治経済学者としてのラスキン」(1920 年)

異端の生涯 　中部イングランド・ダービーの生まれ。自由主義的な出版者・地方新聞社主で，同市の市長を務めたウイリアム・ホブスンの四男。1880 年，オクスフォード大を卒業。エクセターなどでの教師生活を経て，1887 年，ロンドンに出る。そして，父の新聞への定期寄稿，倫理協会で講師などをしながら，著述生活を開始した。以後，彼は，在野知識人・ジャーナリストとして，非合理と不正義を告発し，その問題を放置する正統な権威者を攻撃し，独創的な代替構想を提示し続けた。その特徴は自伝『異端経済学者の告白』(1938 年) の表題が物語るとおり異端的エトス。機知と切れ味鋭い分析と歴史を先取りした彼の構想は，70 冊余りの著作・パンフレット，650 余りの雑誌論文，無数の新聞記事を通し，後世に深く影響した。

過少消費説 　最初の著作『産業の生理学』(1889 年, A. F. マメリーと共著) で，不況の原因を過少消費・過剰貯蓄とする異端説を提唱した。これは正統派経済学への攻撃とみなされ生涯を通じて大学の教職から排除された。しかし『貧困問題』(1891 年) や『近代資本主義の進化』(1894 年) を通じて，在野経済学者として地位を確立。伝記『ジョン・ラスキン』(1898 年) などで，利潤や市場価値でなく，「生の力」への貢献を基準とする「人間的価値」にもとづく独自の経済学を展開した。『富の科学』(1911 年) は版を重ねた経済学教科書。1930-36 年，J. K. ケインズと対話と論争を続け，かつては異端とされた過少消費説に対してケインズの高い評価を勝ち取り，「ケインズ革命」の実現に貢献した。

帝国主義論 　1899 年，『マンチェスター・ガーディアン』紙主筆 C. P. スコットの依頼でボーア戦争直前に南ア特派員となり，J. スマッツらに取材，『南アフリカの戦争』(1900 年) で戦争推進勢力を批判した。99 年 12 月

帰国後、ボーア戦争の反戦運動の先頭に立った。そのため熱狂的愛国主義から激しい攻撃を受け、その体験から『ジンゴイズムの心理学』(1901年)で、大衆社会による自由の抑圧を分析した。有名な著作『帝国主義論』(1902年)では、世界権力としての大英帝国に対し、批判的な分析枠組を構築した。対外拡張の原因を英国内の過少消費説と結びつけて体系的に解釈し、また、外での戦争政策と内での自由主義の無力化という二重の危機を克服する政策体系を提唱した。植民地戦争・1880年代の不況・ジンゴイズムを同時に解決しようとしたこの著作は、「帝国主義論」というジャンルを創出した。それは20世紀の主な課題、大不況・世界大戦・全体主義の分析に有効性を示し、V. I. レーニン、J. シュンペーター、H. アーレントなど後続する多様な帝国主義論の引照枠組となった。21世紀の今日、「帝国」が流行語になったことは、ホブスンの認識範型が生命力を持ち続けていることを物語る。

自由主義の自己革新

彼は、19世紀的自由主義と自由党政治の頂点に生まれ育ち、20世紀初頭、その凋落を体験した。そして『自由主義の危機』(1907年)などで、①自由放任から政府の積極介入へ、②個人主義から集団主義へ、③教育・医療・交通通信の無料化、④労働者の政治参加の拡大、⑤政府の市民化などを主張した。彼自身、1916年には長く所属した自由党を離党して「民主的統制同盟」に参加し、独立労働党へ傾斜した。このように自由主義を内側から革新し、参加拡大と機構改革によって政治社会の民主主義化を主張したホブスンの政治思想は、盟友 L. T. ホブハウスと並び、「新自由主義」と呼ばれる。

積極的国際主義

ホブスンはボーア戦争、第一次大戦で非戦論を唱えた。そして、平和と反植民地主義に自由主義者を結集させる国際主義として自由貿易を擁護し、帝国関税に反対した。また『帝国主義論』で植民地の委任統治を提唱した。1911年、仲裁による紛争解決、英独の国際緊張緩和、軍国主義化の阻止を主張。第一次大戦開戦直前、英国中立委員会を結成し英国の参戦阻止を運動。参戦後はブライス委員会など国際連盟設立運動に参加したが、その少数派として「絶対平和主義」と「独の連盟参加、賠償の不請求」を主張した。戦後の国際秩序構想は、機能主義的な国際統合を進め、国際連盟を国際社会の倫理性の制度的表現と位置づけた。そして軍事力に依拠する傾向を批判した。1920年以降、孤立主義的な米国国民に国際社会へ参加を訴え、1930年代、日・伊・独の拡張を食い止めるため、国際連盟による集団的安全保障策を論じた。ホブスンは自由主義的国際構想を体系化した「積極的国際主義」の先駆者であった。

● 第Ⅳ部　現代

① 『ジンゴイズムの心理学』（原著 p. 18）
　南アフリカの戦争は強力なサーチライトとなって，英国民とよばれる，巨大で高度に組織化された群集の特徴を，照らし出した。

② 同書（原著 pp. 39-40）
　憂慮すべき事態は，戦場の残酷さ，誰にも明白なその不正義にあるのではない。むしろ，英本国において，ジンゴイズム的世論の群集心理が，残酷さと不正義を手放しに受け入れ，さらには大喜びで受け入れてきたことが，憂慮の対象なのだ。

③ 同書（原著 p. 2）
　ジンゴイズムと命名されたものは，国民的憎悪の瞬間的沸騰を指し，それは原始的な激情が，現代の文明の諸条件によって修正され，強烈な形をとった特定の形態なのである。

④ 同書（原著 pp. 6, 3）
　現代の新聞は，ローマ闘技場，スペイン闘牛場，英国拳闘会場の混合物に堕した。（中略）ミュージック・ホールやパブは教会，学校，政治講演会，さらには新聞さえよりも，はるかに有効な教育装置となっている。

⑤ 『自由主義の危機』（原著 p. viii）
　この四半世紀以上にわたって，自由主義は（中略）拠点を拡大できず，屈従が重なった。そして，現代の巨大な至上の敵である帝国主義は，意気消沈した自由主義支持者の隊列に，簡単に突破できる隙間を発見し，帝国主義の無二の同盟者である軍国主義を投入した。帝国主義は，1880年代後半に盛り上がりはじめ，英国のアジア・アフリカ政策を支配し，そして南アフリカ戦争において頂点に達し直接その姿を現した。この英国の帝国主義の軌跡は，自由主義陣営のなかに主張されはじめた社会改革の新しい諸力を破壊し消散させるように保守主義陣営によって利用されてきた。（中略）20世紀の帝国主義は，ある時には国防，ある時には白人の使命，またある時には商業政策というような仮面をかぶって，自由党の致命的な諸器官を密かに侵食している。

⑥ 『帝国主義論』(邦訳 上 142-143 頁)
　発展的産業に対する必要な捌け口として帝国的膨張は避けられないと仮定することの誤謬は，いまや明らかである。(中略) 我が国の都会人口の四分の一以上が単なる肉体力以下の標準で生活していることに気づくだろう。もしも何らかの経済的調整によって，富者の過剰蓄積から流れ出て溢れ出た流れの水かさを増している生産物が，この無力な四分の一の所得及び消費水準を高めるために向けられることが出来るとすれば，積極的帝国主義の必要はないであろう。そして社会改良の主義主張はその最大の勝利をかち得るであろう。

⑦　同書（邦訳 下 299-300 頁）
　帝国主義勢力は，純粋な民主主義の確立，および，人民が実際にコントロールする代表を通じて，人民のための人民による公共政策の管理によって，覆すことができる。(中略) 一国の対外政策が人民の意志に広範に基礎を置くまでは，また置かない限りは，救済の望みがほとんどない。

⑧　「政治経済学者としてのラスキン」(原著 p. 92)
　賃金上昇はそれだけでは社会問題の解決にならない。たとえ賃金が上昇しても，質の低い人間に対して，質の低い好みを満足させる金を与えるだけに終わる。

⑨ 『自由主義の危機』(原著 pp. 190-191)
［われわれの目標である］民衆の進歩は，物質的繁栄という尺度で正しく測られるわけではない。また，所有階級の経済的独占を破壊することによって達成されるわけでもない。しかし，このように物質的機会を平準化することは，民衆の高次な生活への自由な発展にとって最初の決定的な条件なのである。(中略) しかし実際のイニシアティブは，知性の発達と徳性の向上という領域から発揮されるのである。

　　John A. Hobson, *The Psychology of Jingoism*, London: Grant Richards, 1901; *Imperialism: A Study*, London: James Nisbet, 1902 (矢内原忠雄訳『帝国主義論』上下，岩波文庫，1951-52 年) 訳文は一部修正した ; *The Crisis of Liberalism: New Issues of Democracy*, London: P. S. King, 1909; "Ruskin as Political Economist," in J. H. Whitehouse (ed.), *Ruskin the Prophet,* New York: E. P. Dutton, 1920.　　　　　　　　　　　　　　　　　　　　　　　　[中村研一]

ウラジーミル・I. レーニン
Vladimir I. Lenin, 1870–1924

『何をなすべきか？』（1902 年）
『国家と革命』（1917 年）

ロシア・マルクス主義と『何をなすべきか？』

ロシア十月革命の指導者レーニンは，十代の頃，皇帝暗殺未遂事件に関わった兄の処刑を経験して，革命に対する信念を固め，マルクス主義者となった。資本主義を回避して社会主義に到達しようとするナロードニキと異なり，彼はロシアにおける資本主義の発展を必然と考え，その延長線上に社会主義を置こうとした。マルクス主義の普遍的妥当性を確信していたのである。

しかし，政治闘争のための具体的な戦術に関しては，ロシアの特殊事情に配慮することが必要であった。1890 年代，マルクス主義はロシアでも徐々に影響力をもちつつあったが，マルクス主義者の間では，西欧と同様，労働組合による経済闘争の戦術をとろうとする傾向が強かった。20 世紀の初頭，これを批判するために亡命地のミュンヘンで書かれたのが『何をなすべきか？』である。レーニンによれば，ツァーリ専制を政治の基礎とするロシアのような国にあって，プロレタリアートへの経済的利益の確保に努めるだけで社会主義が実現するはずはない。また，プロレタリアートが自然に革命的な階級になることはなく，意識性，すなわち明確な歴史的展望と目的意識をもった職業革命家の党による働きかけが不可欠である。レーニンにとって，そのような党が，西欧の社会主義政党のように大衆に開かれたものでありえないのは当然であった。

『国家と革命』の政治的ヴィジョン

ヨーロッパ全体が第一次世界大戦の渦中にあった 1917 年，ロシアに二月革命が勃発し，自由主義者や穏健社会主義者からなる臨時政府が成立する。しかし，レーニンはこの政府を受け入れることを拒んだ。臨時政府が依拠する西欧的な議会制度は，支配階級が人民を抑圧する道具であり，否定されなければならなかった。

こうした考え方に立ち，この年の夏，レーニンは『国家と革命』を書いた。そのなかでレーニンは，一方で国家の過渡的性格を論じ，未来におけるその死滅を語った。しかし国家は自然に死滅するのではない。そのためにはまず，被抑圧者の前衛によっておこなわれる支配，すなわちプロレタリアート独裁を確立せねばならない。そのとき，これまで多数者を抑圧するために存在していた国家権力は，抑圧の道具であった官僚機構とともに，不要になり，なお残る管理者の仕事は多数者に従属し奉仕するものとなる。将来はその役割をプロレタリアート自身が担うことになろう。資本主義のもとで行政の諸機能が単純化されているから，それは十分に可能であると，レーニンは説いた。

レーニンは人民の自治を可能にする普遍的な変化が進みつつあることを確信していた。しかし，それに問題の解決を委ねる態度はここでも明確にしりぞけられた。決断と行動が必要であり，それはロシアの特殊事情を踏まえてなされなければならなかった。1917年10月25日（露暦），レーニンに率いられたボリシェヴィキは臨時政府から権力を奪取した。

レーニンの政治思想

レーニンは，何よりもまず革命の指導者であった。レーニンの著作はすべて，実践を強く意識し，なんらかの実際的課題を念頭に置いて書かれたものであり，政治思想家としてのレーニンに対する評価を，革命家としてのレーニンに対する評価から切り離すことは困難である。

農民が圧倒的多数を占める広大な国ロシアにあって，もともと小さな勢力でしかなかったボリシェヴィキを歴史の表舞台に引き出したレーニンは，苛酷な党派闘争の中でその凝集力を強め，それを核として，旧体制が崩壊しつつあったロシアに新しい政治秩序を作り出した。それは，既成の自由民主主義的な政治思想を捨て，前衛である党を，特別な道徳的資質と歴史的使命を持ったエリート集団として理想化するとともに，政治的合理性についての思考をぎりぎりまで突き詰めることなくしては不可能であった。『何をなすべきか？』と『国家と革命』は，ともに，そのような純化された彼の政治的思考を知るための重要な手がかりを与えてくれる。

レーニンの思想は，われわれを，西欧的な自由民主主義を当然の前提として政治を考えるという思考の枠から解き放つものである。固定観念に囚われることなく，戦争と革命に揺れた時代としての20世紀前半を深く理解したいと願う人にとって，レーニンの著作は今なお鋭く迫るものをもっている。

● 第IV部　現代

① 『何をなすべきか？』第2章から（原著 pp. 30, 52 ；邦訳 49-50, 82 頁）

　これらのストライキ〔1890年代のストライキ〕は，組合主義的闘争であって，まだ社会民主主義的闘争ではなかった[1]。それらは，労働者と雇い主の間に敵対的気分が目覚めつつあることを示すものであった。しかし労働者は，自分たちの利害と今日の政治・社会体制全体が和解不可能なまでに対立しているという意識，すなわち社会民主主義的な意識をもっていなかったし，またもっているはずもなかった。（中略）この意識は外部から持ち込まれなければならなかったのである。労働者階級が自分たちの力だけで作り上げることができるのは，組合主義的な意識，すなわち，組合へと団結し，雇い主と闘争を行い，労働者に必要なあれこれの法律を政府に公布させるために努める等々のことが必要だという信念だけである。このことはすべての国の歴史が証明するところである。（中略）

　かくして，われわれは次のように確信するにいたった。すなわち，ロシア社会民主主義派の中の「新しい傾向」の基本的な誤りは，自然発生性を崇拝する点に，大衆が自然発生的であるからこそわれわれ社会民主主義者は大量の意識性をもたなければならないのだということを理解しない点にある，と。大衆の自然発生的な高揚が大きければ大きいほど，運動が広がりを増せば増すほど，社会民主主義派の理論活動においても，政治活動においても，組織活動においても，大量の意識性をもつことの必要が，くらべものにならないほどいっそう急速に増大するのである。

　　1）当時のロシアにおいて，「社会民主主義」はマルクス主義を意味していた。

② 同書，第4章から（原著 pp. 109-112 ；邦訳 162, 166 頁）

　このような労働者や，大衆のなかにいる普通の人々は，ストライキや，警察や軍隊との街頭闘争で，巨大なエネルギーと自己犠牲的態度を発揮することができ，また，われわれの運動全体の帰趨を決定することができる（またこれができるのは彼らだけである）。しかし，政治警察との闘争となると，そのためには特別な資質が必要であり，職業革命家が必要である。（中略）革命家の組織は，何にもまして，また主として，革命的活動を職業とする人々を内に含まなければならない（それゆえ私が革命家の組織について語るとき，念頭に置いているのは社会民主主義派の革命家である）。このような組織のメンバーに共通する特徴を前にするとき，労働者とインテリゲンツィアの間のあらゆる差異は完全に消え去らねば

244

ならない。まして両者の個々の職業における差異が消え去らねばならないのはいうまでもないことである。この組織は，必然的に，あまり広範なものであってはならず，またできるだけ秘密なものでなければならない。

③ 『国家と革命』第3章第2節から（原著 pp. 42-43, 49-50 ; 邦訳 64, 72-73 頁）
　ひとたび人民の多数者がみずから自分の抑圧者を抑圧するようになると，抑圧のための「特別な力」はもはや不要になる！　この意味で，国家は死滅し始める。特権的少数者の特殊な機関（特権的官僚制，常備軍の司令部）に代わって，多数者自身が国家機能を直接に遂行できるようになる。そして，国家権力の諸機能の遂行自体が全人民的なものになればなるほど，この権力の必要性はいよいよ少なくなるのである。（中略）
　資本主義は「国家」行政の諸機能を単純化し，「指揮命令」を捨て去って，社会全体の名において「労働者，監督，簿記係」を雇用する（支配階級としての）プロレタリアの組織に仕事をすべて行わせることを可能にする。（中略）
　われわれは，国家官吏の役割を，われわれの委託の単なる執行者の役割，仕事に責任を負い，更迭可能な，またささやかな俸給を受け取る「監督と簿記係」の役割（もちろん，あらゆる等級，種類およびレベルの技術者の役割もこれに加わる）にまで引き下げるであろう。（中略）このようにして始まったものは，大規模生産の基礎の上に，おのずからあらゆる官僚制の漸進的な「死滅」に行き着く。括弧付きでない秩序，賃金奴隷制とは似もやらぬ秩序がしだいに創出されることになる。その秩序のもとでは，監督と経理の機能はますます単純化されて，すべての人が順番に遂行するものとなり，のちには習慣となり，最後には特別な社会層の特別な機能としては姿を消すことになるであろう。

　　使用したテキストは，V. I. Lenin, "Chto delat'? Nabolevshie voprosy nashevo dvizheniia," in *Polnoe sobranie sochinenii*, 5th ed., vol. 6, Moscow, 1959, pp. 1-192; "Gosudarstvo i revoliutsiia: Uchenie marksizma o gosudarstve i zadachi proletariata v revoliutsii," in *Polnoe sobranie sochinenii*, 5th ed., vol. 33, Moscow, 1962, pp. 1-120 である。訳出に際して，『何をなすべきか？』については村田陽一訳の国民文庫版（1971年）を，『国家と革命』については宇高基輔訳の岩波文庫版（1957年）を参照し，その頁を記した。なお『国家と革命』には，角田安正による新しい邦訳（講談社学術文庫，2011年）がある。

[竹中　浩]

ジグムント・フロイト
Sigmund Freud, 1856–1939

『精神分析学入門』（1917 年）
「自我とエス」（1923 年）
『文化のなかの不快』（1930 年）

フロイトの意義

ジグムント・フロイトは精神分析学の創始者であり、無意識という非合理的な心の闇の解明を通じて、デカルトのコギト（我）に代表される近代主観主義哲学の土台を突き崩し、「力への意志」を主張したニーチェと並んで、フランクフルト学派や構造主義、さらにポストモダンに至る現代思想の源流となった。

ライフ・ヒストリー

フロイトはオーストリア・ハンガリー帝国内のモラビア地方でユダヤ人商人の子として生まれ、ウィーン大学医学部を卒業後、精神科医院を開業して治療に当たった。その後名声が上がるとともにウィーン大学教授の称号も与えられ、国際精神分析協会も樹立されたが（初代会長は C. G. ユング）、精神分析運動は、汎性欲説であるというキリスト教的、道徳的非難や M. アドラー、ユングらの相次ぐ離反によって、内外の困難と闘わねばならなかった。1938 年ナチズムの魔手を逃れてロンドンに亡命し、翌年がんの再発によって死去した。

精神分析学の誕生――無意識の構造

19 世紀末、神経症（ノイローゼ）は奇怪な病気でありその原因は解明されていなかった。フロイトはノイローゼの発症を心因性に求めるシャルコーやブロイアーの影響下に医療活動を開始した。やがてフロイトは自由連想法と夢の分析法によって、ヒステリーによって生じる患者の身体や言語の麻痺の原因は、患者が自覚せずにおこなう、患者自身の願望、端的にいえば性的欲動の抑圧にあること、したがって症状は行き場をなくした願望の充足（夢も同じ機能を果たす）に他ならず、患者は抑圧された願望を意識することに激しい抵抗を示すことを明らかにした。

フロイトは 1920 年代に，心的世界をエス，自我，超自我の三要素が織りなす力動的な世界として捉えるようになった。エスとは身体生命から発する無意識的，無定形な欲動であり，あらゆる生物が死をめざすという意味で死の欲動（タナトス）が基底にあるが，これに逆の生の欲動（エロス）が拮抗し，かつ相互に絡み合っている。エロスの中心は性欲動＝リビドーであり，快感原則によってそのエネルギーを外部に放出しようとする。自我はエスの要求を満たさねばならないが，外界と接しているため，外部の条件（現実原則）を考慮せざるをえない。しかしリビドーは例えていえば奔馬であって，騎手である自我はそれに翻弄される。そこで自我は，超自我（理想自我）を分化しその威嚇によって奔放な欲動を統制しようとする。超自我とは，わかりやすくいえば良心や罪悪感，道徳であり，内面に取り込まれた社会規範である。フロイトは超自我の形成を幼年期のリビドー経験にあると考え，それをソフォクレスの有名なギリシア悲劇から「エディプス・コンプレックス」と名づけた。超自我はやがて社会規範を吸収し，欲動の昇華によって，理想による文明形成の役割を担うことになるが，その内部で死の欲動を培養すると破壊欲動や強迫神経症を引き起こし，またエロスと結びついてサディズムを生み出す。

文化のなかの不快——社会・政治哲学

　フロイトはかねてから精神分析学を積極的に宗教学，人類学，社会・政治理論へ拡大しようとする傾向を持っていた。その一つは自我分析を応用した集団心理分析であり，後に E. フロムやアドルノらによるナチズムの大衆心理や権威的人格の研究に受け継がれた。また H. D. ラスウェルの精神病理的政治や権力的人間の研究は，フロイトを初めてアメリカ政治学へ導入したものである。だがフロイト自身は第一次世界大戦の惨劇やナチズムの脅威を体験するなかで，人間の死の欲動をより強調するようになり，晩年はペシミスティックな社会哲学を発表した。それが『文化のなかの不快』（1930 年）である。そこで彼は，文化社会が人間の本能から発する欲動を抑圧することによってしか維持できないから，社会は常に不快さを含んでいること，また欲動がタナトス＝攻撃欲動とエロス＝生の欲動の織りなす世界であるとすれば，人類の課題はいかにして攻撃欲動を抑制し，エロスの勝利に導くかであることを論じている。エロスの復権をめざす H. マルクーゼの『エロスと文明』（1955 年）は，第二次大戦後フロイトのこの側面を批判的に受け継いだものである。

① 『精神分析学入門』第22講から（邦訳 479-488 頁）

　みなさん！　精神分析がある心的な出来事を性の欲動によるものだと主張するたびに，世人はいつも憤慨して，人間というものは，たんに性欲だけからなるものではない，心的活動には性的のもの以外の欲動や関心も存在している，われわれは「いっさいのもの」を性欲からひきだすようなことをしてはならない，等々と言って精神分析を攻撃したものでした。（中略）精神分析は，性的でない欲動も存在することを忘れていません。そして，精神分析は性の欲動を自我欲動からはっきり区別することのうえに，うちたてられたものなのです。ノイローゼは性欲から生ずるのではなく，自我と性欲との間に起こる葛藤にその根源がある，ということを，あらゆる反論に抗して精神分析は主張しているのです。（中略）こうして，ノイローゼの原因となるものに対する私どもの洞察は完成されたのです。まず第一に，もっとも一般的な条件として拒否，ついで，一定の方向に向かってリビドーを押しやるリビドーの固着，第三に，このようなリビドーの衝動を拒む自我の発達から生じる葛藤傾向です。（中略）性の欲動は，その発達のはじめにも終わりにも，快感の獲得のために活動していることは疑問の余地なく明らかです。性の欲動はこの根源的な機能を変わることなくもちつづけています。他の欲動，すなわち自我の欲動もまた，最初は同じことを得ようと努めますが，必要性という教育者の影響の下に，まもなく快感原則をある変容によって置き換えることを覚えるのです。自我欲動にとっては，不快感をさけるという課題は，快感獲得という課題と同じ価値をもつものとして並置されます。自我は直接的な満足を断念したり，快感の獲得を先へのばしたり，一部の不快感に耐えたり，一定の快感の源泉をすっかり放棄したりすることがさけがたいのを知るようになります。このように教育された自我は「分別がついた」のであり，もはや快感原則には支配されることなく，〈現実原則〉にしたがいます。この現実原則も結局は快感を得ようとしているのですが，現実を考慮することによって保証された快感なのです。

② 　同書，第27講から（邦訳 597-599 頁）

　私どもの課題は，ここで第二の段階にはいります。まずはじめには抑圧を探し出すことであり，次にはこの抑圧をささえている抵抗を除去することです。

　私どもはどのようにして抵抗を除去するのでしょうか。それは，同じ仕方です。

すなわちその抵抗を推測し，それを患者に言ってやることによって，除去するのです。抵抗は，これもまたある抑圧から，すなわち私どもが取り除こうと努めているその抑圧から，あるいはもっと前に起こった抑圧から生じているからです。すなわち抵抗は，忌むべき欲情を抑圧するために行われる逆配備によってひき起こされているのです。(中略) 私どもの前提は，神経性疾患の大多数の型のもの，すなわちヒステリーや不安状態や強迫ノイローゼにあてはまります。このように抑圧を探し出し，抵抗をあばき出し，抑圧されているものを示唆することによって，抵抗を克服し抑圧を除去し，無意識的なものを意識的なものに転化する，という課題を解くことが実際にできるのです。

③ 「自我とエス」三．自我と超自我から（邦訳232-241頁）

　少年の成長について簡略化して記述すると，次のようになる。ごく早い時期に，母に対する対象備給が発展する。これは最初は母の乳房にかかわるものであり，委託型対象選択の原型となる。一方で少年は同一化によって父に向かう。この二つの関係はしばらくは併存しているが，母への性的な欲望が強まり，父がこの欲望の障碍であることが知覚されると，エディプス・コンプレックスが生まれる。父との同一化は，敵対的な調子をおびるようになり，母との関係において自分が父の場所を占めるために，父を排除したいという願望に変わる。これからは父との関係はアンビヴァレントなものとなる。同一化の中に最初から含まれていたアンビヴァレンツがあらわになったかのようにみえる。父に対するアンビヴァレントな態度と，情愛のこもった対象として母を獲得しようとする努力が，少年の単純で積極的なエディプス・コンプレックスの内容となるのである。(中略) 自我に対する超自我の関係は，「おまえは（父のように）あらねばならない」という勧告に尽きるものではなく，「おまえは（父のように）あってはならない」という禁止，すなわち，「父のすることすべてを行ってはならない」という禁止を含むものである。自我には多くのことが禁止されたままなのである。自我理想のこの〈二つの顔〉は，自我理想がエディプス・コンプレックスの抑圧を行うという事実から生まれるものである。自我理想はそもそも，エディプス・コンプレックスの抑圧というこの急激な転換によって成立するのである。(中略) 自我理想が，人間における高貴な本質に求められたすべての要求を満たすことは，すぐに示すことができる。父への憧憬の代償として形成された自我理想には，すべての宗教の萌

芽が含まれている。自我と自我理想を比較して，自己のいたらなさを反省することは，宗教的な謙虚な感情を生むものであり，宗教の信者の憧憬はこれに依拠しているのである。個人の成長が進むにつれて，教師と権威をもつ人々が父の役割を引き受けた。こうした人々の命令と禁止が，自我理想の中に強く残り，良心として道徳的な検閲を行うようになる。良心の要求と自我の実際の行為の間の緊張は，罪責感として感じられる。社会的な感情は，共通の自我理想に基づく他者との同一化によって生まれるのである。

④ 同書，四．二種類の欲動から（邦訳 245-247 頁）

　欲動には二種類あるが，その一つは性欲動あるいはエロスである。これはとても目立つ欲動で，すぐに認識できる。この欲動には，本来の妨げられない性欲動と，これに由来するが，目標への到達を妨げられ，昇華された欲動興奮が含まれるが，それだけではなく自己保存欲動も含まれる。（中略）しかし第二の欲動を示すのは，困難な課題である。われわれは最終的にはサディズムを，この欲動の代表とみなすようになった。そして生物学に裏づけられた理論的な考察に基づいて，われわれは死の欲動の存在を想定した。この欲動の課題は，有機的な生物を生命のない状態に戻すことである。これに対してエロスの目標は，分散されて分子の状態になっている生命物質を広範に結合して，生命を複雑なものとし，当然ながらそれによって生命を維持することにある。この二つの欲動は，厳密な意味で保守的にふるまう。すなわち，生命の発生によって撹乱された状態を，撹乱されない状態に回復することを目指すのである。このように生命の発生は，生き続けることの原因であると同時に，死へと向かう営みの原因である。生命とは，この二つの営みの間の闘争であり，妥協である。（中略）このような二種類の欲動の混合を想定するならば，これらの欲動の――多かれ少なかれ完全な――解離の可能性も否定できなくなる。性欲動のサディズム的な要素は，目的に適った欲動の〈混合〉の実例であり，それが独立して倒錯としてのサディズムとなった場合は，〈解離〉の典型と考えることができる（中略）破壊欲動は規則的に放出の目的を実行するものであり，エロスに奉仕している。さらに癲癇の発作は，欲動の解離の副産物であり，その兆候であると推測される。そして治癒の困難な多数の神経症者，特に強迫神経症者などの重篤な神経症者の症状の中で，欲動混合と死の欲動の発現が，特に考慮に値するものであることが理解できるようになって来た。

⑤ 『文化のなかの不快』（邦訳 223, 243-244 頁）

　人間とは，攻撃された場合だけに自衛するような柔和で，愛を求める存在ではないし，人間に与えられた欲動には，多量の攻撃衝動が含まれる。とかく否定されがちではあるが，これが背後に控えている現実なのである。そのために隣人は援助してくれる人であったり，性的な対象となりうる人であったりするだけではない。わたしに自分の攻撃衝動を向け，労働力を代償なしに搾取し，同意なしに性的に利用し，その持ち物を奪い，辱め，苦痛を与え，拷問し，殺害するよう誘惑する存在なのである。人間は人間にとって狼なのである。（中略）さらにつけ加えておけば，文化とは最初はばらばらの個人を，次に家族を，さらに部族，民族，国家などを，より大きな統一である人類にまとめようとするエロスに奉仕するプロセスなのである。わたしたちは，これがエロスの仕事だということがわかるだけで，なぜこうした統一が行われるべきなのかはわからない。これらの人間集団は，リビドーの力でたがいに結びつけられる必要がある。労働共同体の方が有利だからという必然性の理由だけでは，人間集団を結びつけることはできないからである。しかし人間に生まれつきそなわっている攻撃欲動，すなわちすべての人がすべての人にたいして抱いている敵意が，文化のこのプログラムに抵抗するのである。この攻撃欲動は，エロスとともに存在することが発見された死の欲動の主な代表者であり，この欲動がエロスとともに，世界を支配しているのである。こうして，文化の発展の意味が明確になってきた。文化とは人類という種において演じられたエロスと死の闘い，性の欲動と破壊欲動との闘いなのである。この闘いこそが人生そのものの本質的な内容なのであり，だからこそ文化の発展とは，人間という種の生存を賭けた闘いと呼べるのである。

　　S. Freud, *Vorlesungen zur Einführung in die Psychoanalyse*, Leipzig: H. Heller, 1918（懸田克躬訳『精神分析学入門』中公文庫，1973 年）; "Das Ich und das Es" (1923), in *Gesammelte Werke, chronologisch geordnet*, hrsg. von Anna Freud et al., Bd. 13, London: Imago, 1940-55（「自我とエス」中山元編訳『エロス論集』ちくま学芸文庫，1997 年所収）; *Das Unbehagen in der Kultur,* Wien: Internationaler Psychoanalytischer Verlag, 1930（「文化への不満」中山元訳『幻想の未来／文化への不満』光文社古典新訳文庫，2007 年所収）。訳文は既訳をそのまま引用した。

［谷　喬夫］

ハロルド・J. ラスキ
Harold Joseph Laski, 1893–1950

『主権の基礎』(1921 年)

経　歴　ハロルド・ラスキは，1893 年 6 月 30 日イギリスに生まれ，1950 年 3 月 24 日にこの世を去った。つまり，帝国主義や社会主義，二度の世界大戦などによって特徴づけられる，激動の 20 世紀前半を生きた政治学者ということになる。実際，彼の経歴を見ても，ハーヴァード大学やロンドン・スクール・オヴ・エコノミクス（LSE）での講義および学問的著作にとどまらず，数多くの時論を発表し，またイギリス労働党に入党して全国執行委員会議長まで務めるなど，常に政治の現実とのかかわりの中で思索が進められていたことがわかる。

『主権の基礎』　『主権の基礎』は 1921 年に出版された。オックスフォード大学を卒業し，1914 年からカナダのマギル大学で，1916 年からはフェリックス・フランクフルターの導きによりハーヴァード大学で教鞭をとった後，1920 年にラスキはイギリスへ戻り LSE 講師の職を得ている。『主権の基礎』は，『主権問題の研究』(1917 年)，『近代国家における権威』(1919 年) とともにラスキの初期の問題関心を扱ったもので，合わせて「主権三部作」と呼ばれることもある。

　議論の中心は，国家主権に対して制約が可能かどうか，という点にあった。20 世紀初頭，国際的には帝国主義の台頭が見られ，また国内的には国家の役割増大を意味する集産主義の傾向が強まるなかで，法理論や政治理論においても「国家一元論」が強い影響力を持つようになる。ラスキによれば，ボダンからホッブズ，さらにオースティンへと連なる一元論は，国家が他のあらゆる制度や集団に対して優越性を持つと主張しているという（邦訳 398 頁）。つまり，国家は包括的集団であり，私的な利害を超えて人間の普遍的側面を扱うものである。したがって，

国家は至高の存在であり、各個人や国家以外の集団は国家からの要請を免れることができない。そして、この国家権力の至高性・絶対性を表わしているのが、一元論の強調する主権の概念であるとされる。

しかしラスキは国家の持つ主権の絶対性に強く反駁する。現実に国家を動かしているのは政府であり、政府は国民の中から選ばれた一握りの集団にすぎない。よって、その政府が本当に私的な利害関係を超越して国民の普遍的な利益を実現しようとしているかどうかは、実際に調べてみなければわからないというのである。国家一元論の否定は、ラスキの二つの大きな問題意識の交錯によって生まれたと言えるだろう。ひとつは、経済的不平等の拡大により政府が富裕な階層に牛耳られてしまっているという問題意識で、これは後のマルクス主義への接近を準備することになる。もうひとつは、大規模国家への無力感から引き起こされる有権者の無関心であり、これに対しては、国家以外の集団への参加を通じて市民と政治との関係を再活性化することが解決策として挙げられる。いずれにしても、国家だけではなくさまざまな集団が政治の世界に参入する「多元的国家論」が、ラスキの主張となるのである。

ラスキ主権論の今日的意義

ラスキは、1925年の『政治学大綱』にすでに顕著だが、しだいに経済的不平等の問題に重点を移し、マルクス主義に傾倒していくようになる。また彼の主権論自体、国家に対抗するのが個人なのか集団なのか不明確だという難点も持っている。しかし、主権国家の融解が論じられ、NGO・NPOなど国家以外の集団の活動に注目が集まっている今日、主権国家全盛の時代にあえて反論を試みたラスキの主権論からわれわれが学ぶべきところも少なくない。たとえば1980年代中葉以降、東欧の民主化をきっかけに盛んになった市民社会論は、多元的国家論と同様に労働組合や教会などの中間団体を重視し、国家とも市場とも異なる第三の領域としての市民社会の重要性を説いている。またポール・ハーストは、多元的国家論に依拠しながら、有権者と乖離しやすい現代の大規模国家に対して、自治的な諸集団が公的領域と私的領域を媒介するアソシエーティブ・デモクラシー論を提唱した。さらに、しばしばEU論で言及される補完性 (subsidiarity) 概念の源流の一つは、アルトゥジウスからギールケを経てラスキら多元的国家論者へと継承された、多元的で多層的な政治体のイメージに求められる。ラスキの主権批判は、民主主義の活性化をめざす現代の諸論にとって、思想史的源泉のひとつとなっているのである。

● 第Ⅳ部　現代

① 『主権の基礎』「主権の基礎」から（原著 pp. 26-27；邦訳 374-375 頁）
　いかなる紛争においても国家はあ̇ら̇か̇じ̇め̇（*a priori*）勝利するものと定められている。なぜなら，国家によって体現されているのは，われわれ人間すべてに共通する側面だからである。哲学的概念としての国家にとって，ユダヤ人もギリシア人もなければ，束縛も自由もない。国家に集うとき，われわれは同一の市民権という共通の基礎の上に立っている。これこそ，国家が社会的紐帯の究極的表現であるとされる理由である。他の形態の組織はすべて，何か部分的性格を持っている。国家は，その領域的性質によって，すべての人間を包含する。それが普遍的であるのは，唯一の強制的形態を持った結社だからである。（中略）しかし，国外からの攻撃に対して防衛を行う統一された主権を認めたとしても，複雑さの増す国内事項の諸問題へと議論を進めることが当然に正しいということにはならない。国内の変革は，国家主権が歴史上常に維持しようとしてきた現存秩序の利益に反する運動である。国家の法的生存権は，必要な検討を経ることなく倫理的正当化と結びついてしまっている。ホッブズのように，抵抗の代償は抵抗によって得られる価値より常に大きいと論ずる者もいるだろう。T. H. グリーンのように，抵抗が良い結果をもたらすとはまったく考えられないのだから，国家に恐怖と畏敬の念をもって向かい合った方がよいと主張することもありうる。あるいはまたボザンケのように，国家は究極的にはわれわれにとっての最善を簡潔に示すものになるのだという根拠から，国家に論争の余地のない権利を与えるという者もいるかもしれない。しかし事実を単純に述べるならば，国内諸関係という観点から見た場合，国家の真の中心はその政府であるということであり，そこに一体として代表されているのは，臣民全体の利益であるよりも成員の経済生活を支配している部分の利益だ，ということなのである。

② 同書，「行政領域の問題」（原著 pp. 38-39）
　現代代議制度の置かれた状況についていかなる分析がなされようとも，以下の二つの事実は際立って明らかである。一方では，あらゆる討議機関が，大量の仕事によって完全に圧倒されている。他方で，少なくとも同等に明らかなのは，危機や異常な興奮状態の時を除き，平均的な有権者がほんの部分的にしか政治過程に関心を持たないということである。この後者の害悪を修正するため，スイスやアメリカ合衆国で見られるように，主に直接統治の手法を実験するような試みも

なされているが，到底顕著な成功を見せているとは言えない。統計を見ると明白だが，投票者は出来事よりも人物の方に関心を持っており，現代国家の規模を考慮に入れると，直接統治はせいぜい部分的な助けにしかならないのである。

③ 同（原著 p. 42）

　重要なことは，事例にもとづいて見る限り，すべての文明国における官僚制の増大が，自由な精神の維持と両立するようには見えないという事実である。（中略）どれほど社会立法の結果が有益であろうとも——そしてそれがほとんどの場合利益をもたらすということに疑いはないのだが——それは利益がもたらされる人々が自らの精神によって成し遂げた改善に取って代わるものとはならない。社会立法は父権主義へと向かう止みがたい傾向を有している。そして父権主義は，どれほど広範な同意の基盤の上に打ち立てられようとも，民主的国家にとってもっとも油断のならない毒薬なのである。

④　同書,「多元的国家論」（原著 pp. 244-245；邦訳 406 頁）

　基本的にそれ〔政治的多元主義の倫理的側面〕は，正しい行為以外のいかなるものの主権性も究極的には否定するという単純な理由により，法が主権者の命令としてのみ説明されうるということを否定する。とくに T. H. グリーンの時代以来，哲学者たちは一貫して，国家は意思にもとづくと主張している。それにもかかわらず，いかなる意思がもっとも服従を確保しうるかという問題について，ほとんど検討はされてこなかった。歴史を振り返ってみると，そうした意思が必然的に善良な意思ということにはならない，と結論せざるをえない。よって個々人は自分一人で，あるいは他の人々とともに，意思の実質的内容を検討し，それが正当か否かを判断しなければならない。これは明らかに，古典的概念としての国家主権に終止符を打つことである。それは国家の行為を——これまで指摘してきたように，それは実際には国家の第一の機関である政府の行為であるが——他の結社の行為と道徳的に対等の地位に置くのである。

　　Harold Joseph Laski, *The Foundations of Sovereignty and Other Essays*, New York: Harcourt, Brace and Company, 1921（渡辺保男訳「主権の基礎」「多元的国家論」辻清明責任編集『バジョット　ラスキ　マッキーヴァー』世界の名著72, 中央公論社，1980 年）。訳文については既訳も参考にし，適宜訳文を変更してある。　　　　　　　　　　　　　［早川　誠］

● 第Ⅳ部 現代

ウォルター・リップマン
Walter Lippmann, 1889–1974

『世論』（1922 年）

『世論』の背景

ウォルター・リップマンは，ジャーナリストとして主に新聞をその活動の舞台とし，多くの論説やコラムによって，さまざまなニュースの背景にある社会の変動と，その変動がデモクラシーに対して持つ意味について鋭い思考をめぐらせた政治思想家である。

　プラグマティズムとグレアム・ウォーラスの影響を受けたリップマンは，革新主義運動に積極的に関与し，第一次世界大戦に際しては，参戦肯定の論陣を張った。戦中は，ヨーロッパでの情宣活動に従事し，和平案の準備にも大きな役割を担った。しかし，和平は構想どおりには進まず，リップマンは失意のうちに革新主義運動から距離を置くようになる。そして，その失望のなかからデモクラシーの現実に対する鋭利な分析が成立するのである。

　第一次世界大戦前後の経験において，リップマンがもっとも失望したのは，世論の非合理的な反応であった。この経験から，リップマンは近代デモクラシー思想の根幹にある，合理的で「万能の市民」という理念に対して疑念を抱くようになる。『世論』はこうしたリップマンの着想を，体系的に展開した著作である。

「世論」の解体

『世論』において，リップマンは，人間の行動を促すものは現実の外界からの刺激ではなく，認識の所与の類型・パターンとしての「ステレオタイプ」によって再構成された「疑似環境」であることを指摘する。「ステレオタイプ」に依拠した認識は，身近なものでないにもかかわらず複雑な外的状況を理解するために不可欠である。しかし，こうした認識は，現実の外界との関係では合理的なものとはなりえない。

　このような「ステレオタイプ」と現実の対象との部分的な接触とによって成立する個人の意見もまた，偶発的で利己的なものでしかなく，その寄せ集めとして

の「世論」も特殊利益のつぎはぎ以上のものにはなりえない。市民の自由な意見交換によって自動的に形成される「世論」にもとづく政治という古典的なデモクラシーの理論は、広大で複雑な「大社会」という状況と現実の人間の認識能力を前提とするとき、破綻せざるをえないのである。

さらにリップマンは、「世論に基づく政治」の理念が、自己の意志の表出としての自己決定という情念に基礎を置くものであり、それゆえ必然的に不安定なものにならざるを得ないと指摘する。そして、「人間の可能性が適正に行使されるような」生活水準の達成によって人間の尊厳を確保することを統治の目的とすることで、統治の客観的な評価基準を回復しようとするのである。

デモクラシーの「新しいイメージ」

それでは、この評価基準を満たすために、「大社会」におけるデモクラシーはいかにして運営されるべきであろうか。リップマンは、正しい情報や客観的な記述を市民に提供することは、問題の解決にならないと主張する。なぜなら、正しい判断が可能な程度に現実の情報に通じることは、多様な利害関心を持つ普通の市民には困難であり、また、情報の供給源である新聞による報道も、ジャーナリスト自身の取捨選択とステレオタイプに結局は依拠しているからである。それに代わって、リップマンが唱えるのは、「科学的な方法」によって裏打ちされた専門家としての社会科学者による情報の収集や分析であり、そのようにして集められた情報をもとに政治家が判断を下す方法である。ここでは、世論は、そうした判断の「手続き」の公正性を担保し、あるいは、その「手続き」に異議を申し立てるものとして意義を有することになるのである。

意義と限界

リップマンは、複雑な外的状況に関する人間の認識の構造を解明することで、「大社会」における政治認識や政治判断の限界を浮き彫りにし、「世論に基づくデモクラシー」という古典的な理念を鋭く批判した。その分析は、はるかに複雑化と専門化が進行した現代社会におけるデモクラシーに関しても、なお示唆するところが大きい。反面、専門家による社会的諸事実の分析に基礎を置く「『世論』なきデモクラシー」がいかにしてその権威を獲得しうるのか、というデモクラシーの正統性に関する問題には、十分な回答が与えられていない。これこそが、『世論』以降のリップマンが探求し続けた問題であり、現代デモクラシー論の重要な課題でもある。

① 『世論』第1部第1章「外界と頭の中に描く世界」から（原著 pp. 10-11；邦訳 上 29-31 頁）

　ここにあげたすべての事例の中に共通する一つの要素に特に注目したい。それは，人とその人をとりまく状況の間に一種の疑似環境が入り込んでいることである。人の行動はこの疑似環境に対する一つの反応でもある。しかし，それが行動であることには違いない。だから，もしそれが実際行為である場合には，その結果は行動を刺激した疑似環境にではなく，行為の生じる現実の環境に作用する。もしその行動が実際行為でなく，大雑把に思考とか情緒と呼ばれているものである場合には，虚構世界の構造に破綻が目立ってくるまでに時間がかかるかもしれない。しかし，疑似事実による刺激が結果的に現実の事物や他人に作用を及ぼすときには，矛盾がただちに広がる。（中略）

　こうした問題が起こるのも，真の環境があまりにも大きく，あまりにも複雑で，あまりにも移ろいやすいために，直接知ることができないからである。われわれには，これほど精妙で多種多様な組み合わせに満ちた対象を取り扱うだけの能力が備わってはいない。われわれはそうした環境の中で行動しなくてはならないわけであるが，それをより単純なモデルに基づいて再構成してからでないと，うまく対処していくことができないのだ。

② 同書，第2部第6章「ステレオタイプ」から（原著 pp. 57-59；邦訳 上 118-124 頁）

　自分以外の人たちの行為を十分に理解するためには，彼ら自身が何を思っているかを知らなければならない。だとすれば，公正な判断をするためには彼らが自由に使える情報だけでなく，その情報を濾し分けた彼らの知性についても評定しなければならない。すでに受け入れている様々な類型，現在はやりのパターン，標準的解釈などが，意識に届く途中で情報を遮ってしまうからである。（中略）

　外部からのあらゆる影響力の内，もっとも微妙で，しかももっとも広範に浸透してくる力は，ステレオタイプのレパートリーをつくり，それを維持するような力である。われわれは自分で見るより前に外界について教えられる。経験する前にほとんどの物事を想像する。そして教育によってはっきりと自覚させられない限り，こうしてできた先入観が知覚の全過程を支配する。

③　同書，第6部第20章「新しいイメージ」から（原著 pp. 195–197；邦訳 下 158–162 頁）

　理論によれば，人間の完全な尊厳は，その人間の意志が，コール氏のいうように，「ありとあらゆる形の社会的行動」において表現されることを要求する。自らの意志を表出することは人間の強力な情念であると考えられている。人間は本能的に統治の技能を有していることが前提とされているからである。（中略）
　しかし，人間の尊厳を自治に関するただ一つの仮定に托すばかりでなく，人間の尊厳は人間の可能性が適正に行使されるようなある生活水準を要求するのだ，という考え方を打ち出すなら，問題は一変する。
　そのとき統治を評定する基準は，その統治が最低限の健康，適切な住居，必需物資，教育，自由，娯楽，美しさを生み出すかどうかということであって，これらのものすべてを犠牲にしても，その統治がたまたま人々の頭に浮かんできた自己中心的意見にあわせて揺れ動くかどうかということだけではない。

④　同書，第8部第25章「打ちこまれるくさび」から（原著 pp. 233–236；邦訳 下 224–230 頁）

　「大社会」はものすごい勢いで成長し，技術知識の応用によって巨大な広がりをもつに至った。それを生み出したのは正確な計測と大量の分析を駆使できるようになった技術者達であった。人々は気づき始めた。「大社会」は，正否を単に推測によって考える人たちの手で治めきれるものではなかったのだ。それを人間の支配下に入れられるものは，それを生み出した技術をおいてはなかった。（中略）
　今日では，まず実務家が自分の事実を見いだし，それによって判断を下す。次にしばらく時をおいて，社会科学者がその判断が賢明であった理由，あるいはそうでなかった理由をきれいに引き出すという順序になっている。（中略）本来の順序としては，まず利害関係のない専門家が活動家のために諸事実を見つけてこれを体系化し，次に，彼が理解する意志決定と彼が組織した諸事実とを比較検討して，そこから彼に可能な知恵を生み出すべきである。

　　Walter Lippmann, *Public Opinion*, New York: Free Press Paperbacks, 1997 (Originally Published New York: Macmillan, 1922)（掛川トミ子訳『世論』上下，岩波文庫，1987年）。訳文は，上記邦訳に依拠しているが，一部訳語を変更したところがある。

[苅田真司]

カール・シュミット
Carl Schmitt, 1888–1985

『政治的なものの概念』(1932 年，ただし初版は 1927 年)

政治的なものの概念　シュミットの政治的なものの概念は，「友・敵」の対立を意味し，敵とは物理的な抹殺をおこなう可能性のある相手，つまり和解不可能な相手を意味している。シュミットによればすべての生活領域において友・敵の対立が強まれば強まるほど，政治的対立が生まれてくる。したがって，シュミットの政治的概念には，戦争や内戦といった危機的状況が想定されている。

自由主義批判　こうした彼の概念定義は，自由主義的な政治観に対する論争的なものである。シュミット自身が，すべての政治的概念が論争的な意味を有し，友・敵対立といった具体的状況と関連していると述べているように，シュミットの政治的な概念も，自由主義，法治国家，多元主義的国家論などを批判の対象としていた。友・敵の「闘争」は，経済活動の「競争」や民主主義に必要な「討論」，さらには今日のポストモダンの思想家シャンタル・ムフが主張するような「アゴーン」(競技)に還元されるものではなかった。本質的に自由競争と予定調和を特徴とする自由主義は，経済と倫理の両極から，政治的なものの固有性を排除しようと試み，主権，戦争，国民といった政治概念を変質させてしまうのである。

例外状態　シュミットの政治的なものの概念は，戦争や内戦の勃発可能性という「例外状態」を想定して，概念構成がなされている。彼にとって，「例外状態」においてこそ，事物の本質があますところなく現われるのである。実際に戦争や内戦が存在するかが問題ではなく，あくまでも，「例外状態」を想定して，そのために目覚め，準備しておくことが大事なのである。戦争の勃発「可能性」は，政治に不断の緊張をもたらすのである。

「例外状態」から国家を定義するシュミットにとって，国家は交戦権を有し，自国民に対して前線に赴き，命を捨てることを命じる生殺与奪の権限を有している。これは，個人の生命や自由を至上の価値とみなす個人主義や自由主義によっては根拠づけることのできないものである。

正戦論批判

　シュミットは，ウェストファリア体制以来の主権国家システムにおける国家間の戦争を政治の延長として受け入れた。それは，国益の主張や対立を解決する手段として主権国家システムの中に組み込まれているものであって，決して「正戦」ではありえなかった。シュミットが『政治的なものの概念』を書いたときに念頭に置いていた正戦論のイデオロギーは，「自由」，「平和」，「人類」といった普遍的，倫理的用語を標語として用い，第一次世界大戦時にドイツを「自由」の敵，「平和」の敵，「人類」の敵として攻撃したアングロ・サクソン諸国のイデオロギーであった。また正戦論は，自国の国家的実存や存在様式を守るために敵国の軍隊を排除するにとどまらず，敵を殲滅するまで戦争をエスカレートさせる。「自由」，「人権」，「人類」，「平和」といった普遍的概念を掲げる正戦論は，「敵から人間としての性質を剝奪し，敵を非合法・非人間と宣告し，それによって戦争を極端に非人間的なものにまで推し進めようという，恐ろしい主張を表明するものなのである」。

世界国家と非武装の「幻想」

　シュミットにとって国家内部は「統一体」であったが，国際社会は「多元体」であった。国際社会を国家をモデルとして「統一体」にしたてあげようとする試み，つまり「世界国家」やコスモポリタニズムの理念をシュミットは明確に斥ける。

　他方，戦争といった「例外状態」を絶えず想定するシュミットにとって，「非武装」を宣言することは，国家と国民の自殺行為に他ならなかった。政治的決断と武装を放棄した国は世界から消滅する可能性を自らに招き寄せることになる。リアリズムの国際政治観に立つシュミットは，世界国家や非武装，無抵抗主義といった「幻想」の持つ危険性に警鐘を乱打し続けたのである。

① 『政治的なものの概念』1. 政治的なものの概念定義
　政治的なものは，特有の意味で政治的な行動がすべてそこに帰着しうるような，それに固有な究極的区別の中に求められなければならない。（中略）
　政治的な行動や動機の基因と考えられる特殊政治的な区別とは，友と敵という区別である。この区別は，標識という意味での概念規定を提供するものであって，あますところない定義ないしは内容を示すものではない。（中略）友・敵の区別は，最も強い結合ないし分離，連合ないし離反をあらわすという意味を持つ。（原著 pp. 26-27；邦訳 14-15 頁）

　敵という概念には，闘争が現実に偶発する可能性が含まれている。（中略）友・敵闘争という諸概念が現実的意味を持つのは，それらがとくに物理的殺戮の現実的可能性と関わりを持ち続けることによってである。戦争は敵対より生じる。というのも敵対とは，他者の存在そのものの否定だからである。（原著 p. 33；邦訳 25-26 頁）

　政治的なものは，人間生活の様々な分野から，つまり宗教的・経済的・道徳的その他の諸対立から，その力を受け取ることができる。それは，なんらそれ独自の領域をあらわすものでなく，ただ人間の連合または分離の強度をあらわすにすぎない。（原著 p. 36；邦訳 35 頁）

② 同書，2. 自由主義批判
　すべての政治的な概念，表象，用語は論争的な意味を持っている。それらは，具体的な対立関係を想定しており，結局は（戦争ないし革命において現れる）友・敵結束を最終的にもたらす具体的状況と結びついている。そして，この状況が消滅する時には，それらはすべて幽霊じみた抽象と化する。国家，共和制，社会，階級さらには主権，法治国家，絶対王政，独裁，構想，中立国家ないし全体国家などの用語は，それが具体的になにをさし，なにと戦い，なにを否定し，なにを反駁しようとするかを知らなくては，理解しがたいのである。（原著 p. 31；邦訳 22 頁）

　自由主義は，それに特有な精神と経済のディレンマにおいて，敵を，取引の面

からは競争相手に，精神の面からは論争相手に解消しようとする。
　もとより，経済的なものの領域には，敵なるものは存在せず，競争相手のみが存在するだけであり，また道徳化し倫理化しつくされた世界においては，おそらくは論争相手のみが存在するだけであろう。(原著 p.28；邦訳 17–18 頁)

　自由主義は，たしかに，国家を根本的に否定しなかったが，他方またなんら積極的な国家理論も，独自の国家形態もみいださず，ただたんに，政治的なものを，倫理的なものによって拘束し，経済的なものに従属させようと試みたにすぎなかった。自由主義が作り出したのは，「権力」の配分と均衡の理論，すなわち国家の抑制・制御の体系であって，これは国家理論とか政治的構成原理とか呼ぶことのできないものである。(原著 p.61；邦訳 74 頁)

　自由主義的思考は，きわめて体系的な仕方で，国家および政治を回避ないし無視する。そして，その代わりに，二つの異質の領域，すなわち倫理と経済，精神と商売，教養と財産という典型的な，そして繰り返しあらわれる両極の間を揺れ動くのである。国家および政治に対する批判的不信は，どこまでも個人こそが出発点であり終着点であるべきだという，体系の諸原理から説明される。政治的統一体は，場合によっては，生命の犠牲を要求せざるをえないが，自由主義的思考の個人主義にとっては，この要求は決して充足されず，また理由づけることはできない。(原著 p.70；邦訳 89–90 頁)

　多元的国家理論は，あらゆる国家論の中心概念，すなわち政治的なものを無視し，多元的な諸団体が連合的に構成され，政治的統一体へといきつく可能性すら論じていない。それは，まったく自由主義的個人主義の枠から脱していない。(中略) 政治的なものの本質が認識されず，注目されないかぎりにおいてのみ，政治的「団体」を多元論的に，宗教的・文化的・経済的その他の諸団体と並置し，それらと競合させることが可能となる。(原著 p.45；邦訳 47 頁)

③　同書，3. 例外状態
　戦争は，決して政治の目標・目的ではなく，ましてその内容ではないが，ただ戦争は，現実可能性として存在する前提なのであって，この前提が人間の行動・

思考を独特な仕方で規定し，そのことを通じて，とくに政治的な態度を生み出すのである。(原著 p. 34-35；邦訳 27 頁)

　例外状態こそが，とくに決定的な，ことの核心を明らかにする意義を有している。なぜなら，現実の闘争においてこそ，友・敵という政治的結束の究極的帰結が露呈するからである。この究極的な可能性から，人間生活はすぐれて政治的な緊張を獲得する。(原著 p. 35；邦訳 30 頁)

　決定的な政治的統一体としての国家は，途方もない権限を一手に集中している。すなわち，戦争を遂行し，かつそれによって公然と人間の生命を意のままにする可能性である。なぜなら，交戦権は，このような自由に処理する権限を含んでいるからである。それは，自国民に対しては死の覚悟を，また殺人の覚悟を要求するとともに，敵方に立つ人々を殺戮するという，二重の可能性を意味する。(原著 p. 46；邦訳 48-49 頁)

④　同書，4. 正戦論批判
　そのような戦争〔人類のための最終戦争〕は，政治的なものを超えて，敵を同時に，道徳的その他の範疇においても蔑視し，たんに撃退するだけではなく，はっきり抹殺せざるをえない非人間的怪物に仕立て上げずにはいない。それゆえ，もはやたんに，自国の域内に追い返されるべき敵などというものではない。だから必然的に，とくに激烈で非人間的な戦争なのである。(原著 p. 37；邦訳 33 頁)

　一国家が人類 (Menschheit) の名において自らの政治的な敵と戦うのは人類の戦争であるのではなく，特定の一国家が，その戦争相手に対し「普遍的概念」を掲げて，自らを普遍的概念と同一化しようとする戦争なのであって，平和，正義，進歩，文明などを自らの手に取り込もうとして，これらを敵の手から剥奪し，それらの概念を利用するのとよく似ている。(中略)「人類」の名を掲げ，引き合いに出し，この語を私物化することはすべて敵から人間としての性格を剥奪し，敵を非合法 (hors-la-loi)，非人間 (hors l'humanité) と宣言し，それによって戦争を極端に非人間的なものにまで推し進めようという恐ろしい主張を表明するものに他ならない。(原著 p. 55；邦訳 63 頁)

⑤　同書，5. 世界国家と非武装の「幻想」

　政治的なものという概念標識からは，諸国家世界の多元論が生まれる。政治的統一体は，敵の現実的可能性を前提とすると同時に，共存する他の政治的統一体を前提とする。したがって，およそ国家が存在する限りは，つねに，複数の諸国家が地上に存在するのであって，全地球・全人類を包括する世界「国家」などはありえない。政治的な世界は多元体（Pluriversum）なのであって，単一体（Universum）ではないのである。（原著 p. 54；邦訳 61 頁）

　個々の国民が，全世界に対して友好宣言をし，あるいは自らすすんで武装解除することによって，友・敵区別を除去できると考えることは誤りであろう。このような方法で世界が非政治化し，純道徳性・純経済性の状態に移行したりするものではない。もし一国民が，政治的生存の労苦と危険とを恐れるなら，そのときまさに，この労苦を肩代わりしてくれる他の国民が現れるであろう。（中略）無防備の国民には友しか存在しないと考えるのは馬鹿げたことであろうし，無抵抗ということによって敵が心を動かされるかもしれないと考えるのは，ずさんきわまる胸算用であろう。（中略）一国民が，政治的なものの領域に踏みとどまる力ないし意志を失うことによって，政治的なものがこの世から消えうせるわけではない。ただ，いくじのない一国民が消えうせるだけにすぎないのである。（原著 p. 52–54；邦訳 59–61 頁）

　C. Schmitt, *Der Begriff des Politischen: Text von 1932 mit einem Vorwort und drei Corollarien*, Berlin: Duncker&Humblot, 1963（田中浩・原田武雄訳『政治的なものの概念』未來社，1970 年）。なお訳に際しては，田中・原田訳を一部修正した。

[古賀敬太]

ヨーゼフ・シュンペーター

Joseph A. Schumpeter, 1883–1950

『資本主義・社会主義・民主主義』(1942年)

古典的民主主義批判

シュンペーターは、オーストリアの著名な経済学者であり、政治学者としても、現代民主主義理論の領域で重要な功績を残した人物である。また彼は、オーストリアの財務大臣を務めるなど、現実の政治にも大きな影響力を持った。経済学者としてのシュンペーターは、新たな企業家の台頭を通じた、資本主義の発展過程に関する理論化を進めた学者として名高い。今日われわれが日常用語のように用いる、イノベーションという概念は、シュンペーターがこうした理論化の過程で初めてつくりだした造語として知られている。

政治学者としてのシュンペーターの名を一躍有名にしたのは、本書に引用した晩年の著書、『資本主義・社会主義・民主主義』における、新しい民主主義概念の定義である。ここでシュンペーターは、当時、民主主義概念に関する通説であった、古典的学説を厳しく批判した。古典的学説とは、ルソーらに代表される議論であり、一般市民が共通に抱く政治的な意見や判断、すなわち「人民の意志」の実現を、民主主義の本質とみなす立場である。シュンペーターは、古典的学説が、現実の人間の判断力、とりわけ政治における人間の判断力に関して、不当に楽観的な見通しに立っていると批判する。なぜならば、人間は、自分の比較的身近な利害判断に関係する、経済活動の領域においてさえ、宣伝や広告に踊らされて非合理な判断を下すことも多い。だとすれば、他国で起こる戦争や事件など、人々にとってより非日常的な問題を扱う政治的な判断は、より非合理的なものとなる可能性が高い。

またかりに、個々の人々が合理的な政治的判断をおこなったとしても、人々の多様な政治的判断を適切に集約して、「人民の意志」を的確に見いだすことはき

わめて難しい。それなのに，古典的学説は市民に過大な期待を抱き，市民が直接支配をおこなうことを理想と考えてきた。その反面で，古典的学説は，現実の政治においてきわめて重要な役割を果たす，政治家やリーダーたちに対しては，人民の意志をたんに機械的に代表する，第二義的な役割しか与えてこなかった，とシュンペーターは指摘するのである。

新しい民主主義概念 これに対し，シュンペーター自身は，市民と政治家との間の関係を逆転させ，政治家やリーダーのあり方に中心をおいた，独自の民主主義概念を提示した。シュンペーターによれば，民主主義のあり方に決定的な影響を及ぼすのは，一般市民よりも高い政治的能力と関心を有する政治的リーダーにほかならない。民主主義の意義は，そうした有能なリーダーが，選挙における当選をめざして，多様な政治的争点に関し優れた政策や見解を提示することにより，活発な政治的競争が繰り広げられる点にある。他方，一般市民は，古典的学説が想定したように，自ら政策や意見を提示することは難しいものの，政治的リーダーの資質を判断し，それを選挙における投票を通じて表明する程度のことは期待できる。そして，いったん選挙の過程が終了して以降は，市民が積極的に政治に参加することは決して民主主義の理想ではない。むしろ，政策判断をおこなう政治家と，そうした判断の結果生まれた政策を機械的に実行する官僚とが民主主義の主役となる，とシュンペーターは指摘したのである。

意義と批判 シュンペーター民主主義論の特色は，民主主義社会を，市民の公的利益実現というその政治的理想や価値の観点から理解した古典的学説と異なり，エリートという現実の実力者を中心に，民主主義の実態を鋭く捉えた点にある。そのため，彼の民主主義理論は，エリート主義的民主主義論，現実主義的民主主義論などと呼ばれることとなった。そして彼の議論は，第二次大戦以降欧米で発達した，実証主義的で科学的な政治学の論者，たとえば，ロバート・ダールやアンソニー・ダウンズらに大きな影響を与えた。だが反面，シュンペーターの議論に対しては，民主主義的な社会における政治的参加の体験が，市民の政治的資質を向上させうる可能性を不当に見逃しているとの批判も浴びせられている。たとえば，そうした批判の代表例としては，C.B.マクファーソンやキャロル・ペイトマンらの論者が，市民が政治的参加を通じて政治的議論や判断の能力を向上させ，より直接的に民主主義の担い手となりうると批判した，1970年代のいわゆる参加民主主義論などが知られている。

● 第 IV 部　現代

① 『資本主義・社会主義・民主主義』第 4 部第 21 章から　(原著 p. 250；邦訳 465–466 頁)

　　民主主義についての 18 世紀哲学は，次の定義に示されているものといえよう。すなわち，民主主義的方法とは，政治的決定に到達するための一つの制度的装置であって，人民の意志を実現するために集められるべき代表者を選出することによって人民自らが問題の決定をなし，それによって公益を実現せんとするものである，と。この意味内容をもう少し掘り下げてみよう。

　　この場合にはまずここに，政策の明白な指標たる「公益」の存在が主張されている。それはいつでも簡単に定義できるものであり，またおよそあたりまえの人になら，合理的な議論によって認識せしめうるものとされている。だから公益の存在を認めないというがごときことは全然許されず，事実また無知とか——これは除去しうる——蒙昧とか反社会的利害によるものとかを除いては，それを認めないような人の存在はまったく説明されていない。さらにまた，この公益はありとあらゆる問題に対して明確な解答を与えるものであるから，いっさいの社会的事実や過去から未来にわたるいっさいの政策は，それに照らして一点の紛れもなく「良いもの」と「悪いもの」とに分類されうることとなる。したがってすべての人民は少なくとも原理上は意見の一致をもつことになり，ここにまた人民の「共通の意志」(分別ある個人の総体の意志) なるものも存在することとなる。

② 同書，第 4 部第 22 章から　(原著 p. 269–270；邦訳 502 頁)

　　古典的学説についてのわれわれの主要な難点が次の命題に集められていたことは，いまだ記憶に新たなところであろう。すなわち，「人民」はすべての個々の問題について明確かつ合理的な意見をもち，さらに進んで——民主主義においては——その意見の実現につとめる「代表」を選ぶことによって，自己の意見を実行に移さんとするものであるとの命題がこれである。かくてこの説によれば，民主主義的装置の第一義的な目的は，選挙民に政治問題の決定権を帰属せしめることにあり，これに対し代表を選ぶのはむしろ第二義的なこととされる。さてわれわれは，この二つの要素の役割を逆にして，決定を行なうべき人々の選挙を第一義的なものとし，選挙民による問題の決定を第二義的たらしめよう。これをやや言い替えるならば，われわれはここで，人民の役割は政府をつくること，ないしはあらためて国民的行政執行府または政府をつくり出すべき中間体をつくることに

ある，という見解に立つことになる。かくて次のごとく定義される。すなわち，民主主義的方法とは，政治決定に到達するために，個々人が人民の投票を獲得するための競争的闘争を行なうことにより決定力を得るような制度的装置である，と。

かような考え方の弁護や説明を行なうことは，その仮定の妥当性や命題の維持可能性に関して，民主主義過程の理論を大いに改良することになるであろう。

まず第一に，われわれは民主主義的な政府を他のものと区別するための真に有効な基準をもつことになる。およそ今まで受けいれられてきた言葉の使用法に従うかぎりでは，民主主義的とはいえないような政府でも，人民の意志や人民の利益について他のものにまさるとも劣らぬ貢献をなしうるし，また多くの歴史的事例ではなしえたのであるから，この点に古典的学説の難点があったことは，われわれのすでにみたごとくである。しかしいまや，部分的には多くの場合にその存在ないし欠如の証明を容易になしうるような一つの処理方式を強調することにしたために，われわれの立場は若干改良されたものとなる。(中略)

第二に，この定義に具体化された理論は，リーダーシップなる生き生きした事実についての本来の認識のために必要と思われるあらゆる余地を残している。古典的学説はこの余地を認めないで，すでにみたごとく，選挙民にまったく非現実的な程度にまで創造力を帰属せしめているので，実際にはリーダーシップを無視する結果になってしまった。けれども集団者はほとんどもっぱらリーダーシップを受けいれて行動する，——これは単なる反射運動以上のほとんどすべての集団的行動を支配しているメカニズムである。民主主義的方法の作用ならびに結果についてこのことを考慮に入れた命題は，当然これを考慮していない命題よりもいっそう現実的なものとなるであろう。それらはただ単に一般意志を遂行するという点を明らかにするにはとどまらず，そもそもそれがいかにして発生するか，あるいはまたそれがいかにすり変えられたり捏造されたりするか，という点をも明らかならしめるであろう。かくて，われわれがまえに「製造された意志」と名づけてきたもの，すなわち，そのないことを心から祈っていたところの逸脱は，もはやわれわれの理論のほかにはない。それは当然あるべき基盤に組み入れられる。

Joseph A. Schumpeter, *Capitalism, Socialism, and Democracy*, 3rd edition, New York: Harper & Brothers, 1950 (1st edition 1942) (中山伊知郎・東畑精一訳『資本主義・社会主義・民主主義』東洋経済新報社，1951-52 年)。訳文については一部変更した。　　　［飯田文雄］

ジョン・M. ケインズ

John Maynard Keynes, 1883–1946

「自由放任の終焉」（1926 年）

時代背景　イギリスには古くから，政治や経済などの時事的問題について自説を展開し他人を説得するためにパンフレットを書き，それに対して反論を寄せる，という論戦形式があって，『ガリバー旅行記』を書いたスウィフトも数多くのパンフレットを書いたことで知られる。1926 年に書かれたケインズの「自由放任の終焉」もパンフレットとして書かれ，後に，同時期に書かれた「ロイド・ジョージはそれをなしうるか？」，「呪うべき黄金欲」，「チャーチル氏の経済的帰結」などと合わせて『説得論集』（1931 年）として刊行された。

繁栄と安定の世紀といわれた 19 世紀は経済の面でも繁栄と安定の世紀であった。産業革命による資本主義の成立，私企業の自由な経済競争，国際金本位制下の自由貿易。だがこのような繁栄も第一次世界大戦によって終止符が打たれた。戦後の 1920 年代は再建の時期で，当初は旧体制への復帰がめざされ，金本位制への復帰もなされた。しかし国際経済システムの大きな揺らぎはいかんともしがたく，覇権国の座をアメリカに奪われたイギリスの経済は混迷を深めるばかりであった。このような時期に書かれたのが「自由放任の終焉」であり，このパンフレットでケインズは，旧来の自由放任体制に引導を渡し，経済において国家が一定の役割をもつこと，またもたなければならないことを主張した。

自由と無秩序　ヨーロッパの近代は個人を道徳，宗教，絶対的な王権のくびきから解き放つところから始まった。利己心や個人の欲望はもはや悪ではなく，個人の自由な経済活動も認められる。だがこのとき，社会の秩序はどうなるか。従来の宗教的・政治的秩序に代わる新しい秩序が存在するだろうか。このような疑問に対し，マンデヴィルは「私悪は公益」を唱えて肯定的な解答を与え，アダム・スミスは自由な競争が促進されればおのずから「自然的

自由」の制度ができあがる，利己心は社会の秩序と矛盾しないばかりか，社会のネットワークを拡大していく，と主張した。ルソーの社会契約説が個人の自由を維持しながら政治社会の秩序を導出する政治理論だとしたら，スミスの市場理論は同じく経済社会の自由の秩序を導出する経済理論だったといえるであろう。

だがケインズによれば，自由放任の学説はスミスの自由主義的経済理論に根をもつとしても，それに新たな要素を加えることによって成立した思潮である。その要素とは，最大多数の最大幸福を説くベンサムの功利主義的な平等主義である。人間は快を求め苦を避ける存在としては同等であり，特定の個人が特権的な地位をもつわけではない。国家の役割はただ快の総和を最大にすること（最大多数の最大幸福）である。そのためには国家は何もしないこと。何もしないという不介入主義が逆説的に国家の積極的役割（ケインズはベンサム主義を社会主義とさえ呼んでいる）となる。

19世紀後半になると自由放任主義はさらに新しい要素を加え，武装を固める。それがC.ダーウィンの進化論に由来するH.スペンサーの社会進化論である。自然淘汰，適者生存の進化論は社会に適用され，利潤追求・貨幣愛を動因とした自由放任は社会の進化を促すと説かれたのである。このような自由放任主義に対し，ケインズは遮られることのない自由放任は無秩序を不可避とする，と反論する。

国家の役割　ケインズは自由を基調とする経済においても国家の介入が必要であることを論じる。しかしそれは社会主義のように経済を国家の管理下に置くことではない。政府の「なすべきこと」と「なすべからざること」は峻別されなければならない。国家のなすべきことはすでに私的な諸個人が手をつけている活動ではなく，個人の活動範囲外にあるもの，国家以外には誰も実行しようとはしない活動領域である。だから彼は鉄道の国有化は見当違いだとして異を唱えている。

「自由放任の終焉」では，国家のなすべきこととして三つのものを例示している。すなわち通貨の管理，貯蓄と投資の調整，人口調整である。ここから彼が「大きな政府」をめざしたと考えたとしたら，それは間違いである。個人主義は，その欠陥を取り除け濫用を慎む場合には，他のどのような体制よりも自己選択を行使する領域を大幅に拡大する，というのが彼の一貫した考えであり，そのため彼は国家による管理よりは，むしろ社会化の度合いをますます高めている（株式会社などの）「半自治的組織体」に望みを託そうとした。

● 第Ⅳ部　現代

① 「自由放任の終焉」（原著 pp. 287-289；邦訳 344-345 頁）

　折にふれ，自由放任の論拠とされてきた形而上学的原理ないし一般的原理は，これをことごとく一掃してしまおう。個々人が各自の経済活動において，永年の慣行によって公認された「自然的自由」を所有しているというのは本当ではない。持てる者，あるいは取得せる者に永続的な権利を授与する「契約」など存在しない。世界は，私的利益と社会的利益とがつねに一致するように，天上から統治されてはいない。世界は，実際問題として両者が一致するように，この地上で管理されているわけでもない。啓発された利己心が，つねに公益のために作用するというのは，経済学の諸原理から正しく演繹されたものではない。また，利己心が一般的に啓発されているというのも正しくない。自分自身の目的を促進すべく個々別々に行動している個々人は，あまりにも無知であるか，あるいはあまりにも無力であるために，そのような目的すら達成することができないというのが，頻繁に見受けられるところなのである。社会という一つの単位を形成しているときの個々人は，各自が別々に行動するときとくらべて，明敏さに欠けるのが常であるということは，経験的には何ら示されていない。

　したがって，バークが「立法上のもっとも微妙な問題のひとつ，すなわち国家が自ら進んで公共の英知にしたがって指揮監督すべきものは何であり，国家が能うかぎり干渉を排して個々人の努力に委ねるべきものは何であるかを決定する問題」と呼んだ問題は，これを抽象的論拠に基づいて解決することはできず，その詳細にわたる功罪の検討に基づいて論じなければならない。ベンサムがかつて，忘れ去られてはいるが有益な用語法において，なすべきこと（*Agenda*）となすべからざること（*Non Agenda*）と名づけたものを区別しなければならず，しかもこの区別にあたっては，ベンサムのように干渉は「一般的に不要」であり，しかも同時に「一般的に有害」であると，前もって想定することはやめなければならない。

② 同書（原著 pp. 291-292；邦訳 349-350 頁）

　現代最大の経済悪の多くは，危険と不確実性と無知の所産である。富のはなはだしい不平等が生じるのは，境遇とか能力に恵まれている特定の個人が不確実性や無知につけ込んで利益を手に入れることができるからであり，また同じ理由から，大企業も，しばしば，富くじのようなものだからである。しかも，このよう

な同じ諸要因が，労働者の失業や，あるいは合理的な事業上の期待の破綻，効率性と生産の減退などの原因ともなっている。しかし，その治療法は，個人の手の届かないところにあり，その病状を悪化させるのが個人の利益とさえなるかもしれないのである。このような事態にたいする治療法は，一つには，中央機関による通貨および信用の慎重な管理に求められるべきであり，また一つには，知っておけば有益な，企業にかんするあらゆる事実の——必要とあれば法律による——全面的な公開ということを含む，事業状況にかんする膨大な量の情報の収集と普及に求められるべきであると，私は考える。このような対策は，何らかの適切な実行機関をつうじて，私的企業の錯綜した内部の多岐にわたって指導的情報活動が展開されるという動きの中に，社会を巻き込むことになるのだろうが，それでも私的創意と私的企業心がそれによって妨害を受けることはないだろう。それにもかかわらず，たとえこのような対策が不十分だと分かったとしても，われわれが次の一歩を踏み出す上で，現在持ち合わせている知識とくらべれば，ずっと優れた知識がそれらの対策から得られることになるだろう。

　第二の例は，貯蓄と投資にかんするものである。私の考えでは，社会全体としての望ましい貯蓄規模，その貯蓄のうち対外投資の形で海外に流出してゆく部分の規模，あるいは現在の投資市場組織が貯蓄を一国的見地からもっとも生産的な水路に配分しているかどうかについて，何らかの調整された理性的判断行為が要求される。このような問題が，現在のように，私的判断と私的利潤の自然の成行きに全面的にまかせられるべきだとは，私は思わない。

　第三の例は人口にかんするものである。各国とも，いかなる規模の人口，現在よりも大きな人口か，小さな人口か，それとも現在と同じ規模の人口か，そのいずれがもっとも適切なものであるのかということについて，十分に考え抜かれた国家的政策を必要とする時代がすでに到来している。しかも，この政策は決定されしだい，それを実行に移すべき措置を講じるべきである。そうすれば間もなく，社会が全体として，その社会の将来の構成員の人数だけでなく，その構成員の生まれつきの素質にも注意を払わねばならないような時代が到来することであろう。

J. M. Keynes, *Essays in Persuasion*, London: Macmillan, [New York] St. Martin's Press for the Royal Economic Society, 1972 (1st published in 1931) (宮崎義一訳「自由放任の終焉」『説得論集』中山伊知郎ほか編「ケインズ全集」第9巻，東洋経済新報社，1981年)。訳文は一部変更した。

[間宮陽介]

フリードリヒ・フォン・ハイエク
Friedrich August von Hayek, 1899–1992

『自由の条件』(1960 年)

　フリードリヒ・フォン・ハイエクは 1899 年 5 月 8 日，世紀末文化の爛熟するオーストリアの首都ウィーンの貴族の家庭に生まれる。多くの学者を輩出した名門の家系で，母方はあの哲学者ヴィトゲンシュタインと親戚関係にあった。
　ウィーン大学で法学，政治学を学び，それぞれの博士号を取得したハイエクは1927 年から 31 年のあいだ，ミーゼスの推薦でオーストリア景気循環研究所長をつとめつつウィーン大学で私講師として政治経済学を講ずる。1931 年からイギリスに移住し，ロンドン・スクール・オブ・エコノミクスで教鞭を執りながら，ケインズとの論争や社会主義経済計算論争など，理論経済学の分野での論客として活躍する。
　ハイエクが理論経済学の枠組みを踏み越え，積極的に自由主義の社会・政治哲学の構築に転ずることになるのが『隷従への道』(1944 年) である。この書物はしばしば，同時期に出版された K. R. ポパーの『開かれた社会とその敵』(1945 年) と並び称される痛烈な全体主義批判の書物であるが，ポパーのそれがナチズムへの思想的闘争の書物であるとするならば，ハイエクのそれは，イギリス労働党の社会福祉政策への批判をも意図した，社会を理性によって合理的に設計しようとする，広義の社会主義思想全般への批判であった。この書物をひとつの転機に，ハイエクはアメリカのシカゴ大学に移籍する。また 1947 年には多彩な自由主義者たち (たとえば L. ロビンズ，K. R. ポパー，L. フォン・ミーゼス，M. フリードマンなど) の集う結社「モンペルラン協会」を設立し初代の会長となる。
　1960 年代に入り，自由主義擁護の観点から理論と政策の双方にわたって福祉国家思想やそれを支える近代合理主義を痛烈に批判したのが大著『自由の条件』(1960 年) である (邦訳では三分冊になってハイエク全集に収録されている)。

『自由の条件』でハイエクが擁護するのは「他人の恣意的な意思によって強制されない」という意味での古典的な「個人的自由」のみであって，政治的自由，内面的自由，権力としての自由といった観念は自由の名のもとに個人的自由を破壊する口実を提供するものとして拒絶される。そうした自由が実現されるためには，どこまでが保護されるべき私的領域であるのか確定されなければならないが，それを可能にするのが法の支配である。法とは，すべての人に適用される，あらかじめ一般に広く知られている抽象的ルールであって，それがゆえに個人は人間の不確実性を削減することができるのであり，立法者が発する恣意的な命令が法なのではない。この意味で自由主義とは法がどうあるべきかについてのルールを設定するメタ・レベルでの政治理念に他ならないとハイエクは主張する。

ハイエクの自由擁護論と，福祉政策に代表される政府の介入主義政策批判の論拠として特に重要なのが，人間が全知全能たりえないという無知の認識である。そうであるかぎり，人間が自らの限られた知識や理性に頼るのではなく，歴史のなかで繰り返される無数の事例による淘汰を経て形成されてきた自生的秩序 (spontaneous order) としての慣習や伝統という行為規範に依拠する方が望ましいだろう。

もっとも，ハイエクの思想には，われわれに不毛なまでの二者択一を迫る乱暴なまでの友敵思考があることも否定できない。資本主義か社会主義か，真の個人主義か偽りの個人主義か，イギリス経験主義の伝統に依拠する真の自由か，それともフランス的伝統である合理主義の偽りの自由かという二者択一を迫るハイエクの問題提起の仕方は，前者の選択のみを正当化するイデオロギーとみなさざるをえない。

こうした彼の思想を集大成したとされているのが，三部作である『法と立法と自由』(1973, 76, 79 年) である。さらに 1974 年に，G. ミュルダールと共にノーベル経済学賞を受賞したことがきっかけとなってか，1970 年代後半から 80 年代にわたってハイエクの社会哲学への関心は西側世界で急速に高まり，イギリスのサッチャー政権やアメリカのレーガン政権に体現されていた新保守主義の代表的理論家としての彼の地位は揺るぎないものになった。しかし，1989 年の「ベルリンの壁崩壊」によって社会主義体制という彼がその人生を賭けて批判してきた対象が消失して以降は，ハイエクへの関心は急速に冷めてしまったようである。そのせいか，彼の最晩年の著作『致命的な思い上がり——社会主義の誤謬』(1988 年) はいまだ邦訳がない。

● 第 IV 部　現代

① 『自由の条件』5 巻

　自由な進化に必要な条件——個人的創意の精神——がなければ，活力ある文明はいずこでも育たないというのは正しいだろう。この精神が実際に欠けている場合には，最初の仕事はそれを覚醒させることである。（邦訳 10 頁）

　強制は全面的に避けることはできない。というのは，これを防ぐ道は強制という脅かしによるしかないからである。自由社会はこの問題に対応するために国家に強制の独占権を与えた。そして，国家のこの権力を私人による強制を防ぐことが必要である場合だけに限定しようと試みた。このことが可能であるのは，個人のある既知の私的領域を他人の干渉に対して国家が守ることと，これらの私的領域を限定することによるしかない。ただし，私的領域の限定は特定の指令によるのではなく，いろいろな状況のもとで政府が何をするであろうかを個人に知らせる規則にもとづいて，個人が自分の領域を限定することができる条件をつくりだすことによらなければならない。（邦訳 36 頁）

　自由のあらゆる制度が，無知という根本的な事実への適応，すなわち確実性でなく，偶然性と蓋然性を扱うのに適している。（中略）自由とは，個人の努力に対する直接的統制の放棄を意味するからこそ，自由社会は，もっとも賢明な支配者の頭脳が認識するよりも，はるかに多くの知識を利用することができるのである。（邦訳 49-51 頁）

　自由の価値はおもに設計されざるものの成長のために自由が提供する機会にこそあるのであって，ある自由な社会が有効に作用するのは，主としてそのように自由に成長した制度の存在によるのである。（中略）成功した自由な社会は，つねに，ほとんどの場合，伝統に制約された社会であるというのがおそらくほんとうであろう。（邦訳 91-92 頁）

　自由主義は法がどうあるべきかについての教義であり，民主主義は何が法になるかを決定する方法に関する教義である。自由主義は，多数の受け入れたもののみが実際に法となるべきであることを望ましいと考えるが，だからといってそれが必然的に良い法であるとは信じない。（中略）〔ところが〕狂信的な民主主義者にとっては，多数の意思が，何が法であるかのみならず，何が良い法であるかも決定する。（邦訳 151 頁）

　政治哲学者は人々がどう考えるべきかを決定する「指導者」の地位を僭称してはならないが，共通の行動の可能性とその結果を明らかにし，多数がいまだ考え

及んでいない政策全体の包括的な目標を与えるのが彼の責務である。(中略) もし政治が可能なるものの技 (the art of possible) であるとするならば, 政治哲学は, 一見不可能なものを政治的に可能にする技である。(邦訳166頁)

② 同書, 6巻
　法の支配は, 政府がすでに知られている規則の実施を除いては, 決して個人を強制してはならないということを意味しているのであるから, 法の支配とは立法府の権力を含めて, あらゆる政府の権力の限界を設定しているということである。それは, 法がどうあるべきかに関する一つの教義であり, 個々の法律のもつべき一般的属性に関しての教義である。(中略) 最高の立法者は, 法律によって自分自身の権力を決して制限することができない。というのは, かれは自分のつくったいかなる法律をもいつでも廃棄できるからである。したがって, 法の支配 (the rule of law) とは法律の規則 (a rule of the law) ではなく, 法律がどうあるべきかに関する規則, すなわち超-法的原則あるいは政治的理念である。(邦訳103-104頁)

③ 同書, 7巻
　後世の歴史家は, おそらく1848年の革命から1948年頃までの期間をヨーロッパ社会主義の世紀とみなすであろう。(中略) すべての社会主義運動の共通の目的は,「生産・分配および交換手段」の国有化であって, それゆえ, すべての経済活動は, ある社会的正義の理想に向かう一つの包括的な計画に従って指導されることになるはずであった。さまざまな社会主義学派の相違点は, 主として, 社会を改造するための政治的手段にあった。(中略) しかし, これまでの明確な意味での社会主義は, 今や西側世界では死滅している。(邦訳4頁)
　保守主義的態度の基本的特性の一つは変化を恐れること, 新しいものそれ自体にたいする臆病なほどの不信である。一方, 自由主義の立場は勇気と自信にもとづき, どんな結果が生じるかを予想できなくても, 変化の方向をその進むにまかせる態度に基礎をおいている。(邦訳195頁)

　　Friedrich August von Hayek, *The Constitution of Liberty,* London: Routledge, 1960 (気賀健三・古賀勝次郎訳『自由の条件』ハイエク全集第5-7巻, 春秋社, 1986-87年)。訳文は一部改めた。

[萩原能久]

アントニオ・グラムシ

Antonio Gramsci, 1891–1937

『獄中ノート』(グラムシ研究所校訂版，1975 年)

略伝 20 世紀イタリアを代表する思想家のひとりである A. グラムシは，1891 年，サルディーニア島で下級官吏の子として生まれた。経済的に恵まれなかったために苦学しつつ同島で高等学校まで通うが，跛行的近代化の矛盾を示す同島の貧困，無知，差別を体験し，当時たかまりつつあった社会主義思想に共鳴した。彼は 1911 年，奨学金を得てトリーノ大学に進学する。当時トリーノは，自動車産業のフィアットをはじめとする工業都市として急速に発展しつつあり，それに対応する労働運動，社会主義運動も活発であった。

1914 年の第一次大戦の勃発以降グラムシは社会党系の新聞に寄稿するようになるが，この時期の論説で有名なのが，1917 年のロシア革命を論じた「『資本論』に反する革命」である。青年期のグラムシは，著名なヘーゲル派自由主義者であり，反実証主義的立場の思想家クローチェの影響が顕著であったが，当時のイタリア社会主義思想に支配的であった実証主義の産物たる宿命論や社会進化論の克服が急務であると彼は考えていた。大戦後，ロシア革命の影響もあって労働運動や社会主義運動は高揚期を迎えるが，彼はトリアッティらとともに週刊誌『オルディネ・ヌオヴォ（新秩序）』を創刊し，労働者による生産の自主管理を軸とする工場評議会運動を指導するが，1920 年の工場占拠闘争も全国的には広がらず，内部の対立もあって挫折した。

1921 年イタリア社会党は分裂し，左派グループは第三インター（コミンテルン）に参加するイタリア共産党を結成するが，グラムシもその創立に参加し中央委員に選ばれた。コミンテルン執行委員としてのモスクワ滞在，ウィーンからの反ファシズム闘争の指導，国会議員への選出，党書記長への選出など 1920 年代の彼は，ファシズムの台頭とムッソリーニの権力掌握にたいして「反ファシズム統一戦

線」をイタリアの現実のなかで具体化するための理論的実践的探究に力を注いだ。さらにレーニン没後（1924年）のソ連共産党内部で激化しつつあったスターリンらの権力闘争への批判的見解を表明した。資本主義体制の危機とその「予備力」「危機吸収力」の評価をめぐる問題や西欧諸国の社会変革の展望などについてグラムシは，ソ連共産党やコミンテルン多数派（スターリン派）の見解に批判的で『獄中ノート』執筆の重要な動機のひとつとなった。このように1920年代後半は，逮捕・獄中生活といった劇的変化とともに，ブハーリンやスターリンなどの「俗流唯物論」にたいする哲学的問題をふくむ根本的批判的考察を開始した。1926年11月，議員特権があるにもかかわらずファシズム当局に逮捕されたグラムシは，20年4カ月の禁固刑の判決を受け，死の直前までの12年間投獄された。

主要著作としての『獄中ノート』 1929年1月，獄中での執筆許可を獲得し，同年2月から『獄中ノート』の執筆を開始し，33冊，約3000ページにおよぶ『ノート』を遺した。彼の考察は，政治経済，社会，文化，知識人論など広範な分野におよぶものであった。とくに1930年末コミンテルンの「左転換」に明確な反対の態度を表明して以降，その「公認教義」たるスターリニズムの根本的批判とマルクス思想の意義およびその現代的発展の考察に精力的に取り組んだ。また20世紀を特徴づける大量生産・大量消費システムの先駆的形態である「フォード主義」の意義と矛盾，現代国家における「ヘゲモニー装置」の拡大や「市民社会」の意義，文化における「コモン・センス（常識）」や民衆文化・フォークロアの重要性など，現代の政治社会論，政治文化論にも一定の影響を与える探究もおこなった。

彼は1937年4月釈放されるが，すでに健康状態は12年におよぶ苛酷な獄中生活のために回復不可能なほど悪化しており，同月27日，46年の波乱の生涯を閉じた。『獄中ノート』は，その主要ノートが問題別選集として戦後出版された。『ノート』全体は1975年に「校訂版」が出版され，それにもとづく本格的な研究が各国で開始された。とくに1989年の「ベルリンの壁」の崩壊，1991年のソ連共産党およびソ連邦の解体以降，グラムシ研究は多様なテーマにおいて国際的に発展しつつある。近年では彼の市民社会論，知識人論，文化論やサバルタン論（従属的社会集団）などがとくに注目されている。イタリアでは国家的事業として彼の全集が刊行開始された。

① 『獄中ノート』から（原著 pp. 2010-2011；邦訳 136 頁）
　ある社会集団の優位性は二つの形態つまり「支配」および「知的・道徳的指導（モラル）」として具現される。支配はある社会集団が武力を用いても敵対的集団を「打倒」ないし屈服させようとする形態であり，指導は近親的集団と同盟的集団にたいする形態である。ある社会集団は統治権力を獲得する以前にすでに指導的でありうるし，また指導的でなければならない（これが権力そのものの獲得にとっての主要条件のひとつである）。権力獲得後，その社会集団が権力を行使する場合そしてさらにその権力を強力に掌握する場合において，その社会集団は支配集団となるが，かれらはなお「指導的」でありつづけねばならないのである。(中略) つまり権力への到達以前においても，ヘゲモニーをめざす活動はありうるし，またなくてはならないということ，さらに有効な指導をおこなうには，権力がもたらす物質的な力のみに依拠してはならないということである[1]。

② 同書（原著 p. 1638）
　古典的な議会制の基盤のうえでのヘゲモニーの「正常な」行使は，さまざまな均衡関係をもつ強制力と合意の組み合わせによって特徴づけられている。この組み合わせは，強制力が合意にたいして過度に優勢にならないよう，いわゆる世論の機関——新聞と諸団体——によって表現される多数者の合意にもとづいて支持されているかのように努力することで保たれている。したがってこの世論の機関は，一定の情勢のもとでは作為的に増強される。この合意と強制力とのあいだには買収と汚職が存在している（それはヘゲモニー機能の行使が困難となる一定の情勢において，強制力の行使があまりにも危険なために生じる特徴である）。すなわち買収と汚職は敵対陣営のなかに混乱と無秩序をひきおこすために，その指導者をひそかにあるいは切迫した危険がある場合には公然と買収することによって，その敵対者を弱体化し，麻痺させるためのものである[2]。

③ 同書（原著 p. 866）
　東方では，国家がすべてであり市民社会は原初的でゼラチン状態であった。西方では，国家と市民社会とのあいだに適正な関係が存在し，国家が動揺すればすぐさま市民社会の堅固な構造がたちあらわれた。国家はただ前線塹壕にすぎず，その背後には一連の強固な要塞と砲台が存在した。国家によって多少の相違はあ

るが，まさにこのことによって国民的特質の正確な解明が必要とされたのである[3]。

④　同書（原著 pp. 1518-1519；邦訳 19-20 頁）
　知識人と生産の世界との関係は，主要な社会的諸集団のように直接的ではなく，社会組織全体および上部構造の総体によって「媒介された」多面的な関係である。知識人はまさに社会組織全体と上部構造の総体における「要員」なのである。それぞれの知識人層の「有機性」つまり主要な社会集団とのさまざまな関係性の緊密度を計測することは，下部から上部にいたる（構造の下部から上部への）機能と上部構造の段階を設定することによって可能となるであろう。ここでは上部構造における二つの主要な次元を設定することができる。ひとつは「市民社会」つまり一般にはいわゆる「私的（民間）」組織の総体の次元であり，他は「政治社会ないし国家」の次元である。前者は支配集団が社会全体におよぼす「ヘゲモニー」の機能に，後者は国家ないし「合法的」政府に体現される「直接的支配」の機能ないし統治機能に照応している。これらの機能はまさに組織的かつ相互関連的なものである。知識人は社会的ヘゲモニーと政治的統治のつぎのような副次的機能の実行にあたって支配集団の「要員」となるのである。つまり，(1)支配的な社会集団が定めた社会生活の方針にたいし国民大多数の「自発的」合意をもたらす機能。こうした合意は生産の領域におけるその地位と機能から生じてくる支配集団の威信（したがってそれへの信頼）から「歴史的に」発生してくるのである。(2)国家の強制装置の機能，それは能動的であれ受動的であれ「合意を与えない」ような社会集団の服従を「合法的に」保証するものであるが，自発的合意が得られない場合の支配と指導の危機的局面に備えて，社会全体にたいして構築されたものである。このような問題の捉え方は，結果的には知識人概念を大きく拡張させるが，これのみが現実への具体的な接近を可能とするのである[4]。

⑤　同書（原著 p. 1254）
　経済構造と立法権力，強制力をそなえた国家とのあいだには，市民社会が存在している。この市民社会が学者の著作や法律上だけでなく，具体的に根本的に変わらねばならないのである。国家は市民社会を経済構造に適応させるための用具というるが，しかし肝心なのはこの国家は「自らの意志で」その変化を実現し

ようとするということである。すなわち経済構造に生じた変化の担い手が，国家を指導するということが肝心なのである[5]。

⑥　同書（原著 pp. 661–662）
　マキァヴェッリの著作において用いられている「君主」の概念を近代的政治用語におきかえるとすれば，一連の区別が必要であろう。つまり「君主」とは，国家元首，政府首脳ないしは国家を支配ないし新しいタイプの国家を創設しようとする政治指導者などである。この意味において「君主」とは「政党」という近代的用語におきかえることができよう。若干の国家の現実においては「国家の領袖」つまり優位性をもつが厳密な意味においては排他的ではない利害とそれ以外のさまざまな利害との対立の調停者がまさに「政党」なのである。しかし政党は伝統的な憲法上の権限を持たず，法的には支配もしなければ統治もしない。政党がもつのは「事実上の権力」であり「市民社会」におけるヘゲモニー機能の行使であり，したがって相異なる利害の調整なのである。ただし「市民社会」は事実上政治社会と緊密に絡み合っているので，政党が支配し統治しているように全市民が感じるのである[6]。

⑦　同書（原著 p. 1020；邦訳 100 頁）
　さまざまな社会集団の国家にたいするそれぞれの態度。その分析は，特定の時期において言語と文化を通じて国家が表現される二つの形態すなわち市民社会と政治社会，「自己統治」と「官僚統治」を考慮しないかぎりは正確なものとならない。国家崇拝という名称は「官僚統治」ないし政治社会にたいする特定の態度を表わすものであり，政治社会は一般用語では国家という名称でよばれる国家生活の形態のことであり，一般的には国家そのものとみなされている。国家が能動的文化の要素（つまり新しい文明，新しいタイプの人間と市民の創造運動）として諸個人（ある社会集団の諸個人）と一体化していると主張することは，政治社会の外被のなかに総体的かつ適度に分節化された市民社会を構築しようとする意志を喚起することに役立たねばならない[7]。

>　1)　「ヘゲモニー」とは，通常使用される「覇権」の意味ではなく，グラムシは一定の社会集団の知的・文化的な指導能力という意味で使用している。なかでも重要なのが強制力にもとづかない自発的な合意（コンセンサス）形成の能力である。グラムシは，

現代社会においては強制力による支配の契機より知的指導による合意形成の契機が優位性をもつことをこの「ヘゲモニー」概念によってしばしば強調している。
2) グラムシは，近代国家の本質を階級支配のための強制力＝暴力装置とする国家観を批判し，「強制の鎧を着けたヘゲモニー」としての国家におけるヘゲモニー装置の重要性を強調している。それはマルクス系国家論の根本的な刷新の探究であったとともに，政治思想における近代国家論にかんする重要な貢献といえる。
3) 東方とはロシアを意味し，西方とは西欧諸国を指す。グラムシは，ロシア革命が成功した背景に国家を支える市民社会の脆弱性があったと考察した。彼は西欧諸国においてロシア型の革命が挫折した重要な要因として，市民社会の発達があったことを重視し，とくに「市民社会のヘゲモニー装置（学校, 結社, 教会, メディアなど）」の意義について多面的に分析した。グラムシの政治思想において国家論と市民社会論とはヘゲモニー論およびヘゲモニー装置論を媒介として相互関連的である。
4) 国家における「支配と指導」の機能は，強制力の装置（警察, 軍隊など）と国民からの自発的合意を調達するヘゲモニー装置の双方によって実現されるが，グラムシはとくに後者を重視している。さらに後者は「市民社会」における「私的（民間）」組織の活動におおきく依拠している。たとえば新聞、テレビ、ラジオなどのメディアは，現代的ヘゲモニー装置において中枢的機能を有しているといえる。
5) グラムシはヘーゲル，マルクスの市民社会概念をふまえて，市民社会の重要性をたびたび指摘している。この箇所では，経済構造つまり新しい生産力の担い手としての社会集団と国家における支配的社会集団との矛盾，乖離の克服における市民社会の意義について指摘している。国家に従属する市民社会ではなく，国家を規制し将来社会において「国家を再吸収」しうる自律的市民社会の形成によって，経済構造と国家活動との対立の克服を目指すというのが，グラムシの市民社会論の特徴のひとつである。
6) グラムシはマキァヴェッリの『君主論』との対比で，近代市民社会におけるヘゲモニー装置の一環としての政党の意義と役割を考察している。市民社会における多様な利害の調整力の水準こそ各政党のヘゲモニー形成能力の重要な契機であることを，彼はしばしば強調している。
7) グラムシは，M. ウェーバーの官僚制論やモスカらのエリート理論の検討をふまえ，近代社会における官僚支配の増強を克服するため，市民社会における自己統治（国民投票などもふくむ）の諸契機の発展が重要であることを強調している。また「国家（政治社会）の市民社会への再吸収」による「自己統治的社会」や「自己規律的社会」形成の意義についてもたびたび指摘している。

Antonio Gramsci, *Quaderni del carcere,* edizione critica dell'Istituto Gramsci, Torino: Giulio Einaudi, 1975. ①は松田編訳『知識人とヘゲモニー――「知識人論ノート」注解』明石書店，2013年の訳文を，④はそれを一部変更して用いた。⑦は松田編訳『歴史の周辺にて――「サバルタンノート」注解』明石書店，2011 年の訳文を用いた。

［松田　博］

テオドール・W. アドルノ
Theodor W. Adorno, 1903–1969

『啓蒙の弁証法』（1944 年）

▎啓蒙のプロジェクトの破綻

テオドール・W. アドルノは1930年代にドイツからアメリカに亡命を余儀なくされたユダヤ系知識人の一人である。アドルノの思考は何よりもファシズムが席捲する時代と対峙するなかで紡がれていったといえよう。とはいえその批判の矛先はファシズムにのみ向けられたわけではない。アドルノのみるところ，欧米型の自由民主主義にせよソヴィエト型の社会主義にせよ，後期近代社会は高度に組織化された一種の全体主義的な秩序となっており，そのなかにいる個人は歯車のような存在と化している。そのうえ，高度産業システムに組み込まれた大衆文化——文化産業——は完全に規格化・画一化されており，体制順応的な主体をつくりだすイデオロギー装置となっている。いずれにしても，理性的に組織された社会をつくるという近代啓蒙のもくろみは，いまや完全に破綻しているというわけである。だが啓蒙のプロジェクトが理性への信頼にもとづいていた以上，批判の刃はいやおうなく理性そのものにまで及ばざるをえないだろう。それを主題化したのがマックス・ホルクハイマーとの共著『啓蒙の弁証法』である。

▎〈啓蒙の弁証法〉という視座

『啓蒙の弁証法』は啓蒙的理性の成り立ちを神話世界のうちに探ろうとする。アドルノがとりわけ注目するのがホメロスの叙事詩『オデュッセイア』である。主人公オデュッセウスは航海の途上で数々の苦難に直面する。たとえば魔物セイレーンは甘美な歌声で人間を自失の快楽に誘い込む。それは主体の深層にひそむ自己融解の欲動——フロイト的にいえば「死の欲動」——に働きかけてくる，危険に満ちた誘惑である。だがオデュッセウスはこの誘惑に懸命に耐え，自己を自律的な主体へと鍛え上げる。そして従者たちには耳に臘を詰めさせ，歌声を聞かせずに船を漕が

せることで，難局を切り抜けるのである。ここでオデュッセウスは内なる自然（自己融解の欲動）を抑え込み，それによって外なる自然の暴力を制御する，理性的な主体として描かれている。理性とは人間主体が自己保存のために用いる，自然支配の道具にほかならないというわけである。

むろんこうした理性の働きがなければ，およそ文明というものは成立しないだろうし，人間は自然の暴力に呑み込まれることにもなる。だがアドルノによれば，ここには別の暴力が刻印されてもいる。従者たちに耳を塞いで労働するよう命じるオデュッセウスの姿には，他の人間を道具として利用する理性の暴力的・権力的な相貌がみてとれるというのだ。しかもこうした暴力はオデュッセウス自身にも跳ね返ってくる。理性的主体たろうとしてみずからの欲動を抑圧するあまり，彼自身の感覚力や思考力も硬直化を余儀なくされるからである。理性的であったはずの主体は，刺激に反射的に反応する自働機械のようなものに退行し，結局のところ支配機構の歯車となってしまうのだ。野蛮からの脱出を図った啓蒙的理性のもくろみは，こうして新たな野蛮へと反転してゆく。このような啓蒙の逆説的な過程のことを，アドルノは〈啓蒙の弁証法〉と呼ぶのである。

批判的理性の可能性に向けて

アドルノのみるところ，オデュッセウスの物語に示された〈啓蒙の弁証法〉の構図は文明史の縮図であり，20世紀前半にあらわになった大衆社会状況や全体主義の野蛮はその帰結にほかならない。20世紀の新たな野蛮は啓蒙的理性の原理にそもそも胚胎していたというわけである。それでは〈啓蒙の弁証法〉を克服する道はどこにもないのだろうか。アドルノは理性を見限って啓蒙の外部に出口を求めようとはしない。彼があえかな期待を寄せるのはむしろ，理性のもつ自己批判の潜勢力であった。自己にはらまれる自然支配の契機を反省の俎上に載せ，自然との和解を図ること，これが理性に求められるのである。もとよりそれは，精神の自己還帰という観念論的な反省の構図に収まるものではありえない。客体としての自然からの呼びかけに応じて，主体に脱中心化ともいうべき経験を余儀なくさせるような，そういう徹底的な自己批判でなければならないだろう。

このように理性の可能性を最大限に引き出そうとした点で，アドルノはきわめてラディカルな近代主義者だったといってよい。一方，理性中心主義に仮借ない批判を浴びせた点で，彼の思考にはのちのポストモダニズムに通じるような一面もある。いずれにせよアドルノは，20世紀に顕在化した近代性の危機に最も鋭敏に反応した，先駆的な思想家の一人であったことだけは間違いないだろう。

① 『啓蒙の弁証法』、「文化産業」から（原著 p. 142；邦訳 252-254 頁）

　関係者たちは文化産業のことをテクノロジーの観点から説明したがる。日く、文化産業は何百万人も相手にするので複製方式をとらざるをえず、そうなれば無数の場所で同じ需要に応えるために規格品を供給するしかない。制作センターの数は少ないのに受け手はいたるところに存在しており、このように技術的に矛盾した事情がある以上、経営者の側は組織をつくり計画を立てねばならない。規格品とはもともと消費者の欲求から生まれたのであり、だからこそすんなり受け容れられている、というわけである。実際、消費者の欲求は操作されるとともに操作する側へ逆に作用してもおり、この循環のなかでシステムの一体性はますます緊密の度を増している。しかしここでは次のことが隠蔽されている。すなわち、技術が社会を支配しているのはたしかだが、その力はじつは経済的な最強者たちが社会を支配する力に支えられている、ということである。技術的な合理性というのは、今日では支配そのものの合理性にほかならない。それは自分自身から疎外された社会のもつ強制的性格のことなのである。自動車や爆弾や映画〔などの産業部門〕はかなり以前から一つに結びついており、それらに共通してみられる平準化という〔技術的な〕要素は、これまでも不正そのものを陰で支えてきたが、いまやその力をあからさまに見せつけるまでになっている。この平準化という要素のせいで、文化産業の技術はこれまでのところ規格化と大量生産にしかならなかったわけである。しかもかつては芸術作品の論理と社会システムの論理は区別されていたのに、この区別もやはり平準化の犠牲となって失われてしまったのだ。とはいえこうした事態を技術それ自体の運動法則のせいにすべきではない。むしろ今日の経済のなかで技術の果たしている機能こそ責任が問われねばならない。ともあれ中央の統御を免れることのできるような欲求など、すでに個人の意識の統御によって抑圧されている。

② 同書、「啓蒙の概念」から（原著 pp. 49-51；邦訳 71-74 頁）

　ホメロスの物語の一つには神話と支配と労働との絡みあいが保存されている。『オデュッセイア』の第十二歌は、セイレーンの傍らを通り過ぎてゆく航海について伝えている。セイレーンの誘惑は、過ぎ去ったものに夢中になって自失することへの誘惑である。しかし誘惑される側の英雄〔オデュッセウス〕はすでに、苦しみながらも成熟を遂げている。彼はそれまで死の危険を何度もくぐり抜けね

ばならなかったが，そのなかで彼自身の生の統一性，人格の同一性が鍛練されていったのである。(中略) だがセイレーンの誘惑は圧倒的である。その歌声を聞いた者はそれから逃れられない。自我が，つまり人間の自己同一的・目的志向的・男性的性格が作りだされるまでには，人類は恐るべき試練に立ち向かわねばならなかった。これは誰もが幼年時代に繰り返している類いのことでもある。自我を一つにまとめあげようとする努力は自我のどの段階にも付随しているが，自己保存への盲目的決意には，自我の喪失をさそう誘惑がつねにつきまとっていたのだ。(中略) 自己を喪失しはしまいか，自分と他の生とを隔てる境界を自己もろともに廃棄してしまうのではないかという不安，死や破壊にたいする畏れ，そういったものは幸福の約束と堅く結びついており，まさにこの約束によって文明は不断に脅かされてきた。文明はこれまで服従と労働の道を歩んできたが，そこでは約束の実現はつねにたんなる仮象として，骨抜きにされた美として輝いているにすぎない。

③　同書，「啓蒙の概念」から（原著 pp. 51-52；邦訳 74-75 頁）
　自分自身の死にも幸福にも等しく立ち向かうオデュッセウスの思考は，こうした事情によく通じている。彼が知る脱出の可能性は二つしかない。その一つを彼は同行者たちに命じる。つまり，同行者たちは耳を蠟で塞いだうえで，全力で船を漕がなければならない，というのである。生き残りたければ，取り返しのつかないことになる誘惑には耳を貸してはならないし，そのためにはこうした誘惑が聞こえないようにするほかない。社会はいつもそのように配慮してきた。労働者たちは元気よく脇目もふらずに前方を見つめ，傍らで何が起ころうとも放っておかねばならない。脇道に逸れようとする衝動を，彼らは歯を喰いしばって，さらなる奮励努力へと昇華させなければならない。こうしてこそ彼らは実際に役立つ存在となるわけである。――もう一つの可能性を選ぶのは，自分のために他人を労働させる領主としてのオデュッセウス自身である。彼はセイレーンの歌を聞く。ただし彼は帆柱に縛りつけられたままどうすることもできない。誘惑が強まるにつれて，彼はいっそうしっかりと自分を縛りつけさせる。(中略) 自分では歌声を聞くことのできない同行者たちは，ただ歌の危険を知るだけで，その美しさを知らない。彼らはオデュッセウスを帆柱に縛りつけたままにしておく。オデュッセウスと自分たち自身を救うために。彼らは抑圧者の生を自分たちの生と一体の

ものとして再生産するのだ。一方，抑圧者のほうは，もはや自分の社会的役割から外れることはできない。彼はみずからを実生活にがんじがらめに縛りつけるわけである。ところが彼を縛りつけているこの縛めは，同時にセイレーンを実生活から遠ざけることにもなる。つまり彼女たちの誘惑は中和されて，たんなる観照の対象に，すなわち芸術になってしまうのだ。縛りつけられている者は，後世の演奏会の聴衆のように身じろぎもせず耳を澄ませながら，演奏会場にじっと坐っているようなものである。そして縛めを解いてくれという狂おしい彼の叫び声は，拍手喝采の響きと同じようにたちまち消え去ってゆく。かくして芸術享受と肉体労働は，太古の世界からの訣別にあたって，別々の道をたどることになるわけである。

④ 同書，「啓蒙の概念」から（原著 p. 52；邦訳 75-77 頁）

　セイレーンを眼の前にしてオデュッセウスの船上で行なわれた一連の措置は，啓蒙の弁証法を十分に予感させるアレゴリーとなっている。代理可能性ということが支配の尺度であり，最も多くの業務を誰かに代理させることのできる者こそ最大の権力者であるとすれば，代理可能性とは，進歩を推し進める車であるとともに退行をもたらす車でもある。現状のもとでは，労働から除外されることは，失業者にとってだけでなく，社会的にその対極にある者にとってさえ，本性が損なわれることを意味する。上に立つ者たちは，目の前にあるものにみずから手を下さなくてもよい反面，これをもはやたんなる基体として経験するにすぎなくなり，ただ命令を下すだけの自己へと凝固してしまうのだ。（中略）オデュッセウスは自分に代わって誰かに労働させる。彼は自己放棄の誘惑に屈することができないが，しかし財産所有者であるかぎり，労働に参加することも，ひいては労働を監督することもない。一方もちろん同行者たちは，事物の間近にいるにもかかわらず労働を享受することはできない。なぜならその労働は強制のもとで，絶望的に，感覚を無理やり押し殺して行なわれるからだ。奴隷は身も心も押さえつけられつづけ，主人のほうは退行してゆく。いままでのところどんな支配も，この代価を支払わずに済ますことはできなかった。そして歴史の進歩のうちに循環めいたことがあるとすれば，それは権力が代償としてこのように衰弱するということによって説明される。人類の技巧と知識は分業によって分化してきたが，しかし同時に人類は人間学的により原始的な段階へと押し戻されるのだ。というのも

支配が持続してゆくうちに，生活は技術によって楽になる一方，抑圧は強まり本能の硬直が惹き起こされるからである。

⑤　同書，「啓蒙の概念」から（原著 pp. 56-58；邦訳 82-85 頁）
　支配の道具として命令と服従とのいずれかを選ぶしかない思惟には，あますところなく啓蒙された人類が自己を喪失するそのような仮象を解明することができない。思惟は〔ユートピアが実現していない〕前史にあって自分がなおも囚われている網の目を，みずから振りほどくことができないのだ。とはいえ思惟には，次のことをあらためて認識するだけの力が十分にそなわってもいる。すなわち，たしかに思惟は二者択一・首尾一貫・二律背反といった論理を用いることによって自然からの完全な自立を果たしたけれども，しかしこの論理そのものもやはり自然であり，宥和されずに自分自身から疎外されたかたちの自然にほかならない，ということである。思惟が強制的なメカニズムを働かせるとき，自然はみずからを反省し，みずからを存続させているのだ。しかも思惟というのはとことん首尾を一貫させようとするから，思惟とはじつは自己を忘却した自然であり強制的なメカニズムであるということを，思惟自身が反省することにもなる。(中略) 文明の進歩の一歩一歩は，いつも新しい支配を生み出すとともに，また支配の緩和へのあの見通しをも更新してきた。とはいえ現実の歴史は現実的な苦しみから織りなされているし，苦しみを除去する手段が増大すればするほど苦しみが軽減されるというわけでもない。支配を緩和するというこの見通しの実現は，むしろ概念の働きに依存している。というのも概念は，たんに科学として，人間を自然から引き離すばかりではないからである。思惟が科学というかたちで経済の盲目的な動向に繋がれているにせよ，概念とはそうした思惟による自己省察のことでもある。そういうものとして概念は，不正を永遠化する道のりの距離を見極めさせるのだ。このように主体の内にある自然を追想することには，あらゆる文化の隠された真理が潜んでいるのであり，そういう追想によってこそ，啓蒙は支配一般に対抗するのである。

Max Horkheimer und Theodor W. Adorno, *Dialektik der Aufklärung: Philosophische Fragmente*, New York: Social Studies Association, 1944, in *Theodor W. Adorno Gesammelte Schriften*, Bd. 3, Frankfurt am Main: Suhrkamp Verlag, 1997 (徳永恂訳『啓蒙の弁証法――哲学的断想』岩波文庫, 2007 年)。訳文は一部変更してある。　　　　　　　　　　　　　　　　　　　　　　［上野成利］

ハンナ・アレント
Hannah Arendt, 1906–1975

『全体主義の起原』(1951 年)
『人間の条件』(1958 年)
「暴力について」(1972 年)
『政治とは何か』(1993 年)

　ハンナ・アレントは，第二次世界大戦後のアメリカ合衆国を中心に活躍した政治思想家である。彼女はドイツのハノーファー郊外リンデンのユダヤ系中産階級家庭に生まれ，ケーニヒスベルクで育ち，1920 年代にマールブルク，フライブルク，ハイデルベルク大学でハイデガーやヤスパースらの下で哲学と神学を学んだ。しかし，ナチズムの台頭とヒトラーの政権掌握とともに，シオニストの活動にコミットし，33 年にはパリに，ついで 41 年に米国に亡命を余儀なくされた。

■「全体主義」との対決

　アレントを政治思想家として一躍有名にしたのが『全体主義の起原』(英語版原著初版 1951 年) である。同書はナチズムとスターリニズムという 20 世紀の独裁政治をその共通性に注目してとらえる全体主義論の代表作の一つで，「反ユダヤ主義」，「帝国主義」，「全体主義」の三部から構成されている。第一部では，19 世紀以降のヨーロッパにおける反ユダヤ主義を，それ以前のものとは異なる新しい性格を持つものとして描き出している。第二部では，19 世紀後半以降の帝国主義的膨張の時代に生み出された人種主義思想と植民地支配のための官僚制的支配体制がヨーロッパに逆流したことが，全体主義の成立に大きな役割をはたしたと論じられている。第三部では全体主義体制そのものが論じられ，彼女は，それをイデオロギーの支配と組織的なテロルによって特色づける。彼女は，全体主義体制成立の背景として，大衆社会化等にともなって，人々の間に「見捨てられている」という感覚が蔓延し，共有された現実感覚を人々に与えてきた共通感覚が喪失したことを指摘する。全体主義を特徴づける単一の論理の構築物としてのイデオロギーは，この現実感覚の喪失の空隙を埋めることで人々を引きつけた。そして強制収容所の存在を頂点とする組織的テロルは，イデオロギーが主張する「必然的」過程を速やかに現

実化するものとして正当化されたというのである（引用①②参照）。

■ **政治の本来の姿を求めて**　続いてアレントは,『人間の条件』(同 1958 年),『過去と未来の間』(同 1961 年),『革命について』(同 1963 年) といった重要な著作を発表する。『人間の条件』は彼女のもう一つの代表作とされる。同書は, 彼女が古典古代のギリシア人の自己理解の中から再構成した「労働 labor」・「仕事 work」・「活動 (行為とも訳される) action」という人間のアクティヴィティの形態,「活動的生活 *vita activa*」の三つの類型の考察を中心に展開される。この中でとりわけ重要なのが「活動」の概念である。「活動」とは, 複数の人間の間で, 主に言葉を通じたコミュニケーションによってなされる相互行為である。つまり,「労働」や「仕事」が人が物に対しておこなう, 一方的な, 言葉を用いないアクティヴィティであるのに対して,「活動」だけが人と人との間でのみ成立する相互的なアクティヴィティなのである。そしてこうした「活動」こそが, 本来の政治にふさわしいアクティヴィティのあり方だとされる（引用④参照)。この「活動」にとっての不可欠の条件が「複数性 plurality」である（引用③にも示したように, この「複数性」の観念は彼女の政治観の根本前提である)。そしてこの複数の個人たちそれぞれは, 同等でありつつ, 独自性をもったユニークな人々である。それゆえに「活動」は, 対等な関係にある各個人が自己のユニークさを表出するアクティヴィティの形態なのである（引用⑤参照)。彼女の独特の, 複数の人々が自由に自らの意見を語り, また他者の意見に耳を傾けることができるように開かれた共通の場としての「公的」なるものの概念（引用⑥参照)や, 一方的な支配や強制とは区別された「権力」の概念（引用⑦参照)もまた, こうした「複数性」と「活動」の観念と深くかかわっている。

　また, 政治を, 生命の必要を充たすための「労働」や, 何らかの外的な目的を実現する手段としての「仕事」ではなく,「活動」として把握するということは, 政治を, 何かのための手段ではなく, それ自体が人間にとって固有の重要な意義を持つものとして考えるということを意味している。こうした政治観の背景には, 古代ギリシアの政治についての彼女独自の理解が存在する。それゆえ, 経済的利益等の目的を実現するための手段として政治をみなす近代的な政治理解と鋭く対置された, 古代ギリシア的なポリスと家の関係のイメージによって, 彼女の「公的」・「私的」の概念も, 強く規定されている（引用⑧)。こうした政治観の対比は,『革命について』において, アメリカ革命とフランス革命との比較という形を通じて更に展開された。

① 『全体主義の起原』3（原著 S. 958；邦訳 281 頁）
　自然もしくは歴史の過程の従順な実行者としてのテロルは，人間と人間のあいだの生活空間——それが自由の空間にほかならないが——を完全に無にしてしまうことによって，人間たちを一つにするということをなしとげたのである。全体主義的支配の本質をなすものはそれゆえ，特定の自由を削り取ったり除去したりすることでも，自由への愛を人間の心から根絶やしにすることでもなく，あるがままの人間たちを力づくでテロルの鉄のたがのなかに押し込み，そのようにして活動〔行為〕の空間——そしてこの空間のみが自由の現実性なのだが——を消滅させてしまうことにあるのだ。

② 同書（原著 S. 970；邦訳 292 頁）
　多くの人間を一人の人間にしようとするテロルの鉄のたがが，人間が誰でも一人一人生れて来るたびに一つの新しい始まりがこの世に生れ一つの新しい世界が生ずることを阻止せねばならぬのと同様，論理の自己強制は誰かがいつか新しく考えはじめる……ことを予防しなければならない。人間たちを圧縮して大衆にし，そうして人間たちのあいだに存する自由の空間をなくしてしまう全体的テロルの強制と，テロルによって組織された行進へ各個人を参加させ，しかるべき運動をおこなわしめる論理的演繹の強制とは，全体主義運動を絶えず運動状態にとどめるために一体となり，たがいに呼応し，たがいに他を必要としているのである。テロルの外的強制は自由の空間を破壊するとともに人間のあいだの一切の関係をなくしてしまう。他のすべての人々とぴったりとくっつけられてしまいながら各個人は完全に他から隔離されている。徹底したイデオロギー的思考の内的強制は，このように隔離された個人を，永久不変の，徹底的に論理的であるが故にどんな場合にも先の見えた過程のなかに引きずり込むことによって，この外的強制の効果を保障する。この過程にまきこまれた個人は，経験の対象となる世界の現実性とそのなかでのみ遭遇し得るあの静止を決して与えられないのだ。

③ 『政治とは何か』（原著 S. 9；邦訳 3-4 頁）
　1．政治は人間の複数性という事実に基づいている。（中略）
　2．政治は異なった者たちの間の共存と相互存在を取り扱う。

④ 『人間の条件』（原著 p. 7；邦訳 19-20 頁）

　活動的生活（*vita activa*）という用語によって，私は，三つの基本的な人間のアクティヴィティ，すなわち，労働（labor），仕事（work），活動（action）を意味するものとしたい。これらが基本的だというのは，人間に地上での生命が与えられた際の根本的な条件に，それぞれが対応しているからである。

　労働は人間の肉体の生物学的過程に対応するアクティヴィティである。人間の肉体の自然的成長，新陳代謝，そして最終的な腐朽は，労働によって産み出され，生命過程へと供給される生命の必要物（necessities）に拘束されている。労働の人間の条件は生命それ自体である。

　仕事は人間の実存の非自然性に対応するアクティヴィティである。人間の実存は，種のいつまでもくり返される生命循環のうちに埋もれているものではないし，また，その死すべきものであるという性格（mortality）はその生命循環によっていやされるものでもない。仕事は，すべての自然循環とは際立って異なる，物の「人工的」世界を作り出す。この物の世界の境界内に，それぞれ個々の生命は住まうのであるが，この世界そのものは，それらの個々の生命を越えて存続するようにできている。仕事の人間の条件は世界性である。

　活動とは，物や物質の媒介なしに，直接，人々（men）の間でおこなわれる唯一のアクティヴィティであり，複数性（plurality）という人間の条件，すなわち，地球上に生き世界に住むのが単数の人間（Man）ではなく，複数の人間（men）であるという事実に対応している。たしかに人間の条件のすべての側面が多少とも政治にかかわってはいるが，この複数性こそ，全政治生活の条件であり，その必要条件であるばかりか，最大の条件である。

⑤　同書（原著 pp. 175-176；邦訳 286-287 頁）

　活動と言論（speech）の両方の根本的条件である人間の複数性は，同等性（equality）と差異（distinction）という二重の性格をもっている。もし人々が同等でなければ，彼らはお互いを理解できないし，自分たちより以前に生まれた人々をも理解できない。その上，未来のために計画したり，自分たちより後に生まれる人々の欲求を予見したりすることもできない。もし人々に差異がなく，各人が，現在，過去，未来の人々と互いに異なっていなければ，自分たちを理解させるために言論や活動を行う必要はないだろう。（中略）

言論と活動は，このユニークな差異性を明らかにする。この言論と活動を通じて，人々は，単に互いに異なるものだというだけでなく，その差異を表出しようとする。つまり言論と活動は，人間が物理的対象としてではなく，人間として相互に現れる様式である。

⑥　同書（原著 pp. 50, 52；邦訳 75–76, 78 頁）
　「公的」という用語は，密接に関連してはいるが完全に同じではないある二つの現象を意味している。
　第一にそれは，公に現れるものはすべて，万人によって見られ，聞かれ，可能な限り最も広い公開性を持つということを意味する。我々にとっては，現れ——他人によっても我々自身によっても，見られ，聞かれるなにものか——がリアリティを形成する。……我々が見るものを見，我々が聞くものを聞く他人の存在が，世界と我々自身のリアリティを我々に保証してくれるのである。（中略）
　第二に，「公的」という用語は，世界そのもの，すなわち，我々すべてに共有のものであり，その中で我々が私的に所有している場所とは区別されたかぎりでの世界そのものを意味している。

⑦　「暴力について」（原著 p. 143；邦訳 133–134 頁）
　権力（power）は，ただたんに行為〔活動〕する（act）だけでなく〔他者と〕協力して行為〔活動〕する人間の能力に対応する。権力はけっして個人の性質ではない。それは集団に属すものであり，集団が集団として維持されているかぎりにおいてのみ存在しつづける。われわれは，だれかが「権力の座について」いるというとき，それは実際のところ，かれがある一定の数の人からかれらの名において行為〔活動〕する権能を与えられていることを指しているのである。権力がはじめにそこから生じてきた集団（〈権力は人民にあり〉 potestas in populo，人民もしくは集団なくして権力は存在しない）が姿を消すやいなや「かれの権力」もまた消滅する。現在の言葉遣いで，「有力者（powerful man）」や「有力な人物（powerful personality）」という場合には，われわれはすでに「権力」という語を比喩的に用いているのであり，比喩なしにいうと，それは「力」である。
　力（strength）は紛れもなく単数の，個体的実在のうちにある何かを指している。それは物または人に固有の性質であり，その特性に属すものであって，他の物や

人間との関係のなかでその存在が証明されるとしても，本質的には他の物や人間からは独立している。いかに強力な個人の力といえども多数者には力負けするのがつねであり，多数者は，力が特殊な独立性をもっているからこそ，その力を挫くためだけに結びつくこともしばしばある。

⑧ 『人間の条件』（原著 pp. 28, 30-31, 37；邦訳 49-51, 58 頁）
　公的領域と私的領域，ポリスの領域と家および家族の領域，そして最後に共通世界に係わるアクティヴィティと生命の維持に係わるアクティヴィティの間の決定的な区別は，古代のすべての政治思想が自明の公理として依拠していた区別である。ところが，……我々にとって重要なのは，その後の事態の展開のために，この区別を理解することが，我々には異常に困難だということである。（中略）
　家の領域の顕著な特徴は，その中で人びとが共に生活する理由が，欲求や必要（needs）に駆り立てられるからだということであった。この駆り立てる力は生命そのものであった。……そしてそれは，個体の維持と種の生命としての生き残りのために，他者の同伴を必要とする。……家における自然共同体は必要（necessity）から生まれたものであり，必然（necessity）がその中で行われるすべてのアクティヴィティを支配した。
　反対に，ポリスの領域は自由の領域であった。そして，この二つの領域の間にもし関係があったとすれば，当然それは，家の中で生命の必要物（necessities）を克服することがポリスの自由のための条件であるという関係であった。（中略）
　生計を支え，ただ生命過程を維持するという目的のみに仕えるアクティヴィティは，なに一つ，政治的領域に入ることを許されなかった。

Hannah Arendt, *Elemente und Ursprünge totaler Herrschaft,* Piper (Taschenbuch), 1986（初版 1955）（大久保和郎・大島かおり訳『全体主義の起原　3』みすず書房，1981 年）; *The Human Condition,* The University of Chicago Press, 1998 (2nd ed.)（初版 1958）（志水速雄訳『人間の条件』ちくま学芸文庫，1994 年）; *Was ist Politik?,* Piper (Taschenbuch), 2003（初版 1993）（ウルズラ・ルッツ編，佐藤和夫訳『政治とは何か』岩波書店，2004 年）; *Crises of the Republic,* Harcourt Brace Jovanovich, 1972（山田正行訳「暴力について」『暴力について』みすず書房，2000 年）。訳文は一部を修正して使用している。

[川崎　修]

毛 沢 東

Mao Tse-tung (Mao Zedong), 1893–1976

「矛盾論」（1937 年）
「実践論」（1937 年）

1968 年の毛沢東　1968 年のパリ「五月革命」以後，西ヨーロッパの社会運動に，当時の中国共産党の最高指導者毛沢東の思想が大きな影響を与えた時期があった。当時，ソ連を中心とする社会主義体制は官僚主義化・強権化し，西ヨーロッパの社会運動家にも大きな幻滅を与えていた。そんななかで，毛沢東は既成の社会主義に対して敢然と闘いを挑み，その「造反有理」（反抗には道理がある）というスローガンは人間解放の試みをリードしつつあると理解された。毛沢東は，この 2 年前の 1966 年，官僚主義化した既成の中国共産党組織を打倒せよと共産党外の大衆に広く呼びかけ，文化大革命を始めていた。文化大革命は，中国だけでなく，西ヨーロッパや日本を含む全世界の学生や社会運動家を熱狂させた。

1937 年の毛沢東　毛沢東の思想の中心には「矛盾」と「実践」をめぐる思想がつねに存在した。その思想は，1937 年に発表された「矛盾論」と「実践論」とにまとめられている（本書には発表当初の文章になるべく近いものを翻訳して収録している）。

　1937 年は日中全面戦争の始まった年である。中国共産党はそれまで国民党と激しい内戦を展開してきた。しかし，毛沢東は，このとき，国民党と手を組んで日本の侵略と戦うという方針を強く主張した。この決断には，そのほうが共産党の勢力拡大に有利であるという計算が働いていたが，しかし，情勢がめまぐるしく移り変わるなかで，昨日までの敵と手を結ぶことをどう理論的に正当化すればいいのか？　その答えを出すための研究と思索から書き上げられたのが「矛盾論」と「実践論」である。

「主要矛盾」と「矛盾の主要な方面」

一つのものごとにはいくつもの弁証法的な対立関係（中国語で「矛盾」）が絡み合っている。また，一つの対立関係にも，その対立関係のなかで優勢な側（「矛盾の主要な方面」）と，それに引きずられる劣勢な側（「主要でない方面，副次的な方面」など）とがある。しかも，どれが主要な対立関係か，その対立関係の中でどちらが優勢な側なのかは，時と場合によって変化する。問題を的確に解決するためには，どれがそのときの主要な対立関係で，そのうちどちらの側が優勢かを見極めなければならない。これが「矛盾論」の論旨である。これを1937年の情勢に当てはめると，少し前までは中国では国民党と共産党の対立関係が主要なものだったが，いまは日本と中国の対立関係が主要だということになる。主要な対立関係が変わったのだ。また，この対立関係は，日本の中国侵略が引き起こしたものだから，優勢な側は日本である。したがって，国民党と共産党が手を組んで日本と戦うのが正しいということになる。毛沢東は，その後も，主要な対立関係を特定し，その優勢な側を敵として大衆を動員し，全力を挙げてその対立関係をひっくり返すという政治手法をとりつづけた。共産党内の官僚主義を「敵」として大衆に闘争を呼びかけた文化大革命もその一つの例である。

永久革命の論理

毛沢東は，世界が発展するためには，人びとが世界を変革しようとして自ら能動的に革命運動に参加することが不可欠だと考えた。そして，革命運動に能動的に参加するためには，人びとがそれぞれ内面に持つ主観的な世界像を変えなければいけないと主張した。自ら能動的に状況を認識し，そして能動的に革命（つまり客観的な世界像の改造）の実践に飛びこんで行かなければならない。しかも，革命の実践の後には，状況を認識し直し，自分の主観的な世界像をさらに改造して，また新しい革命の実践に活かさなければならない。だから，世界は，「認識→実践→再認識→再実践→…」という過程を永久に繰り返すことになる。したがって革命に終わりはない。毛沢東は，だから，社会主義体制の完成で革命を終わらせようとする動きに強い違和感を持ったのだ。だが，文化大革命は中国に絶大な破壊と混乱をもたらし，1976年，毛沢東の死とともに悲惨な失敗に終わる。その結果，以前にも増して強力な官僚主義機構を擁する中国共産党の支配が再建され，軍の影響力も強化された。理想主義的な運動が逆の結果を生み出したのである。毛沢東は，理想主義者であるとともに，常に現実の勢力関係を踏まえて発想する徹底した現実主義者でもあった。この両面を含む毛沢東像の確立はなお今後の研究の課題だろう。

● 第 IV 部　現代

① 「矛盾論」から（原著 pp. 259-262）
　どんな過程でも，その過程に矛盾が複数あるならば，そのなかに，主要な，指導的で決定的な役割を果たしている矛盾が必ず一つ存在するのだ。そしてその他の矛盾は副次的・従属的な地位にある。だから，どんな過程を研究するばあいでも，それが単純な過程か複雑な過程かをまずはっきりさせる必要がある。もし二つ以上の矛盾が存在する複雑な過程ならば，全力でもってその主要矛盾を探し出さなければならない。主要矛盾がどれかをはっきりさせれば，どんな問題でもかんたんに解決することができるのだ。（中略）どんな学問家・実行家であっても，この方法をわかっていないかぎり，迷いの海に落ちたようなもので中心を探し出せず，矛盾を解決する方法も探し出せないだろう。（中略）
　では，主要な矛盾であっても副次的な矛盾であっても，矛盾の二つの方面または側面は同列に扱っていいのだろうか？　いや，どんな矛盾であっても，またどんなときであっても，矛盾の方面や側面の発展は不均衡なものだ。勢力が均衡しているようにも見えるときもある。しかし，それは，一時的で相対的な情勢だ。基本形態はやはり不均衡なのだ。つまり，均衡しているように見えるときも，実際には絶対的な均衡などありえない。矛盾している二つの方面のうち必ず一つが主要なものであり，もうひとつが副次的なものなのである。その主要な方面が，いわゆる矛盾の主導的作用をもたらす方面なのだ。
　しかもこの情勢は固定的なものではない。矛盾の主要な方面と主要でない方面はたがいに転化することがある。矛盾の発展の一定の過程・一定の段階で，主導的な方面が A にあったとすれば，主導的でない方面は B にある。だが，発展段階や発展過程が変われば，その位置が入れ替わることがある。それは双方の闘争力によって決まるのだ。
　たとえば，資本主義社会では，長いあいだ，ブルジョワジーが主要な地位にあり，主導的作用をもたらしていた。しかし，革命前夜や革命の後には，無産階級が転化して主要な地位につき，主導的作用をもたらすことになる。資産階級はその逆の転化を起こす。十月革命前後のソ連はまさにこの情況だった。

② 「実践論」から（原著 p. 225）
　もし知識を得たいと思えば，現実変革の実践に参加しなければならない。梨の深い味わいを知りたいのならば，梨を変革しなければならない。つまり自分で食

べてみるのだ。原子の成り立ちとその性質を知りたいと思うならば，化学者のような実験を行い，原子の情況を変革しなければならない。革命の具体的な理論と方法を知りたいのならば，革命に参加しなければならない。すべての真の知は直接の経験に源を発しているのだ。

③　同論文から（原著 pp. 233–235）

　大宇宙は自然の発展と社会の発展によって今日の時代にまで達した。宇宙を正しく認識して宇宙を改造する責任は，いまや歴史的に無産階級（プロレタリアート）と無産階級政党の肩にかかっている。科学的認識によって定められたこの世界改造の実践過程は，世界でも中国でもすでに一つの歴史的な転換点にまで達している——有史以来，未曾有の重大な転換点だ。世界と中国の暗黒面をすべて覆し，それをいまだかつてない光明の世界に変えるのだ。無産階級と革命人民の世界改造の闘争は，次の任務の実現を含んでいる。客観世界を改造し，自分の主観世界も改造し，主観世界と客観世界の関係を改造するという任務である。地球上にはすでにこの改造を実行したところがある。ソ連だ。ソ連の人びとは，自分のために，また世界のために，このような改造の過程を進めているところなのだ。中国人民と世界人民もこのような改造の過程をいま始めようとしている，またはこの過程の真っ最中にある。ここでいう改造された客観世界には，すべての改造に反対する人たちをも含んでいる。この人たちの改造には強制的な段階を経る必要がある。それではじめて自覚的段階に入ることができるのだ。世界が，全人類がみな自覚的に自分を改造し世界を改造するところまで到達すれば，それが世界の共産主義時代なのだ。

　実践を通じて真理を生み出す。実践を通じて真理を証明し，真理を発展させる。感性的な認識から理性的な認識に能動的に発展し，理性的な認識から，革命の実践を能動的に指導して，主観世界と客観世界とを改造する。実践・認識・再実践・再認識の形式は循環的に発展し，終わることがない。そして，実践と認識の一循環ごとの内容は，いつでも前と較べて一段高い程度に進む。これが唯物弁証法の認識論のすべてだ。これこそが唯物弁証法の知と行の統一的観点なのだ。

　　毛沢東「矛盾論」（原題「唯物弁証法」），「実践論」，『毛沢東集補巻』5 巻，竹内実・毛沢東文献資料研究会編，蒼蒼社，1984 年を底本とし訳出した。

[光田　剛]

● 第IV部　現代

ミシェル・フーコー

Michel Foucault, 1926–1984

『監獄の誕生』（1975 年）
『性の歴史 I　知への意志』（1976 年）

生涯と著作　　フーコーは，20 世紀フランスの歴史家，哲学者。高等師範学校卒。20 世紀後半のマルクス主義を刷新したルイ・アルチュセールや，科学史家のジョルジュ・カンギレームらの薫陶を受ける。精神医学の研究から出発し，博士論文は『狂気の歴史』（1964 年）として出版された。近代的な人文社会科学の起源を探る『言葉と物』（1966 年）出版後，70 年にコレージュ・ド・フランスの教授に就任（同校での講義録は，現在，逐次刊行中）。近代における収容施設の成立についての研究を進め，『監視と処罰——監獄の誕生』（1975 年）を発表する。70 年代後半から，生権力への関心から「セクシュアリテ（性的なもの）」の研究に向かい，『性の歴史』を刊行中，病に倒れた。

排除と規律　　フーコーは一貫して権力現象に注目し，変化する権力の諸形態について，具体的な事例研究を示すことで，それぞれの時代における社会のあり方を記述しようと試みた。『狂気の歴史』では，精神病患者と呼ばれた人々の隔離がどのような事情のもとで行われるようになったかについて，詳細な分析が加えられ，「理性」とされるものと「非理性」（狂気）と呼ばれるものとの間の境界線が恣意的に引かれたことを示した。こうして，排除としての権力が摘出される。

しかしながらフーコーは，権力はそうしたいわば消極的な形をとるとは限らないと考えた。『監獄の誕生』では，人々をある施設に収容し，そこで彼らの身体に積極的にはたらきかけるような権力の存在が明らかにされる。引用の①と②の部分で，フーコーは，かつての広場における公開処刑と，（市民革命以後に一般化した）閉ざされた場所での監視・規律という新たな刑罰との鮮やかな対比を示す。そして，この変化が，「残虐」から「人道」への移行ではなく，権力のあり

方の変化，すなわち権力の中心に視線を集める王制的な権力から，一般の人々を規律化することによって秩序の安定化を図る種類の権力への変化に対応していることを示唆したのである。フーコーによれば，人間の群れを管理する技術は，伝染病対策に端を発し（引用③参照），19世紀以後，監獄のみならず，学校や工場など，集団行動の場所に広く応用され，近代社会を構成する最も重要なテクノロジーとなるのである（引用④参照）。

　法理論は，こうした権力形態の一般化を社会契約や人民主権との関係で説明してきた。いまや権力の主体となった人民が，その法的地位にふさわしいふるまいをするために規律が必要になったとする。しかしフーコーはむしろ，群れ全体の都合のために，腐った林檎を早めに見つけ，それを適切に処置する点に，この権力の動機づけを見いだす（引用⑤参照）。

■ **生権力と国家理性**　こうした考え方の延長上に出てくるのが，生権力論である。フーコーによれば，16世紀の国家理性論などを典型として，人間の群れの維持と拡大を目的とするような権力の形が生まれた。ある特定の人口が健康で豊かになることを統治の目的とするこうした権力は，近代を通じて強まった。そして，そうした目的のために，公衆衛生などはもとより，個人的なものとされてきた性の分野にまで，政府が介入するようになったというのである。さらに，群れを守るために必要とあれば，国民自らが戦争を望み，自分たちに戦争遂行に必要な規律を課すことも珍しくない，という点も指摘される。『性の歴史』などで明らかにされたのは，このように，生権力が「生かす」権力であると同時に，「殺す」権力でもあるという二面性であった（引用⑦・⑧参照）。

■ **フーコー権力論の意義**　引用⑥の抄録に見られるように，権力をもっぱら主権論的な観点から見て，どこか一点から放射しているものとみなすような立場，すなわち近代政治学が前提とした立場は，視野狭窄に陥りかねないとフーコーは警告している。権力のあり方は，はるかに多様なものでありうるとするのである。また，彼は，権力からの「解放」を夢見るマルクス主義からも，権力と自由を対立するものとみなす自由主義からも距離をとろうとした。われわれは権力の中にあるほかない。しかしどのような権力も，行使されている側の協力なしに維持できない以上，どんな権力のもとでも，それに抵抗し，それを変える自由へのきっかけは常にある，というのが，フーコーの立場である。

● 第Ⅳ部　現代

① 『監獄の誕生』（原著 p. 9；邦訳 9 頁）
　1757 年 3 月 2 日，ダミヤンにたいしてつぎの有罪判決が下された。「手に重さ二斤の熱した蠟製松明をもち，下着一枚の姿で，パリのノートルダム大寺院の正面大扉のまえに死刑囚護送車によって連れてこられ，公衆に謝罪すべし」，つぎに，「上記の護送車にてグレーヴ広場へはこびこまれたのち，そこへ設置される処刑台のうえで，胸，腕，腿，脹らはぎを灼熱したやっとこで懲らしめ，その右手は，国王殺害を犯したさいの短刀を握らせたまま，硫黄の火で焼かれるべし，ついで，やっとこで懲らしめた箇所へ，溶かした鉛，煮えたぎる油，焼けつく松脂，蠟と硫黄との溶解物を浴びせかけ，さらに，体は四頭の馬に四裂きにさせたうえ，手足と体は焼きつくして，その灰はまき散らすべし」。

② 同書（原著 p. 12；邦訳 11–12 頁）
　四分の三世紀のちになると，たとえば，レオン・フォーシェの起草した「パリ少年感化院のための」規則はつぎのとおりである。
　第 17 条．在院者の日課は，冬季は午前 6 時，夏季は午前 5 時に始まるものとする。労働時間は季節をとわず一日 9 時間とする。一日 2 時間は教化にあてる。労働ならびに日課は，冬季は午後 9 時，夏季は午後 8 時に終了するものとする。
　第 18 条．起床。太鼓の第一の響きによって，在院者は静かに起床し着衣すべし。そのあいだに看守は独房の戸をあけるものとする。第二の響きによって，在院者は寝床から降りて寝具を整頓すべし。第三の合図で，朝の祈りがおこなわれる礼拝堂へ行くため整列すべし。それぞの合図は 5 分間隔とする。（中略）
　第 22 条．学業。10 時 40 分，太鼓の響きによって整列し，班ごとに学舎に入るものとする。授業時間は 2 時間とし，順次に，読み方，書き方，製図，算術にあてる。

③ 同書（原著 p. 197；邦訳 198 頁）
　ある都市でペスト発生が宣言された場合に採るべき措置は，17 世紀末の一規則によれば次のとおりであった。
　まず最初，空間の厳重な碁盤割の実施。つまり，その都市およびその「地帯」の封鎖はもちろんであり，そこから外へ出ることは禁止，違反すれば死刑とされ，うろつくすべての動物は殺され，さらにその都市を明確に異なる地区に細分して，

そこでは一人の代官の権力が確立される。それぞれの街路は一人の世話人の支配下におかれて，その街路が監視され，もしも世話人がそこから立去れば死刑に処せられる。指定された日には，各人は家に引きこもれと命令され，外出が禁じられて，違反すれば死刑。

④ 同書（原著 pp. 201-202；邦訳 202-203 頁）
　ベンサムの考えついた「一望監視装置(パノプティコン)」は，こうした組み合わせの建築学的な形象である。その原理はよく知られるとおりであって，周囲には円環状の建物，中心に塔を配して，塔には円周状にそれを取巻く建物の内側に面して大きい窓がいくつもつけられる。周囲の建物は独房に区分けされ，そのひとつひとつが建物の奥行をそっくり占める。独房には窓が二つ，塔の窓に対応する位置に，内側へむかって一つあり，外側に面するもう一つの窓から光が独房を貫くようにさしこむ。それゆえ，中央の塔のなかに監視人を一名配置して，各独房内には狂人なり病者なり受刑者なり労働者なり生徒なりをひとりずつ閉じ込めるだけで充分である。周囲の建物の独房内に捕えられている人間の小さい影が，はっきり光のなかに浮かびあがる姿を，逆光線の効果で塔から把握できるからである。（中略）その点から，「一望監視装置」の主要な効果が生じる。つまり，収容者に可視性を永続的に自覚させ，それによって，権力の自動的な作用を確保するということである。

⑤ 同書（原著 p. 255；邦訳 248 頁）
　行刑装置は確かに司直の手中から受刑者を受け取りはするが，その装置が対象とすべき当の相手は，もちろん法律違反 (l'infraction) でもなければ，法律違反者 (l'infracteur) 自身でもなく，いささか異なる客体であり，少なくとも当初の判決において考慮されていなかったような諸変数によって定義されるものである。なぜなら，それらの諸変数は矯正的なテクノロジーにとってのみ意味があることなので。行刑装置が，判決を受けた法律違反者に置き換えるこうした別の人物，それが「非行者 (délinquant)」である。

⑥ 『知への意志』（原著 pp. 123-127；邦訳 121-124 頁）
　——権力とは手に入れることができたり，奪ったり，分割できるような何物か，

人が保有したり手放したりできるような何物かではないこと。権力は，無数の点を出発点として，不平等ではあるが流動的なゲームの中で行使されるのだということ。

――権力関係は他の形の関係（経済過程，知識関係，性的関係）に対して外在的な位置にあるものではなく，それらに内在するものだということ。（中略）

――権力は下から来ること。すなわち，権力関係の原理として，そして一般的な図式として，支配する者と支配される者という二項的かつ総体的な対立があるわけではない。そうした二項対立が上から下へ，ますます局限された集団へと及んで，ついに社会体の深部にまで至るということでもないのである。むしろ次のように想定すべきなのだ。すなわち生産機関，家族，制限された集団，諸団体の中で形成され作動する多様な力関係が，社会体の総体を貫く断層という広汎な結果を支えることになるのだと。（中略）

――権力関係は，意図的であると同時に，非‐主観的であること。（中略）一連の目標と目的なしに行使される権力はない。しかしそれは，権力が個々の主体の選択あるいは決定に由来することを意味しない。権力の合理性を司る司令部のようなものを探すのはやめよう。（中略）

――権力のある所には抵抗があること，そして，それにもかかわらず，というかむしろまさにその故に，抵抗は権力に対して外側に位置するものでは決してないということ。人は必然的に権力の「中に」いて，権力から「逃れる」ことはなく，権力に対する絶対的外部というものはない。（中略）権力に対して，偉大な「拒絶」の場が一つあるわけではない。（中略）あるのは諸々の抵抗であり，それぞれが特殊である。ありそうなもの，必然的なもの，ありそうもないもの，自然発生的なもの，野生的なもの，孤立したもの，一斉に行われるもの，卑屈なもの，暴力的なもの，妥協しないもの，素早く取引するもの，利害に敏感なもの，自己犠牲的なもの，などである。

⑦ 同書（原著 pp. 177-180；邦訳 171-173 頁）

長いあいだ，主権を特徴づける特権の一つは，生殺与奪権であった。おそらくそれは形の上では，ローマの家父長に奴隷の命と同じく彼の子供の命を「自由に扱う」権利を与えていた古き「家父長権（patria potestas）」に発しているのであろう。（中略）ところで西洋世界は古典主義の時代以降〔17世紀以降〕，このよう

な権力のメカニズムに極めて深い変更を蒙ってきた。(中略)様々な力を産出し,それらを増大させ,それらを整えるためであって,それらを阻止し,抑えつけ,あるいは破壊するためではないような一つの権力である。死に対する権利は,その時から,生命を経営・管理する権力の要請の上に移行するか,少なくともそのような要請に支えを見出し,その求めるところのものを中心に整えられるという傾向をもつようになるだろう。君主のもつ自衛する権利,あるいは人々に君主を守れと要求するその権利の上に成り立っていたこの死は,今や,社会体にとって,己が生命を保証し,保持し,発展させるための権利の,単なる裏面として立ち現れることになるだろう。(中略)戦争はもはや,守護すべき君主の名においてなされるのではない。国民全体の生存の名においてなされるのだ。

⑧ 同書(原著 pp. 182–183;邦訳 176 頁)
　具体的には,生に対するこの権力は,17 世紀以来二つの主要な形態において発展してきた。その二つは相容れないものではなく,むしろ,中間項をなす関係の束によって結ばれた発展の二つの極を構成している。その極の一つは,最初に形成されたと思われるものだが,機械としての身体に中心を定めていた。身体の調教,身体の適性の増大,身体の力の強奪,身体の有用性と従順さとの並行的増強,効果的で経済的な管理システムへの身体の組み込み,こういったすべてを保証したのは,規律を特徴づけている権力の手続き,すなわち人間の身体の解剖 – 政治学(*anatomo-politique du corps humain*)であった。第二の極は,やや遅れて,18 世紀中葉に形成されたが,種としての身体に,すなわち生物の力学に貫かれ,生物学的プロセスの支えとなる身体に中心を据えている。繁殖や誕生,死亡率,健康の水準,寿命,長寿,そしてそれらを変化させるすべての条件がそれだ。それを引き受けたのは,一連の介入と,調整する管理であり,すなわち人口の生 – 政治学(*bio-politique de la population*)である。

　　　Michel Foucault, *Surveiller et punir: Naissance de la prison*, Gallimard, 1975(田村俶訳『監獄の誕生』新潮社,1977 年);Idem, *L'histoire de la sexualité 1: La volonté de savoir*, Gallimard, 1976(渡辺守章訳『性の歴史 I　知への意志』新潮社,1986 年)。訳文は一部変更している。

[杉田　敦]

ジョン・ロールズ
John Rawls, 1921–2002

『正義論』(1971 年)
『政治的リベラリズム』(1993 年)
『万民の法』(1999 年)

規範的政治理論の再生　第二次世界大戦後，あるべき政治社会を構想する規範的な政治理論の不在が嘆かれていたが，ロールズの『正義論』の公刊はそのような状況を一変させた。本書は，J. S. ミルの著作以後，政治哲学の領域において最も重要な意義と影響力とをもった書物であると評されたし，事実，たんに政治学，経済学，法学などの諸学問分野においてだけでなく，裁判所など重要な社会生活全般において引用されることの最も多い書物であった。さらに，本書の影響力の広がりが (2010 年までに) 50 万部以上の売り上げをみた英語圏の世界にとどまっていないことは，30 以上の他の言語に翻訳された事実からも明らかである。

公正として正義　規範理論を構築するに際し，第一にロールズは，正義論の役割を真理の発見にではなく，解決すべき問題の特定とその解答の提示とに見いだした（引用①参照）。アメリカ合衆国のように自由と平等を標榜する社会では奴隷制や人種差別は不正義であることはすでに確立している。しかるに過去 2 世紀以上にわたり西洋の支配的な道徳哲学であった功利主義は，たとえば「最大多数の最大幸福」原理が典型的に示しているように，少数者の権利や利益を犠牲にしても社会全体のそれらを極大化する再分配を正当化する。さらに功利主義は人間の生来の才能の不平等を是正しようとしない。これらは道徳の観点から不正義である，とロールズは想定する。つぎにロールズは，このような少数者の不利益とはならないような配分的正義の原理を提示すべく，ロック，ルソー，カントらの社会契約論を高度に抽象化し精緻化する。すなわち社会契約論の「自然状態」論にヒントを得て，有名な「原初状態」論を展開する（引用②参照）。社会的協働の成果を再分配するための原理をあらかじめ決定すべく，自

己の利益を最大化しようとする自由で平等な契約当事者たちは，最初の契約をおこなう原初状態において，正義の原理の採用を歪める個人的・特殊的情報について無知であると想定される。この「無知のヴェール」が原初状態の公正さを保証し，当事者たちはそこに提出されるさまざまな正義の諸原理を比較秤量しつつ合理的に選択する。その際当事者たちは，自らを「最も恵まれない人々」の代表と同定することにより，その人々の利益を最大化する原理（「格差原理」[difference principle]）を含む，ロールズの提唱する「正義の二原理」を，功利主義の原理よりも好ましいとみなすと主張される。

そして最終的には当事者たちは，「平等な自由原理」を第一原理として最優先し，第二原理の「経済的社会的不平等」に関しては，機会均等原理と貯蓄率〈次世代に対する社会資本などの投資率〉を格差原理に優先する考え方を満場一致で採用するのが合理的であるとするのである（引用③参照）。

▎政治的リベラリズム　　配分的正義の問題をきわめて平等主義的に解決しようとしたロールズの『正義論』は圧倒的な賞賛と同時に，さまざまな立場からの政治的，哲学的，道徳的批判に晒された。とりわけ方法論や人間論などをめぐって激しく議論された「リベラル＝コミュニタリアン論争」は1980年代の最大の政治哲学的論争となった。このような論争のなかでロールズ自身も自らの正義論に修正を余儀なくされた。とくに重要な修正は，ロールズ自身が『正義論』はひとつの哲学的・包括的教説に依拠した議論であることを認め，価値観が多様化している欧米のような立憲主義的で資本主義的で民主的な政治社会では『正義論』の依拠する教説は一般的な支持を獲得できないと認めたことである。こうして彼は「理にかなった多元性の事実」（the fact of reasonable pluralism）を承認しつつ，政治的正義論の課題と寛容の課題とを結合する「政治的リベラリズム」の立場に移行する。そこでは社会契約的な合意形成ではなく，宗教的，哲学的，道徳的に分断された人々が，なおも共有しうるコンセンサス（overlapping consensus）に立脚しつつ，自由な政治的共同体の構築を課題とするのである（引用④参照）。

▎万民の法　　『正義論』公刊以来，ロールズの関心は国内問題だけでなく，国際社会にも向けられていた。具体的には，リベラルな政治社会の対外政策の規範的行動指針は何かという問いに対する解答を求めたものであるが，彼の最終的な現実主義的なユートピア論は『万民の法』に結実した（引用⑤参照）。

① 『正義論』第1部第1章第1節から（原著 pp. 3-4；邦訳6頁）
　真理が思想体系の第一の美徳であるように，正義は社会制度の第一の美徳である。もしもある理論が真理でないならば，それは，いかに優雅で簡潔であろうとも，拒絶あるいは修正されなければならない。同様に，もしも法律や制度が正義にかなっていないならば，それらは，いかに効率的で適切に配置されていようとも，改正あるいは廃棄されなければならない。各人は，社会全体の福祉さえもが覆すことのできない正義に基礎づけられた不可侵性を有している。この理由から，正義は，ある人々にとっての自由の喪失が他の人々によって共有されるより大きな幸福〔善〕によって正しいとされるということを否定する。正義は，少数の人々に課される犠牲が多数の人々によって享受されるより大きな便益の総計によって凌駕されるということを許容しない。それゆえ，正義にかなった社会においては，平等な市民の諸自由は決着がついたものとみなされている。つまり，正義によって保障された諸権利は，政治的取引や社会的利益の計算に服することがないのである。誤った理論にわれわれが黙従するのを許すのは，より善い理論が存在しないということだけである。類似的に，ある不正義が我慢できるのは，それがより大きな不正義を避けるためには必要な場合だけである。人間の諸活動の第一の美徳であるから，真理と正義とは非妥協的である。

② 同書，第1部第1章第3節から（原著 p. 12；邦訳 18頁）
　公正としての正義における平等という原初状態は，伝統的な社会契約理論における自然状態に対応する。（中略）この原初状態（original position）は，一定の正義の観念へと導くように特徴づけられた，純粋に仮説的な状況として理解される。この状況の本質的な特徴には，誰も社会における自らの位置，その階級的立場や社会的地位を知らないということ，誰も自然的資産や能力の配分における自らの運や自らの知性や〔身体的〕強さなどを知らないということが含まれている。私はさらに，契約当事者たちは自らの善〔幸福〕の観念や自らの特殊な心理的傾向性も知らないということまでも想定する。正義の諸原理は無知のヴェール（veil of ignorance）の背後で選択されるのである。このことが，誰も〔正義の〕諸原理の選択に際して，自然的な運の結果や社会的環境という偶然によって利益をこうむったり不利益をこうむったりすることがないということを保障するのである。すべての人々が同様に状況づけられており，かつ，だれも自らの特殊な条件に都

合の良いように諸原理を設計することはできないがゆえに，正義の諸原理は公正な合意あるいは公正なバーゲンの結果である。原初状態の環境，すなわち各人の各人に対する関係の対称性を前提にするならば，この最初の状況は，道徳的諸人格，すなわち，自らの目的をもち，正義の感覚の能力をもちうる（と私は想定するのだが）合理的存在としての諸個人の間で公正である。原初状態は適切な最初の現状（status quo）であると言えるかもしれないし，こうして，そこにおいて到達される根本的な合意は公正である。このことが「公正としての正義」という名称の適切さを説明する。それは，正義の諸原理は公正である最初の状況において合意されるという思想を伝える。

③　同書，第2部第5章第46節（原著 pp. 302-303；邦訳 402-404 頁）
第一原理
　各人は，すべての人々にとっての同様な自由の体系と両立しうる，平等な基本的自由の最も広範な体系全体に対する平等な権利をもつべきである。
第二原理
　社会的，経済的不平等は，それらが（a）正義にかなった貯蓄原理に一致しながら，最も恵まれない人々の最大の利益になり，かつ（b）機会の均等という条件の下において，すべての人々に開かれた地位と職務に付随するように，配置されるべきである。
第一優先原理（自由の優先）
　正義の諸原理は辞書式順序にしたがってランクづけられるべきであり，そして，それゆえ，自由は自由のためにのみ制限されうる。この制限には2つの場合がある。
　(a) より広範ではない自由は，すべての人々によって共有される自由の体系全体を強化するものでなければならない。
　(b) 平等な自由以下の自由は，より少ない自由しか享受できない人々にとって受け入れることが可能でなければならない。
第二優先原理（効率性と福祉に対する正義の優先）
　正義の第二原理は，効率性の原理と利益の総計の極大化の原理とに，辞書式順序にしたがって，優先する。そして，機会均等は格差原理に優先する。この優先には2つの場合がある。

(a) ある機会の不平等は，より少ない機会しか享受できない人々の諸機会を増大するものでなければならない。
(b) 過剰な貯蓄率は，この困難を引き受ける人々の負担を，すべてを考慮に入れた場合に，軽減するものでなければならない。

一般的観念

すべての社会的基本財〔善〕——自由と機会，所得と富，および自尊心の〔社会的〕基礎——は，これらの財のあるものまたはすべてのものの不平等な配分が，最も恵まれない人々の利益になることがない限り，平等に配分されるべきである。

④ 『政治的リベラリズム』（原著 pp. 3-4）

おそらく私は政治的リベラリズムの定義から開始し，それをなぜ私が「政治的」と呼ぶのかを説明すべきであろう。しかしいかなる定義も最初は役に立たないであろう。そうする代わりに，私は民主的な社会における政治的正義についての第一の根本的な問題，すなわち，自由かつ平等とみなされる市民たちにして，一世代から次の世代への全生涯にわたって社会の完全な協働的成員たちの社会的協働の公正な条件を規定するための正義についての最も適切な構想は何かという問題から開始する。

われわれはこの第一の根本的な問題に第二の根本的な問題，すなわち一般的な仕方で理解された寛容の問題を加える。民主的社会の政治的文化は常に，対立し和解不可能な宗教的，哲学的，道徳的教説の多様性によって特徴づけられている。これらの教説のいくつかは完璧に理にかなっている（reasonable），そして，理にかなっている諸教説のあいだの多様性を政治的リベラリズムは，持続的に自由な諸制度を背景にして人間の理性の諸力が作用してきた不可避的，長期的帰結であるとみなす。こうして，第二の問題は，自由な諸制度の不可避的な所産としての理にかなった多元性の事実を所与とした場合に，上述のように理解された寛容の諸根拠とは何かという問題である。これら二つの問題を結合すると，われわれは次のような問題をもつ。すなわち，理にかなった宗教的，哲学的，道徳的諸教説によって深刻に分断され続けている，自由かつ平等な市民たちからなる，正義にかない安定した社会が長期間にわたって存続し続けることはいかにして可能であるかという問題である。

政治的リベラリズムは次のことを想定する。すなわち，最も手に負えない闘争

とは最高次のもの，つまり，宗教，世界に関する諸々の哲学的な見方，および善についての異なった道徳的な諸構想をめぐるものであるというのは自明である。これらの点においてかくも深く対立していながらも，自由かつ平等な市民たちのあいだで正義にかなった協働がそもそも可能であるということにわれわれは驚きを禁じえない。事実，歴史的経験はそれが稀有であることを示唆している。取り組んでいる問題はあまりにもなじみのものであるとしても，その問題に対して政治的リベラリズムはいささかなじみのない解決を提案するのである，と私は信じる。

⑤　『万民の法』（原著 p. 37；邦訳 49–50 頁）
1. 諸民衆は自由かつ独立しており，かれらの自由と独立とは他の諸民衆によって尊重されるべきである。
2. 諸民衆は条約や協約を遵守すべきである。
3. 諸民衆は平等であり，彼らを拘束する合意の当事者たちである。
4. 諸民衆は〔他の社会への〕不干渉の義務を遵守すべきである。
5. 諸民衆は自衛の権利をもつが，自衛以外の理由から戦争を開始する権利をもたない。
6. 諸民衆は人権を尊ぶべきである。
7. 諸民衆は戦争の遂行にさいして，一定の規定された制約を遵守すべきである。
8. 民衆は，正義にかなった，あるいは品位のある政治的社会的レジームの実現を妨げている，不都合な条件の下に生きている他の諸民衆を援助する義務を有する。

John Rawls, *A Theory of Justice*, Cambridge, Mass.: Belknap Press of Harvard University Press, 1971（矢島鈞次監訳『正義論』紀伊國屋書店，1979 年；改訂版，川本隆史・福間聡・神島裕子訳，2010 年，ただし邦訳頁は 2010 年版による）; *Political Liberalism*, New York: Columbia University Press, 1993；*The Law of Peoples: with "The Idea of Public Reason Revisited,"* Cambridge, Mass.: Harvard University Press, 1999（中山竜一訳『万民の法』岩波書店，2006 年）。一部訳文を変更した。

［飯島昇藏］

ユルゲン・ハーバマス

Jürgen Habermas, 1929–

『公共性の構造転換』(1962 年)
『事実性と妥当』(1992 年)

　ハーバマスは,「フランクフルト学派」第二世代に属するドイツの哲学者・社会学者であり, フランクフルト社会研究所助手, フランクフルト大学教授, マックス・プランク研究所所長などを歴任した。彼は, 理性批判を先鋭化するいわゆるポスト・モダンの思潮が力を得た時代にあっても, 近代の理性が普遍的規範の理念を宿していることを一貫して主張してきた。「市民的公共性」から「討議デモクラシー」へといたる彼の公共性の理論も, 間主観的な「コミュニケーション的理性」がもつそうした可能性に着目する試みである。

市民的公共性の理念

『公共性の構造転換』(1962 年) は, 啓蒙期の西欧に成立した「市民的公共性」の構造とそれがやがて崩壊していく歴史的経緯を描いた書である。市民的公共性は, 国家の公共性に抗する仕方で市民社会の領域に形成されるもう一つの公共性, つまり, 統治を自らの意に沿ったものにしようとする市民層が形成する公共的な意志形成の領域である。それは, 文化的な側面では, 権威主義的ではない批評の空間というかたちをとり (文芸的公共性), 政治的な側面においては, 国家の活動を批判的に監査するとともに, 公論と立法の間に「正統性の連関」を創出し, それを維持する機能を果たす (政治的公共性)。この書の後半部は, 19 世紀の最後の四半世紀から市民的公共性が空洞化し, それが政府や利益集団などによる操作の領域へと変容していく過程を批判したものである。この時期のハーバマスは, 組織の民主化を通じてあらためて「批判的公開性」の原理を拡充していくことに, 操作的公共性を脱する途を探った。

「生活世界の植民地化」に抗して

ハーバマスは, その後『コミュニケーション的行為の理論』(1981 年) などの著作に

おいて，近代社会の病理を「生活世界の植民地化」が惹き起こすものとしてとらえていった。それは，人びとの間に生じる行為コンフリクトを言葉の力によって調整すべき領域（「生活世界」）が，貨幣や行政権力を行為調整の媒体とする「機能システム」によって属領化され，日常実践が貨幣化・官僚制化する事態であり，政治的公共性の空洞化もその一環とみなされる。この病理に対して彼が示した処方箋は，「生活世界」におけるコミュニケーションを活性化し，とりわけ政治的公共性における意見・意志形成の過程を理由の検討（討議）の過程として再構成することを通じて，市場および行政の「機能システム」を制御していくというプログラムだった。その後，彼は，合理的な——システムによって歪められない——意見・意志形成の条件を特定する「討議理論」(Diskurstheorie) を練り上げるという課題に取り組んでいった。

討議デモクラシーの構想

『事実性と妥当』（1992年）は，「討議理論」の構想に沿って法という媒体が果たす役割を再評価しつつ，法治国家がもつ規範的次元にあらためて光を当てた著作である。ハーバマスは，この書において，経済市場および国家行政に対して相対的な自律性をもつ市民社会（Zivilgesellschaft）の領域を重視した。市民が，自らの見いだす問題を他者との討議を通じて公共的な争点へと開き，そうしたインフォーマルな公共圏における意見・意志形成をフォーマルな公共圏（議会）における意志決定へとつなげていくことが，彼のいう「協議の政治」(deliberative Politik) の核心をなす。それは，政治的公共性と政治システム（議会等）という討議の二つの領域を連繋させ，それによって公権力の民主的正統化をはかろうとするものである。市民社会の領域に多元的に形成されるアソシエーションがいかに「自律的公共圏」として活性化されるかに民主化の鍵を見るこの構想は，「討議（熟議）デモクラシー」(deliberative democracy) の理論の展開に大きく寄与した。その特徴は，公共的な討議を，利害や価値観を異にする市民がともに受容しうる理由を探る過程としてとらえ，民主的な意志形成を理由の検討（公共的推論）によって媒介させようとする点にある。

近年のハーバマスは，『他者の受容』（1996年）や『ああ，ヨーロッパ』（2008年）などの著作で，国境を越える政治的公共性とそこでの民主的な意見形成の意義を論じるとともに，多文化社会の条件のもとでどのような社会統合が望ましいかを検討しながら，討議的な意見・意志形成とそれによって正統化される法規範にもとづく市民の連帯を擁護している。

① 『公共性の構造転換』第2章から（原著 pp. 86-87；邦訳 46-47 頁）

　市民的公共性（bürgerliche Öffentlcihkeit）は，さしあたり公衆として集合した私人の領域としてとらえることができる。こうした私人は，政府によって規制されてきた公共性を，まもなく公権力そのものに対抗して自らのものとして主張する。それは，原則的に私有化されると同時に公共的な意義を帯びるようになった商品交換と社会的労働の領域のなかで，交換の一般的な規制をめぐって公権力に対して論争を挑むためであった。この政治的論争の媒体となる公共の論議は，市民的公共性に固有の，歴史的に見て先例のないものである。（中略）市民たちは私人である。したがって彼らは「支配」しない。それゆえ彼らが公権力に突きつける権力要求は，集中した支配権を〔かつての貴族身分のように〕「分割せよ」というのではなく，むしろ既成の支配の原理を掘り崩そうとするものであった。市民的公衆がこのような支配原理に対置する制御の原理がまさに公開性（Publizität）であり，これは支配そのもののあり方を変えようとするものであった。

② 　同書，第2章から（原著 pp. 116-117；邦訳 72-73 頁）

　政府によって規制されてきた公共性が，議論する私人からなる公衆によってわがものとされ，公権力に対する批判の領域として確立されていく過程は，すでに公衆の施設と議論の舞台を備えていた文芸的公共性の機能変化として起こった。（中略）社会的なものの領域が台頭すると，その領域の規制をめぐって公論が公権力と争うようになる。それに伴って，近代の公共性の主題は，古代の公共性に比べて，共同して行為する市民団の本来的に政治的な課題（内部における司法，外部に対する自己主張）から，むしろ公共的に論議する社会の市民的課題（商品交換の保護）へと移っていった。市民的公共性の政治的課題は市民社会（政治社会 res publica から区別される）の規制である。

③ 　同書，第5章から（原著 p. 270；邦訳 233-234 頁）

　公的領域と私的領域の統合にともなって，それまで国家と社会を媒介していた公共性は解体した。この媒介機能は，公衆の手を離れ，たとえば〔利益〕団体のように私的領域から形成され，あるいは政党のように公共性から形成され，いまや国家装置との協働において内部的に権力行使と権力均衡を行う機関の手中に渡っていく。その際これらの機関は，これまた〔公衆から〕自立化したマスメディ

アを駆使して，従属化した公衆の同意を，あるいは少なくとも黙認を取り付けようとする。公開性は，いわば特定の立場に「信用」の雰囲気をまとわせるために上から展開される。本来，公開性は，公共の論議と法によって支配を根拠づけることとの間の連関，さらにはその支配の行使に対する批判的監視との間の連関を保証するためのものであった。(中略) 批判的公開性は操作的公開性によって駆逐されるのである。

④ 同書，第6章から（原著 pp. 337-338；邦訳 301-302 頁）
　社会国家〔福祉国家〕の政治的公共性は，二つの競合する傾向によって特徴づけられている。それは一方で，市民的公共性の解体形態として，従属化した公衆の頭越しに諸組織によって展開される示威的・操作的公開性に機能する余地を与えている。他方で，社会国家は，リベラルな法治国家との連続性を保持するかぎり，政治的に機能する公共性の要請を堅持している。したがって，社会国家のもとでも，諸組織に組み込まれた公衆は，こうした組織そのものを通じて公共的なコミュニケーションの批判的な過程に参加しうるはずである。社会国家体制の現実にあっては，こうした批判的公開性の形態が，もっぱら操作的な目的のためにはたらく公開性と抗争している。前者の公開性が貫徹されていく度合いが，社会国家的な体制をとる産業社会の民主化の度合いを，すなわち社会的・政治的な権力の行使の合理化を示している。(中略) 社会国家の条件のもとで機能する公共性は自己更新の過程としてとらえられるべきである。それは，巨大に拡張された公共性の領域のなかで，自ら自身に突き付けられた公共性という原理をその批判的な作用という点で切り縮めようとするもう一つの傾向に抗しながら，一歩一歩自らを確立していかなければならない。

⑤ 同書「1990年新版への序言」から（原著 p. 36；邦訳 xxvii 頁）
　ラディカルな民主化が進むべき方向性の特徴は，いまや「権力分立」が原則的に保たれ，その内部で諸力の配置が変化することである。この場合，国家がもつ諸権力の間ではなく，社会的統合（die gesellschaftliche Integration）のいくつかの資源の間に新しい均衡がつくりあげられなければならない。目標は，もはや〔生活世界から〕自立した資本制的な経済システムおよび自立した官僚制的な支配システムの「止揚」などではなく，生活世界の領域を植民地化しようとするシステム

の命令による干渉を民主的に阻止することである。(中略) ラディカル・デモクラシーによる正統化の過程の変革は，社会的統合の諸力の間に新しいバランスを打ち立て，その結果連帯という社会統合の力（die soziale integrative Kraft）――「生産的なコミュニケーション」――が貨幣および行政権力という他の二つの制御資源がもつ「権力」に抗して貫徹され，それによって生活世界の使用価値を志向する要求が通るようになることを目指すのである。

⑥ 『事実性と妥当』第7章から（原著 pp. 361-362；邦訳 下 22-23 頁）

　討議理論（Diskurstheorie）は，自由主義モデルよりは強く共和主義モデルよりは弱い規範的な意味合いを民主的な過程に結びつけるが，それはこの両サイドからさまざまな要素を取り入れ，それを新たな仕方で組み合わせる。討議理論は，共和主義と同じように，政治的な意見形成・意志形成の過程を核心にすえるが，それとは違って法治国家の憲法を二次的なものとは解さない。むしろ，討議理論は，民主的な意見形成・意志形成という要求度の高いコミュニケーションの形式がいかにして制度化されうるかという問いに対する整合的な答えとして法治国家の原理をとらえる。この討議理論にとって，協議の政治の進捗は，集合的に行為することのできる市民層にかかっているのではなく，適切な手続きとコミュニケーション前提の制度化，そして制度化された審議とインフォーマルに形成される公論との協働にかかっている。(中略)

　討議理論が重視するのは，民主的な手続きを通じて，言いかえれば政治的公共性のコミュニケーションのネットワークのなかで行われる了解過程というより高次の間主観性である。〔固定した〕主体をもたないそうしたコミュニケーションによって，議会および議決のためのプログラムをもつ諸機関の内外で議論のアリーナが形成され，そこでは，程度の差こそあれ，合理的な意見形成・意志形成が，社会全体の観点から見て有意義で規制を要する事柄についてなされうる。公論の形成，選挙による制度化された判断，立法府の議決の間でのコミュニケーションの流れが，ジャーナリズムによって生みだされる影響力やコミュニケーション的に生みだされる権力が立法を経て行政が用いることのできる権力へとその姿を変えていくことを保障しなければならない。自由主義モデルと同じように，「国家」と「社会」の区別が尊重されてはいる。しかし討議理論の場合，諸々の自律的公共圏の社会的基盤をなす市民社会は，経済的行為システムからもまた公的行政か

らも区別される。このようなデモクラシーの理解を採用することで，近代社会が従来その統合と制御の要求を充たすために用いてきた，貨幣・行政権力・連帯という三つの資源の間で重点を移動させる必要が規範的に生じてくる。その規範的な含意は明瞭である。連帯のもつ社会統合の力は，もはやコミュニケーション的行為という源泉からのみ汲むことはできない。それは，広範に拡がった自律的公共圏および民主的な意見形成・意志形成のために法治国家的に制度化された手続きを通じて展開され，貨幣と行政権力という他の二つの社会的統合のメカニズムに対して，法という媒体を通じて自らを主張しうるはずである。

⑦　同書，第 8 章から（原著 pp. 443-444；邦訳 下 97 頁）
　この自由主義の伝統にいう「市民社会」（bürgerliche Gesellschaft）を，ヘーゲルは最終的に「欲求の体系」，つまり社会的労働と商品交換のための市場経済システムとして概念化した。他方，今日の市民社会（Zivilgesellschaft）とは，マルクスやマルクス主義のいうような，私権にもとづいて構築され，労働・資本・財の市場によって制御される経済をもはや意味しない。むしろその制度的な核心をなすのは，自由意志にもとづく非国家的・非経済的な諸々の連合やアソシエーションであり，それは，公共性のコミュニケーション構造を生活世界の社会的な構成要素に根付かせる。市民社会は，程度の差こそあれ自発的に形成されるさまざまな団体・組織・運動——それらは，私的な生活領域のうちに社会的な問題状況を見いだす〔市民たちの〕問題への共鳴を取り上げ，集約し，その声を増幅して政治的公共性へと流し込む——から成り立っている。市民社会の核心をなすのは，一般の関心を惹く諸問題に対してその解決をはかる討議を活発にはたらく公共圏という枠組みのなかで制度化していく，そうしたアソシエーションの活動である。

  Jürgen Habermas, *Strukturwandel der Öffentlichkeit: Untersuchungen zu einer Kategorie der bürgerlichen Gesellschaft,* Neuwied; Berlin: Hormann Luchterhand Verlag GmbH, 1962（細谷貞雄・山田正行訳『公共性の構造転換——市民社会の一カテゴリーについての探究』第 2 版，未來社，1994 年）；*Faktizität und Geltung: Beiträge zur Diskurstheorie des Rechts und des demokratischen Rechtsstaats,* 2Bd., Frankfurt am Main: Suhrkamp, 1992（河上倫逸・耳野健二訳『事実性と妥当性——法と民主的法治国家の討議理論にかんする研究』上下，未來社，2002-03 年）。一部訳文を変更した。

［齋藤純一］

第二波フェミニズム

シモーヌ・ドゥ・ボーヴォワール
　　　Simone de Beauvoir, 1908–1986　『第二の性』（1949年）
ケイト・ミレット
　　　Kate Millett, 1934–　『性の政治学』（1970年）
ジュディス・バトラー
　　　Judith P. Butler, 1956–　『ジェンダー・トラブル』（1989年）

〈個人的なことは，政治的である〉

「個人的なことは，政治的である」というスローガンのもとで，さまざまな実践と理論が展開されるのが第二波フェミニズムの特徴である。このスローガンの政治的含意を知るために，まず，なぜ「第二の」波なのかを考えてみよう。

〈ひとは生まれながらにして，自由かつ平等である〉と思想的に宣言され始める18世紀後半以降，女性は，女であることを理由に国家権力の中枢である公的領域から排除された。そこで多くの女性は，参政権運動や，社会主義と連動した労働運動に参加し，公的領域へのアクセス権を獲得しようとした。

その後二つの世界大戦を経て，ほとんどの国家において女性は，法の下で男性との平等が認められ，公的には男性と同じ能力を持った者として扱われるようになる。しかしなお，女性たちは，家庭，教育，世間や文学，宗教の世界において，「女性らしさ」や母性を引き受けることを期待され，公的領域から遠ざけられた。しかも遠ざかっているのは，女性個人の自由な選択であるかのように扱われた。女性を抑圧する根源的(ラディカル)なものは，女性の特性なのか，あるいは社会の構造なのか。この問いに答えるためには，男性なみの機会を女性たちにも与えよ，と訴えてきた前述の運動とは異なる理論と実践が必要となった。ここに，公的領域への参加を求めてきた第一波とは異なる，すなわち個人的とされる事象にむしろ政治的権力が働いていると訴える，第二波フェミニズムが誕生する。

宿命からの解放

ボーヴォワールは，第一波と第二波を架橋する思索を提供する哲学者である。彼女は，生殖機能や「性」に還元されてきた女性を，未来に開かれた自由な存在へと解放しようとする。だが，そのためには，女性の抑圧の歴史に向き合う必要があった。

ボーヴォワールの大作は、生物学や精神分析において定義される女性らしさ、歴史学や文化人類学に現れる女性たち、キリスト教の長い歴史の中で表象される女性像を詳細に分析するだけでなく、女性の生きた経験への深い洞察をも含んでいる。この大著の中に私たちは、1960年代以降多様に拡がっていく第二波フェミニズムの理論と実践の思想的萌芽を見いだすだろう。

政治的なるものの再考

　ボーヴォワールに多くの影響を受けた第二波フェミニズムが取り組むテーマは幅広い。だが、その広大なテーマは、「政治的なるもの」とは何かを根源的に問い返す契機へとつながっていく。すなわち、主体と他者との関係、公私二元論、社会的に構築される女性らしさ、家父長制による社会支配、無償労働としての家内労働、そしてセクシュアリティ。それらは、第二波フェミニズムの誕生以後、まさに「政治的に」問われるべきテーマとなるのである。

　社会の中で「女性らしさ」がいかに巧妙に、自然として構築されているか。ミレットはそのことを、1960年代の文学作品における性描写を例示しながら指摘する。最も個人的にみえる性的な関係の中に支配関係が存在する、と。ミレットは、両性にその気質、役割、地位をすり込む権力を支えるのが家父長制であり、家父長制を核心にすえるのが性の政治だと定義する。男女の性のあり方が、権力や政治の観点から考察され、最も政治とは遠い領域における支配関係が示されることで、「政治的なるもの」が再考されるのだ。

　生物学から文学まで、歴史貫通的に幾度もいくども「女性らしさ」は反復されてきた。シュラミス・ファイアストーンが『性の弁証法』(1970年)で生殖からの女性の解放を説き、エレーヌ・シクスーは、男性の「皆殺しの歴史」に加担しない女性の声のあげ方を唱える(『メデューサの笑い』1975年)。バトラーは、「女性らしさ」の歴史を通じた反復こそ、女性という本質が不在であることの証拠であると喝破し、逆にその「女性らしさ」こそが、女性という本質が存在するかのように思わせる権力作用なのだと読み解く。また、彼女が提起する、フェミニズムは「主体」を必要とするのか、という問いは、主体の構築性と女性解放の基盤を巡る論争を巻き起こした。ドゥルシラ・コーネルが『脱構築と法』(1991年)において、既存の法の内部で現前していないが抑圧されたままにある過去が、未だ来らざる未知の女性性として到来する可能性を探求したのも、この問いに応えるためであった。だが、第二波フェミニズムが投げかけた問いは、今なお多くの思想家たちが格闘中の問いであり続けている。

① 『第二の性』序文より
　女を定義するのに，メスの機能だけでは不十分だとしたら，また，「永遠の女性的なるもの」によって説明することも拒否するとしたら，しかし仮にも地上に女がいることを認めるならば，私たちは次のように問うべきである。女とは何か，と。(原著 第1巻 p.14；邦訳 第1巻 12-13頁)

　男にとって女は性(セックス)である。ゆえに女は絶対的に性(セックス)であるというのだ。女は男を基準にして規定され，区別されるが，女は男の基準にならない。女は本質的なものに対する非本質的なものなのだ。男は〈主体〉であり，〈絶対者〉である。つまり，女は〈他者〉なのだ。(原著 第1巻 p.16；邦訳 第1巻 15頁)

② 同書，第Ⅳ部より (原著 第1巻 p.285；邦訳 第2巻 12-13頁)
　人は女に生まれるのではない，女になるのだ。社会において人間の雌がとっている形態を定めているのは生理的宿命，心理的宿命，経済的宿命のどれでもない。文明全体が，男と去勢者の中間物，つまり女と呼ばれるものを作り上げるのである。他人の介在があってはじめて個人は〈他者〉となる。子どもは，自分に対してだけ存在しているかぎりは，自分を性的に異なるものとしてとらえることはできない。(中略) 少女が思春期のかなり前から，またときには幼い頃から，性的に特定化されているように見えるのは，不思議な本能によって少女が受動性，媚び，母性へと直接運命づけられているからではない。子どもの生活には，ほぼ最初から他人が介在していて，生まれたばかりの頃から子どもにその使命が強制的に吹き込まれるからである。

③ 『性の政治学』第1部第2章より (原著 pp.23-24；邦訳 69-70頁)
　性交は，それ自体では生物学的，身体的行為のように見えるが，人間相互のかかわりあいというさらに大きな文脈の中にしっかりと位置づいているので，文化が是認するさまざまな態度や価値の充満する縮図としての役割を果たす。さらに性交は何ものにもまして個人的，あるいは私的領域における性の政治のモデルとしての役割をもちうる。
　だが，いうまでもなく，そうした男女の親密な場面から政治的な事柄というより広い文脈へと移行することは，大いなる飛躍である。「性の政治」という語を

用いるにあたって,「そもそも両性の関係を政治に照らして見ることができるのか」という問いは避けられない。この問いに対する答えは,その人が政治をどのように定義するかにかかっている。(中略)本書では今後「政治」という用語は,構造化された権力関係,すなわち一集団が別集団を支配するしくみをさすものとする。(中略)「政治」という語はここでは主として両性について語るときに用いられる。そのわけは第一に,この語は歴史的にも現在においても,両性の相関的な地位の本質を明らかにするのに非常に有用だからである。伝統的な形式的政治における単純な概念枠組みを超えて,権力関係についてのもっと適切な心理学と哲学を展開することは,時宜に適っているというよりも,今日の急務である。じっさいに,私たちは,一つの政治理論を定義することに注意を払わねばならないだろう。その理論は,私たちが慣れ親しんでこなかった根拠から,権力関係を扱うのである。

④ 『ジェンダー・トラブル』第1章より（原著 pp. 32–33；邦訳 71–72 頁）

　ジェンダーが構築物だという主張は,ジェンダーが幻にすぎず,人工物にすぎないと述べて,それに「本物」や「真正さ」を二元的に対立させることではない。ジェンダーの存在論の系譜学となるこの研究は,そのような二元的な関係の信憑性が言説によって生み出されるということを理解し,またジェンダーのある種の文化的な配置が「本物」の位置につき,巧みな自己の自然化をとおして,その支配を強化し増大させていることを示そうとするものである。

　人は女に生まれない,女になるというボーヴォワールの主張に何か正しいものがあるとすれば,その次に出てくる考えは,女というのがそもそも進行中の言葉であり,なったり,作られたりするものであって,始まったとか終わったというのは適切な表現ではないということである。現在進行中の言説実践として,それは介入や意味づけなおしに向かって開かれているものである。

　　　Simone de Beauvoir, *Le deuxième sexe,* 2 vols., Paris: Gallimard, 1949（井上たか子ほか監訳『第二の性』全2巻, 新潮文庫, 2001年）；Kate Millett, *Sexual Politics*, New York: Doubleday, 1970（藤枝澪子ほか訳『性の政治学』ドメス出版, 1985年）。訳文には若干手を加えた；Judith P. Butler, *Gender Trouble: Feminism and the Subversion of Identity*, New York: Routledge, 1990（竹村和子訳『ジェンダー・トラブル——フェミニズムとアイデンティティの攪乱』青土社, 1999年）。　　　　　　　　　　　　　　　　　　　　　　［岡野八代］

あとがき

　本書は，大学での西洋政治思想史，現代政治思想，政治理論，さらには政治学などの講義の際の参考文献として企画された。代表的な思想家・理論家について，そのプロフィールの概略を知ると共に，彼らのテキストの一端にふれることができれば，学生が講義を理解する上で大いに助けとなると考えられるからである。また，自学・自習者や政治学に興味をもつ一般の読者も，原典の一部に親しむことによって，思想家・理論家への興味を深め，原典の通読を含めた，さらなる学習への意欲をかきたてられるものと期待される。

　今日，政治思想史の分野では，通史的な教科書はもちろん，各思想家・理論家やさまざまな思想潮流についての研究書，解説書も多く出版されている。また重要なテキストに関しては，すでに専門家による周到な翻訳がなされている。しかしながら，古代から現代に及ぶ西洋政治思想の流れに沿って，テキストにふれながら通観できるような書籍は，管見の限り見当たらなかった。本書は，そうした間隙を埋めるものとして編まれた。

　幸いにも本書では，日本における政治思想研究を代表する各分野の第一人者に執筆者としてお集まりいただいた。しかし，コンパクトでなければ講義等の際に気軽に利用してもらえないことから，各項目に割ける紙幅が限られ，執筆者には無理をお願いすることになった。

　また，編者の力不足と出版社の編集体制上の不備から，出版が当初の予定よりはなはだしく遅延し，各方面にご迷惑をおかけしたことをお詫び申し上げる。とりわけ，執筆の労を執られながら本書の完成を見ることなく先立たれた今村仁司・清末尊大の両先生とご遺族に対し，おわびと共に心よりの哀悼の意を捧げたい。

　テキストとして引用ないし参照させていただいた原典の翻訳者諸氏および各出版元に対し，ここに深く感謝の意を表するものである。

本書が，政治学を学ぶすべての人びとにとっての手がかりとなることを望みつつ

2014 年 8 月　　　　杉田　敦
　　　　　　　　　川崎　修

執筆者紹介（執筆順，＊印は編者）

千葉　　眞（ちば　しん）国際基督教大学教養学部教授
佐々木　毅（ささき　たけし）日本学士院会員
荒木　　勝（あらき　まさる）岡山大学理事・副学長
柴田平三郎（しばた　へいざぶろう）獨協大学名誉教授
将基面貴巳（しょうぎめん　たかし）オタゴ大学（ニュージーランド）人文学部歴史学科准教授
矢吹　　久（やぶき　ひさし）文部科学省初等中等教育局教科書調査官
厚見恵一郎（あつみ　けいいちろう）早稲田大学社会科学総合学術院教授
菊池　理夫（きくち　まさお）南山大学法学部教授
木部　尚志（きべ　たかし）国際基督教大学教養学部教授
田上　雅徳（たのうえ　まさなる）慶應義塾大学法学部教授
清末　尊大（きよすえ　たかお）元北海道教育大学教育学部教授
的射場瑞樹（まといば　みずき）東京海洋大学非常勤講師
竹澤　祐丈（たけざわ　ひろゆき）京都大学大学院経済学研究科准教授
浅野　俊哉（あさの　としや）関東学院大学法学部教授
辻　　康夫（つじ　やすお）北海道大学大学院法学研究科教授
押村　　高（おしむら　たかし）青山学院大学国際政治経済学部教授
吉岡　知哉（よしおか　ともや）立教大学法学部教授
佐々木　武（ささき　たけし）東京医科歯科大学名誉教授
中野　勝郎（なかの　かつろう）法政大学法学部教授
宇野　重規（うの　しげき）東京大学社会科学研究所教授
犬塚　　元（いぬづか　はじめ）法政大学法学部教授
中村　敏子（なかむら　としこ）北海学園大学法学部教授
山岡　龍一（やまおか　りゅういち）放送大学教養学部教授
堤林　　剣（つつみばやし　けん）慶應義塾大学法学部教授
藤原　　孝（ふじわら　たかし）日本大学名誉教授
髙山　裕二（たかやま　ゆうじ）明治大学政治経済学部准教授
関口　正司（せきぐち　まさし）九州大学大学院法学研究院教授
牧野　英二（まきの　えいじ）法政大学文学部教授

執筆者紹介

　杉田　孝夫（すぎた　たかお）お茶の水女子大学名誉教授
　権左　武志（ごんざ　たけし）北海道大学法学研究科教授
　森　　政稔（もり　まさとし）東京大学大学院総合文化研究科教授
　岩崎　　稔（いわさき　みのる）東京外国語大学大学院総合国際学研究院教授
　金田　耕一（かなだ　こういち）日本大学経済学部教授
　小野　紀明（おの　のりあき）京都大学名誉教授
　野口　雅弘（のぐち　まさひろ）成蹊大学法学部教授
　添谷　育志（そえや　やすゆき）明治学院大学名誉教授
　今村　仁司（いまむら　ひとし）元東京経済大学経済学部教授
　中村　研一（なかむら　けんいち）北海道大学名誉教授
　竹中　　浩（たけなか　ゆたか）大阪大学大学院法学研究科教授
　谷　　喬夫（たに　たかお）新潟大学名誉教授
　早川　　誠（はやかわ　まこと）立正大学法学部教授
　苅田　真司（かりた　しんじ）國學院大学法学部教授
　古賀　敬太（こが　けいた）大阪国際大学現代社会学部教授
　飯田　文雄（いいだ　ふみお）神戸大学法学研究科教授
　間宮　陽介（まみや　ようすけ）京都大学名誉教授
　萩原　能久（はぎわら　よしひさ）慶應義塾大学法学部教授
　松田　　博（まつだ　ひろし）立命館大学名誉教授
　上野　成利（うえの　なりとし）神戸大学大学院国際文化学研究科教授
＊川崎　　修（かわさき　おさむ）立教大学法学部教授
　光田　　剛（みつた　つよし）成蹊大学法学部教授
＊杉田　　敦（すぎた　あつし）法政大学法学部教授
　飯島　昇藏（いいじま　しょうぞう）元早稲田大学政治経済学術院教授
　齋藤　純一（さいとう　じゅんいち）早稲田大学政治経済学術院教授
　岡野　八代（おかの　やよ）同志社大学大学院グローバル・スタディーズ研究科教授

西洋政治思想資料集

2014 年 9 月 16 日　初版第 1 刷発行
2017 年 8 月 5 日　　　第 3 刷発行

編　者　杉田　敦／川崎　修
発行所　一般財団法人　法政大学出版局
　　　　〒102-0071 東京都千代田区富士見 2-17-1
　　　　電話 03(5214)5540 ／振替 00160-6-95814
整版：緑営舎　印刷：三和印刷　製本：根本製本
装幀：竹中尚史

© 2014　Atsushi Sugita, Osamu Kawasaki
ISBN978-4-588-62527-5　Printed in Japan

好評既刊書

比較のエートス　冷戦終焉以後のマックス・ウェーバー
野口雅弘著　2900円

国家のパラドクス　ナショナルなものの再考
押村高著　3200円

市民社会と立憲主義
中野勝郎編著　3000円

新しい政治主体像を求めて　市民社会・ナショナリズム・グローバリズム
岡本仁宏編　5600円

バーク政治経済論集　保守主義の精神
E. バーク著／中野好之編訳　30000円

ミニマ・モラリア　傷ついた生活裡の省察
Th. W. アドルノ著／三光長治訳　4500円

他者の受容　多文化社会の政治理論に関する研究
J. ハーバーマス著／高野昌行訳　4500円

討議倫理
J. ハーバーマス著／清水多吉・朝倉輝一訳　3300円

思索日記 I・II
H. アーレント著／青木隆嘉訳　6200円・6300円

レーモン・ルーセル
M. フーコー著／豊崎光一訳　3200円

表示価格は税別です